PROCESSO
**PREVIDENCIÁRIO
JUDICIAL**

O GEN | Grupo Editorial Nacional – maior plataforma editorial brasileira no segmento científico, técnico e profissional – publica conteúdos nas áreas de concursos, ciências jurídicas, humanas, exatas, da saúde e sociais aplicadas, além de prover serviços direcionados à educação continuada.

As editoras que integram o GEN, das mais respeitadas no mercado editorial, construíram catálogos inigualáveis, com obras decisivas para a formação acadêmica e o aperfeiçoamento de várias gerações de profissionais e estudantes, tendo se tornado sinônimo de qualidade e seriedade.

A missão do GEN e dos núcleos de conteúdo que o compõem é prover a melhor informação científica e distribuí-la de maneira flexível e conveniente, a preços justos, gerando benefícios e servindo a autores, docentes, livreiros, funcionários, colaboradores e acionistas.

Nosso comportamento ético incondicional e nossa responsabilidade social e ambiental são reforçados pela natureza educacional de nossa atividade e dão sustentabilidade ao crescimento contínuo e à rentabilidade do grupo.

MARCO AURÉLIO SERAU JUNIOR

PROCESSO
PREVIDENCIÁRIO
JUDICIAL

5ª edição revista, atualizada e reformulada

■ O autor deste livro e a editora empenharam seus melhores esforços para assegurar que as informações e os procedimentos apresentados no texto estejam em acordo com os padrões aceitos à época da publicação, e todos os dados foram atualizados pelo autor até a data de fechamento do livro. Entretanto, tendo em conta a evolução das ciências, as atualizações legislativas, as mudanças regulamentares governamentais e o constante fluxo de novas informações sobre os temas que constam do livro, recomendamos enfaticamente que os leitores consultem sempre outras fontes fidedignas, de modo a se certificarem de que as informações contidas no texto estão corretas e de que não houve alterações nas recomendações ou na legislação regulamentadora.

■ Fechamento desta edição: 30.03.2023

■ O autor e a editora se empenharam para citar adequadamente e dar o devido crédito a todos os detentores de direitos autorais de qualquer material utilizado neste livro, dispondo-se a possíveis acertos posteriores caso, inadvertida e involuntariamente, a identificação de algum deles tenha sido omitida.

■ **Atendimento ao cliente:** (11) 5080-0751 | faleconosco@grupogen.com.br

■ Direitos exclusivos para a língua portuguesa
Copyright © 2023 by
Editora Forense Ltda.
Uma editora integrante do GEN | Grupo Editorial Nacional
Travessa do Ouvidor, 11 – Térreo e 6º andar
Rio de Janeiro – RJ – 20040-040
www.grupogen.com.br

■ Reservados todos os direitos. É proibida a duplicação ou reprodução deste volume, no todo ou em parte, em quaisquer formas ou por quaisquer meios (eletrônico, mecânico, gravação, fotocópia, distribuição pela Internet ou outros), sem permissão, por escrito, da Editora Forense Ltda.

■ Capa: Daniel Kanai

■ **CIP – BRASIL. CATALOGAÇÃO NA FONTE.**
SINDICATO NACIONAL DOS EDITORES DE LIVROS, RJ.

Serau Junior, Marco Aurélio

Processo previdenciário judicial / Marco Aurélio Serau Junior. – 5. ed. – Rio de Janeiro: Forense, 2023.

Inclui bibliografia e índice
ISBN 978-65-5964-844-3

1. Seguridade social – Legislação – Brasil. 2. Previdência social – Legislação – Brasil. I. Título.

23-83155   CDU: 349.3(81)

Gabriela Faray Ferreira Lopes – Bibliotecária – CRB-7/6643

"Até quando julgareis iniquamente, favorecendo a causa dos ímpios. Defendei o oprimido e o órfão, fazei justiça ao humilde e ao pobre. Livrai o oprimido e o necessitado, tirai-o da garra dos ímpios."
SALMOS, 81, 2-4

"A jurisprudência, se bem é uma ciência, deve ser uma ciência útil, isto é, preordenada aos fins práticos da justiça."
PIERO CALAMANDREI

"Sob os arcos do processo, corre a enchente inesgotável da sorte humana."
GIUSEPPE CHIOVENDA

AGRADECIMENTOS

A Deus, em primeiro lugar, pela concretização de um sonho deste meu primeiro livro publicado em 2004, mas sobretudo por todas as graças que tenho recebido.

À minha Orientadora neste trabalho, Profa. Dra. Flávia Cristina Piovesan, pelo acompanhamento seguro e entusiástico na orientação deste e de outros trabalhos que vimos realizados.

A toda equipe de profissionais da Escola Superior de Direito Constitucional (ESDC), que cumprimento na pessoa de seu Diretor, Prof. Marcelo Lamy, sem cujo apoio fundamental este trabalho não teria saído dos bancos acadêmicos.

À querida Desembargadora Federal Suzana de Camargo Gomes, pelo aprendizado, carinho e contínuo estímulo intelectual e pessoal, em todos estes anos de convívio de que tive o privilégio de desfrutar.

A todos os meus amigos, bênçãos que a vida me trouxe.

A meus familiares, em particular aos meus avós, hoje já no convívio de Deus, pela presença e apoio constantes.

NOTA À 5.ª EDIÇÃO

Esgotada há muitos anos a quarta edição do pioneiro *Curso de Processo Judicial Previdenciário*, preparamos esta nova versão com a responsabilidade de mais uma vez entregar à advocacia previdenciária uma ferramenta relevante de trabalho.

A responsabilidade na escrita desta quinta edição ficou multiplicada pelos diversos motivos que levaram ao lapso temporal tão grande entre uma e outra: o advento de um novo Código de Processo Civil, com mudanças não somente pontuais, mas paradigmáticas; minha mudança de carreira profissional, deixando para trás mais de vinte anos como servidor na Justiça Federal para me dedicar à docência na Universidade Federal do Paraná e me aventurar nos primeiros passos na advocacia; o amadurecimento do tema do *processo judicial previdenciário*; e, finalmente, o amadurecimento do próprio escritor deste livro.

Esse quadro de mudanças se reflete em alguns aspectos importantes do livro: a) uma grande reestruturação, com a supressão de capítulos mais teóricos ligados à pesquisa de pós-graduação da qual ele foi fruto, tornando-o, hoje, um livro diretamente ligado aos temas processuais enfrentados pela advocacia previdenciária; b) a adoção de um novo título para a obra, chamada doravante apenas de *Processo Judicial Previdenciário*, refletindo a objetividade que se pensou para esta nova edição.

O livro obviamente se encontra atualizado com os principais precedentes vinculantes do STF, do STJ e também da TNU, além de acompanhar as mudanças legislativas que ocorreram ao longo deste período de maturação da obra.

Destaco que esta atualização já leva em consideração a Lei 14.331/2022, que introduziu o art. 129-A na Lei 8.213/1991, passando a exigir requisitos processuais específicos para as ações visando a benefícios por incapacidade; destaco da mesma forma que o livro já contempla as mudanças trazidas pela Emenda Constitucional 125/2022, que criou o requisito da *relevância da questão federal* para a admissibilidade do recurso especial, tratando de como lidar com essa exigência em matéria previdenciária.

Novamente confiamos que os leitores que se aventurarem pelas páginas desta obra obterão material bastante útil para sua jornada profissional e seus estudos previdenciários, sempre na perspectiva de uma modesta contribuição para a consecução da justiça social em nosso País.

O Autor, verão de 2023

PREFÁCIO À 5.ª EDIÇÃO

O estimado amigo e Professor Doutor Marco Aurélio Serau Junior conferiu-me a nobre e grata missão de prefaciar seu conhecido e respeitado *Curso de Processo Judicial Previdenciário*, que chega a sua 5.ª edição.

Esta obra reflete o resultado da experiência profissional e acadêmica que destaca a proeminente carreira jurídica do Prof. Marco Serau, com vasta produção literária em Direitos Sociais, destacando-se no campo do Direito Constitucional e do Direito Processual Previdenciário.

Da análise deste livro percebe-se sua utilidade prática para quem pretende atuar na área previdenciária, assim como para quem já tem experiência e deseja aprofundar seus conhecimentos diante das constantes inovações de *lege ferenda*.

A cada edição o autor tem acrescentado novos temas com base nas alterações legislativas e jurisprudenciais, além de rica pesquisa doutrinária, de modo a oferecer a seus leitores as fontes de conhecimento essenciais para o dia a dia forense.

Esta obra tem seu alicerce em perspectivas conceituais consagradas pela Carta Constitucional de 1988, valorizando princípios caros aos jurisdicionados do âmbito previdenciário, tal como o devido processo legal, que deve nortear a efetivação dos direitos fundamentais sociais.

Percebe-se também que o Autor conseguiu perquirir com perspicácia os aspectos processuais mediante abordagens diretas, claras e precisas da ação previdenciária e seus desdobramentos no âmbito do procedimento comum e dos Juizados Especiais Federais.

Evidenciam-se do contexto da obra o detalhamento e as recomendações imprescindíveis envolvendo os recursos cabíveis para os Tribunais de 2º Grau, para as Turmas Recursais e de Uniformização dos Juizados Especiais e para o acesso aos Tribunais Superiores. Consegue ainda trazer as necessárias considerações sobre a utilização do Mandado de Segurança no Direito Previdenciário e as hipóteses de cabimento da Ação Rescisória.

Para enriquecer o conteúdo deste livro, são apresentados modelos de peças processuais com quadros expositivos com as principais características e informações sobre o rito processual a ser observado.

O enfoque almejado pelo Prof. Marco Serau, que se renova e se perpetua a cada edição desta obra, é digno de respeito e de homenagens pela dedicação, pela pesquisa e pela contribuição ao mundo jurídico, deixando sua marca como pessoa proativa, sensível, afável, criativa e voltada a compartilhar o desejo de promover a justiça social.

Diante desse panorama, renovo meu agraciamento ao Prof. Marco Serau, almejando que continue a estimular os seus leitores na luta pela evolução da proteção social em nosso País, com ampliação da universidade de cobertura e de atendimento de modo a termos cada vez mais pessoas protegidas e capazes de reivindicar seus direitos por meio de processo justo.

Boa leitura!

João Batista Lazzari
Juiz Federal e Professor

SUMÁRIO

PARTE I
ASPECTOS CONCEITUAIS

CAPÍTULO 1 – INTRODUÇÃO AO PROCESSO JUDICIAL PREVIDENCIÁRIO... 3

1.1 Processo Judicial Previdenciário e ação previdenciária.......... 3
1.2 Princípios do Processo Judicial Previdenciário....................... 8

PARTE II
ASPECTOS PROCESSUAIS

CAPÍTULO 2 – DA AÇÃO PREVIDENCIÁRIA............................... 27

2.1 Legitimidade 27
    2.1.1 Legitimidade ativa: segurados/dependentes................ 27
        2.1.1.1 Litisconsórcio ativo... 30
        2.1.1.2 Sucessão do polo ativo.. 32
    2.1.2 Legitimidade passiva: INSS.. 33
    2.1.3 Litisconsórcio passivo 35
2.2 Capacidade e representação processual 36
2.3 Atos processuais 39
    2.3.1 Comunicação dos atos processuais 39
    2.3.2 Prazos.. 41
    2.3.3 Custas.. 42
2.4 Do processo e do procedimento... 42
    2.4.1 Petição inicial.. 48
        2.4.1.1 Do pedido 51

2.4.1.2 Improcedência liminar do pedido.................. 55
2.4.2 Citação.. 57
2.4.3 Condições da ação 58
    2.4.3.1 Interesse de agir: o prévio requerimento administrativo e o princípio constitucional do acesso à justiça.. 58
    2.4.3.2 Carência de ação por perda superveniente de objeto: concessão administrativa de benefício ... 64
2.4.4 Prescrição e decadência..................................... 65
    2.4.4.1 Decadência.. 65
    2.4.4.2 Prescrição... 69
    2.4.4.3 Aspectos processuais em torno da decadência e da prescrição................................ 71
2.4.5 Tutela provisória 73
2.5 Contestação... 81
2.6 Valor da causa... 83
Jurisprudência.. 87

CAPÍTULO 3 – DA COMPETÊNCIA... 91

3.1 A competência para processar e julgar matéria previdenciária definida na Constituição Federal de 1988...................... 91
3.2 Competência subsidiária da Justiça Estadual em matéria previdenciária 94
3.3 Competência subsidiária da Justiça Estadual para o julgamento do benefício da assistência social............................ 97
3.4 Competência para julgar matéria relativa a acidentes de trabalho... 99
3.5 Competência dos Juizados Especiais Federais................... 104
3.6 Competência para julgar temas de Direito de Família com reflexos previdenciários.. 107
    3.6.1 Competência para julgar questões sobre Registros Públicos com reflexos previdenciários........................ 110
3.7 Competência para julgar temas de direito do trabalho com reflexos previdenciários.. 111
3.8 Competência para julgar o dano moral previdenciário 114

3.9 Competência para julgar processos envolvendo Previdência Complementar 115
3.10 Competência originária dos Tribunais Regionais Federais 116
Jurisprudência 117
Quadro-resumo 119

CAPÍTULO 4 – DO ACESSO À JUSTIÇA 121

4.1 A prioridade conferida à pessoa idosa 121
4.2 A gratuidade de justiça 122
4.3 Inclusão digital 123

CAPÍTULO 5 – DAS PROVAS 125

5.1 A garantia constitucional de ampla defesa e a amplitude da produção probatória 125
5.2 A apreciação do conjunto probatório pela Administração Pública e pelo Poder Judiciário 128
5.3 Aspectos procedimentais: requisição das provas, dinamização do ônus probatório e recursos cabíveis 132
5.4 Provas em espécie no processo judicial previdenciário 137
    5.4.1 Depoimento pessoal e confissão 140
    5.4.2 Prova documental 141
    5.4.3 Prova testemunhal 145
    5.4.4 Prova pericial 147
    5.4.5 Inspeção judicial 154
    5.4.6 Fato notório e máximas de experiência 155
    5.4.7 Prova da hipossuficiência econômica para concessão do BPC da Assistência Social 158
5.5 Prova emprestada da justiça trabalhista 160
Jurisprudência 165

CAPÍTULO 6 – DO MINISTÉRIO PÚBLICO 169

6.1 A atuação do Ministério Público no processo civil 169
6.2 A participação do Ministério Público nos processos judiciais previdenciários 171
    6.2.1 Prerrogativas processuais do Ministério Público 172
    6.2.2 Discussão sobre a nulidade processual por ausência de participação do Ministério Público 173

6.3 Ações coletivas.. 176
    6.3.1 Algumas ponderações sobre a atuação do Ministério Público nas ações coletivas.. 176
    6.3.2 As ações coletivas em matéria previdenciária............ 177

CAPÍTULO 7 – DA SENTENÇA E DA APELAÇÃO........................ 179

7.1 Estrutura da sentença e das decisões judiciais....................... 179
    7.1.1 Do julgamento... 181
    7.1.2 Fato novo no curso do processo................................... 186
7.2 Exigências para a devida fundamentação das decisões judiciais (art. 489, § 1.º)... 188
    7.2.1 Impossibilidade de mera indicação, reprodução ou paráfrase de dispositivo legal...................................... 189
    7.2.2 Utilização de conceitos jurídicos indeterminados....... 189
    7.2.3 Descabimento da decisão-padrão................................. 191
    7.2.4 Fundamentação suficiente ou exauriente?.................. 192
    7.2.5 Descabimento da mera invocação de súmulas ou precedentes.. 193
    7.2.6 Necessidade de realizar a adequada distinção ou superação dos precedentes no caso concreto............. 195
    7.2.7 Fundamentação da decisão judicial no caso de colisão entre normas jurídicas.. 198
    7.2.8 Vedação da fundamentação *per relationem*................ 199
    7.2.9 Aplicabilidade do art. 489, § 1.º, do CPC, aos Juizados Especiais Federais... 199
7.3 O reexame necessário nas ações previdenciárias.................... 201
7.4 Fixação dos honorários advocatícios....................................... 206
7.5 Do recurso de apelação.. 209
Jurisprudência.. 213

CAPÍTULO 8 – DA EXECUÇÃO.. 215

8.1 Dos precatórios.. 216
    8.1.1 Aspectos gerais.. 216
8.2 Os precatórios na seara previdenciária.................................... 219
    8.2.1 Evolução histórica dos precatórios em matéria previdenciária.. 219
    8.2.2 A Lei 10.259/2001: criação dos RPV........................... 222

8.2.3 A sistemática trazida pela Emenda Constitucional 62/2009: precatórios superpreferenciais........................ 223

8.2.4 Alterações trazidas pela Emenda Constitucional 113/2021 225

    8.2.4.1 Compensação de dívidas da Fazenda Pública com os valores a serem pagos em precatórios.... 225

    8.2.4.2 Cessão de créditos de precatório e suas finalidades... 227

    8.2.4.3 Taxa Selic como critério de atualização monetária das condenações judiciais da Fazenda Pública 228

8.2.5 Alterações no regime de precatórios trazidas pela Emenda Constitucional 114/2021..................... 228

    8.2.5.1 Data para inclusão da condenação judicial do INSS nos precatórios judiciais............................ 228

    8.2.5.2 Parcelamento dos precatórios 229

    8.2.5.3 Acordo com a Fazenda Pública e deságio no pagamento dos precatórios em atraso................ 230

8.3 Os precatórios complementares 231

8.4 Execução invertida 233

8.5 Excesso de execução 234

8.6 Critérios de atualização da dívida previdenciária.................. 236

Jurisprudência.. 239

CAPÍTULO 9 – AGRAVO DE INSTRUMENTO................................... 243

9.1 Cabimento... 244

9.2 Flexibilização do rol taxativo do agravo de instrumento (Tema 988 do STJ).. 247

9.3 Competência... 249

9.4 Do processamento do agravo de instrumento nos tribunais..... 249

Jurisprudência.. 251

Quadro-resumo 252

CAPÍTULO 10 – DO MANDADO DE SEGURANÇA........................ 255

10.1 Concepção constitucional do mandado de segurança............ 255

10.2 O ato/fato impugnável em matéria previdenciária................. 256

10.3 Legitimidade ativa (impetrante) 261
10.4 Legitimidade passiva/autoridade coatora 262
10.5 Liminar 265
10.6 Do Ministério Público 267
10.7 Do mandado de segurança preventivo 267
10.8 Do mandado de segurança coletivo 268
10.9 Trâmite 268
  10.9.1 Competência 269
  10.9.2 Petição inicial e decadência 270
  10.9.3 Processamento 271
  10.9.4 Dos recursos 272
10.10 Do mandado de segurança nos Juizados Especiais Federais ... 272
  10.10.1 Requisitos 272
  10.10.2 Competência 273
Jurisprudência 273

CAPÍTULO 11 – RECURSO ESPECIAL E RECURSO EXTRAORDINÁRIO 275

11.1 Introdução aos recursos excepcionais (recurso especial e recurso extraordinário) 275
11.2 Dos requisitos de admissibilidade 277
  11.2.1 Da impossibilidade de reexame de provas 277
  11.2.2 Do esgotamento das instâncias recursais ordinárias 279
  11.2.3 Interposição conjunta dos recursos extraordinários e especial 280
  11.2.4 Ofensa indireta à Constituição Federal 281
  11.2.5 Dissídio jurisprudencial 283
  11.2.6 Repercussão geral 284
  11.2.7 Relevância da questão federal 285
11.3 Tramitação dos recursos extraordinário e especial 287
  11.3.1 Efeitos dos recursos: devolutivo e suspensivo 287
  11.3.2 Agravo contra inadmissibilidade dos recursos especial e extraordinário 288
11.4 Da Turma Nacional de Uniformização dos Juizados Especiais Federais 290

11.4.1 Descabimento de recurso especial nos Juizados Especiais Federais 294

Jurisprudência 295

CAPÍTULO 12 – DOS JUIZADOS ESPECIAIS FEDERAIS 297

12.1 Histórico 297
12.2 Competência dos Juizados Especiais Federais 298
12.3 Procedimento nos Juizados Especiais Federais 301

 12.3.1 Aplicação subsidiária das normas dos Juizados Especiais Estaduais (Lei 9.099/95) e do CPC 301
 12.3.2 Da petição inicial 302
 12.3.3 Das partes processuais 302
 12.3.4 Da ciência dos atos processuais 303
 12.3.5 Dos prazos processuais 304
 12.3.6 Da representação judicial e da possibilidade de conciliação e transação 304
 12.3.7 Da sentença e seu cumprimento 305

12.4 Das cautelares e dos recursos 306

 12.4.1 Das Turmas Recursais e da Turma Nacional de Uniformização 308
 12.4.2 Dos recursos extraordinário e especial 311

Jurisprudência 311

CAPÍTULO 13 – AÇÃO RESCISÓRIA 313

13.1 Noções gerais 313
13.2 Hipóteses de cabimento 315

 13.2.1 Prevaricação, concussão ou corrupção do juízo 316
 13.2.2 Juízo impedido ou juízo incompetente 316
 13.2.3 Dolo e coação da parte vencedora e simulação ou colusão entre as partes 316
 13.2.4 Violação à coisa julgada 317
 13.2.5 Violação à norma jurídica 318
 13.2.6 Prova falsa 319
 13.2.7 Provas novas 321
 13.2.8 Erro de fato 323

13.3 Processamento 324
    13.3.1 Legitimidade 324
    13.3.2 Petição inicial 325
    13.3.3 Processamento e julgamento 326
    13.3.4 Prazo para ajuizamento 329
Jurisprudência 329

PARTE III
ASPECTOS PRÁTICOS

MODELOS DE PEÇAS 333

BIBLIOGRAFIA 365

PARTE I
ASPECTOS CONCEITUAIS

Capítulo 1
INTRODUÇÃO AO PROCESSO JUDICIAL PREVIDENCIÁRIO

Sumário: 1.1 Processo Judicial Previdenciário e ação previdenciária – 1.2 Princípios do Processo Judicial Previdenciário.

1.1 PROCESSO JUDICIAL PREVIDENCIÁRIO E AÇÃO PREVIDENCIÁRIA

O Processo Judicial Previdenciário é o segmento do Direito Previdenciário (mais do que do Direito Processual Civil) que se dedica ao estudo das *ações previdenciárias*. Os princípios e as especificidades tratados ao longo desta obra se aplicam particularmente a essa modalidade de ações judiciais. Assim, cumpre-nos definir o que são as *ações previdenciárias*.

O critério a funcionar como *dístico* dessa modalidade de demanda não reside na presença do Instituto de Previdência ou de Assistência Social no polo passivo da relação jurídico-processual, como ocorre na Itália (CARNELUTTI, 1973, p. 333).

A simples figuração do INSS no polo passivo do processo não se presta a distinguir o conceito de *lide previdenciária*, pois essa autarquia também pode ser demandada em ações de outra natureza (cível, trabalhista, administrativa etc.).

O INSS, como autarquia federal de grande importância que é, litiga em inúmeros e variados tipos de processos, não somente de índole previdenciária: se aluga um imóvel para suas atividades e vem a discutir esse contrato em juízo, não se trata, por óbvio, de processo judicial previdenciário; no mesmo sentido, se é demandado em juízo por advogado que contratara para efetuar suas defesas, ao tempo em que sua Procuradoria ainda não se encontrava constituída, tampouco se estará diante de processo judicial previdenciário.

Deve o cientista do Direito, portanto, ater-se principalmente ao *conteúdo* ou à *natureza* do objeto do pedido, que deve circundar próximo aos temas (modalidades de benefícios) supramencionados, independentemente do tipo de procedimento em que veiculada.[1]

Inclusive porque em nosso ordenamento jurídico-processual não há uma tipologia processual própria à Seguridade Social e Previdência Social. É obedecida a processualística contida no Código de Processo Civil.

O Processo Judicial Previdenciário, portanto, deve ser delineado não em virtude da legislação processual porventura existente (a qual não é coesa nem sistemática[2]), mas em virtude do objeto a que se dedica.

Deve-se diferenciar o Processo Judicial Previdenciário também de outras modalidades de processo (judicial ou administrativo) em que igualmente se afigure como pretensão resistida algum interesse ou direito que também possa ser considerado "previdenciário" ou "securitário".

Assim, num primeiro momento, mister diferenciá-lo do ramo relativo ao processo judicial penal realizado com fins de apuração dos denominados "crimes previdenciários", dada sua maior vinculação com o Direito Penal e com o Direito Processual Penal, embora algumas particularidades sejam próximas aos institutos de Previdência e Seguridade Social.

Do mesmo modo, afasta-se de apreciação neste livro da problemática ligada aos processos judiciais relativos às contribuições para o custeio da Previdência Social (executivos fiscais regidos pela Lei 8.630/1980; ações anulatórias de débitos fiscais; ações anulatórias de notificação fiscal de lançamento de débito tributário etc.), uma vez que essa disciplina se encontra

---

[1] Segundo SAVARIS (2008, p. 190), as ações previdenciárias podem ser de cinco tipos: concessão, revisão, reestabelecimento, manutenção ou anulação de benefício previdenciário. Discordamos parcialmente do renomado autor, na medida em que consideramos ações previdenciárias um conceito mais enxuto, indicando qualquer tipo de demanda em que se discuta concessão (no sentido do ato de estabelecimento, *in concreto*, do direito previdenciário) ou revisão de benefício (a alteração daquele ato já existente).

[2] Existem apenas umas poucas normas processuais previdenciárias específicas: regras constitucionais relativas à competência jurisdicional (art. 109) e execução (art. 100); algumas disposições da Lei de Benefícios e do Decreto 3.048/1999, em relação à prova do tempo de trabalho e à qualidade de segurado, à prova da dependência econômica e da união estável (respectivamente, arts. 55, 106 e 16 da Lei 8.213/1991), assim como, principalmente na redação original daquele diploma, normas referentes à gratuidade processual, dispensa de precatórios, efeitos do recurso de apelação etc. Recentemente, a Lei 14.331/2022 introduziu na Lei de Benefícios o art. 129-A, que estabelece requisitos processuais específicos para as iniciais das ações visando benefícios por incapacidade.

muito mais próxima do contencioso tributário do que propriamente do Processo Judicial Previdenciário.

Igualmente, não serão exatamente o objeto de nosso estudo os processos *administrativos* de concessão, manutenção e revisão de benefícios a cargo da Seguridade Social, bem como os processos relativos ao regime de Previdência Pública ou ao regime previdenciário dos servidores públicos.

Ambas as matérias são muito afetas ao Direito Administrativo, especialmente a seus princípios informadores, tais como o da estrita legalidade, o da necessidade de atenção às regras orçamentárias etc.

No mesmo sentido, também não se procurará investigar as particularidades do processo judicial relativo à Previdência Complementar (disciplina previdenciária, mas que está mais ligada à ideia de reestruturação do Estado, vinculando-se, pela jurisprudência e a partir de seus respectivos fundamentos, ao Direito do Consumidor).

Também as ações regressivas em matéria de acidente de trabalho (arts. 120, I, e 121 da Lei 8.213/1991), promovidas pelo INSS contra empregadores negligentes no trato da segurança do trabalho, não podem ser enquadradas como Processo Judicial Previdenciário.

Embora o escopo último também gravite em torno da proteção previdenciária e trabalhista dos segurados no aspecto acidentário, e seja louvável a atitude da autarquia previdenciária em priorizar essas questões, não se trata de demandas em que se discuta benefício previdenciário ou revisão, mas tão somente o ressarcimento dos cofres públicos naquelas determinadas hipóteses legais.[3] Tem-se aí matéria muito mais ligada ao Meio Ambiente do Trabalho.

O objeto do Processo Judicial Previdenciário, portanto, fica vinculado ao estudo do processo judicial relativo à concessão e revisão dos benefícios previdenciários e assistenciais, além de temas correlatos, como o dano moral previdenciário.

---

[3] Dispõem os arts. 120 e 121 da Lei de Benefícios:
Art. 120. A Previdência Social ajuizará ação regressiva contra os responsáveis nos casos de:
I – negligência quanto às normas padrão de segurança e higiene do trabalho indicadas para a proteção individual e coletiva;
II – violência doméstica e familiar contra a mulher, nos termos da Lei nº 11.340, de 7 de agosto de 2006.
Art. 121. O pagamento de prestações pela Previdência Social em decorrência dos casos previstos nos incisos I e II do caput do art. 120 desta Lei não exclui responsabilidade civil da empresa, no caso do inciso I, ou do responsável pela violência doméstica e familiar, no caso do inciso II.

O Processo Judicial Previdenciário é, assim, o ramo autônomo do Direito Previdenciário, dotado de um conjunto de normas e princípios próprios, relativo à gama de ações propostas perante o Poder Judiciário com o escopo de obtenção (bem como manutenção e restabelecimento) ou revisão de algum dos benefícios concedidos pela Seguridade Social.

Pode-se mencionar as ações judiciais intentadas pleiteando a concessão de aposentadorias por invalidez, por idade, por tempo de contribuição, auxílio-acidente, pensão por morte, auxílio-reclusão ou, ainda, a revisão do valor desses benefícios, assim como o próprio benefício da assistência social.

Em relação ao benefício da assistência social, previsto no art. 203, V, da Constituição Federal de 1988, causaria estranhamento, numa primeira e mais superficial leitura, sua inserção num leque de benefícios previdenciários, tratados dentro do Processo Judicial Previdenciário. Entretanto, verifica-se que, numa leitura sistemática e coesa do ordenamento jurídico, especialmente do segmento pertinente à Seguridade Social, tal inclusão é permitida.

Alguns benefícios previdenciários possuem certa natureza assistencial (a exemplo dos benefícios rurais). A legislação, ademais, sempre verificou, ao longo de sua história e desenvolvimento, oscilações quanto ao encaixe de certos benefícios nos ramos previdenciário, em sentido estrito, ou assistencial.

A título de exemplo, veja-se a antiga previsão do benefício da *renda mensal vitalícia* no art. 139 da Lei de Benefícios, até sua revogação pela Lei 9.528/1997. Esse benefício de renda mensal vitalícia (RMV), ademais, poderia ser concedido como um *minus*, conforme admitido pela jurisprudência. Além disso, a gestão administrativa do benefício assistencial encontra-se a cargo do INSS, o que também contribui para firmar essa visão sistemática que permite enquadrar a busca do benefício assistencial (LOAS) no Processo Judicial Previdenciário.

A respeito do *dano moral previdenciário*, vislumbra-se que essa modalidade de demanda previdenciária (seja em ações autônomas, seja como mero pedido cumulativo) pode ser incluída no Processo Judicial Previdenciário, porque igualmente diz respeito à atuação estatal indevida em matéria de benefícios previdenciários (MARTINEZ, 2009).

Possui clara pertinência jurídica com o tema da concessão/revisão de benefício previdenciário, como fica claro nos exemplos mais comumente aventados: recusa de protocolo de pedido de benefício; alta médica administrativa, quando o segurado ainda se encontra incapacitado de fato para o trabalho; atraso injustificado na concessão/processamento de benefício; descumprimento de decisão judicial; cancelamento indevido de benefício; falta de orientação adequada ou atendimento desatencioso, quiçá com maus-tratos; extravio de processo ou procrastinação de devolução de documentos; inobservância de súmulas e má exegese das leis; lentidão na revisão e engano nos cálculos; presunção de fraude; erro médico; mora no seguro-desemprego (MARTINEZ, 2009).

O *dano moral previdenciário*, assim como outros temas enquadrados no âmbito do Processo Judicial Previdenciário, pode ser caracterizado como um déficit da dignidade do segurado ou dependente acarretado pela indevida atuação administrativo-previdenciária, encontrando-se, no centro de sua discussão, a revisão judicial acerca dos parâmetros administrativos da gestão previdenciária.

Também as ações discutindo reajuste de complementação de benefício previdenciário, devido pela União e pago pelo INSS (como no caso de ferroviários, portuários e algumas outras categorias profissionais organizadas), têm sido reconhecidas como de natureza previdenciária, em sentido lato, sendo plenamente enquadradas no âmbito de estudo do Processo Judicial Previdenciário.[4]

No mesmo sentido, são consideradas ações previdenciárias aquelas intentadas para declaração judicial de morte presumida, com fins eminentemente previdenciários (concessão de benefício da pensão por morte), ou de interdição, com fins previdenciários (benefícios por dependência). Também terão caráter de ação previdenciária as demandas relativas a alterações ou correções de informações constantes no CNIS, diante de seus imediatos reflexos em benefícios previdenciários.

O último tipo de ação judicial que podemos inserir dentro do Processo Judicial Previdenciário consiste nas ações movidas pelo INSS para cobrança de benefícios previdenciários "indevidos", isto é, concedidos por antecipação de tutela ou medida liminar e, posteriormente, revogados dentro do âmbito processual. Nesses casos, embora a ação tenha sido proposta pela autarquia previdenciária, possui natureza de ação tipicamente previdenciária, pois se discute a natureza jurídica dos benefícios previdenciários, especialmente sua irrepetibilidade como característica da ação previdenciária.[5]

---

[4] Conforme reconhecido neste precedente do TRF3:
"Processual civil. Agravo de instrumento. Conflito de competência. Complementação de aposentadoria. Vara previdenciária.
I – Se o pedido é de reajuste da complementação de benefício previdenciário, devido pela União e pago pelo INSS, as questões que regulam a matéria em comento são de natureza previdenciária, em sentido lato, aí entendido o campo normativo do direito da seguridade social, sejam referentes ao regime geral da Previdência Social, sejam relacionados ao regime previdenciário do servidor público.
II – Por tratar de matéria de natureza previdenciária a ação que dá ensejo ao presente recurso, a competência é das varas especializadas da Justiça Federal.
III – Agravo de instrumento a que se dá provimento" (TRF da 3.ª Região, 7.ª Turma, Agravo de Instrumento 2008.03.00.018034-5, Rel. Des. Federal Walter do Amaral, j. 26.04.2010, *DJF3* 05.05.2010, p. 562).

[5] Esse tipo de ação judicial, caso se compreenda como parte do Processo Judicial Previdenciário, altera em parte a classificação que usualmente adotamos, definindo o polo ativo das ações previdenciárias como composto unicamente pelos segurados e dependentes.

Isso posto, deve-se colocar a ideia de que o Direito Processual Previdenciário é espécie de que o Direito Previdenciário é gênero, com normas e princípios próprios, aplicadas no tipo de ação judicial acima descrita, cujo objeto é, em síntese, a discussão sobre a concessão/revisão de benefício previdenciário.

1.2 PRINCÍPIOS DO PROCESSO JUDICIAL PREVIDENCIÁRIO

Um ramo do direito que se pretenda autônomo deve se orientar por quatro aspectos:

a) autonomia legislativa: resultante de possuir um conjunto de normas e leis mais ou menos ordenadas em códigos ou compêndios;
b) autonomia jurisprudencial: com a existência de tribunais próprios com magistrados especializados na matéria;
c) autonomia acadêmica: que se dá quando um pretenso ramo do direito possui cátedra própria e disso resulta que se ensine como matéria independente das demais;
d) autonomia científica: se dá quando o ramo do direito de que se trate esteja organizado como um sistema relativamente completo de normas e princípios, de modo que, para a solução dos problemas jurídicos a ela submetidos, só haja que recorrer a ele próprio, sem recorrer a outro segmento jurídico. Essa última forma de autonomia é a mais importante e completa.

No caso do Processo Judicial Previdenciário, verifica-se que se está a meio caminho da plena autonomia, visto que já há relativa autonomia legislativa e ampla autonomia jurisprudencial e acadêmica, possibilitando o desenvolvimento, cada dia mais vigoroso, da autonomia científica.

Os princípios e as principais características do Processo Judicial Previdenciário podem ser extraídos do exame da legislação específica, principalmente dos postulados constitucionais aplicáveis.

Especialmente, porém, identificamos que possam ser vislumbrados a partir da jurisprudência previdenciária, dada a ausência de legislação processual própria e de uma doutrina ainda em construção (como, ademais, ocorre com o próprio Direito Previdenciário).

Segundo Gusmão (1990, p. 157), jurisprudência "é o conjunto de regras ou princípios jurídicos extraídos de decisões judiciais constantes e uniformes, ou, então, a regra de direito jurisprudencial decorrente não de decisão, mas de decisões usuais, reiteradas constantes e uniformes".

Nesse sentido, vale ressaltar que a análise da jurisprudência previdenciária deve ser mais *qualitativa* do que *quantitativa*. Em outras palavras: deve ser *representativa* do discurso judicial e apta a indicar as tendências dos julgamentos nessa matéria, ainda que minoritárias (MIRANDA ROSA, CANDIDO, 1988, p. 30-32).

Retomando o conceito de princípio, tem-se, conforme Roscoe Pound (1976, p. 60-61), que se trata de "um ponto de partida autorizado para o raciocínio jurídico. Os princípios representam trabalho de juristas, organizando a experiência judicial pela diferenciação dos casos, formulando um motivo como base para a diferença e comparando a experiência longamente desenvolvida de decisões em algum campo, reportando alguns casos a um ponto geral de partida para raciocínio e outros a outro ponto de partida semelhante, ou descobrindo um ponto de partida mais compreensivo para o campo inteiro".

Ademais, "os princípios e as concepções jurídicas tornam possível viver com um número muito menor de regras e tratar, com segurança, de novos casos para os quais não se dispõe de regras" (POUND, 1976, p. 62).

Talvez, futuramente, esses postulados que aqui discutimos possam redundar na criação de um estatuto processual próprio, ou, ao menos, na síntese ordenada das regras atualmente existentes.

Ao Processo Judicial Previdenciário aplicam-se princípios gerais constantes da Teoria Geral do Direito (equidade, justiça, equanimidade, analogia, finalidade da lei etc.). Porém, a missão a que nos propusemos implica a investigação dos princípios que lhe são próprios.

Também deve restar assentado que a especificidade do Processo Judicial Previdenciário vem do fato de o processo civil comum ou tradicional não ser suficiente, muitas vezes inadequado, às lides previdenciárias (SAVARIS, 2008, p. 52; TUCCI, 1997, p. 120-121), impondo a necessidade de tutela específica e diferenciada, sobretudo estruturada em torno de uma proximidade entre as regras processuais e aquelas de Direito material (BALERA, RAEFFRAY, 2012, p. 261, 253-254).

Dessa árdua tarefa de assentar, ou ao menos indicar os principais princípios do Processo Judicial Previdenciário, passamos a nos ocupar de ora em diante.

I. Princípio da proteção social e a concretização dos direitos sociais

O principal princípio aplicável ao Processo Judicial Previdenciário é o da *proteção social*. No caso, a identificação da Previdência Social como técnica de proteção social, particularmente destinada aos segurados e dependentes.

Vincula-se à tradição dos direitos fundamentais sociais e sua missão de *resposta às demandas sociais* (SERAU JR., 2009). Ademais, encontra-se positivado em diversos preceitos constitucionais (arts. 1.º, 3.º, 6.º, 193 e ss.), além de estar arraigado na própria concepção de Estado Social, adotada na Constituição Federal.

O sistema de segurança social, a partir de 1988, fundamentalmente possui sede constitucional. Há a necessidade de que toda interpretação a ser dada a qualquer dos institutos previdenciários, em quaisquer situações concretas, parta da análise dos termos e princípios constitucionais, que definem o modelo de proteção social vigente em dado modelo de Estado (CORREIA, SANTOS, 2005, p. 367-368).

O postulado da proteção social informa o Direito Previdenciário em seu aspecto *material*, mais fácil de ser identificado, mas também em seu aspecto *processual*, dado consubstanciar a própria *ratio iuris* da legislação social.

Significativo exemplo em que restou consagrado esse vetor do Processo Judicial Previdenciário reside no julgamento do Recurso Especial 1.112.557-MG (STJ, Rel. Min. Napoleão Nunes Maia Filho, 3.ª Seção, j. 28.10.2009, *DJe* 20.11.2009, julgado no sistema dos recursos especiais repetitivos, como caso representativo).

Aí, definiram-se os critérios de prova aplicáveis ao benefício assistencial, determinando-se que o juiz não se encontra restrito ao critério objetivo previsto em lei, podendo adotar outros parâmetros de prova. Um dos fundamentos do julgamento, explicitado na Ementa do acórdão, indica justamente essa tese da necessidade de consagração da proteção social:

> "4. Entretanto, diante do compromisso constitucional com a dignidade da pessoa humana, especialmente no que se refere à garantia das condições básicas de subsistência física, esse dispositivo deve ser interpretado de modo a amparar irrestritamente o cidadão social e economicamente vulnerável".

Verifica-se grande hiato entre a previsão normativa de direitos sociais, inclusive aqueles previdenciários, e a realidade social. Os juízes que atuam em matéria previdenciária são chamados a atuar buscando dar concreção a esses preceitos constitucionais em um cenário econômico-social de consequências bastante severas para a população (VAZ, 2011, p. 55, 60-78).

As lacunas, em termos de legislação pertinente aos benefícios previdenciários, devem ser preenchidas com a utilização de princípios próprios do Direito Social (NASCIMENTO, 2007, p. 169-170).

II. Interpretação favorável ao segurado (*in dubio pro segurado*). Verdade real

Uma das principais diferenças do Processo Judicial Previdenciário em relação ao Processo Civil ordinário reside na busca da *verdade real*. Com efeito, nesse segmento do Direito Previdenciário não se aplica a busca da verdade meramente formal constante e obtida a partir dos autos.

Considerando-se os relevantes direitos fundamentais sociais que são discutidos nesse tipo de demanda, não pode o operador do Direito, seja ele o advogado, o Magistrado, o Procurador Federal ou membro do *parquet*, aceitar a simples e tradicional divisão da jurisdição entre esferas penal e cível, acatando a premissa de que, em matéria previdenciária, valeria uma verdade meramente formal. Como diz Ibrahim (2010, p. 20-21):

> "A Previdência Social, como direito social, impõe ao intérprete e aplicador da lei previdenciária a consciência de que a lei deve sempre ser subsumida de maneira a atender as expectativas da clientela protegida, atendendo-se em conjunto outras restrições de ordem legal ou constitucional. Somente vedação expressa em lei ou oriunda da própria Constituição poderá frustrar as expectativas dos beneficiários da Previdência Social, sob pena de violação da Constituição cidadã. Novamente cabe a ressalva da Previdência Social como direito social, pois não se devem aqui impor critérios clássicos e muitas vezes ultrapassados de interpretação – muito utilizados na percepção clássica do direito.
>
> (...)
>
> Não há como ignorar a relevância da Previdência Social para todo o corpo social, devendo suas regras, dentro do possível, ser interpretadas de modo favorável a seus segurados, até mesmo como estímulo governamental ao seu ingresso, pois não obstante a compulsoriedade do sistema previdenciário, muitos trabalhadores ficam à margem mesmo em razão de desestímulos criados pelo Estado, quando começam a adotar interpretações restritivas.
>
> (...)
>
> Nada mais verdadeiro no seguro social, pois o fim pretendido é a garantia plena da manutenção do segurado e seus dependentes em caso de algum advento infeliz, como doença, invalidez ou mesmo a velhice. Enfim, em caso de dúvida, sempre se optará pela solução mais benigna – *semper in dubiis benigniora, proeferenda sunt*".

Concordam com nossa proposição de aplicação do princípio do *in dubio pro* segurado, entre outros, Marcus Orione Gonçalves Correia, Marisa Santos (2005) e José Antonio Savaris. Para este autor, ademais, também deve primar a *verdade real* nesse segmento do Direito Previdenciário, que ele corretamente identifica como a "verdade adequada ao direito previdenciário":

> "Quando propugnamos a verdade real para o direito previdenciário, estamos nos referindo a um conhecimento que não se contenta com o que lhe propicia automaticamente a forma processual, mas busca compreender, mediante aproximação das realidades que cercam os fatos, o objeto que desafia interpretação. E o objeto que desafia o conhecimento do juiz é justamente o fato previdenciário constitutivo do direto do autor.
>
> A verdade real assim concebida representa muito mais do que a verdade a que se chega de forma indiferente e desinteressada (verdade formal). Mas não pode ser confundida com a verdade exata, própria das ciências naturais. A solução *pro misero* deve ser aplicada quando, em uma perspectiva formal, qualquer dos resultados dispostos pela sentença pareça razoável. Na dúvida, decide-se casuisticamente evitando-se o sacrifício de direito fundamental" (SAVARIS, 2008, p. 43).

De fato, não se tratando de ciências exatas, a interpretação dos fatos e das normas no âmbito dos direitos sociais tem como verdade a ser alcançada aquela que tenha o homem e sua contingência de destituição e de ameaça à sobrevivência como referência primeira, uma verdade que não precisa ser universalizável ou posta à prova da generalização (SAVARIS, 2008, p. 42-43).

O princípio da *verdade real*, dentro do Processo Judicial Previdenciário, possui extrema importância em razão das condições em que geralmente se dão os fatos a serem comprovados, com fins previdenciários: informalidade e precariedade das relações de trabalho; escamoteamento da verdade trabalhista por conta da relação de dependência econômica do empregado; informalidade e precariedade das relações de trabalho no campo; a condição de trabalho da mulher; dificuldade de manterem-se provas/documentos de situações laborais e familiares transcorridas há décadas, diante do baixo grau de instrução de parcela considerável da população.

Em linhas gerais, a discussão a respeito da informalidade e precariedade nas relações laborais afeta a seara previdenciária principalmente após as transformações decorrentes da Emenda Constitucional 20/1998, que substituiu como paradigma previdenciário o tempo de serviço pela ideia de estruturação em torno do efetivo tempo de contribuição:

> "Não se tem dúvida de que, sob o ponto de vista técnico, foi um grande avanço essa alteração, uma vez que somente poderão ser considerados como tempo de trabalho os períodos de contribuição efetiva, terminando, portanto, com os chamados tempos fictícios.

A questão analisada pela ótica dos segurados que buscam os seus direitos, desloca-se do aspecto técnico para o social: relações de trabalho extremamente incipientes, precarizadas, não formalizadas, em que a anotação das carteiras de trabalho ainda não é uma realidade concreta; vínculos empregatícios escamoteados sob os mais variados mantos, a exemplo das parcerias falsas, das sociedades irregulares, das cooperativas ilegais etc. O que vale dizer, amiúde, que os segurados terão enorme dificuldade de ter esses tempos computados para os fins previdenciários, caso não haja os aportes respectivos para os cofres do Instituto Nacional do Seguro Social" (CAETANO COSTA, 2010, p. 74-75).

Embora sempre exista a possibilidade de contribuir individualmente para o sistema previdenciário, por meio das figuras do segurado facultativo ou do segurado contribuinte individual, já demonstramos, em outra oportunidade (SERAU JR., 2010), as dificuldades socioeconômicas para que isso ocorra.

Por derradeiro, cabe assinalar que a fiscalização das relações de trabalho é dever do Estado, verdadeira norma de ordem pública (BARBOSA GARCIA, 2007, p. 729). A omissão estatal quanto a isso não pode levar a uma dupla penalização do cidadão, tanto no segmento laboral quanto nos aspectos previdenciários dele decorrentes.

Em virtude do princípio da *verdade real*, verificam-se consequências fundamentais em relação à coisa julgada do Processo Judicial Previdenciário, particularmente nas ações relativas a benefícios por incapacidade, assim como na admissão da nova propositura de ações, aparentemente acobertadas pela coisa julgada, a partir da descoberta/obtenção de novas provas (SAVARIS, 2008, p. 85-90).

Significativo exemplo em que restou consagrado esse importante princípio do Processo Judicial Previdenciário reside no julgamento do Recurso Especial 1.112.557-MG (STJ, 3.ª Seção, Rel. Min. Napoleão Nunes Maia Filho, j. 28.10.2009, *DJe* 20.11.2009, julgado no sistema dos recursos especiais repetitivos, como caso representativo, e, portanto, aplicável a todos os casos semelhantes).

Nesse julgado o Superior Tribunal de Justiça definiu os critérios de prova aplicáveis ao benefício assistencial, determinando que o juiz não se encontra restrito ao critério objetivo previsto em lei, podendo adotar outros parâmetros de prova; além disso, vigora o princípio do livre convencimento motivado do juiz.

Outra hipótese relevante reside na inviabilidade de adoção de critérios ou metodologias como a "alta programada". No caso de benefícios por incapacidade, não se pode prescindir do exame da "verdade real", acatando-se aspectos meramente formais ou fantasiosos (como a "alta programada"); há necessidade de efetivo e coerente exame médico do quadro clínico do segurado.

O que se vem observando é que, devido à sobrecarga de trabalho atribuída aos juízes e ao Poder Judiciário, há verdadeira subutilização dos poderes instrutórios dos juízes, implicando prejuízo à busca da verdade real (VAZ, 2011, p. 73-76).

III. Fatores característicos da ação previdenciária: subsistência e fator etário

A ação previdenciária, objeto do Processo Judicial Previdenciário, caracteriza-se por dois fatores essenciais: a vinculação à busca de subsistência e o fator etário.

O primeiro, que reside no objeto jurídico demandado nesse tipo específico de lide (concessão ou revisão de benefício previdenciário, num sentido lato), diz respeito à garantia que a parte busca, quando ingressa com ação previdenciária, de sua sobrevivência ou, no máximo, da elevação de sua qualidade de vida a patamares mais dignos.

A esse fator é muitas vezes dado o nome de caráter alimentar das ações previdenciárias (SAVARIS, 2008, p. 56). Porém, deve-se ter em mente que o Processo Judicial Previdenciário se vincula a outro segmento do ordenamento jurídico, e o emprego dessa expressão alimentar não se faz muito próprio.

A expressão *alimentos*, muitas vezes empregada na esfera previdenciária (também no seu respectivo campo processual), diz mais respeito às questões derivadas do Direito de Família, especialmente as obrigações (direitos e deveres) consentâneas à estrutura familiar, em particular obrigação de sustento mútuo.

A natureza jurídica dos alimentos, a merecer ainda estudo mais aprofundado em suas diferenças com a natureza jurídica da prestação previdenciária, fundamenta-se nos arts. 226, 227, 229 e 230, todos da Constituição Federal.

A Previdência Social, e seus distintos benefícios, por sua vez, encontram lastro no art. 193 e seguintes da Carta Magna. Mais do que uma simples diferença topológica dentro do corpo do texto constitucional, verifica-se que, sobretudo, trata-se de institutos distintos.

Os benefícios previdenciários, embora também se destinem à sobrevivência da pessoa humana, com qualidade de vida e dignidade, igualmente vinculados ao *mínimo vital*, postam-se, especificamente, como *substitutivos dos rendimentos daqueles vinculados ao mundo do trabalho*, o que é particularmente demonstrado a partir da qualidade de segurado (e, por consequência, é estendido aos dependentes econômicos do segurado).

Observadas tais ressalvas, certifica-se, portanto, esse elemento de hipossuficiência daqueles que compõem o polo ativo da lide previdenciária: hipossuficiência, ademais, econômica e informacional (prejuízo no conhecimento acerca de sua situação jurídica e quanto aos seus direitos e deveres), a redundar prejuízo processual inequívoco (na contratação de advogados; na obtenção e apresentação de provas etc.), assim como barreiras culturais e comunicacionais (SAVARIS, 2008, p. 60).

O segundo fator característico das ações previdenciárias está na alta frequência com que se observa a idade elevada daqueles que se encontram no polo processual ativo deste tipo de demanda.

Com efeito, não se tem uma exclusividade de pessoas idosas litigando contra o INSS. Muitas vezes teremos no polo processual ativo o menor (como na hipótese de ser dependente de segurado falecido, buscando benefício por dependência econômica).

Entretanto, estatisticamente, inclusive pela própria natureza da Previdência Social, aqueles que litigam contra o INSS na imensa maioria das vezes são dotados de idade mais avançada, momento da vida em que, naturalmente, se recorre às aposentadorias.

A somatória desses dois fatores exige cuidados materiais e processuais específicos, particularmente sintetizados no tópico seguinte, relativo à *celeridade previdenciária*.

IV. Celeridade previdenciária

A Constituição Federal de 1988, em seu art. 5.º, LXXVIII, introduzido com a Emenda Constitucional 45/2004, que tratou da Reforma do Poder Judiciário, assegura o chamado "direito fundamental à celeridade processual", aplicável a todos os processos judiciais e administrativos. Diante disso, haveria sentido em se falar numa específica "celeridade *previdenciária*", pertinente apenas ao Processo Judicial Previdenciário?

De fato, todos os processos, judiciais ou administrativos, são dotados de celeridade; devem ser rapidamente solucionados nas instâncias judiciais ou administrativas. Porém, sabemos que se trata de uma meta ainda difícil de ser atingida plenamente, consideradas todas as deficiências da Justiça e da Administração (materiais, humanas, procedimentais etc.).

Independentemente dessa condição, cremos existir a referida celeridade *previdenciária*. O *direito fundamental à celeridade processual* é cabível em todos os processos, mas encontra posição especial nesse segmento do Direito.

Como já se disse anteriormente, o Processo Judicial Previdenciário, sucintamente, é aquele em que se discute a *concessão/revisão de benefício previdenciário*.

É consabido que os benefícios previdenciários são substitutivos do salário/rendimento pessoal. Possuem, ademais, íntima ligação com a garantia de subsistência e sobrevivência dos indivíduos, derivados que são dos direitos fundamentais sociais, principalmente pelo aspecto da garantia da dignidade da pessoa humana.

Por outro lado, em muitos casos liga-se ao fator subsistência/sobrevivência o fator *etário*, quer dizer: muitas vezes o Processo Judicial Previdenciário tem como atores, ou seja, como parte autora (legitimados ativos) das *ações previdenciárias* segurados/dependentes com elevada idade (pela própria condição de aposentados e pensionistas).

Portanto, a natureza da relação jurídica discutida nesse específico tipo de demanda (concernente à sobrevivência/subsistência humana), bem como, em muitos casos, a consideração sobre os legitimados a figurar no polo ativo (pessoas com elevada idade), revelam a necessidade de assegurar-se, ao Processo Judicial Previdenciário, sua específica *celeridade*, independentemente da garantia geral de celeridade concedida a todos os processos judiciais e administrativos.

Trata-se, por fim, de medida respaldada na busca de isonomia, apanhando de modo aparentemente desigual aqueles que se encontram em situações de efetiva desigualdade substancial.

Além da necessidade, pura e simples, de resolução célere de demandas caracterizadas como Processo Judicial Previdenciário, outras consequências se impõem, particularmente o cuidado com a condução do processo, especialmente o trato das tutelas de urgência (arts. 300 e seguintes do CPC) e outras medidas em que o *tempo do processo* é muito relevante.

Como exemplo dessa necessidade podemos identificar a situação do processo administrativo no INSS, que deve ter deslinde célere e efetivo, sob pena de violar direitos dos segurados/dependentes, e caso demora indevidamente poderá ser impugnado pela via do mandado de segurança.

No campo da instrução probatória, o *tempo do processo* também produz impacto, desigual, na condição das partes e no resultado do processo: o modelo adversarial aqui prevalecente exige a preservação da memória dos fatos; quanto maior o tempo do processo, menor a confiança na justiça da decisão (TUCCI, 1997, p. 41).

No segmento do processo judicial previdenciário isso se revela de capital importância: documentos são perdidos; empresas onde os segurados trabalharam fecham, transferem-se de endereço ou entram em falência, dificultando ou impedindo o acesso a documentos de interesse dos segurados; testemunhas falecem ou é perdido seu contato, de modo a influir no resultado do processo.

É claro que há mecanismos processuais interessantes a lidar com isso, a exemplo da ação autônoma e antecipada de produção de prova, prevista no art. 381 do CPC. Tais ferramentas poderão e deverão ser utilizadas, e sempre com atenção às particularidades das ações previdenciárias.

Um outro tópico em que a questão da *celeridade previdenciária* fica evidente reside no cumprimento das decisões judiciais contra o INSS, especialmente no que diz respeito a obrigações de pagar quantia certa. Observou-se uma gradativa evolução da legislação relativo aos precatórios judiciais visando o pagamento imediato ou mais célere em relação aos créditos de natureza previdenciária, diante de sua urgência típica (a exemplo da criação dos RPV – pela Lei 10.259/2001 – ou a implementação dos precatórios superpreferenciais, por obra da Emenda Constitucional 62/2009).

V. Substitutividade da atuação do Poder Judiciário

Falar-se em *substitutividade* da atuação do Poder Judiciário em relação à atuação administrativa (no nosso caso, do INSS) requer alguns cuidados e esclarecimentos.

Como é sabido, com fundamento na Teoria Geral do Processo, a ação judicial somente ocorre por existir conflito de interesses entre determinadas partes, configurando, ademais, uma pretensão resistida, a qual, inexistindo composição entre as partes em conflito, dá ensejo à propositura de demanda judicial (art. 17 do CPC), a fim de que o Estado, dentro dos limites da lei e da Constituição, arbitre-o, solucionando o referido litígio.

Em relação às demandas judiciais de tipo tradicional, entre particulares, pessoas jurídicas ou físicas, o conflito de interesses e a pretensão resistida se dão em virtude de desejos e interesses, enfim, reside no desacordo de *vontades* dos envolvidos na questão.

Quando pensamos no Processo Judicial Previdenciário, verifica-se que, quanto a um dos polos dessa relação processual-previdenciária, a Administração Pública (representada pelo INSS, especificamente), não importa o elemento volitivo. É que a Administração, consoante estabelecido no art. 37 da Constituição Federal, pauta-se pelos princípios da estrita legalidade e da impessoalidade.

Pouco importará, então, a *vontade* dos agentes gestores do INSS, do mais alto hierarca (quiçá o Ministro da Previdência Social) ao mais simples Gerente Administrativo do mais singelo Posto de Atendimento. Importará, ao revés, o conjunto normativo aplicável e aplicado por essas referidas pessoas; sobretudo o modo como aplicam tal arcabouço normativo.

O Processo Judicial Previdenciário, embora muitas vezes se materialize com a aparência de uma demanda individual postada contra o INSS (um tipo clássico de demanda do tipo *autor* x *réu ou Caio x Tício*), na realidade reflete um conflito estrutural de correção de políticas e serviços públicos a cargo da autarquia previdenciária, a fim de que entrem em consonância com a Constituição e, muitas vezes, mesmo com as normas infraconstitucionais.

Cada uma das diversas demandas previdenciárias é, em realidade, a expressão de uma busca judicial mais ampla e mais profunda, consubstanciada, como dissemos acima, no escopo de alteração dos próprios rumos e critérios da atividade estatal relativa à Previdência Social, a qual afeta, amiúde, inúmeros segurados e dependentes.

Nesse sentido, o Processo Judicial Previdenciário, ainda que ativado individualmente, assemelha-se ao que no processo judicial norte-americano chama-se de *structural injunction*: o meio pelo qual "o Poder Judiciário procura reorganizar estruturas e organizações burocráticas existentes de modo a colocá-las em conformidade com a Constituição" (FISS, 2004, p. 204).[6]

O crescimento do Estado Social, ao longo do século XX, ensejou, paralelamente, o agigantamento da jurisdição administrativa (POUND, 1976, p. 77), diante da especialidade e complexidade inerentes às "novas" regras jurídicas que lhe são características.

A atuação judicial relativa a esse campo diferencia-se em relação às esferas tradicionais de justiça (jurisdição penal e civil comum, de ordem

---

[6] O processo judicial tradicional, adotado ainda hoje como padrão para a constatação da legitimidade de todas as formas de "solução de controvérsias", gravita num universo sociologicamente empobrecido, sem importância para os grupos sociais e instituições burocráticas, pois se consubstancia numa tríade, em que duas pessoas disputam algum objeto/bem jurídico, a qual será solvida pela atuação do Juiz (o terceiro desta relação). Não há lugar, nessa estrutura, para entidades sociológicas, embora sejam tão familiares ao direito e aos processos judiciais contemporâneos. O processo judicial estrutural, porém, desobedece a essa forma tripartite. O antagonismo não é binário, pois permite a participação de grupos e organizações (FISS, 2004, p. 108-109). No modelo judicial brasileiro, essa ineficiência decisória e inoperância do processo judicial tradicional fica agravada pelo fato de que o Poder Judiciário é chamado a responder demandas de *justiça* numa sociedade profunda e estruturalmente calcada pela estratificação da exclusão, em razão de profundas raízes históricas (RAMOS RIBEIRO, 2002, p. 26).

individualista e comutativa). Passa o Poder Judiciário a lidar e determinar a forma de atuação de complexas estruturas públicas:

> "Trata-se de uma solução que requer não apenas um reconhecimento de um direito subjetivo e de um dar/entregar obrigar a dar/entregar alguma coisa ou alguma quantia de dinheiro, mas um fazer ou prover um serviço público (contínuo, ininterrupto, impessoal etc.). Serviços públicos exigem meios: receita para seu custeio, pessoal e material para sua execução, poder ou competência para sua efetividade" (LIMA LOPES, 2006, p. 120).

A despeito das dificuldades e diferenças acima apontadas em relação ao controle judicial da Administração Pública, não se pode afastá-lo. As decisões das instâncias administrativas não devem ficar à mercê de revisão apenas por meio das instâncias administrativas superiores. Devem, preferencialmente, submeter-se à necessária *revisão judicial*, estruturada em padrões de devido processo legal e de legalidade e constitucionalidade (POUND, 1976, p. 84).

Pedro Lessa (1915, p. 151), em sua célebre obra *Do Poder Judiciário*, afirmava já em 1915 que "perante um tribunal administrativo nunca os direitos dos administrados e dos agentes da administração são cercados das mesmas seguranças que nos tribunais judiciários".

Além disso, deve-se afastar a concepção de que o processo administrativo, por ser técnico e complexo, excluiria, como se supõe, a tomada de posições parciais, pois o critério de abstração e generalidade da lei seria suficiente a tanto (POUND, 1976, p. 85). Justamente por isso, ou seja, o parâmetro comum de decisão administrativa encontrando-se restrito à legalidade estrita, ignora esse tipo de decisão um lado importante das questões com que lida:

> "Mostra-nos, a experiência que, longe de ser controle, aqui se depara, em parte, com a fonte de um dos abusos mais flagrantes no julgamento administrativo, quero dizer, o julgamento de fatos, não na base de interrogatórios e testemunhos, mas *na predisposição de fatos que se ajustem às exigências de certa orientação*" (POUND, 1976, p. 86, grifos nossos).

As Cortes judiciais são mais apropriadas a rever as políticas públicas (e serviços públicos), porque costumam trabalhar com valores constitucionais, não necessariamente porque teriam maior competência ou mais habilidade técnica:

> "Às Cortes não é confiada a tarefa de reconstrução considerando-se que possuam alguma capacitação técnica (na forma de conhecimento ou experiência) na sua realização. No âmbito do instrumentalismo, da

racionalidade meiofim, as cortes não têm propriamente uma idoneidade especial. A idoneidade especial que possuem reside em outra parte, na esfera dos valores constitucionais, consistindo em um tipo especial de racionalidade substantiva. Essa capacitação especial das cortes decorre de qualidades especiais do processo judicial – diálogo processual e independência" (FISS, 2004, p. 72).

De acordo com a sistemática adotada pelo Brasil desde a Constituição Republicana de 1891, podem os juízes, no exercício do controle difuso de constitucionalidade das leis, retirar do ordenamento jurídico leis e normas que sejam incompatíveis com a Constituição.

Podendo extirpar do ordenamento jurídico inclusive normas jurídicas de primeira grandeza, como as leis, podem os juízes, por coerência do sistema, também afastar a aplicação de atos administrativos e revisar processos e procedimentos administrativos contrários às leis e, sobretudo, à Constituição.

A produção "normativa" de origem administrativa vincula-se a uma tradição brasileira, que pode ser observada pelo menos a partir dos anos 1960, caracterizada por grande proliferação legislativa, oriunda do aumento do trabalho e da "produção" dos órgãos legislativos formais e clássicos, assim como do agigantamento da função legislativa em sentido material dos órgãos governamentais, administrativos ou consultivos, materializada em decretos, portarias, resoluções, avisos, circulares, instruções normativas e ordens de serviço (MIRANDA ROSA, 1985, p. 55-56).

Essa produção "normativa" é tipicamente tecnocrática, frequentemente inadequada, ineficaz e, até, contrária aos fins procurados. A omissão na procura de colaboração de juristas ou, ao menos, profissionais do Direito, na sua formulação resulta, muitas vezes, na formulação de normas insuscetíveis de aplicação inteligente e de claro entendimento, propiciando inúmeras dificuldades também no momento da apreciação judicial (MIRANDA ROSA, 1985, p. 57).

Como já foi dito, o Poder Judiciário não se prende a esse único parâmetro de atuação, podendo redesenhar o molde de legalidade aplicável aos casos que se lhe põe a apreciação, inclusive, e principalmente, a partir de paradigmas constitucionais (princípios e valores).

Em relação ao direito *material* previdenciário, exemplos de imprecisões da legislação (e de profundas injustiças) abundam. Os detalhes praticamente matemáticos da legislação previdenciária podem ensejar situações de desconsideração de todo um histórico da vida do trabalhador (inclusive sua vida efetivamente contributiva), assim como a necessidade de proteção social. Na esfera processual previdenciária esse fenômeno foi descrito com precisão por Savaris (2008, p. 43):

> "O direito à concessão de um benefício da seguridade social não pode ser aferido a partir dos critérios milimétricos estabelecidos pela legislação previdenciária. O direito à proteção social para subsistência não se expressa em um modo matemático. Os problemas de sobrevivência que se apresentam em um processo previdenciário não serão adequadamente solucionados numa perspectiva positivista, no sentido de serem os requisitos postos à evidência do juiz.
>
> (...)
>
> A aplicação estrita das regras previdenciárias genéricas dispostas em lei e em atos infralegais pode ser admitida na esfera administrativa, pois os agentes administrativos, especialmente os que se encontram na frente de concessão da entidade previdenciária, não têm maior espaço para interpretação.
>
> Mas não deve ser assim no processo judicial previdenciário, onde temos a figura do juiz como o órgão jurisdicional chamado a examinar, na instância derradeira (judicial), o direito da pessoa a subsistir por intermédio da proteção social. O processo judicial previdenciário é o campo próprio para soluções de equidade, afastando-se do método cartesiano de reputar falso o que é apenas provável".

A atuação judicial, nesse sentido, não corresponderia, ademais, a ato de "criação do direito", conforme lhe é muitas vezes imputado. Pode-se interpretar esse tipo de conduta judicial como mecanismo de aperfeiçoamento do direito, especialmente numa seara em que a metodologia positivista (inclusive o positivismo jurídico e sua pretensão de neutralidade, certeza, objetividade e previsibilidade) não se impõe com precisão, não abarcando com generalidade e devido grau de abstração todas as hipóteses merecedoras constitucionalmente de proteção social (SAVARIS, 2008, p. 46).

A *substitutividade* do Processo Judicial Previdenciário também deve ser mencionada a partir da dificuldade de delimitação da lide previdenciária; do conflito de interesses que personifica. É o que Savaris (2008, p. 68) denomina "má delimitação da lide previdenciária".

De fato, o INSS é contumaz na precariedade da fundamentação dos processos administrativos denegatórios de benefícios e direitos previdenciários. Diante desta realidade, em que comumente indefere a concessão de benefício previdenciário apreciando apenas um dos requisitos necessários à obtenção (exemplificando: nega-se a qualidade de segurado do requerente e deixa-se de apreciar, em absoluto, a incapacidade laboral, em relação a benefício por incapacidade; a autarquia previdenciária aduz a ausência de dependência econômica do suposto dependente e deixa de avaliar, completamente, a condição de segurado do falecido).

Não se vislumbra, com precisão, o conflito de interesses previdenciários, uma condição necessária de ação, cuja ausência acarreta a extinção liminar do processo.

Entretanto, considerada a independência das instâncias (administrativa e judicial) e, sobretudo, o prisma de amplo acesso à justiça, atrelado que é à necessidade de concretização dos direitos fundamentais (especialmente os direitos sociais), pode a atuação judicial, em sua missão *substitutiva*, dar outros contornos ao exame das condições de ação, revisando por completo toda a situação previdenciária que lhe é posta a exame.

Em outras palavras, pode reapreciar, ou apreciar em primeira vez, todos os requisitos para concessão/revisão de benefício previdenciário, dada a insuficiência da atuação administrativa. Pode também apreciar o pedido de concessão de benefício previdenciário em maior extensão do que o que foi apresentado à via administrativa: apreciar a concessão de aposentadoria integral quando requerida, administrativamente, apenas aposentadoria proporcional; analisar a concessão da aposentadoria por invalidez quando se requereu, administrativamente, apenas auxílio-doença.

Nesse sentido, cumpre reconhecer também a *fungibilidade* das ações previdenciárias (SAVARIS, 2008, p. 65-66): pode-se intentar ação buscando aposentadoria por invalidez, posteriormente convertida em auxílio-doença, ou o inverso; aceita a jurisprudência o ajuizamento de ação com vistas a uma aposentadoria por idade, cujo julgamento de procedência atribui ao segurado um benefício assistencial, por se tratar de *minus* em relação àquele primeiro objeto.

Em linhas gerais, portanto, todo o Processo Judicial Previdenciário pode ser compreendido como uma grande "revisão de parâmetros administrativos" da gestão previdenciária.

Lembre-se da Súmula 44 do STJ: "A definição, em ato regulamentar, de grau mínimo de disacusia, não exclui, por si só, a concessão do benefício previdenciário". Isto é, para a aposentadoria especial, nos casos de problemas auditivos, outros meios de prova são admitidos perante a via judicial.

Ressaltamos, portanto, a *preferibilidade* do processo judicial perante as instâncias administrativas de decisão (âmbito administrativo do INSS), vez que acostumadas a trabalhar/raciocinar de acordo com uma racionalidade jurídica superior.

Outrossim, deve-se registrar que, do ponto de vista institucional, a sobrecarga do Poder Judiciário em matéria previdenciária deriva da incapacidade/ineficiência dos outros Poderes (Administração, principalmente, mas também o Parlamento) de resolverem eficientemente as demandas sociais e as exigências de políticas públicas (LIMA LOPES, 2006, p. 122; RAMOS RIBEIRO, 2002, p. 44).

Há um grande hiato entre a teoria discursiva dos direitos sociais (inclusive previdenciários) e sua efetivação social, ensejando elevado número de ações previdenciárias com o intuito de compensar esse déficit de políticas públicas (VAZ, 2011, p. 65-68).

Essa sobrecarga de trabalho (excesso de lides previdenciárias) decorre, ademais, de um enorme "hiato entre a postura administrativa e o direito aplicado judicialmente", no dizer de Savaris (2008, p. 119-124), pautada que é por péssimos parâmetros de atuação/eficiência, e beirando o que se denomina de "administração paralela", posto que "paralela aos ditames da legalidade", conforme a conhecida teoria de Agustín Gordillo, renomado jurista argentino.

Além disso, ressalve-se que um dos maiores problemas em relação ao Processo Judicial Previdenciário, verificado também em relação a toda litigância na área dos direitos sociais, diz respeito às inadequações da estrutura e forma de procedimento do Poder Judiciário em relação ao tratamento dos direitos sociais.

Conforme Sálvio de Figueiredo Teixeira (1989, p. 82-83), uma das principais inovações do Direito Constitucional Processual advinda da Constituição Federal de 1988 foi a ampliação do acesso ao Judiciário. Porém, e segundo o mesmo autor, essa ampliação inequívoca do acesso à justiça deve tomar em conta que "o Estado atual é gerador de conflitos, com destaque no campo dos direitos sociais (...), pela desarmonia entre o modelo político, fomentador de ansiedades e expectativas sempre frustradas e não concretizadas, estimulando ainda a perpetuação dos litígios (...), não instrumentalizando adequadamente o Judiciário com recursos humanos, tecnológicos e materiais, mantendo uma concepção individualista do processo em detrimento de soluções coletivas, em uma sociedade marcadamente de massa. A nova Constituição busca, não se pode negar, a modificação desse quadro, ampliando o acesso à tutela jurisdicional para adaptar essa garantia aos novos tempos e às novas aspirações sociais" (TEIXEIRA, 1989, p. 82-83).

PARTE II
ASPECTOS PROCESSUAIS

Capítulo 2
DA AÇÃO PREVIDENCIÁRIA

Sumário: 2.1 Legitimidade; 2.1.1 Legitimidade ativa: segurados/dependentes; 2.1.1.1 Litisconsórcio ativo; 2.1.1.2 Sucessão do polo ativo; 2.1.2 Legitimidade passiva: INSS; 2.1.3 Litisconsórcio passivo – 2.2 Capacidade e representação processual – 2.3 Atos processuais; 2.3.1 Comunicação dos atos processuais; 2.3.2 Prazos; 2.3.3 Custas – 2.4 Do processo e do procedimento; 2.4.1 Petição inicial; 2.4.1.1 Do pedido; 2.4.1.2 Improcedência liminar do pedido; 2.4.2 Citação; 2.4.3 Condições da ação; 2.4.3.1 Interesse de agir: o prévio requerimento administrativo e o princípio constitucional do acesso à justiça; 2.4.3.2 Carência de ação por perda superveniente de objeto: concessão administrativa de benefício; 2.4.4 Prescrição e decadência; 2.4.4.1 Decadência; 2.4.4.2 Prescrição; 2.4.4.3 Aspectos processuais em torno da decadência e da prescrição; 2.4.5 Tutela provisória – 2.5 Contestação – 2.6 Valor da causa – Jurisprudência.

Este capítulo trata dos aspectos iniciais do Processo Judicial Previdenciário. Examinaremos as condições de ação, as partes legitimadas a figurar nos polos passivo e ativo; a representação processual; as hipóteses de suspensão do curso do processo; a possibilidade de concessão de tutela provisória e a forma em que ocorre a contestação, entre outros temas relativos à estruturação da ação previdenciária.

2.1 LEGITIMIDADE

2.1.1 Legitimidade ativa: segurados/dependentes

Legitimidade processual é a possibilidade, conferida pela legislação, de atuar em juízo, na defesa de um interesse reconhecido pelo ordenamento jurídico. Conforme o art. 17 do CPC, "Para postular em juízo é necessário ter interesse e legitimidade".

O art. 18 do CPC também traz disposições importantes no que diz respeito ao tema da legitimidade processual:

Art. 18. Ninguém poderá pleitear direito alheio em nome próprio, salvo quando autorizado pelo ordenamento jurídico.

Parágrafo único. Havendo substituição processual, o substituído poderá intervir como assistente litisconsorcial.

Esse dispositivo legal cuida da *legitimação extraordinária*, quando outrem é autorizado por lei para defender em juízo direito alheio. Essa possibilidade também é conhecida como "substituição processual", a qual não se confunde com a sucessão processual, tratada no art. 110 do CPC.

A legitimidade ativa do Processo Judicial Previdenciário compete aos segurados e dependentes, que são os beneficiários da Previdência Social, nos termos do art. 10 da Lei 8.213/1991 – Lei de Benefícios.

Também podem ser considerados como legitimados ativos nas ações previdenciárias aqueles que ainda estão buscando o reconhecimento judicial da condição de segurados ou de dependentes, quando esta posição jurídica sequer tiver sido reconhecida pelo INSS na via administrativa.

Faz exemplo disso quando alguém procura o INSS para obter pensão por morte, mas a autarquia previdenciária, por exemplo, não reconhece a existência de união estável ou de paternidade e por isso indefere a concessão do benefício, sendo necessário o ingresso na via judicial para alcançar esse direito. Essas pessoas, nesse caso, possuirão ao mesmo tempo interesse e legitimidade processual para ajuizar uma ação previdenciária.

Outro exemplo de legitimidade ativa daquele que a princípio não se encontra alcançado pela legislação reside no tema tratado pelo STF no RE 587.970/SP, isto é, a concessão do BPC da Assistência Social aos estrangeiros residentes no Brasil.

Apesar de a Lei 8.742/1993 não fazer menção expressa a essas pessoas, e o Decreto 8.805/2016 até mesmo excluí-las do rol de beneficiários, foi reconhecida judicialmente essa possibilidade. Antes de se admitir a tese de mérito, é importante perceber que foi reconhecida aos estrangeiros residentes no país a legitimidade ativa para o debate judicial desse direito.

Por fim, mencionemos a situação dos dependentes previdenciários habilitados apenas provisoriamente ao benefício de pensão por morte, conforme art. 74, § 3.º, da Lei 8.213/91:

"§ 3.º Ajuizada a ação judicial para reconhecimento da condição de dependente, este poderá requerer a sua habilitação provisória ao benefício de pensão por morte, exclusivamente para fins de rateio dos valores com outros dependentes, vedado o pagamento da respectiva cota até o trânsito em julgado da respectiva ação, ressalvada a existência de decisão judicial em contrário".

A habilitação provisória dos dependentes previdenciários reside na hipótese em que eles ainda estão buscando comprovar sua condição de dependentes do segurado, especialmente em ações que correm nas Varas de Família e, assim, o INSS lhes confere uma mera *habilitação provisória* no benefício de pensão por morte, a qual permite apenas o cálculo do rateio do benefício e seu provisionamento, sem que ocorra, *a priori*, o efetivo pagamento das cotas individuais de pensão.

De qualquer sorte, a habitação provisória dos dependentes previdenciários, nos termos do art. 74, § 3.º, da Lei 8.213/91, já é suficiente para lhes conferir legitimidade processual, permitindo que ingressem em juízo no intuito de discutir a pensão por morte.

No Tema 1.057, o STJ fixou a legitimidade ativa dos dependentes previdenciários ou, na sua ausência, dos sucessores e herdeiros do segurado, para, em nome próprio, pleitear a revisão da aposentadoria do *de cujus* e receber as eventuais diferenças patrimoniais do recálculo do benefício – resguardando-se apenas a prescrição e decadência:

> "I. O disposto no art. 112 da Lei n. 8.213/1991 é aplicável aos âmbitos judicial e administrativo;
>
> II. Os pensionistas detêm legitimidade ativa para pleitear, por direito próprio, a revisão do benefício derivado (pensão por morte) – caso não alcançada pela decadência –, fazendo jus a diferenças pecuniárias pretéritas não prescritas, decorrentes da pensão recalculada;
>
> III. Caso não decaído o direito de revisar a renda mensal inicial do benefício originário do segurado instituidor, os pensionistas poderão postular a revisão da aposentadoria, a fim de auferirem eventuais parcelas não prescritas resultantes da readequação do benefício original, bem como os reflexos na graduação econômica da pensão por morte; e
>
> IV. À falta de dependentes legais habilitados à pensão por morte, os sucessores (herdeiros) do segurado instituidor, definidos na lei civil, são partes legítimas para pleitear, por ação e em nome próprios, a revisão do benefício original – salvo se decaído o direito ao instituidor – e, por conseguinte, de haverem eventuais diferenças pecuniárias não prescritas, oriundas do recálculo da aposentadoria do *de cujus*".

Não se trata aqui de sucessão do polo ativo, que pode ocorrer quando houver óbito do autor no curso da ação judicial, mas de reconhecimento de que os próprios dependentes previdenciários ou os herdeiros, quando não houver dependentes do segurado, poderão pleitear a revisão do benefício de aposentadoria não buscada em vida pelo aposentado.

2.1.1.1 Litisconsórcio ativo

Conforme a doutrina, litisconsórcio é definido "como a pluralidade de sujeitos em um ou nos dois polos da relação jurídica processual que se reúnem para litigar em conjunto" (NEVES, 2016, p. 241).

No CPC/2015 o litisconsórcio é regido pelos arts. 113 e seguintes:

> "Art. 113. Duas ou mais pessoas podem litigar, no mesmo processo, em conjunto, ativa ou passivamente, quando:
>
> I – entre elas houver comunhão de direitos ou de obrigações relativamente à lide;
>
> II – entre as causas houver conexão pelo pedido ou pela causa de pedir;
>
> III – ocorrer afinidade de questões por ponto comum de fato ou de direito.
>
> § 1.º O juiz poderá limitar o litisconsórcio facultativo quanto ao número de litigantes na fase de conhecimento, na liquidação de sentença ou na execução, quando este comprometer a rápida solução do litígio ou dificultar a defesa ou o cumprimento da sentença.
>
> § 2.º O requerimento de limitação interrompe o prazo para manifestação ou resposta, que recomeçará da intimação da decisão que o solucionar.
>
> Art. 114. O litisconsórcio será necessário por disposição de lei ou quando, pela natureza da relação jurídica controvertida, a eficácia da sentença depender da citação de todos que devam ser litisconsortes."

O Processo Judicial Previdenciário comporta a formação de litisconsórcio ativo.

Um exemplo de litisconsórcio ativo *necessário* nas ações previdenciárias reside na hipótese de dois ou mais filhos menores, irmãos entre si, virem a juízo em discussão a respeito do benefício de pensão por morte devido em razão do óbito de um de seus genitores.

Embora as hipóteses em que o conjunto de dependentes previdenciários devam litigar visando a concessão de pensão por morte corresponda à figura do litisconsórcio ativo necessário, não caracterizam o *litisconsórcio necessário unitário*, estabelecido pelo art. 116 do CPC ("Art. 116. O litisconsórcio será unitário quando, pela natureza da relação jurídica, o juiz tiver de decidir o mérito de modo uniforme para todos os litisconsortes"), correspondendo a litisconsórcio necessário *simples*.

Nesse exemplo de discussão sobre concessão de pensão por morte que estamos discutindo, poderá ocorrer de a sentença não ser a mesma para todos os litisconsortes – apesar da necessidade de todo o conjunto de dependentes dever figurar no polo ativo do processo.

É bastante plausível pensar que a decisão judicial possa conceder pensão por morte à cônjuge do *de cujus*, mas não a um filho que porventura já tenha ultrapassado a idade máxima para recebimento de pensão (21 anos). Nestes termos, a sentença não será, necessariamente, a mesma para todos os litisconsortes e, assim, não está configurado o litisconsórcio unitário previsto no art. 116 do CPC.

Quando a inicial não for composta de todos os litisconsortes ativos necessários o juízo determinará que a petição inicial seja emendada, nos termos do art. 321 do CPC. As decisões a respeito de litisconsórcio são agraváveis, nos termos do art. 1.015, incisos VII e VIII, do CPC.

Exemplo de *litisconsórcio facultativo* reside na possibilidade de mais de um aposentado ingressar conjuntamente com pedido de revisão de benefício previdenciário. Aqui o litisconsórcio facultativo se dá nos termos do art. 113, III, do CPC, ou seja, pelo fato de "ocorrer afinidade de questões por ponto comum de fato ou de direito", que no caso consiste na mesma violação às regras de cálculo do valor dos benefícios ter sido praticada contra diversos segurados.

Um exemplo seria o de duas pessoas distintas, sem relação entre si, ajuizarem conjuntamente uma ação de *revisão da vida toda*, baseada no Tema 1.102 do STF, em virtude de algum aspecto prático que vislumbrem nessa estratégia, apesar de ser totalmente possível, e quiçá mais adequado, que cada pessoa entre com seu processo individual.

Nesse caso, é importante sublinhar que o valor da causa será calculado individualmente para cada aposentado, sobretudo para saber se o órgão competente será o Juizado Especial Federal ou a Vara Federal comum.

O art. 113, § 1.º, do CPC possibilita ao juízo a limitação do número de litisconsortes facultativos, quando este for excessivo e prejudicar o andamento processual. No Direito Previdenciário há vários exemplos históricos de ações revisionais ajuizadas por centenas de segurados, com a consequência da determinação judicial para fracionamento da demanda, diante da dificuldade de operacionalização do andamento do processo.

Compreendemos que o ajuizamento de ações previdenciárias com inúmeros litisconsortes (conhecido como litisconsórcio *plúrimo* ou *múltiplo*) não é adequado ao bom andamento processual, em virtude das dificuldades que pode acarretar em relação aos cálculos previdenciários, na fase de execução, e se possível deve ser evitada.

No caso de litisconsortes com diferentes advogados o prazo para manifestação será em dobro, mas somente se se tratar de processo físico, no caso de processo eletrônico não haverá o prazo em dobro – art. 229 do CPC.

2.1.1.2 Sucessão do polo ativo

Nas ações previdenciárias é frequente ocorrer a *sucessão* do polo ativo, especialmente nos casos de óbito da parte autora, vindo seus herdeiros a discutir não mais a eventual implementação de benefício previdenciário, mas sobretudo pleitear os valores em atraso a que o *de cujus* teria direito.

Vale frisar que a sucessão, no caso das ações previdenciárias, não corresponde apenas a uma questão unicamente patrimonial, monetária. Na realidade, os benefícios previdenciários devidos à pessoa falecida são a expressão de um direito fundamental que lhe foi suprimido em vida, e meramente reparado pecuniariamente, em prol de seus familiares (dependentes e sucessores). Importa observar o art. 110 do CPC:

> "Art. 110. Ocorrendo a morte de qualquer das partes, dar-se-á a sucessão pelo seu espólio ou pelos seus sucessores, observado o disposto no art. 313, §§ 1.º e 2.º".

O art. 110 do CPC estabelece a possibilidade de sucessão das partes do processo em virtude do óbito, hipótese em que o processo será suspenso até que se promova a habilitação dos herdeiros, através do incidente de habilitação, conforme arts. 313 e 689 do mesmo diploma legal.

Deve ser observado, em conjunto com esses dispositivos processuais, o art. 112 da Lei de Benefícios,[1] que determina o pagamento das prestações devidas à pessoa falecida aos seus sucessores, nos termos da lei civil, *independentemente de inventário ou arrolamento de bens*, o que certamente facilita o acesso a esse patrimônio (veja-se, quanto à legitimidade ativa, as observações feitas sobre o Tema 1.057 do STJ).

Defendemos que a sucessão do polo ativo pode ocorrer inclusive nas ações assistenciais (aquelas em que se busca o BPC da Lei 8.742/1993). Embora o benefício assistencial não gere direito à pensão por morte, os herdeiros fazem jus aos eventuais atrasados a que o *de cujus* teria direito se tivesse recebido, em vida, a prestação assistencial, caso a decisão judicial reconheça o preenchimento dos requisitos para a concessão do BPC.[2]

---

[1] "Art. 112. O valor não recebido em vida pelo segurado só será pago aos seus dependentes habilitados à pensão por morte ou, na falta deles, aos seus sucessores na forma da lei civil, independentemente de inventário ou arrolamento."

[2] Nesse sentido:
"Previdenciário. Legitimidade Ativa. Sentença Anulada.

Ainda que se trate de benefício de natureza assistencial, e, portanto, *intuito personae* e de natureza alimentar, deve ocorrer a reparação pecuniária aos sucessores: a questão passará a ser, doravante, apenas uma questão patrimonial, decidida na perspectiva sucessória.

Compreendemos que a interpretação dada pelo STJ no Tema 1.057 (embora se refira à legitimidade processual e não diretamente à sucessão do polo ativo) pode corroborar esse argumento da possibilidade de os herdeiros do beneficiário do BPC pleitearem judicialmente os valores em atraso e não recebidos em vida pelo titular do direito.

Nesse julgado, conforme comentado no item anterior, o STJ passou a considerar que os benefícios previdenciários, quando não usufruídos em vida, transformam-se de prestações *intuitu personae* em direitos de simples cunho patrimonial, portanto transmissíveis *post mortem* aos dependentes e sucessores. O mesmo raciocínio valeria também para o BPC.

2.1.2 Legitimidade passiva: INSS

Conforme De Plácido e Silva (2009, p. 1.223), réu, "opondo-se ao sentido de *autor*, é o convocado para demandar ou a *parte*, contra quem se demanda ou contra quem é intentada a *ação judicial*".

No Processo Judicial Previdenciário, em regra, o réu é o INSS. É o órgão estatal que, atualmente, administra a concessão, manutenção e revisão dos benefícios previdenciários em território brasileiro.

---

1. Não há ilegitimidade ativa do espólio ou herdeiros para a postulação de valores que o beneficiário deveria ter recebido em vida. 2. Impõe-se a anulação da sentença, com a remessa dos autos ao juízo de origem para a instrução e julgamento dos pedidos formulados pela parte autora. (...) Suscitou a ré ilegitimidade ativa, sob o argumento de que o benefício assistencial pleiteado é de natureza personalíssima e intransferível, não admitindo a sucessão de partes, logo, com a morte do beneficiário, não tem os autores legitimidade para pleitear suposto direito do falecido. Requer, assim, a extinção do feito. O direito à concessão do benefício, como regra, é personalíssimo, dependendo da manifestação de vontade do beneficiário. Contudo, não se pode confundir o direito ao benefício com o direito a valores que o beneficiário deveria ter recebido em vida caso a Administração tivesse agido corretamente diante de situação concreta submetida à sua apreciação. Diante do indeferimento ou cancelamento indevido do benefício, a obrigação assume natureza puramente econômica, sendo, portanto, transmissível. Ademais, se os valores postulados visavam a manter o grupo familiar do falecido, é natural que seus sucessores herdem esse direito" (TRF da 4.ª Região, Turma Regional Suplementar de SC, Relator Sebastião Ogê Muniz, AC 5015160-06.2020.4.04.9999, juntado aos autos em 19.11.2020).

Além da previsão expressa, nesse sentido, constante da Lei 8.029/1990, que criou a autarquia, encontram-se inúmeras disposições, nas Leis de Benefício e de Custeio, pertinentes a uma série de atividades que lhe são atribuídas em termos de gestão previdenciária.

A União Federal não é parte legítima para ocupar o polo passivo das ações previdenciárias, e esse aspecto encontra amplo reconhecimento jurisprudencial.[3]

Contudo, de acordo com o art. 5.º da Lei 9.469/1997, a União poderá intervir nas causas em que figurarem, como autoras ou rés, autarquias, fundações públicas, sociedades de economia mista e empresas públicas federais.

Ademais, e conforme o parágrafo único do mesmo dispositivo, as pessoas jurídicas de direito público poderão, nas causas cuja decisão possa ter reflexos, ainda que indiretos, de natureza econômica, intervir, independentemente da demonstração de interesse jurídico, para esclarecer questões de fato e de direito, podendo juntar documentos e memoriais reputados úteis ao exame da matéria e, se for o caso, recorrer, hipótese em que, para fins de deslocamento de competência, serão consideradas partes.

Portanto, a União Federal não é a entidade de direito público legitimada a figurar no polo passivo do Processo Judicial Previdenciário, mas está autorizada a participar como assistente, embora isso seja muito raro.

O INSS constituiu-se por meio da Lei 8.029/1990, após a extinção do INPS (sucessor, por sua vez, do antigo INAMPS),[4] devendo suceder-lhe também nos processos judiciais.

---

[3] Conforme reconhecido jurisprudencialmente, de que tomamos por exemplo o julgado adiante, do TRF da 3.ª Região: "Previdenciário. Auxílio-funeral. Apelação desprovida de razões. Ilegitimidade passiva *ad causam* da União Federal. (...) II – O auxílio-funeral, benefício previdenciário que é, constitui encargo exclusivo do INSS, consoante a norma do art. 1.º da Lei n. 8.213/91. Ilegitimidade passiva *ad causam* da União Federal reconhecida de ofício (art. 267, VI, c/c art. 301, III e par. 4, do CPC). (...) III – Improvida a apelação em relação ao coautor Deonízio Vargas; prejudicado o apelo em relação à coapelante Nicéa Vargas Fartaré" (TRF da 3.ª Região, 1.ª Turma, Rel. Des. Fed. Theotonio Costa, Apelação Cível 95.03.100310-5/SP, j. 10.11.1998, *DJ* 02.02.1999, p. 135).

[4] "Art. 17. É o Poder Executivo autorizado a instituir o Instituto Nacional do Seguro Social (INSS), como autarquia federal, mediante fusão do Instituto de Administração da Previdência e Assistência Social (Iapas), com o Instituto Nacional de Previdência Social (INPS), observado o disposto nos §§ 2.º e 4.º do art. 2.º desta lei" (Artigo renumerado pela Lei 8.154, de 28.12.1990). "Parágrafo único. O Instituto Nacional do Seguro Social (INSS) terá até sete superintendências regionais, com localização definida em decreto, de acordo com a atual divisão do território nacional em ma-

É importante registar que eventuais futuras alterações na gestão administrativa da Previdência Social (tal como a eventual extinção do INSS e a criação de outra autarquia previdenciária, ou sua encampação pelo Ministério da Previdência Social, ou qualquer outro órgão público) não alterariam a substância do Processo Judicial Previdenciário, tampouco teriam o condão de produzir qualquer sorte de prejuízo processual aos segurados e dependentes que contra o INSS estejam litigando, havendo apenas a necessidade de substituição processual por sucessão da autarquia previdenciária, nos termos dos arts. 108 e seguintes do CPC.

2.1.3 Litisconsórcio passivo

Nos termos do art. 113, *caput*, do CPC, poderá ocorrer litisconsórcio passivo – da mesma forma como se prevê o litisconsórcio ativo –, que corresponde à situação em que duas ou mais litigam conjuntamente, no mesmo processo.

Embora o INSS seja, em regra, o réu no Processo Judicial Previdenciário, pode ocorrer a formação de litisconsórcio passivo necessário.

Um exemplo se dá quando o benefício discutido é o da pensão por morte, já instituído e em vigor, havendo dependente já habilitado e recebendo as parcelas mensais, e é ajuizada a ação previdenciária por outro dependente (ou postulante a essa condição, tal como uma segunda esposa ou companheira do *de cujus*), pleiteando sua habilitação no benefício e o rateio da pensão.

Essa hipótese de litisconsórcio passivo pode ocorrer, no que diz respeito à pensão por morte, sobretudo nas situações em que estiver sendo discutida a *habilitação provisória dos dependentes*, nos termos do art. 74, § 3.º, da Lei 8.213/91.

Outro caso em que pode haver a formação de litisconsórcio passivo reside nas ações intentadas visando à obtenção do benefício assistencial do art. 203, V, da Constituição Federal.

Embora a gestão administrativa desse benefício esteja a cargo do INSS (art. 35 da Lei 8.742/1993, c.c. art. 3.º do Anexo do Decreto 6.214/2007), o repasse de verbas para seu custeio, visto independer de contribuições diretas, é dever da União Federal, por meio do orçamento da Seguridade Social.

---

crorregiões econômicas, adotada pela Fundação Instituto Brasileiro de Geografia e Estatística (IBGE), para fins estatísticos, as quais serão dirigidas por Superintendentes nomeados pelo Presidente da República".

Também se pode mencionar a possibilidade de haver litisconsórcio necessário entre INSS e União Federal no que se refere aos processos previdenciários movidos relativamente à complementação de pensão e aposentadoria de algumas categorias profissionais (ferroviários, portuários etc.).[5]

2.2 CAPACIDADE E REPRESENTAÇÃO PROCESSUAL

O tema da capacidade processual, segundo Greco Filho (2000, p. 99), "está ligado aos pressupostos e constituição e desenvolvimento válido do processo, que é a relação jurídica entre autor, juiz e réu. Os pressupostos processuais devem estar presentes antes da indagação da legitimidade das partes e demais condições da ação, de modo que, se não existirem os pressupostos processuais, o processo é inválido, não se chegando sequer a apreciar a existência do direito de ação".

Segundo Plácido e Silva (2009, p. 248), capacidade processual é "a capacidade para estar em juízo e nele agir. É determinada pela capacidade civil das pessoas".

A capacidade processual diz respeito a três aspectos: capacidade de ser parte; capacidade de estar em juízo; e capacidade postulatória.

A capacidade de ser parte é atributo de qualquer pessoa natural ou jurídica, sendo que todas podem ser titulares de direitos; a capacidade de estar em juízo é uma questão de *fato* e corresponde à possibilidade do exercício

---

[5] "Direito administrativo. Recurso especial. Pensionista de ex-ferroviário da RFF-SA. Complementação de pensão. Lei 8.186/91 e Decreto 956/69. Legitimidade passiva da União. Prescrição do fundo de direito. Não-ocorrência. Súmula 85/STJ. Correção monetária. Índice. INPC. Multa prevista no art. 538, parágrafo único, do CPC. Caráter não-protelatório dos embargos declaratórios. Recurso interposto pelo INSS conhecido e improvido. Recurso interposto pela União conhecido e parcialmente provido. (...) 3. A União é parte legítima, juntamente com o INSS, para figurar no polo passivo de demanda na qual se postula o pagamento da complementação de pensão de que tratam a Lei 8.186/91 e o Decreto 956/69. (...) 5. Ante a superveniência da Lei 8.186/91, os ferroviários admitidos, sob qualquer regime, até 1969, assim como aqueles que se aposentaram até a edição do Decreto-Lei 956/69, têm direito à complementação da aposentadoria prevista no referido decreto, que se estende aos pensionistas do exferroviário. Precedentes do STJ. (...) 7. Recurso especial interposto pelo INSS conhecido e improvido. Recurso especial interposto pela União conhecido e parcialmente provido para afastar a condenação da multa prevista no art. 538 do CPC e fixar o INPC como índice de correção monetária do débito" (STJ, 5.ª Turma, Rel. Min. Arnaldo Esteves Lima, REsp 1.097.672/PR, Recurso Especial 2008/0223653-6, j. 21.05.2009, *DJe* 15.06.2009).

dos direitos: os menores, por exemplo, embora sejam titulares de direitos, não podem exercê-los diretamente, os absolutamente incapazes devem ser representados e os relativamente incapazes serão assistidos. A capacidade postulatória, por fim, diz respeito à necessidade de representação técnica por advogado.

As principais disposições sobre capacidade processual se encontram nos arts. 70 e seguintes do CPC:

> "Art. 70. Toda pessoa que se encontre no exercício de seus direitos tem capacidade para estar em juízo.
>
> Art. 71. O incapaz será representado ou assistido por seus pais, por tutor ou por curador, na forma da lei".

As pessoas menores de 16 anos devem ser representadas, e aquelas que tenham entre 16 e 18 anos deverão ser apenas assistidas (respectivamente artigos 3.º e 4.º do Código Civil).

Tutor é a figura que é nomeada para o filho que não tem pais (art. 1.728 do Código Civil); *curador* é aquela que é nomeada no caso de pessoas sem discernimento para os atos da vida civil, a exemplo de pessoas idosas com alguns tipos de doenças e pessoas com deficiência mental (art. 84 da Lei 13.146/2015, c.c. art. 1.767 do Código Civil).

Esses pontos são importantes e devem ser observados, por exemplo, nas ações relativas à pensão por morte, quando a causa envolver o interesse dos filhos menores, ou naquelas visando concessão de aposentadoria por idade ou BPC.

No caso de incapaz, se ele não tiver representante legal ou se os interesses do representante colidirem com os daquele, o juízo nomeará curador especial enquanto durar a incapacidade (art. 72, I, do CPC).

Representação processual, por sua vez, diz respeito à forma de agir em juízo relativa às pessoas jurídicas, situação em que é necessário que alguém se manifeste por elas. No caso das ações previdenciárias importam especialmente as regras do art. 75, I e IV, do CPC:

> "Art. 75. Serão representados em juízo, ativa e passivamente:
>
> I – a União, pela Advocacia-Geral da União, diretamente ou mediante órgão vinculado;
>
> (...)
>
> IV – a autarquia e a fundação de direito público, por quem a lei do ente federado designar;".

A jurisprudência tem posicionamento pacificado no sentido de que aos procuradores autárquicos independem de procuração para atuarem em juízo, decorrendo seus poderes da própria nomeação para o cargo público ocupado (Súmula 644 do STF).

Não haverá, portanto, a necessidade de apresentarem procuração *ad judicia* específica para cada ação previdenciária em que atuarem, bastando indicar o número de matrícula funcional. No caso de a autarquia vir a ser defendida por advogado contratado (como já ocorreu outrora), porém, será aplicada a regra geral e, dessa forma, será necessária apresentação da procuração específica.

Ainda em relação à representação processual do INSS, é interessante reproduzir o art. 182 do CPC:

> "Art. 182. Incumbe à Advocacia Pública, na forma da lei, defender e promover os interesses públicos da União, dos Estados, do Distrito Federal e dos Municípios, por meio da representação judicial, em todos os âmbitos federativos, das pessoas jurídicas de direito público que integram a administração direta e indireta".

No Processo Judicial Previdenciário é importante ter atenção em relação à capacidade processual dos legitimados ativos (segurados e dependentes, ou aqueles que buscam judicialmente tal condição), pois é recorrente que estejam em juízo menores ou pessoas incapazes, o que exige certos cuidados em termos de representação e assistência, na forma da lei, sob pena de ocorrer alguma nulidade processual.

O INSS, por sua vez, é representado processualmente pelos quadros de sua Procuradoria, a qual é vinculada, numa estrutura administrativa mais ampla, à Advocacia-Geral da União – AGU.[6]

---

[6] A Lei Complementar 73, de 10.02.1993, que trata da Advocacia-Geral da União, apresenta os seguintes dispositivos acerca de sua composição: "Art. 1.º A Advocacia--Geral da União é a instituição que representa a União judicial e extrajudicialmente". "Art. 2.º A Advocacia-Geral da União compreende: (...) § 3.º As Procuradorias e Departamentos Jurídicos das autarquias e fundações públicas são órgãos vinculados à Advocacia-Geral da União". "Art. 9.º À Procuradoria-Geral da União, subordinada direta e imediatamente ao Advogado-Geral da União, incumbe representá-la, judicialmente, nos termos e limites desta Lei Complementar. § 1.º Ao Procurador-Geral da União compete representá-la junto aos tribunais superiores. § 2.º Às Procuradorias-Regionais da União cabe sua representação perante os demais tribunais. § 3.º Às Procuradorias da União organizadas em cada Estado e no Distrito Federal, incumbe representá-la junto à primeira instância da Justiça

Anteriormente à implementação dos quadros da Procuradoria Federal do INSS, a autarquia podia valer-se da contratação de procuradores *ad hoc*, principalmente para exercer sua defesa em municípios pelo interior do país. Hoje essa situação não é mais permitida.

A promulgação da Lei 11.457/2007, que criou a Receita Federal do Brasil e transferiu a representação processual nos feitos que digam respeito às contribuições previdenciárias à Procuradoria da Fazenda Nacional, em nada alterou a representação processual do INSS no que concerne aos processos relativos a benefícios previdenciários, pois se limitou às questões tributárias.

Quando for verificada a incapacidade processual ou a irregularidade da representação da parte, o juiz suspenderá o processo e designará prazo razoável para que seja sanado o vício, sob pena de extinção do processo ou declaração de revelia, conforme o caso (art. 76 do CPC).

2.3 ATOS PROCESSUAIS

2.3.1 Comunicação dos atos processuais

A comunicação dos segurados em relação aos atos processuais praticados nos processos que correm nas Varas Federais Comuns e na jurisdição delegada segue as disposições regulares do CPC.

Na ação previdenciária que corre nas Varas Federais comuns as intimações e notificações dos Procuradores Federais patronos da autarquia previdenciária são feitas pessoalmente, a teor do disposto nos arts. 38 da Lei Complementar 73/1993[7] e 17 da Lei 10.910/2004.[8]

Federal, comum e especializada. 4.º O Procurador-Geral da União pode atuar perante os órgãos judiciários referidos nos §§ 2.º e 3.º, e os Procuradores Regionais da União junto aos mencionados no § 3.º deste artigo". "Art. 17. Aos órgãos jurídicos das autarquias e das fundações públicas compete: I – a sua representação judicial e extrajudicial; II – as respectivas atividades de consultoria e assessoramento jurídicos; III – a apuração da liquidez e certeza dos créditos, de qualquer natureza, inerentes às suas atividades, inscrevendo-os em dívida ativa, para fins de cobrança amigável ou judicial".

[7] "Art. 38. As intimações e notificações são feitas nas pessoas do Advogado da União ou do Procurador da Fazenda Nacional que oficie nos respectivos autos".

[8] "Art. 17. Nos processos em que atuem em razão das atribuições de seus cargos, os ocupantes dos cargos das carreiras de Procurador Federal e de Procurador do Banco Central do Brasil serão intimados e notificados pessoalmente".

A ausência de intimação realizada dessa forma pode acarretar nulidade processual.[9]

No caso dos processos que tramitem perante os Juizados Especiais Federais, a ciência dos atos processuais aos procuradores federais do INSS ocorre na forma disposta no art. 7.º, parágrafo único, da Lei 10.259/2001:

> "Parágrafo único. A citação das autarquias, fundações e empresas públicas será feita na pessoa do representante máximo da entidade, no local onde proposta a causa, quando ali instalado seu escritório ou representação; se não, na sede da entidade".

Como se vê, não é necessário que ocorra a intimação pessoal do INSS no âmbito dos Juizados Especiais Federais, o que prejudicaria a ideia de celeridade processual que se pretende neste microssistema processual. A constitucionalidade desse entendimento restou consolidada pelo STF no ARE 648.629, julgado na sistemática da repercussão geral.[10]

O que ocorre, em termos práticos, é a citação dos Procuradores-Chefes da Procuradoria Federal, que posteriormente repassam internamente os processos aos Procuradores Federais que atuam nos respectivos órgãos.

---

[9] Essa nulidade só se configura como absoluta a partir da vigência da Lei 10.910/2004, conforme posicionamento do STJ em recurso especial repetitivo:
"Processual civil. Recurso Especial representativo de controvérsia. Art. 543-C, do CPC. Procurador Federal. Intimação pessoal. Necessidade posteriormente à edição da Lei 10.910/04. 1. Os Procuradores Federais e os Procuradores do Banco Central, consoante preconizado no art. 17 da Lei 10.910, de 15 de julho de 2004, têm como prerrogativa o recebimento da intimação pessoal, *in verbis*: 'Art. 17. Nos processos em que atuem em razão das atribuições de seus cargos, os ocupantes dos cargos das carreiras de Procurador Federal e de Procurador do Banco Central do Brasil serão intimados e notificados pessoalmente.' 2. A Advocacia Geral da União era a entidade beneficiária com a referida prerrogativa, que restou alterada pela MP 1.798/99, para incluir os Procuradores Federais e os do Banco Central. 3. *In casu*, o acórdão da apelação foi publicado na imprensa oficial em 02/12/2005 (fls. 195), já na vigência da Lei 10.910/04, razão pela qual imperiosa a intimação pessoal do procurador federal. (...). 4. Recurso especial parcialmente provido, determinando-se a remessa dos autos ao Tribunal *a quo* para apreciar a questão relativa à tempestividade dos embargos de declaração e, se ultrapassada essa preliminar, o mérito recursal. Acórdão submetido ao regime do art. 543-C do CPC e da Resolução STJ 08/2008" (STF, Corte Especial, Rel. Min. Luiz Fux, REsp 1.042.361/DF, Recurso Especial 2008/0064003-4, j. 16.12.2009, *DJe* 11.03.2010).

[10] Plenário, Rel. Min. Luiz Fux, j. 25.04.2013, por maioria, *DJe* 07.05.2013.

Em relação aos segurados e dependentes, a intimação dos atos processuais praticados nos Juizados Especiais Federais obedece ao disposto no art. 8.º da Lei 10.259/2001:

> "Art. 8.º As partes serão intimadas da sentença, quando não proferida esta na audiência em que estiver presente seu representante, por ARMP (aviso de recebimento em mão própria).
>
> § 1.º As demais intimações das partes serão feitas na pessoa dos advogados ou dos Procuradores que oficiem nos respectivos autos, pessoalmente ou por via postal".

2.3.2 Prazos

Os prazos para os segurados e dependentes atuarem em juízo seguem as disposições gerais contidas no CPC. Os prazos para o INSS, por sua vez, são contados em dobro a teor do que dispõe o art. 183 do Código de Processo Civil.[11]

Apesar da previsão de prazo em dobro para as manifestações processuais do INSS ser alvo de críticas por ter sido mantida pelo CPC de 2015 (configurando, a nosso ver, um verdadeiro privilégio processual), ao menos houve algum grau de avanço nesse sentido com a abolição da previsão do prazo em quádruplo para contestação.

O art. 183, § 2.º, do CPC ressalva que não se aplicará o prazo em dobro para o INSS quando a lei estabelecer, de forma expressa, prazo próprio para o ente público.

Isso é o que ocorre nos Juizados Especiais Federais, onde, por disposição do art. 9.º da Lei 10.259/2001, o INSS não conta com prazo diferenciado:

> "Art. 9.º Não haverá prazo diferenciado para a prática de qualquer ato processual pelas pessoas jurídicas de direito público, inclusive a interposição de recursos, devendo a citação para audiência de conciliação ser efetuada com antecedência mínima de trinta dias".

Em relação à ação rescisória, não se computa em dobro o prazo de 2 anos para ajuizá-la previsto no art. 975 do CPC. Em parte diante da previsão do

---

[11] "Art. 183. A União, os Estados, o Distrito Federal, os Municípios e suas respectivas autarquias e fundações de direito público gozarão de prazo em dobro para todas as suas manifestações processuais, cuja contagem terá início a partir da intimação pessoal."

art. 183, § 2.º, do CPC, bem como diante do fato de que se trata de um prazo decadencial, isto é, de direito material, e não de direito processual, ficando limitado em 2 anos para propositura da rescisória também para o INSS.

A contagem do prazo processual para o INSS se inicia a partir da intimação pessoal, a qual pode ocorrer por carga ou remessa (quando se tratar de processo físico) ou meio eletrônico (art. 183, § 1.º, do CPC).

Os atos processuais eletrônicos são regidos pelos artigos 193 e seguintes do CPC.

No que diz respeito aos processos físicos, onde ainda os houver, a intimação pessoal começa a correr somente a partir da devolução e juntada, aos autos, do competente mandado de intimação.[12]

2.3.3 Custas

De acordo com o art. 24-A da Lei 9.028/1995, incluído pela Medida Provisória 2.180-35, de 2001, a União, suas autarquias e fundações são isentas de custas e emolumentos e demais taxas judiciárias, bem como de depósito prévio e multa em ação rescisória, em quaisquer foros e instâncias.

Em relação aos segurados e dependentes, polo ativo das ações previdenciárias, eles se submetem ao regime normal de custas processuais, sendo evidente, porém, que é bastante frequente a concessão da gratuidade de justiça e todos seus efeitos, nos termos dos arts. 98 e seguintes do CPC.

2.4 DO PROCESSO E DO PROCEDIMENTO

Cumpre verificar qual o rito processual adequado para o andamento da ação previdenciária.

A redação original do art. 128 da Lei 8.213/91 determinava que as ações previdenciárias até um determinado valor fossem processadas por meio do *rito sumaríssimo* (depois rito sumário, no CPC/1973), propiciando a quitação imediata das condenações judiciais sofridas pelo INSS.

---

[12] "Previdenciário. Processual civil. Agravo Regimental no Recurso Especial. INSS. Prazo recursal. Termo inicial. Data da juntada aos autos do mandado de intimação cumprido. Regimental intempestivo. Recurso não conhecido. 1. Nos termos da jurisprudência consolidada desta Corte, o prazo recursal para a autarquia previdenciária tem início a partir da juntada aos autos do mandado de intimação devidamente cumprido. (...) 3. Agravo regimental não conhecido" (STJ, 5.ª Turma, Rel. Min. Arnaldo Esteves Lima, AgRg no REsp 727.965/SP, Agravo Regimental no Recurso Especial 2005/0029865-9, j. 07.08.2008, *DJe* 15.09.2008).

A atual redação do art. 128 da Lei 8.213/1991 não mais menciona qual rito aplicável às ações previdenciárias, tratando agora apenas das *obrigações de pequeno valor*. Compreendemos, todavia, que aquela menção ao rito processual tinha como único escopo viabilizar que o pagamento das condenações da autarquia previdenciária fosse feito por mecanismo diverso da expedição do precatório, o que já encontra espaço tanto no artigo 100, § 3.º, da Constituição Federal, quanto na Lei 10.259/2001.

O rito processual para as *ações acidentárias* está disciplinado no art. 129, II, da Lei 8.213/91, que estabelece, textualmente, que os litígios e medidas cautelares relativos a acidente do trabalho serão apreciados pela Justiça dos Estados, por meio do rito sumaríssimo:

> "Art. 129. Os litígios e medidas cautelares relativos a acidentes do trabalho serão apreciados:
>
> (...)
>
> II – na via judicial, pela Justiça dos Estados e do Distrito Federal, *segundo o rito sumaríssimo*, inclusive durante as férias forenses, mediante petição instruída pela prova de efetiva notificação do evento à Previdência Social, por meio de Comunicação de Acidente do Trabalho – CAT".

As ações relativas a benefícios por incapacidade, inclusive as decorrentes de acidente de trabalho, observarão as peculiaridades processuais contidas no art. 129-A da Lei 8.213/1991, inserido pela Lei 14.331/2022.

Embora o texto do artigo 129 da Lei 8.213/1991 ainda faça menção expressa ao rito sumaríssimo do CPC/1973, é importante ressaltar que esse rito foi transformado no rito sumário e, atualmente, no regime do CPC/2015, só há previsão do procedimento comum, aplicável a todas as ações (ou dos procedimentos especiais e de execução, conforme art. 318).

Considerando que no CPC/2015 não mais existe o rito processual sumário, compreende-se que deva ser utilizado, inclusive para o processamento das ações acidentárias, o procedimento comum, previsto no art. 318 e seguintes do CPC/2015.

Em regra, as ações previdenciárias se valerão do *procedimento comum*, tratado no art. 318 e seguintes do CPC – procedimento que equivale ao rito ordinário do CPC/1973. Compreendemos que esse é o rito processual mais adequado ao andamento das ações previdenciárias, tendo em vista a possibilidade de um amplo cabimento de instrução probatória e de um maior leque de recursos.

Para as *ações que tramitam nos Juizados Especiais Federais*, em virtude do valor da causa inferior a 60 salários mínimos (art. 3.º da Lei 10.259/2001), o rito processual adotado será aquele contemplado na própria Lei 10.259/2001, com aplicação subsidiária da Lei 9.099/95 e do CPC.

Quando houver violação de direito líquido e certo por parte do INSS, a exemplo da cessação indevida de um benefício previdenciário, e desde que preenchidos os demais requisitos deste remédio constitucional (como a observação do prazo decadencial e a impossibilidade de instrução probatória), poderá ser adotado o rito processual do *mandado de segurança*.

O CPC/2015 criou uma nova modalidade de ação, qual seja, a *ação de produção antecipada de provas*, prevista no art. 381, a qual pode ser utilizada com grande importância no Processo Judicial Previdenciário.

Com efeito, nos termos do art. 381, inciso I, do CPC, quando houver fundado receio de que venha a se tornar impossível ou muito difícil a constatação de certos fatos na pendência da ação, cabe a ação autônoma de produção antecipada de provas.

Esse procedimento pode ser útil no caso da oitiva de testemunhas que já tenham idade avançada ou estejam em situação crítica de saúde, por exemplo, e sejam prova fundamental para a comprovação de situações como a atividade rural ou a existência de união estável ou de dependência econômica.

A ação antecipada de produção de provas se presta também a viabilizar a autocomposição do conflito, nos termos do art. 381, II, do CPC. Aqui podemos pensá-la no Processo Judicial Previdenciário nas hipóteses de comprovação pericial prévia da incapacidade para o trabalho, motivando que a autarquia previdenciária não refute os termos da demanda e proponha acordo com o segurado, concedendo o benefício.

No geral, a ação antecipada de produção de provas permite que se adquira o prévio conhecimento de fatos que possa justificar ou evitar o ajuizamento da ação principal (art. 381, III, do CPC).

O art. 115, § 3.º, da Lei 8.213/91, permite a inscrição em CDA – Certidão de Dívida Ativa, e posterior ajuizamento de execução fiscal, dos valores correspondentes a benefício previdenciário indevidamente recebido:

> § 3.º Serão inscritos em dívida ativa pela Procuradoria-Geral Federal os créditos constituídos pelo INSS em decorrência de benefício previdenciário ou assistencial pago indevidamente ou além do devido, inclusive na hipótese de cessação do benefício pela revogação de decisão judicial, nos termos da Lei n.º 6.830, de 22 de setembro de 1980, para a execução judicial.

Considerando essa possibilidade de **execução fiscal** daqueles valores, é viável a utilização dos mecanismos processuais de defesa correspondentes a essa modalidade de execução forçada, quais sejam, os *embargos à execução* e, dentro das suas peculiaridades, a *exceção de pré-executividade*.

Exceção de pré-executividade é "a defesa apresentada em sede de execução, visando desconstituí-la mediante arguição de que o título exequendo não oferece os requisitos necessários para tal, como por exemplo, no que se refere a sua prescrição, iliquidez, inexigibilidade ou incerteza" (DE PLÁCIDO E SILVA, 2009, p. 577).

Embora existam questionamentos sobre o cabimento da exceção de pré-executividade, à medida que ela é apresentada independentemente da garantia do juízo, compreendemos que ela é plausível inclusive nas ações previdenciárias, com potencial interessante para defesa de cobranças de valores movidas contra os segurados.

Um exemplo em que a exceção de pré-executividade pode ser utilizada com sucesso ocorre quando a cobrança movida contra o segurado extrapola os limites consignados pelo STJ no Tema 1.064:

> "1ª) As inscrições em dívida ativa dos créditos referentes a benefícios previdenciários ou assistenciais pagos indevidamente ou além do devido constituídos por processos administrativos que tenham sido iniciados antes da vigência da Medida Provisória n.º 780, de 2017, convertida na Lei n. 13.494/2017 (antes de 22.05.2017) são nulas, devendo a constituição desses créditos ser reiniciada através de notificações/intimações administrativas a fim de permitir-se o contraditório administrativo e a ampla defesa aos devedores e, ao final, a inscrição em dívida ativa, obedecendo-se os prazos prescricionais aplicáveis; e
>
> 2ª) As inscrições em dívida ativa dos créditos referentes a benefícios previdenciários ou assistenciais pagos indevidamente ou além do devido contra os terceiros beneficiados que sabiam ou deveriam saber da origem dos benefícios pagos indevidamente em razão de fraude, dolo ou coação, constituídos por processos administrativos que tenham sido iniciados antes da vigência da Medida Provisória n.º 871, de 2019, convertida na Lei n.º 13.846/2019 (antes de 18.01.2019) são nulas, devendo a constituição desses créditos ser reiniciada através de notificações/intimações administrativas a fim de permitir-se o contraditório administrativo e a ampla defesa aos devedores e, ao final, a inscrição em dívida ativa, obedecendo-se os prazos prescricionais aplicáveis".

Temos identificado, recentemente, que também a *ação de consignação em pagamento* pode ter lugar no Processo Judicial Previdenciário, especialmente quando está em discussão o recolhimento de contribuições previdenciárias em atraso e seus efeitos para os segurados, no quadro que vem sendo conhecido como *planejamento previdenciário*.

De fato, há muitas situações em que os segurados, sobretudo contribuintes individuais, procuram regularizar suas contribuições previdenciárias em atraso, relativas a tempos em que houve atividade autônoma, mas não foi efetuado o recolhimento previdenciário de modo correto.

O ajuste desse passivo contributivo pode ser revelar interessante, porque permite uma melhor situação para que a pessoa se aposente (antecipando a data de aposentação ou permitindo maiores valores de RMI, por exemplo), especialmente a partir das novas regras permanentes e de transição impostas pela Emenda Constitucional 103/2019.

Porém, o INSS tem apresentado inúmeras barreiras em relação ao recolhimento das contribuições previdenciárias em atraso (a exemplo do Comunicado DIVBEN 2/2021 e da Portaria 1.382/2021, que impedem que o recolhimento das contribuições previdenciárias configure direito adquirido anterior à Emenda Constitucional 103/2019 ou permita o acesso às suas diversas regras de transição).

Diante desse quadro, cremos que é possível utilizar a ação de consignação em pagamento, tratada no art. 539 do CPC: "Nos casos previstos em lei, poderá o devedor ou terceiro requerer, com efeito de pagamento, a consignação da quantia ou da coisa devida".

Nesse tipo de situação descrita acima, sobre a postura do INSS em relação ao recolhimento de contribuições previdenciárias em atraso, não há propriamente recusa no recebimento do pagamento por parte da autarquia (art. 335 do Código Civil). Há, na realidade, uma objeção em atribuir determinados efeitos ao recolhimento em atraso efetuado pelos segurados.

Nesses termos, compreendemos que a consignação em pagamento se justifica e se enquadra no art. 164, I e II, do Código Tributário Nacional:

> "Art. 164. A importância de crédito tributário pode ser consignada judicialmente pelo sujeito passivo, nos casos:
>
> I – de recusa de recebimento, ou *subordinação deste* ao pagamento de outro tributo ou de penalidade, ou *ao cumprimento de obrigação acessória*;
>
> II – *de subordinação do recebimento ao cumprimento de exigências administrativas sem fundamento legal*; (grifos nossos)".

Pode-se pensar, como ação previdenciária, também na *ação anulatória*, prevista atualmente no art. 966, § 4.º, do CPC: "Os atos de disposição de direitos, praticados pelas partes ou por outros participantes do processo e homologados pelo juízo, bem como os atos homologatórios praticados no curso da execução, estão sujeitos à anulação, nos termos da lei".

A ação anulatória encontrava-se prevista no art. 486 do CPC/1973 e agora está introduzida no artigo que trata das ações rescisórias, embora com elas não se confunda. Não se trata de rescindir a coisa julgada maculada por algum vício elencado no art. 966, mas de anular uma decisão judicial que homologa um negócio jurídico que tem como objeto a disposição de direitos e tal pacto foi celebrado a partir de algum vício de consentimento.

Cogitamos a possibilidade desse procedimento judicial visando anular a homologação judicial de conciliações judiciais propostas pelo INSS. Para o cabimento desse tipo de ação, todavia, há necessidade de comprovação do vício de consentimento que estaria a macular a integridade daquele ato de disposição de direitos.

Outro rito processual específico que pode ser adotado para as ações previdenciárias consiste no *habeas data*. Cumpridos os requisitos constitucionais e legais necessários à impetração desse remédio constitucional, consideramos que se trata de uma possibilidade bem interessante para ter acesso e/ou corrigir informações relativas ao segurado ou aos dependentes. O *habeas data* tem previsão no art. 5.º, LXXII, da CF:

> "LXXII – conceder-se-á *habeas data*:
>
> a) para assegurar o conhecimento de informações relativas à pessoa do impetrante, constantes de registros ou bancos de dados de entidades governamentais ou de caráter público;
>
> b) para a retificação de dados, quando não se prefira fazê-lo por processo sigiloso, judicial ou administrativo;"

Esse dispositivo constitucional foi regulamentado pela Lei 9.507/1997.

Compreendemos que o *habeas data* pode ser importante no que diz respeito a permitir acesso a informações do segurado constantes no CNIS, no CadÚnico ou nos bancos de dados de outros órgãos públicos, bem como propiciar a correção desse tipo de informação (vínculos de empregos, relação de remunerações e salários de contribuição, composição familiar e de renda etc.), caso estejam inseridas equivocadamente.

Em todos os diversos tipos de procedimento listados, qualquer que seja o rito processual adotado para o andamento da ação previdenciária, a petição inicial deve preencher todos os requisitos elencados nos arts. 319 e 320 do CPC, além dos requisitos específicos de cada procedimento que venha a ser empregado (por exemplo: no mandado de segurança deve ser respeitada a decadência de 120 dias e a impossibilidade de instrução probatória).

2.4.1 Petição inicial

Em linhas gerais, devem ser cumpridas todas as exigências constantes nos arts. 319 e seguintes do CPC.

Destacaremos, porém, algumas situações bastante típicas no Processo Judicial Previdenciário em relação à petição inicial.

A inicial deverá atender aos requisitos formais previsto no art. 319 do CPC e, ademais, ser instruída "com os documentos indispensáveis à propositura da ação", conforme disposição do art. 320 do CPC.

Porém, muitas vezes ocorre de a inicial ser instruída com escassa ou nenhuma documentação.

Procuramos demonstrar anteriormente que as lides previdenciárias possuem como uma de suas características o problema geral de enquadramento fático nas condições legais para concessão de benefícios previdenciários. Além disso, é outra característica marcante do Processo Judicial Previdenciário o fato de que as partes comumente não possuem documentação suficiente.

O Processo Judicial Previdenciário, nesse tocante, deve ser interpretado a partir das ideias de *verdade real* e da interpretação favorável ao segurado, e assim abrandado o rigor e o formalismo excessivo das decisões que vão no sentido de reconhecer liminarmente a inépcia da inicial.

Em muitos casos a apresentação das provas a respeito dos fatos previdenciários só ocorrerá efetivamente ao longo da instrução probatória, seja através da produção de prova testemunhal a corroborar a prova documental incipiente que instruiu a inicial, seja através da requisição de documentos ao INSS, a empresas onde tenha trabalhado o segurado ou outros órgãos públicos.

Também é comum, nas ações previdenciárias, que sejam proferidas decisões que exijam a juntada do inteiro teor do processo administrativo previdenciário, sob pena de extinção do processo sem resolução de mérito.

Esse tipo de decisão é inadequado, e deve ser impugnado, pois o processo administrativo pode ser requerido pelo juízo diretamente ao INSS, isso quando não for plenamente acessível pelos sistemas informatizados a que o próprio Poder Judiciário tem alcance.

A Lei 14.331/2022 introduziu na Lei 8.213/1991 o art. 129-A, responsável por algumas mudanças no rito processual específico das ações visando benefícios por incapacidade para o trabalho, inclusive aqueles decorrentes de acidente do trabalho. Esse dispositivo passou a exigir alguns requisitos processuais específicos para essa modalidade de ações:

"Art. 129-A. Os litígios e as medidas cautelares relativos aos benefícios por incapacidade de que trata esta Lei, inclusive os relativos a acidentes do trabalho, observarão o seguinte:

I – quando o fundamento da ação for a discussão de ato praticado pela perícia médica federal, a petição inicial deverá conter, em complemento aos requisitos previstos no art. 319 da Lei n.º 13.105, de 16 de março de 2015 (Código de Processo Civil):

a) descrição clara da doença e das limitações que ela impõe;

b) indicação da atividade para a qual o autor alega estar incapacitado;

c) possíveis inconsistências da avaliação médico-pericial discutida; e

d) declaração quanto à existência de ação judicial anterior com o objeto de que trata este artigo, esclarecendo os motivos pelos quais se entende não haver litispendência ou coisa julgada, quando for o caso;".

O art. 129-A, I, da Lei 8.213/1991, passou a exigir, como se vê, alguns "requisitos complementares" à petição inicial, no caso de ações judiciais voltadas à obtenção de benefícios por incapacidade.

É certo que a norma processual poderá exigir, no caso concreto, requisitos processuais específicos conforme o tipo de procedimento adotado ou de direito material tutelado. Porém, sempre se deve ter em consideração que esse tipo de exigência não pode ultrajar o princípio constitucional do devido processo legal, especialmente em sentido material, impondo-se à parte exigências desproporcionais e desarrazoadas.

Este é o prisma através do qual iremos analisar as exigências contidas no art. 129-A, I, da Lei 8.213/1991.

As exigências de "descrição clara da doença e limitações que ela impõe", bem como da atividade para a qual o autor alega estar incapacitado fazem parte da causa de pedir e costumam já fazer parte da argumentação jurídica em prol dos segurados.

No que concerne à obrigatoriedade de indicar as "c) possíveis inconsistências da avaliação médico-pericial discutida", compreendemos que já se trata de uma prática que a advocacia previdenciária de excelência costuma adotar na elaboração de suas peças processuais.

Porém, aqui surge uma preocupação, no sentido de que essa nova exigência processual possa representar uma limitação ao tipo de argumentação que pode ser apresentada no que diz respeito ao controle judicial da atuação administrativa, em notória afronta ao art. 5.º, inciso XXXV, da Constituição Federal.

A exigência de declaração de existência de ação judicial anterior sobre benefício por incapacidade laboral, bem como a necessidade de indicar os motivos pelos quais a parte autora entende não haver litispendência ou coisa julgada, também parece excessiva e desproporcional, tendo em vista que essa informação pode facilmente ser obtida pelo próprio Poder Judiciário em seus sistemas informatizados.

Também enseja preocupação em relação a quais critérios o Poder Judiciário adotará em relação à configuração da coisa julgada e da litispendência (tão somente a mesma CID; qual a relevância do agravamento do quadro clínico etc.). Nas ações visando benefícios por incapacidade, o substrato fático (incapacidade para o trabalho) é naturalmente instável, transformando-se com o transcorrer do tempo. A perspectiva de formação da coisa julgada material nessas situações é sempre excepcional.

Em todos os casos, deve-se interpretar o conjunto de argumentação trazida em defesa dos segurados em conformidade ao que está disposto no art. 322, § 2.º, do CPC, isto é, pelo conjunto da postulação.

A Lei 14.331/2022 também passou a exigir alguns documentos considerados obrigatórios para as demandas de benefícios por incapacidade laboral.

> "II – para atendimento do disposto no art. 320 da Lei n.º 13.105, de 16 de março de 2015 (Código de Processo Civil), a petição inicial, qualquer que seja o rito ou procedimento adotado, deverá ser instruída pelo autor com os seguintes documentos:
>
> a) comprovante de indeferimento do benefício ou de sua não prorrogação, quando for o caso, pela administração pública;
>
> b) comprovante da ocorrência do acidente de qualquer natureza ou do acidente do trabalho, sempre que houver um acidente apontado como causa da incapacidade;
>
> c) documentação médica de que dispuser relativa à doença alegada como a causa da incapacidade discutida na via administrativa".

O art. 320 do CPC estabelece que "A petição inicial será instruída com os documentos indispensáveis à propositura da ação".

A obrigatoriedade de apresentação de determinados documentos pelos segurados, com fulcro no art. 320 do CPC, sempre deve ser interpretada com flexibilidade quando se trata de ações previdenciárias, tendo em vista a vulnerabilidade social e econômica da parte autora, a qual redunda em nítida situação de vulnerabilidade processual.

A exigência do comprovante de indeferimento do benefício se coaduna com o que foi decidido pelo STF a respeito do prévio requerimento administrativo no RE 631.240, julgado na sistemática da repercussão geral.

Em relação à comprovação do pedido de prorrogação do benefício por incapacidade para o trabalho, apesar de corresponder ao que foi decidido pela TNU no Tema 277 ("O direito à continuidade do benefício por incapacidade temporária com estimativa de DCB (alta programada) pressupõe, por parte do segurado, pedido de prorrogação (§ 9.º, art. 60, da Lei 8.213/91), recurso administrativo ou pedido de reconsideração, quando previstos normativamente, sem o que não se configura interesse de agir em juízo"), esse requisito parece implicar exigência indireta de esgotamento das instâncias administrativas, o que se nos afigura inconstitucional.

A comprovação do acidente, quando ele for a causa da incapacidade laboral, coaduna-se com as exigências do art. 320 do CPC. Porém, quando se tratar de acidente do trabalho, deve-se levar em consideração o fato de que certas condutas, especialmente a expedição de CAT – Comunicação de Acidente do Trabalho, em grande medida competem à empresa, e no Brasil existe um notório quadro de subnotificação desse tipo de ocorrência.

A exigência de documentação médica relativa à doença alegada como a causa da incapacidade discutida na via administrativa parece ser uma medida adequada, desde que interpretada com a flexibilidade característica das ações previdenciárias. Eventual inexistência ou insuficiência de documentação médica em prol do segurado não deve ser interpretada em seu desfavor, muito menos ensejando o indeferimento liminar da petição inicial.

Não é desnecessário que também nas situações agora contempladas pelo art. 129-A da Lei 8.213/1991 eventuais deficiências processuais da petição inicial não implicam em imediata extinção da lide, devendo sempre ser respeitado o direito à emenda da inicial, nos termos do art. 321 do CPC.

2.4.1.1 Do pedido

O pedido, na ação previdenciária, deve obedecer aos critérios gerais contidos no art. 322 do CPC:

> "Art. 322. O pedido deve ser certo.
>
> § 1.º Compreendem-se no principal os juros legais, a correção monetária e as verbas de sucumbência, inclusive os honorários advocatícios.
>
> § 2.º A interpretação do pedido considerará o conjunto da postulação e observará o princípio da boa-fé".

Alguns detalhes são bastante importantes em matéria previdenciária.

Os chamados *pedidos implícitos* ou *efeitos anexos* das decisões jurisdicionais (juros de mora, correção monetária e honorários advocatícios) devem ser apreciados pelo órgão julgador ainda que não tenham feito parte do pedido. Esses temas são bastante relevantes em matéria previdenciária, especialmente a questão dos critérios que serão adotados para a atualização monetária – com forte impacto na fase de execução da sentença previdenciária.

O art. 322, § 2.º, traz uma inovação bastante interessante em relação ao CPC/73, em que vigorava a ideia de interpretação restrita do pedido, e passa a dispor que "A interpretação do pedido considerará o conjunto da postulação e observará o princípio da boa-fé".

Conforme Bueno (2016, p. 305), "a ideia é a de que a compreensão e o alcance do pedido não fiquem necessariamente adstritos à parte final da petição inicial, mas que levem em conta o que justifica sua formulação observando-se padrões objetivos de conduta".

Temos defendido que esse dispositivo pode ser bastante interessante nas ações previdenciárias, onde a lide nem sempre é adequadamente configurada, em virtude da precariedade da atuação administrativa que muitas vezes caracteriza a atuação do INSS – prejudicando a tranquila configuração da causa de pedir e a adequada visualização do objeto do pedido.

Exemplo interessante que vislumbramos reside na análise administrativa dos requisitos para concessão do BPC da Lei 8.742/1993. Atente para a alteração do art. 15, § 5.º, do Anexo do Decreto 6.124/2007, trazida pelo Decreto 8.805/2016:

> "§ 5.º Na hipótese de ser verificado que a renda familiar mensal *per capita* não atende aos requisitos de concessão do benefício, o pedido deverá ser indeferido pelo INSS, sendo desnecessária a avaliação da deficiência".

Em síntese: quando o INSS não verificar, no processo administrativo, a caracterização da renda familiar mensal *per capita* adequada à concessão do BPC, sequer procederá à constatação da deficiência – um dos requisitos para concessão do BPC, ao lado do critério econômico.

A judicialização de uma situação assim implica a discussão sobre o alcance do interesse processual (tema do tópico sobre as *condições de ação*) e, também, de qual *pedido* pode ser formulado.

Defendemos, nos termos do art. 322, § 2.º, do CPC, que pode ser pleiteada judicialmente a própria concessão do BPC, e não somente o reconhecimento da situação de hipossuficiência econômica (exame da renda familiar mensal *per capita*) para que apenas posteriormente ocorra o exame, na via administrativa, do quadro comprobatório da deficiência.

Esse pedido relativo à própria concessão do BPC decorreria do *conjunto da postulação apresentada na inicial*; a causa de pedir envolveria não somente a questão da renda, mas também a disputa pela comprovação da deficiência, a qual por vezes é indevidamente negligenciada pela autarquia previdenciária, conforme disposição do art. 15, § 5.º, do Anexo do Decreto 6.214/2007.

Esse mesmo raciocínio sobre a abrangência do pedido, com fulcro no art. 322, § 2.º, do CPC, pode ser levado a cabo nas ações visando benefícios por incapacidade, especialmente naquelas em que há decisões judiciais que se limitam a reconhecer a qualidade de segurado (ou outro item preliminar) e apenas determinam a reabertura do processo administrativo, devolvendo para a via administrativa a apreciação da incapacidade para o trabalho.[13]

O mesmo raciocínio pode ser adotado quando o INSS não concede um benefício de aposentadoria voluntária por insuficiência de tempo de contribuição, sob o fundamento de que determinado período de trabalho (ou sua especialidade) não restou comprovado. Nesse caso, é levada ao Poder Judiciário a apreciação do objetivo de concessão do benefício previdenciário, o preenchimento de todos os requisitos para sua obtenção, e não apenas a constatação da validade desse ou daquele determinado período de trabalho/contribuição.

O pedido, nos exemplos dados, deve ser compreendido, diante do conjunto da postulação, como a própria concessão do benefício previdenciário, e não apenas o reconhecimento de um requisito parcial ou a devolução da questão ao INSS, no âmbito administrativo.

Na ação que tiver por objeto cumprimento de obrigação em prestações sucessivas, como é o caso das ações previdenciárias, cujo objeto do pedido consistem em prestações de *trato sucessivo*, mensais, considera-se que as parcelas periódicas do benefício se encontram incluídas no pedido, independentemente de declaração expressa do autor, e serão incluídas na condenação, enquanto durar a obrigação (art. 323 do CPC).

---

[13] Nesse sentido: "No que tange à realização de perícia médica em juízo, entendo que não pode ser deferido o pedido, pois não houve perícia na via administrativa. Apesar de não ter havido perícia na via administrativa, o INSS proferiu decisão de indeferimento do requerimento de auxílio-doença, o que não poderia ter sido feito em razão da ausência de autorização legal para indeferir pedido de concessão de benefício por incapacidade sem a realização de perícia médica. Dessa forma, como o processo administrativo não foi concluído com a realização de perícia médica, foi ilegal o indeferimento do auxílio-doença. Diante do exposto, defiro, em parte o pedido de tutela de urgência para *determinar a reabertura do processo administrativo da parte autora para que seja agendada e realizada a perícia médica*, devendo o agendamento atender a ordem de realização das perícias administrativas, conforme a DER, e partir do momento em que houver permissão para as atividades presenciais" (1ª Turma Recursal do RS, Rel. André de Souza Fischer, 5060351-41.2020.4.04.7100, j. 14.06.2021, grifos nossos).

O pedido deve ser certo, nos termos do art. 324 do CPC, podendo ser formulado pedido genérico em certas condições que o mesmo dispositivo legal apresenta.

Isso também se aplica em matéria previdenciária, especialmente quando não for possível determinar, desde logo, as consequências do ato ou do fato (art. 324, II), ou quando a determinação do objeto ou do valor da condenação depender de ato que deva ser praticado pelo INSS (art. 324, III).

Entretanto, é muito recomendável que se evite aquele tipo de pedido extremamente genérico, a exemplo de algumas antigas ações revisionais de benefício, onde a parte apenas se insurgia contra o baixo valor das prestações previdenciárias, sob fundamento no princípio constitucional da irredutibilidade do valor dos benefícios previdenciários, sem que se apontasse uma determinada violação à sistemática legal de Renda Mensal Inicial – RMI.

No Processo Judicial Previdenciário é possível formular pedidos alternativos ou subsidiários, nos termos dos arts. 325 e 326 do CPC, a exemplo de quando a parte requer aposentadoria por incapacidade para o trabalho ou, subsidiariamente, concessão do auxílio por incapacidade temporária (caso não se compreenda comprovada a incapacidade total e definitiva).

Também é possível a cumulação de pedidos no mesmo processo (art. 327 do CPC), tendo em vista tratar-se do mesmo réu e os pedidos serem compatíveis com o procedimento adotado. Um grande exemplo disso no Processo Judicial Previdenciário reside no requerimento da concessão de benefício previdenciário cumulado com a condenação do INSS por dano moral previdenciário conexo àquela prestação previdenciária.

Seja no que concerne à documentação, seja no que diz respeito à formulação do pedido, eventuais problemas processuais que caracterizem a petição inicial ensejam a necessidade de que a parte seja intimada a fim de emende a inicial e saneie tais irregularidades, sendo vedada a extinção liminar do processo por esses motivos. Veja-se a redação do art. 321 do CPC:

> "Art. 321. O juiz, ao verificar que a petição inicial não preenche os requisitos dos arts. 319 e 320 ou que apresenta defeitos e irregularidades capazes de dificultar o julgamento de mérito, determinará que o autor, no prazo de 15 (quinze) dias, a emende ou a complete, indicando com precisão o que deve ser corrigido ou completado".

Corrobora esse dispositivo a determinação para que antes que ocorra a sentença que extingue o processo sem exame do mérito, "o juiz deverá conceder à parte oportunidade para, se possível, corrigir o vício", conforme art. 317 do CPC.

O pedido formulado na petição inicial vincula o julgamento que será proferido pelo juízo, nos termos do art. 492 do CPC:

> "Art. 492. É vedado ao juiz proferir decisão de natureza diversa da pedida, bem como condenar a parte em quantidade superior ou em objeto diverso do que lhe foi demandado".

Apesar da redação literal do dispositivo transcrito, que consagra o *princípio da congruência*, doutrina e jurisprudência vêm reconhecendo a possibilidade de flexibilização dessa regra, admitindo a *fungibilidade das ações previdenciárias*.

Conforme Maia Filho e Wirth (2019, p. 146), "impõe reconhecer a possibilidade de mitigação da adstrição do julgado ao pedido expressamente formulado na petição inicial, admitindo-se que não se configura julgamento *ultra petita* a concessão de benefício previdenciário diverso do pleiteado na inicial do autor".

Exemplo dessa característica de *fungibilidade* das ações previdenciárias ocorre quando o pedido é de auxílio por incapacidade temporária ao trabalho, mas constata-se a incapacidade laboral definitiva e a concessão é do benefício de aposentadoria; da mesma forma quando se requer o antigo benefício de aposentadoria por idade e, na ausência de preenchimento do requisito de carência, é concedido o benefício assistencial ao idoso previsto no art. 20 da Lei 8.742/1993.

O Processo Judicial Previdenciário exige uma maior flexibilidade do rito procedimental e maior adaptação das fórmulas processuais à realidade complexa que permeia o Direito Previdenciário.

2.4.1.2 Improcedência liminar do pedido

O art. 332 do CPC de 2015 trouxe uma alteração em relação à *rejeição liminar da inicial*, existente no CPC/1973, ampliando as possibilidades de *improcedência liminar do pedido*:

> "Art. 332. Nas causas que dispensem a fase instrutória, o juiz, independentemente da citação do réu, julgará liminarmente improcedente o pedido que contrariar:
>
> I – enunciado de súmula do Supremo Tribunal Federal ou do Superior Tribunal de Justiça;
>
> II – acórdão proferido pelo Supremo Tribunal Federal ou pelo Superior Tribunal de Justiça em julgamento de recursos repetitivos;

III – entendimento firmado em incidente de resolução de demandas repetitivas ou de assunção de competência;

IV – enunciado de súmula de tribunal de justiça sobre direito local.

§ 1.º O juiz também poderá julgar liminarmente improcedente o pedido se verificar, desde logo, a ocorrência de decadência ou de prescrição".

Em linhas gerais, pode ocorrer a improcedência liminar do pedido em virtude de entendimento firmado em precedentes judiciais com força vinculante, bem como nas situações de prescrição e decadência.

São inúmeras as teses previdenciárias firmadas em precedentes vinculantes, propiciando um amplo rol de situações que podem ativar a aplicação do art. 332 do CPC e, assim, ensejar a improcedência liminar do pedido.

Por isso, sugerimos que na petição inicial seja introduzida uma preliminar, demonstrando que o caso concreto não se enquadra em nenhum outro precedente e, portanto, não é viável a aplicação do art. 332 do CPC, devendo o processo seguir seu curso regular, com a realização da instrução probatória.

Essa situação corresponde à técnica processual do *distinguishing*, isto é, demonstrar que o caso concreto não corresponde em termos fáticos e jurídicos a um precedente vinculante anterior e, assim, não ter o mesmo desdobramento jurídico.

Da mesma forma, é importante a indicação de que não ocorreu a decadência e prescrição, demonstrando-se as datas de ingresso da ação judicial e da comunicação da decisão administrativa do INSS, bem como eventuais hipóteses de interrupção – a exemplo da existência de processo administrativo.

Caso ocorra o julgamento de *improcedência liminar do pedido* a parte autora deverá interpor recurso de apelação, nos termos do art. 332, § 3.º, do CPC, o qual inclusive permite a retratação do juízo de primeiro grau. Nesse recurso, a argumentação que deve ser apresentada consiste, em síntese, na demonstração do *distinguishing* do caso concreto em relação ao precedente vinculante invocado na decisão que decidiu pela improcedência liminar do pedido.

A Lei 14.331/2022 introduziu na Lei 8.213/1991 o art. 129-A, responsável por algumas mudanças no rito processual específico das ações visando benefícios por incapacidade para o trabalho, inclusive aqueles decorrentes de acidente do trabalho.

Nesse quesito da *improcedência liminar do pedido* cumpre observar o art. 129-A, § 2.º, da Lei 8.213/1991:

> "§ 2.º Quando a conclusão do exame médico pericial realizado por perito designado pelo juízo mantiver o resultado da decisão proferida pela perícia realizada na via administrativa, poderá o juízo, após a oitiva da parte autora, julgar improcedente o pedido".

Ou seja, quando o resultado da perícia médica judicial for o mesmo da perícia administrativa, poderá o julgador, ouvida a parte, julgar improcedente o pedido.

Compreendemos que essa técnica processual não se revela adequada, pois impede que a parte realize a devida instrução probatória na perspectiva de comprovar a incapacidade laboral, mediante a apresentação de laudo do assistente técnico, e mesmo inviabiliza a realização da avaliação biopsicossocial, onde outros critérios de constatação da incapacidade (socioeconômicos) podem ser utilizados pelo julgador.

2.4.2 Citação

O processo é formado a partir da citação válida, consoante regra bastante tradicional do Processo Civil. Em matéria previdenciária, esse ato processual apresenta importância ainda maior, porque acarreta algumas consequências práticas relevantes em relação aos benefícios previdenciários.

Além de interromper a prescrição, funciona como o termo *a quo* a partir do qual incidem os juros de mora, nos termos do art. 240 do CPC.[14]

Ademais, inexistindo comprovação do requerimento administrativo da concessão de benefício, a data da citação vale como termo inicial (Data de Início de Benefício – DIB) para uma série de benefícios previdenciários, em verdadeira complementação à regra contida nos arts. 49 e 53 da Lei 8.213/91.[15]

Nesse sentido a Súmula 576 do STJ: "Ausente requerimento administrativo no INSS, o termo inicial para a implantação da aposentadoria por invalidez concedida judicialmente será a data da citação válida".

O STJ firmou jurisprudência (Tema 995) no sentido de que é possível computar tempo de contribuição posterior ao ajuizamento da ação (*tese da reafirmação da DER*), e a realização da citação não interfere nessa possibilidade.

A citação do INSS não será realizada, *a priori*, nos casos em que o juízo decidir nos moldes do art. 332 do CPC, isto é, aplicar a *improcedência liminar*

---

[14] É o que decidiu o STJ, já no rito dos recursos especiais repetitivos: 3.ª Seção, Rel. Min. Jorge Mussi, REsp 1.117.057, Recurso Especial Representativo da Controvérsia. Processual Civil. Art. 534-C do CPC. Previdenciário. Juros de mora. Termo inicial, 1.º.07.2009.

[15] Também no rito dos recursos especiais repetitivos, segundo o STJ: 3.ª Seção, REsp 1.104.826, Rel. Min. Nilson Naves, 02.03.2010: Recurso Especial Repetitivo. Observância da sistemática prevista no art. 543-C do CPC e na Resolução 8/STJ. Previdenciário. Termo Inicial da Aposentadoria por Invalidez quando ausente requerimento administrativo.

do pedido. Nesses casos o INSS será citado apenas em momento posterior, para responder a eventual recurso de apelação.

Poderá ocorrer o mesmo cenário de ausência de citação do INSS nas situações em que o juízo proferir julgamento pela improcedência liminar do pedido, nas ações visando benefícios por incapacidade laboral, quando o laudo pericial judicial concordar com a perícia realizada na via administrativa, nos termos do art. 129-A, § 2.º, da Lei 8.213/1991 (apenas, obviamente, nos casos de realização antecipada da prova pericial antes da citação do INSS).

2.4.3 Condições da ação

A doutrina do Processo Civil tradicionalmente tratava as condições de ação como três: a possibilidade jurídica do pedido, a legitimidade das partes e o interesse de agir.

O CPC/2015 alterou essa dinâmica e passou a estabelecer, nos termos de seu art. 17, apenas duas condições para acesso à jurisdição: legitimidade e interesse.

Considerando que já falamos sobre a legitimidade anteriormente, debruçaremo-nos aqui apenas a respeito do tema do interesse de agir, que é o ponto mais delicado, pois se relaciona com a forma de atuação administrativa da autarquia previdenciária e seus reflexos processuais.

2.4.3.1 *Interesse de agir: o prévio requerimento administrativo e o princípio constitucional do acesso à justiça*

A CF consagra em seu art. 5.º, XXXV, o *princípio do amplo acesso à Justiça*, também denominado princípio do direito de ação ou da inafastabilidade do controle jurisdicional, dispondo que "a lei não excluirá da apreciação do Poder Judiciário lesão ou ameaça a direito".

O preceito constitucional tem como principal destinatário o legislador, pois determina que "a lei" não afastará da apreciação jurisdicional (e o Poder Legislativo, por essência, é o órgão competente para a produção legislativa). Isso quer dizer que nem mesmo o legislador pode restringir o acesso universal à justiça.

O direito de ação, nesses termos, é direito público subjetivo, movido contra o Estado, o qual não se exime de prestar adequadamente a tutela jurisdicional, salvo se não preenchidas as condições de ação (NERY JR., 2000, p. 99).

A interpretação teleológica da norma constitucional demonstra que o escopo do constituinte foi o de alargar ao máximo o direito de ação, permitindo que o maior número possível de situações ficasse sob o abrigo da apreciação judicial (a teoria da interpretação dos direitos fundamentais prega que deve a norma constitucional que os veicula ser redigida em linguagem coloquial, abrangente e genérica, de modo a alcançar o maior número possível de situações existentes no mundo fenomênico).

Todavia, o acesso ao Judiciário não é irrestrito, mas atrelado à constatação de certos fatores, consubstanciados nas chamadas *condições de ação*: hoje apenas a legitimidade de parte e o interesse processual, conforme o art. 17 do CPC (que eliminou a *possibilidade jurídica do pedido* do rol de condições da ação).

Para Vicente Greco Filho (2000, p. 76),

> "o direito de ação é dividido em dois planos: o plano do direito constitucional e o plano processual, tendo o primeiro um maior grau de generalidade. Sob esse aspecto, *o direito de ação é amplo, genérico e incondicionado, salvo as restrições constantes da própria Constituição Federal*. (...) Já o chamado direito processual de ação não é incondicionado e genérico, mas conexo a uma pretensão, com certos liames com ela (...), de modo que o seu exercício é condicionado a determinados requisitos, ligados à pretensão, chamados *condições da ação*" (grifos nossos).

Não é possível restringir o direito de ação, que constitucionalmente é incondicionado, para *além do que é exigido estritamente no plano processual*. Isso implica dizer que não se pode impedir o acesso à justiça quando estiverem preenchidas as condições de ação e não se pode negar o acesso à justiça exigindo-se mais do que a própria norma processual (constitucional ou infraconstitucional) impôs.

Essa perspectiva é direcionada tanto ao legislador (que não pode criar outras e mais severas condições para acesso à jurisdição) quanto para a jurisprudência (que deve interpretar as normas de acesso à justiça a partir do viés de que se trata de um direito fundamental).

Essa interpretação também vale para o Poder Executivo, em seu papel normativo, que da mesma forma não pode criar óbices ou impedimentos que repercutam no acesso à jurisdição – a exemplo de criar andamentos no processo administrativo previdenciário que venham a dificultar a configuração da lide ou do próprio interesse processual.

Interesse processual, na definição de Greco Filho (2000, p. 80-81), é

> "*a necessidade de se recorrer ao Judiciário para a obtenção do resultado pretendido*, independentemente da legitimidade ou legalidade da pretensão. Para verificar se o autor tem interesse processual para a ação deve-se responder

afirmativamente à seguinte indagação: *para obter o que pretende o autor necessita da providência jurisdicional pleiteada?* Não se indaga, pois, ainda, se o pedido é legítimo ou ilegítimo, se é moral ou imoral. Basta que seja necessário, isto é, que o autor não possa obter o mesmo resultado por outro meio extraprocessual. (...) De regra, *o interesse processual nasce diante da resistência que alguém oferece à satisfação da pretensão de outrem*, porque este não pode fazer justiça pelas próprias mãos. (...) *o interesse processual, portanto, é uma relação de necessidade e uma relação de adequação*, porque é inútil a provocação da tutela jurisdicional se ela, em tese, não for apta a produzir a correção da lesão arguida na inicial" (grifos nossos).

A Constituição Federal de 1969 dispunha em seu art. 153, § 4.º, com a redação dada pela Emenda Constitucional 7, de 1977,[16] que a lei infraconstitucional poderia exigir o *exaurimento da via administrativa* para que fosse possível ingressar com ação judicial.

A doutrina denomina esse tipo de exigência como *condição de procedibilidade* da ação civil (também conhecida como *jurisdição condicionada* ou *instância administrativa de curso forçado*), sem a qual é autorizada a extinção *in limine* do feito, em razão da falta de interesse processual (NERY JR., 2000, p. 100-101). A Constituição Federal de 1988 modificou esse panorama e não condiciona o acesso à justiça ao exaurimento da via administrativa (tão somente se exige o prévio requerimento, como veremos mais adiante).

A jurisprudência, inclusive do STF e do STJ, reconhece pacificamente que o art. 5.º, XXXV, da CF consagrou o princípio da *inafastabilidade do controle jurisdicional* como uma das garantias decorrentes dos direitos fundamentais, sendo desnecessário o prévio esgotamento da via administrativa como etapa do ajuizamento das ações previdenciárias.

Nesse sentido, qualquer legislação que venha a exigir, ainda que indiretamente, o *esgotamento das vias administrativas* como requisito para configuração do interesse processual será, evidentemente, inconstitucional.

---

[16] Eis o teor literal do disposto no art. 153, § 4.º, da CF/1969, anteriormente à redação dada pela Emenda Constitucional 7, de 13.04.1977: "A lei não poderá excluir da apreciação do Poder Judiciário qualquer lesão de direito individual". Tal texto normativo, bastante semelhante ao texto contido no atual art. 5.º, inc. XXXV, da CF vigente, foi modificado pela aludida emenda, que lhe acrescentou uma parte final, a qual criou a figura da jurisdição condicionada, passando a vigorar o artigo com a seguinte redação, que destacamos: "A lei não poderá excluir da apreciação do Poder Judiciário qualquer lesão de direito individual. *O ingresso em juízo poderá ser condicionado a que exauram previamente as vias administrativas*, desde que não exigida garantia de instância, nem ultrapassado o prazo de cento e oitenta dias para a decisão sobre o pedido".

O requisito de configuração do interesse processual que a jurisprudência consolidada do STJ e do STF reside no *prévio requerimento administrativo*, cujos contornos, atualmente, foram estabelecidos no RE 631.240/MG, julgado na sistemática da repercussão geral:

> "Recurso Extraordinário. Repercussão Geral. Prévio Requerimento Administrativo e Interesse em Agir.
>
> 1. A instituição de condições para o regular exercício do direito de ação é compatível com o art. 5.º, XXXV, da Constituição. Para se caracterizar a presença de interesse em agir, é preciso haver necessidade de ir a juízo.
>
> 2. A concessão de benefícios previdenciários depende de requerimento do interessado, não se caracterizando ameaça ou lesão a direito antes de sua apreciação e indeferimento pelo INSS, ou se excedido o prazo legal para sua análise. É bem de ver, no entanto, que a exigência de prévio requerimento não se confunde com o exaurimento das vias administrativas.
>
> 3. A exigência de prévio requerimento administrativo não deve prevalecer quando o entendimento da Administração for notória e reiteradamente contrário à postulação do segurado.
>
> 4. Na hipótese de pretensão de revisão, restabelecimento ou manutenção de benefício anteriormente concedido, considerando que o INSS tem o dever legal de conceder a prestação mais vantajosa possível, o pedido poderá ser formulado diretamente em juízo – salvo se depender da análise de matéria de fato ainda não levada ao conhecimento da Administração –, uma vez que, nesses casos, a conduta do INSS já configura o não acolhimento ao menos tácito da pretensão.
>
> (...)
>
> 9. Recurso extraordinário a que se dá parcial provimento, reformando-se o acórdão recorrido para determinar a baixa dos autos ao juiz de primeiro grau, o qual deverá intimar a autora – que alega ser trabalhadora rural informal – a dar entrada no pedido administrativo em 30 dias, sob pena de extinção. Comprovada a postulação administrativa, o INSS será intimado para que, em 90 dias, colha as provas necessárias e profira decisão administrativa, considerando como data de entrada do requerimento a data do início da ação, para todos os efeitos legais. O resultado será comunicado ao juiz, que apreciará a subsistência ou não do interesse em agir".

Em relação à discussão judicial envolvendo o tema da *alta programada* deve ser observado o entendimento da TNU firmado no Tema 277:

> "O direito à continuidade do benefício por incapacidade temporária com estimativa de DCB (alta programada) pressupõe, por parte do segurado,

pedido de prorrogação (§ 9.º, art. 60, da Lei 8.213/91), recurso administrativo ou pedido de reconsideração, quando previstos normativamente, sem o que não se configura interesse de agir em juízo".

A *coisa julgada administrativa* não impede que o Poder Judiciário, posteriormente, aprecie a matéria controversa, nos termos do Tema 283 da TNU:

"A coisa julgada administrativa não exclui a apreciação da matéria controvertida pelo poder judiciário e não é oponível à revisão de ato administrativo para adequação aos requisitos previstos na lei previdenciária, enquanto não transcorrido o prazo decadencial".

Tema relevante a ser tratado em relação à configuração do interesse processual reside no questionamento sobre os efeitos do processo administrativo arquivado. Deve-se ter em conta o art. 176 do Decreto 3.048/99, com redação dada pelo Decreto 10.410/2020:

"Art. 176. A apresentação de documentação incompleta não constitui, por si só, motivo para recusa do requerimento de benefício ou serviço, ainda que seja possível identificar previamente que o segurado não faça jus ao benefício ou serviço pretendido.

§ 1.º Na hipótese de que trata o caput, o INSS deverá proferir decisão administrativa, com ou sem análise de mérito, em todos os pedidos administrativos formulados, e, quando for o caso, emitirá carta de exigência prévia ao requerente.

§ 2.º Encerrado o prazo para cumprimento da exigência sem que os documentos solicitados tenham sido apresentados pelo requerente, o INSS:

I – decidirá pelo reconhecimento do direito, caso haja elementos suficientes para subsidiar a sua decisão; ou

II – decidirá pelo arquivamento do processo sem análise de mérito do requerimento, caso não haja elementos suficientes ao reconhecimento do direito nos termos do disposto no art. 40 da Lei n.º 9.784, de 29 de janeiro de 1999.

§ 3.º Não caberá recurso ao CRPS da decisão que determine o arquivamento do requerimento sem análise de mérito decorrente da não apresentação de documentação indispensável ao exame do requerimento.

§ 4.º Caso haja manifestação formal do segurado no sentido de não dispor de outras informações ou documentos úteis, diversos daqueles apresentados ou disponíveis ao INSS, será proferida a decisão administrativa com análise de mérito do requerimento.

§ 5.º O arquivamento do processo não inviabilizará a apresentação de novo requerimento pelo interessado, que terá efeitos a partir da data de apresentação da nova solicitação.

§ 6.º O reconhecimento do direito ao benefício com base em documento apresentado após a decisão administrativa proferida pelo INSS considerará como data de entrada do requerimento a data de apresentação do referido documento.

§ 7.º O disposto neste artigo aplica-se aos pedidos de revisão e recursos fundamentos em documentos não apresentados no momento do requerimento administrativo e, quanto aos seus efeitos financeiros, aplica-se o disposto no § 4.º do art. 347". (grifos nossos)

Em síntese, verifica-se que esse dispositivo regulamentar criou algumas hipóteses de *arquivamento do processo administrativo sem exame de mérito*.

A nosso ver, compreendemos que mesmo nas situações em que o requerimento administrativo for arquivado sem exame de mérito, com fulcro no art. 176 do Decreto 3.048/99, com redação dada pelo Decreto 10.410/2020, já estará preenchido o requisito de *prévio requerimento administrativo* e, em consequência, haverá interesse processual suficiente ao ingresso na via judicial, conforme exigido pelo art. 17 do CPC e pelo entendimento firmado pelo STF no RE 631.240.

Ainda que o processo administrativo tenha sido arquivado sem "exame de mérito", em razão de ausência de documentação suficiente, compreende-se que o segurado (ou os dependentes, conforme o caso) terão cumprido a exigência de pleitear previamente ao INSS.

A negativa do direito ao benefício deve ser considerada, nesses casos, de modo mais abrangente, no sentido de que a resposta administrativa foi contrária ao interesse dos segurados ou dependentes, ainda que a forma adotada para o ato administrativo tenha sido a de uma decisão de arquivamento.

Em reforço a esse posicionamento, deve-se lembrar que até mesmo a *omissão administrativa* é idônea à configuração do interesse processual: quando o INSS deixa de proferir decisão administrativa, descumprindo os prazos previstos em lei para análise do requerimento administrativo, esse ato da autarquia já caracteriza potencial ameaça ou lesão a direito previdenciário e, assim, viabiliza o ingresso com ação judicial – nem que seja a perspectiva de mandado de segurança impetrado para que o processo administrativo seja concluído.

Quanto a esse tópico, deve-se sublinhar que no âmbito do processo que correspondia ao Tema 1.066 da repercussão geral (o qual foi desafetado), o STF homologou acordo entre o INSS e o Ministério Público Federal para ampliar os prazos procedimentais que a autarquia previdenciária deve observar na via administrativa para análise e concessão dos benefícios. Assim, a *omissão administrativa indevida* só restará configurada quando vencidos os prazos estabelecidos no aludido acordo.

Por fim, deve-se mencionar o equívoco das decisões que impõem emenda à petição inicial, determinando juntada da prova do requerimento administrativo *recente*,[17] *pois essa exigência não conta com previsão legal ou jurisprudencial.*

O entendimento do STF a respeito exige o prévio requerimento administrativo, mas não estabelece que seja "recente", tampouco permite que seja fixado algum prazo pelo juízo, pois isso se daria de modo evidentemente discricionário.[18]

2.4.3.2 Carência de ação por perda superveniente de objeto: concessão administrativa de benefício

Ajuizada a demanda previdenciária, ela poderá ser julgada sem resolução de mérito, por ausência superveniente de condição de ação. No Processo Judicial Previdenciário essa hipótese é comum, e o exemplo mais conhecido ocorre quando, no curso do processo judicial, há o deferimento administrativo do benefício previdenciário.

Muitas vezes, o benefício acaba por ser concedido no âmbito administrativo na pendência da ação judicial. Com isso, poderá ser reconhecida a ausência superveniente de interesse processual, por manifesta perda de objeto da demanda previdenciária.[19]

---

[17] "Previdenciário. Processual Civil. Interesse de agir. Configurado. Sentença anulada. A comprovação da negativa administrativa em conceder ou prorrogar o benefício pleiteado é suficiente para caracterizar a pretensão resistida, ainda que não se trate de requerimento administrativo recente" (TRF da 4.ª Região, 5.ª Turma Rel. Altair Antonio Gregório, AC 5013465-51.2019.4.04.9999, juntado aos autos em 23.10.2019).

[18] "Previdenciário e Processo Civil. Benefício assistencial. Sentença de extinção do processo. Não se exige novo requerimento administrativo se já realizado anteriormente. Anular a sentença. 1. Evidente o interesse de agir do segurado que ingressa com a ação judicial após o cancelamento administrativo de benefício, não sendo necessário o exaurimento da via administrativa. 2. Não há base legal ou jurisprudencial para se fixar um prazo discricionário entre o indeferimento administrativo do pedido e ou cancelamento do benefício e a propositura da ação. 3. Sentença anulada para retorno à origem e prosseguimento do feito, sem exigência para que seja formulado novo requerimento administrativo" (TRF da 4.ª Região, 6.ª Turma, Rel. Julio Guilherme Berezoski, AC 5003189-46.2020.4.04.7114, Sjuntado aos autos em 25.02.2021).

[19] "Previdenciário. Amparo assistencial. Postulação judicial do benefício de amparo assistencial. Deferimento administrativo do benefício. Perda superveniente do interesse de agir da autora. Extinção do processo, sem resolução do mérito (art. 267, VI, do CPC). Apelação não provida. 1. A autora propôs esta ação postulando a concessão do benefício de amparo assistencial, que foi concedido na via administrativa em data

Todavia, caso ainda remanesça algum interesse ou direito a ser discutido mesmo após a concessão do benefício na via administrativa (tal como a data a partir da qual é devido o benefício[20] ou o valor da RMI), deve prosseguir a ação judicial, com a discussão das questões porventura não admitidas na via administrativa.

Nesse assunto, deve ser assinalado o Tema 283 da TNU:

> "A coisa julgada administrativa não exclui a apreciação da matéria controvertida pelo poder judiciário e não é oponível à revisão de ato administrativo para adequação aos requisitos previstos na lei previdenciária, enquanto não transcorrido o prazo decadencial".

2.4.4 Prescrição e decadência

2.4.4.1 Decadência

Item importante a ser observado na proposita de ações previdenciárias reside na questão dos prazos decadencial e prescricional.

Historicamente, nunca existiu previsão de prazo decadencial no Direito Previdenciário brasileiro. Na LOPS, nas duas versões da CLPS, e mesmo na

---

posterior à propositura da ação, ocorrendo o superveniente desaparecimento do interesse de agir, ensejando a extinção do processo, sem resolução do mérito, com base no art. 267, VI, do CPC. 2. Apelação a que se nega provimento" (TRF da 1.ª Região, 1.ª Turma, Rel. Des. Fed. Antônio Sávio de Oliveira Chaves, AC 200601990422628, Apelação Cível 200601990422628, j. 04.02.2006, *e-DJF1* 22.04.2009, p. 29).

[20] "Processual civil e previdenciário. Amparo social. Art. 203, V, da Constituição Federal. Arts. 20 e 21 da Lei 8.742/93 (LOAS). Deferimento do benefício na via administrativa, sem o reconhecimento da totalidade do período. Perda superveniente do interesse de agir. Impossibilidade. Anulação da sentença. (...) 2. O benefício requerido foi indeferido administrativamente em 27.02.2003 (fl. 13) sob o argumento de parecer contrário da perícia médica. Em 13.08.2003, a apelante ingressou com a presente ação e, por outro lado, requereu novo pedido administrativo (fl. 47), sendo este concedido a partir de 16.02.2004. 3. Reconhecimento da comprovação dos requisitos exigidos para a obtenção do benefício em questão, conforme consta da Carta de Concessão/Memória de Cálculo de fl. 47, a partir de 16.02.2004, ou seja, a partir do segundo pedido administrativo. 4. Considerando que a autora pleiteia a concessão do benefício desde o requerimento do primeiro pedido, não há que se falar em superveniente perda do interesse de agir da autora e a extinção do processo, sem resolução do mérito, eis que não houve exaurimento, por completo, do objeto da presente ação. (...). Apelação prejudicada" (TRF da 1.ª Região, 2.ª Turma, Rel. Juíza Fed. Rogéria Maria Castro Debelli (Conv.), AC 200501990197026, Apelação Cível 200501990197026, j. 10.02.2010, *e-DJF1* 25.03.2010, p. 80).

Lei 8.213/91, em sua redação original, constavam apenas prazos de prescrição, em cinco anos, das parcelas relativas a pensões e aposentadorias, sem que prescrevesse, contudo, o *fundo de direito*.

O entendimento predominante era no sentido de que "no direito previdenciário, tendo em vista a característica de tratar de direitos indisponíveis, o direito ao benefício em si não prescreve, mas sim às prestações pecuniárias" (HORVATH JR., 2012, p. 388).

É certo que a fixação de prazos de decadência e prescrição visa resguardar a segurança jurídica. Contudo, defendemos que na área previdenciária essa imposição deve ser flexibilizada, diante das particularidades desse segmento processual.

O segurado é hipossuficiente, econômico e também informacional. Muitas vezes não conhece os termos e as condições em que deve exercer seus direitos perante o INSS, pela via administrativa ou judicial. Essa característica deve ser levada em conta quando da contagem de prazos decadenciais e prescricionais contra ele.

Esse entendimento era contemplado na redação original do art. 103 da Lei 8.213/91:

> "Art. 103. Sem prejuízo do direito ao benefício, prescreve em 5 (cinco) anos o direito às prestações não pagas nem reclamadas na época própria, resguardados os direitos dos menores dependentes, dos incapazes ou dos ausentes".

Esse panorama foi modificado com a Lei 9.528/1997, que passou a estabelecer também a decadência em matéria previdenciária:

> "Art. 103. É de dez anos o prazo de decadência de todo e qualquer direito ou ação do segurado ou beneficiário para a revisão do ato de concessão de benefício, a contar do dia primeiro do mês seguinte ao do recebimento da primeira prestação ou, quando for o caso, do dia em que tomar conhecimento da decisão indeferitória definitiva no âmbito administrativo".

A Lei 9.528/1997 estabeleceu o prazo de 10 anos para a decadência da revisão dos atos de concessão do benefício previdenciário, contado do primeiro dia seguinte ao do recebimento da primeira prestação ou, conforme o caso, do dia em que tomar ciência da decisão indeferitória definitiva proferida no âmbito administrativo.

A Lei 9.711/1998 manteve os critérios de definição do termo inicial de contagem da prescrição, mas reduziu o prazo prescricional para 5 anos:

"Art. 103. É de cinco anos o prazo de decadência de todo e qualquer direito ou ação do segurado ou beneficiário para a revisão do ato de concessão de benefício, a contar do dia primeiro do mês seguinte ao do recebimento da primeira prestação ou, quando for o caso, do dia em que tomar conhecimento da decisão indeferitória definitiva no âmbito administrativo".

Essa alteração legislativa provocou comoção social e excesso de judicialização, tendo em vista o encurtamento abrupto do prazo decadencial, de 10 para 5 anos. Procurando dar uma solução para essa situação, a Lei 10.839/2004 reestabeleceu o prazo decadencial de 10 anos previsto inicialmente:

"Art. 103. É de dez anos o prazo de decadência de todo e qualquer direito ou ação do segurado ou beneficiário para a revisão do ato de concessão de benefício, a contar do dia primeiro do mês seguinte ao do recebimento da primeira prestação ou, quando for o caso, do dia em que tomar conhecimento da decisão indeferitória definitiva no âmbito administrativo".

O STJ decidiu que o prazo decadencial de 10 anos se aplica também aos benefícios concedidos anteriormente à vigência da Medida Provisória 1.523-9/1997, ressalvando que o início da contagem do prazo decadencial será a data de 28/06/1997, quando este ato normativo foi editado (STJ, 1.ª Seção, Rel. Min. Teori Zavascki, REsp 1.303.988/PE/STJ, *DJe* 21.03.2012).

O mesmo posicionamento foi reconhecido pelo STF no RE 626.489/SE/STF (Pleno, Rel. Min. Roberto Barroso, j. 16/10/2013, *DJe* 23.09.2014, Tema 313/STF da repercussão geral), que reconheceu a constitucionalidade do prazo decadencial, mas ressalvou sua aplicabilidade tão somente às ações de revisão de benefício.

O STJ, no Tema 975/STJ dos recursos repetitivos, reiterou que as matérias não apreciadas na via administrativa também sucumbem à decadência destinada às ações revisionais. Incide, porém, o prazo decadencial decenal para as revisionais em que se busca o direito ao melhor benefício.

O STJ e a TNU (Tema 125/TNU) compreendiam que a revisão do benefício de pensão por morte deveria levar em consideração a data de concessão do benefício aos dependentes e não da aposentadoria que lhe precedeu.

Esse posicionamento foi alterado em 2019, no julgamento do EREsp 1.605.554/PR, em que se definiu que o prazo decadencial para a revisão do valor do benefício de pensão por morte tem como início a data de concessão da aposentadoria (benefício anterior).

As ações revisionais baseadas no reconhecimento, em ações trabalhistas, de vínculos empregatícios ou parcelas remuneratórias devidas ao segurado, terão como termo de início da contagem do prazo decadencial a data de trânsito em julgado da decisão proferida pela Justiça do Trabalho, conforme jurisprudência do STJ.

Esse entendimento restou consagrado no Tema 1.117 do STJ:

> "O marco inicial da fluência do prazo decadencial, previsto no caput do art. 103 da Lei n. 8.213/1991, quando houver pedido de revisão da renda mensal inicial (RMI) para incluir verbas remuneratórias recebidas em ação trabalhista nos salários de contribuição que integraram o período básico de cálculo (PBC) do benefício, deve ser o trânsito em julgado da sentença na respectiva reclamatória".

Conforme o entendimento consagrado pelo STJ, no mencionado Tema 1.117, não é necessária a liquidação da sentença trabalhista para que comece a fluir o prazo decadencial para a propositura da ação de revisão da RMI calcada nas verbas remuneratórias oriundas da decisão trabalhista.

Esse panorama relativo à decadência, no sentido de que seria um instituto aplicável somente às ações de revisão de benefício, foi mantido até 2019, quando a Medida Provisória 871, posteriormente convertida na Lei 13.846/2019, modificou o conceito de decadência em matéria previdenciária, que passou a ser aplicada também em relação ao fundo de direito:

> "Art. 103. O prazo de decadência do direito ou da ação do segurado ou beneficiário para a revisão do ato de concessão, indeferimento, cancelamento ou cessação de benefício e do ato de deferimento, indeferimento ou não concessão de revisão de benefício é de 10 (dez) anos, contado:
>
> I – do dia primeiro do mês subsequente ao do recebimento da primeira prestação ou da data em que a prestação deveria ter sido paga com o valor revisto; ou
>
> II – do dia em que o segurado tomar conhecimento da decisão de indeferimento, cancelamento ou cessação do seu pedido de benefício ou da decisão de deferimento ou indeferimento de revisão de benefício, no âmbito administrativo".

O STF, na ADI 6.096/DF, reconheceu a inconstitucionalidade do prazo decadencial do próprio fundo de direito trazido pela nova redação da Lei 8.213/91, art. 103, dada pela Lei 13.846/2019.

O STF preservou o conteúdo decidido anteriormente no RE 626.489/SE/STF, em que se reconheceu a constitucionalidade da Lei 8.213/1991, art. 103, na dicção dada pela Medida Provisória 1.523-9/1997 e convertida pela Lei 9.528/1997, onde se estabeleceu prazo decadencial para a revisão do ato concessório de benefício previdenciário, o qual não seria aplicável em relação à concessão da prestação.

No julgamento do RE 626.489/SE/STF, o relator, Min. Luís Roberto Barroso, assentou que "dispõe de caráter fundamental o direito ao benefício previdenciário (fundo do direito), a ser exercido a qualquer tempo, sem prejuízo do beneficiário ou segurado que se quedou inerte". Assim, padeceria de inconstitucionalidade a norma legal que, limitando seu exercício a um prazo específico, comprometesse o direito material à concessão do benefício previdenciário, mas isso não ocorreria em relação à revisão do benefício, visto que o acesso ao direito fundamental já teria sido contemplado, ainda que não na forma almejada pelos segurados.

Com fulcro nesse rol argumentativo, decidiu-se na ADI 6.096/DF/STF que a modificação trazida pela Lei 13.846/2019, ao estabelecer prazo decadencial para a pretensão deduzida em face da decisão que indeferiu, cancelou ou cessou o benefício, estaria a estabelecer decadência em relação ao próprio fundo do direito fundamental à previdência social, em afronta ao art. 6.º da CF.

O segundo ponto em que se estribou o julgamento da ADI 6.096/DF/STF, consiste na tese de que as "ações declaratórias são imprescritíveis", e esse seria o correto enquadramento das ações judiciais voltadas à revisão de ato administrativo de indeferimento, cancelamento ou cessação de benefícios previdenciários. Essa modalidade de ações previdenciárias não teria como finalidade constituir o direito previdenciário dos segurados e seguradas, mas tão somente reconhecer a relação jurídica (os aspectos fáticos e seu enquadramento normativo) já existente ao tempo em que ocorreu o pedido administrativo – com inequívocas repercussões jurídicas e econômicas.

É importante pontuar que a aplicação da decadência às ações previdenciárias segue o princípio *tempus regit actum*, isto é, aplica-se a norma jurídica vigente no momento em que foi praticado pelo INSS o ato administrativo que os beneficiários pretendam questionar judicialmente.

2.4.4.2 Prescrição

A Lei 8.213/1991 (art. 103, parágrafo único) estabelece que prescreve em cinco anos, a contar da data em que deveriam ter sido pagas, toda e qualquer ação para haver prestações vencidas ou quaisquer restituições ou diferenças devidas pela Previdência Social, salvo o direito dos menores, incapazes e ausentes, na forma do Código Civil.

A prescrição em favor do INSS, portanto, segue a regra geral da prescrição contra a Fazenda Pública, que é de cinco anos, nos termos do Decreto 20.910/1932.

É importante levar em consideração a Súmula 85 do STJ:

> "Nas relações de trato sucessivo em que a Fazenda Pública figure como devedora, quando não tiver sido negado o próprio direito reclamado, a prescrição atinge apenas as prestações vencidas ante do quinquênio anterior à propositura da ação".

O TFR já possuía entendimento (Súmula 107) no sentido de que "a ação de cobrança de crédito previdenciário contra a Fazenda Pública está sujeita à prescrição quinquenal estabelecida no Decreto 20.910, de 1932".

A prescrição das ações acidentárias, nos termos do art. 104 da Lei 8.213/1991, também é quinquenal, mudando em relação ao disposto no art. 103 unicamente o termo inicial da contagem, que pode ser a data do acidente (inciso I) ou a data em que foi constatada a incapacidade laboral (inciso II).

É importante anotar que os benefícios previdenciários (e mesmo o BPC da Assistência Social) constituem *prestações de trato sucessivo*, portanto, não prescreve o próprio benefício previdenciário (o fundo de direito é imprescritível), mas apenas as determinadas parcelas mensais anteriores aos últimos cinco anos. A ideia das prestações de trato sucessivo decorre do art. 3.º do Decreto 20.910/1932:

> "Art. 3.º Quando o pagamento se dividir por dias, meses ou anos, a prescrição atingirá progressivamente as prestações à medida que completarem os prazos estabelecidos pelo presente decreto".

A jurisprudência compreende que o início do prazo para contagem da prescrição deve corresponder à data em que o INSS efetivamente comunicou o segurado a respeito da decisão sobre seu benefício previdenciário, e não propriamente a data em que houve a decisão administrativa. Esse posicionamento se coaduna com o princípio constitucional da publicidade, que rege todas as relações da Administração Pública.

O STJ possui jurisprudência firmada no sentido de que eventual ação civil pública ajuizada pelo Ministério Público interrompe a prescrição das ações individuais propostas com o mesmo objeto.

Nesse esteira, o STJ julgou o Tema 1.005, fixando a seguinte tese:

> "Na ação de conhecimento individual, proposta com o objetivo de adequar a renda mensal do benefício previdenciário aos tetos fixados pelas Emendas Constitucionais 20/98 e 41/2003 e cujo pedido coincide com aquele anteriormente formulado em ação civil pública, a interrupção da

prescrição quinquenal, para recebimento das parcelas vencidas, ocorre na data de ajuizamento da lide individual, salvo se requerida a sua suspensão, na forma do art. 104 da Lei 8.078/90."

A parte final do art. 103, parágrafo único, da Lei 8.213/1991, excepciona a contagem de prescrição em desfavor dos menores, incapazes e ausentes, na forma do art. 198, I, do Código Civil:

> "Art. 198 – Também não corre a prescrição:
> I – contra os incapazes de que trata o art. 3.º;".

De acordo com o art. 3.º do Código Civil "são absolutamente incapazes de exercer pessoalmente os atos da vida civil os menores de 16 (dezesseis) anos".

Defendemos que, embora a Lei 13.846/2019 tenha revogado o art. 79 da Lei 8.213/1991, por imposição das regras do Código Civil, não correrá a prescrição contra os menores, incapazes e ausentes.

2.4.4.3 Aspectos processuais em torno da decadência e da prescrição

A prescrição é interrompida pela citação válida ocorrida realizada no processo judicial, conforme art. 240 do CPC:

> "Art. 240. A citação válida, ainda quando ordenada por juízo incompetente, induz litispendência, torna litigiosa a coisa e constitui em mora o devedor, ressalvado o disposto nos arts. 397 e 398 da Lei 10.406, de 10 de janeiro de 2002 (Código Civil).
> § 1.º A interrupção da prescrição, operada pelo despacho que ordena a citação, ainda que proferido por juízo incompetente, retroagirá à data de propositura da ação.
> (...)
> § 4.º O efeito retroativo a que se refere o § 1.º aplica-se à decadência e aos demais prazos extintivos previstos em lei".

Como se vê da redação do art. 240, § 4.º, do CPC, a citação também interrompe o curso do prazo de decadência.

A prescrição também se interrompe diante da existência de processo administrativo, conforme art. 4.º do Decreto 20.910/1932:

> "Art. 4.º Não corre a prescrição durante a demora que, no estudo, ao reconhecimento ou no pagamento da dívida, considerada líquida, tiverem as repartições ou funcionários encarregados de estudar e apurá-la.

Parágrafo único. A suspensão da prescrição, neste caso, verificar-se-á pela entrada do requerimento do titular do direito ou do credor nos livros ou protocolos das repartições públicas, com designação do dia, mês e ano".

Nesse sentido a Súmula 74 da TNU:

"O prazo de prescrição fica suspenso pela formulação de requerimento administrativo e volta a correr pelo saldo remanescente após a ciência da decisão administrativa final".

Esse item é bem importante no Processo Judicial Previdenciário, pois as ações previdenciárias são, em regra, precedidas de requerimento administrativo e, muitas vezes, também de recurso administrativo. Todo o lapso temporal envolvendo o *processo administrativo previdenciário* não será computado no prazo prescricional.

Da mesma forma, o processo administrativo interrompe o prazo decadencial das ações revisionais, tendo em vista que esse só começa a fluir a partir da comunicação do ato administrativo que indeferiu o requerimento formulado pelo aposentado nesse sentido (art. 103 da Lei 8.213/91).

O CPC de 2015 seguiu o modelo que já existia no CPC anterior, e é possível reconhecer, de ofício, a ocorrência de prescrição e decadência:

Art. 487. Haverá resolução de mérito quando o juiz:

(...)

II – decidir, de ofício ou a requerimento, sobre a ocorrência de decadência ou prescrição;

Esse tipo de decisão configura sentença *com* resolução de mérito.

Conforme o art. 487, parágrafo único, do CPC, ressalvada a hipótese do art. 332, § 1.º (hipóteses de *improcedência liminar do pedido*), a prescrição e a decadência não serão reconhecidas sem que antes seja dada às partes oportunidade de se manifestar.

Ainda que o CPC não exija a manifestação das partes quanto à decadência e prescrição em todas as situações processuais, compreendemos que, diante dos princípios constitucionais do devido processo legal e do contraditório, bem como da proibição da decisão surpresa (arts. 9.º e 10 do CPC), é bastante adequado que a parte seja ouvida também na hipótese de julgamento pela improcedência liminar do pedido.

As possíveis defesas a serem apresentadas nesses casos residem na exposição de que ainda não expirou o prazo prescricional ou decadencial (erro de contagem; ocorrência de alguma hipótese de interrupção, como o processo administrativo ou despacho que ordena a citação no processo judicial) ou na apresentação de que o caso concreto é distinto do precedente judicial utilizado como fundamento da decisão que reconheceu a decadência ou a prescrição (*distinguishing*).

As decisões interlocutórias que versem sobre prescrição ou decadência (prosseguindo o processo em relação a outros pedidos) serão impugnadas através de agravo de instrumento (art. 1.015, II, do CPC), pois serão decisões que tangenciam o "mérito do processo" (art. 487, II, do CPC). O mais frequente, porém, é que as decisões sobre prescrição e decadência sejam proferidas em sentença e, assim, impugnadas por meio de recurso de apelação.

As ações declaratórias de averbação de tempo de serviço ou tempo de contribuição, e mesmo aquelas ações meramente averbatórias de tempo, não estão sujeitas a prazo decadencial ou prescricional, visto que não há cunho patrimonial direto.

2.4.5 Tutela provisória

A tutela judicial, conforme temos defendido ao longo deste livro, é intimamente ligada ao direito material em disputa. Assim, no caso *de tutela provisória nas ações previdenciárias,* deve haver uma adaptação desse instituto processual à específica pretensão de direito material submetida ao juízo. Quanto a esse ponto, é lapidar a seguinte lição de Paulo Brum Vaz:

> "Em determinadas ações, (...) a simples consideração da relação de direito material objeto da lide, em suas especificidades, reflete a potencialidade de dano. Basta lembrar o caso das ações concessórias de benefício por incapacidade para o trabalho (auxílio-doença ou aposentadoria por invalidez), em que o simples fato de ter o autor de aguardar por alguns anos a possibilidade de executar a sentença para poder fruir do direito à inativação remunerada constitui motivo suficiente para autorizar a antecipação da tutela. (...)
>
> Não se pode negar, por outro lado, que a natureza alimentar da prestação buscada, a hipossuficiência do segurado e até a possibilidade de seu óbito no curso do processo, em razão da senilidade ou do próprio estado mórbido, patenteiam, na maioria dos casos, um fundado receio de dano irreparável, ou de difícil reparação, recomendando concessão da tutela antecipadamente, se presente a verossimilhança comprovada por prova inequívoca" (VAZ, 2003, p. 113-114).

É com essa perspectiva que iremos analisar a tutela provisória nas ações previdenciárias.

Em primeiro lugar, é importante frisar que houve uma grande inovação e evolução técnica no tratamento da tutela provisória em comparação ao instituto da tutela antecipada, que era previsto no CPC/1973.

Apesar de ainda se ficar em uma perspectiva de antecipação de provimento jurisdicional mediante apenas uma cognição sumária, o CPC/2015 traz um detalhamento procedimental bem mais completo que o Código anterior, com várias situações que merecem atenção em relação ao Processo Judicial Previdenciário.

De acordo com o art. 294 do CPC, as tutelas provisórias podem ser de duas modalidades: de urgência ou de evidência. Ambas podem ser utilizadas nas ações previdenciárias.

A tutela de urgência, por sua vez, subdivide-se em tutela antecipada e tutela cautelar. A tutela antecipada corresponde à antecipação do provimento definitivo de mérito, por exemplo, a concessão e implementação do benefício previdenciário; a tutela cautelar é aquela voltada a assegurar o resultado útil do processo, conforme o art. 305 do CPC:

> "Art. 305. A petição inicial da ação que visa à prestação de tutela cautelar em caráter antecedente indicará a lide e seu fundamento, a exposição sumária do direito que se objetiva assegurar e o perigo de dano ou o risco ao resultado útil do processo".

Será o caso de tutela cautelar quando se pretende a oitiva de uma testemunha que já conta com muita idade ou está adoecida e pode falecer, perdendo-se as informações que poderá levar ao juízo, pondo em risco o resultado útil do processo, em que o pedido principal é a concessão de um benefício previdenciário. Também pode ser empregada a tutela cautelar nas situações em que são requeridas provas da empresa onde trabalhou o segurado (como o PPP ou outras situações sobre a condição de trabalho) e essa se encontra em recuperação judicial ou mesmo corre risco de falência, e assim se perderiam os documentos e as informações necessárias ao processo principal.

O art. 304 do CPC trouxe uma novidade interessante em relação ao Código anterior, qual seja o mecanismo de *estabilização dos efeitos da tutela*:

> "Art. 304. A tutela antecipada, concedida nos termos do art. 303, torna-se estável se da decisão que a conceder não for interposto o respectivo recurso.
>
> § 1.º No caso previsto no *caput*, o processo será extinto.
>
> (...)

§ 3.º A tutela antecipada conservará seus efeitos enquanto não revista, reformada ou invalidada por decisão de mérito proferida na ação de que trata o § 2.º.

(...)

§ 5.º O direito de rever, reformar ou invalidar a tutela antecipada, previsto no § 2.º deste artigo, extingue-se após 2 (dois) anos, contados da ciência da decisão que extinguiu o processo, nos termos do § 1.º.

§ 6.º A decisão que concede a tutela não fará coisa julgada, mas a estabilidade dos respectivos efeitos só será afastada por decisão que a revir, reformar ou invalidar, proferida em ação ajuizada por uma das partes, nos termos do § 2.º deste artigo".

Embora o art. 304, § 6.º, do CPC trate da *estabilização dos efeitos da tutela*, deixa claro que não se configura coisa julgada nessas hipóteses.

Nesses termos, compreendemos que eventual concessão de benefício previdenciário via tutela provisória poderá ser revista na via administrativa, através das disposições dos arts. 69 a 71 da Lei 8.212/1991, c.c. Lei 13.846/2019 (Operação Pente Fino).

A tutela de evidência é uma ferramenta igualmente bem relevante para a advocacia previdenciária. Encontra-se prevista no art. 311 do CPC, do qual destacamos os seguintes trechos:

"Art. 311. A tutela da evidência será concedida, independentemente da demonstração de perigo de dano ou de risco ao resultado útil do processo, quando:

I – ficar caracterizado o abuso do direito de defesa ou o manifesto propósito protelatório da parte;

II – as alegações de fato puderem ser comprovadas apenas documentalmente e houver tese firmada em julgamento de casos repetitivos ou em súmula vinculante;

(...)

IV – a petição inicial for instruída com prova documental suficiente dos fatos constitutivos do direito do autor, a que o réu não oponha prova capaz de gerar dúvida razoável".

A tutela de evidência não requer a comprovação do perigo de dano ou do risco ao resultado útil do processo, o que parece simplificar um pouco o caminho para a concessão desse tipo de decisão judicial.

Pode ser deferida no caso de "abuso do direito de defesa ou o manifesto propósito protelatório da parte" (inciso I), o que acaba ocorrendo em diversas atuações do INSS, especialmente no sentido de procrastinar o feito ou retardar injustificadamente o cumprimento de decisões judiciais. Também é cabível quando o tema é demonstrado apenas por prova documental suficiente e não há oposição do réu ou a tese encontra-se firmada em casos repetitivos ou súmula vinculante (incisos II e IV).

O STF possuía entendimento, aplicado ao CPC anterior, no sentido do cabimento da antecipação de tutela nas ações previdenciárias, conforme a Súmula 729: "A decisão na Ação Direta de Constitucionalidade 4 não se aplica à antecipação de tutela em causa de natureza previdenciária".

Na citada ADC-4, o STF reconheceu a constitucionalidade do art. 1.º da Lei 8.437/1992, que veda a concessão de liminar contra atos do Poder Público "no procedimento cautelar ou em quaisquer outras ações de natureza cautelar ou preventiva, toda vez que providência semelhante não puder ser concedida em ações de mandado de segurança, em virtude de vedação legal", por sua vez estendido à tutela antecipada prevista nos arts. 294 e seguintes do CPC/2015).

Compreendemos que esse posicionamento continua válido, em que pese o CPC/2015 falar de *tutela provisória* e não propriamente em antecipação de tutela, mas o enquadramento jurídico é similar, e é possível a concessão de tutelas provisórias contra o INSS.

A doutrina sempre compreendeu que a antecipação de tutela previdenciária [*e agora a tutela provisória do CPC/2015*], apresentam compatibilidade com o regime de precatórios, pois se trata de um provimento reversível e corresponde a uma obrigação de pagar, mas apenas a uma antecipação de obrigação de fazer – implementação de benefício –, inexistindo título executivo (VAZ, 2003, p. 72-73).

A jurisprudência vem reconhecendo que em se tratando de prestação de natureza alimentar, como é o caso das ações previdenciárias, e desde que preenchidos os pressupostos legais, pode-se conceder até mesmo de ofício a tutela provisória, com determinação para imediata implantação do benefício previdenciário ou sua revisão, sob pena de descumprimento de ordem judicial e possibilidade de imposição de multa diária.

A possibilidade de concessão de ofício da tutela provisória pode ocorrer na sentença, proferida em primeira instância, ou mesmo quando da lavratura do acórdão, em segundo grau.[21] O mais comum é que ocorra a concessão de

---

[21] É o que se encontra, por exemplo, nos seguintes precedentes do TRF da 3.ª Região, 8.ª Turma, Rel. Des. Fed. Therezinha Cazerta: Embargos de Declaração em Apelação Cível 0000034-65.1999.4.03.6183/SP, j. 22.03.2010, *DE* 28.04.2010; 8.ª Turma, Rel.

tutela provisória *ex officio* no âmbito dos Juizados Especiais Federais, onde os segurados muitas vezes se encontram desassistidos de advogado.

O art. 296 do CPC estabelece o caráter *precário* das tutelas provisórias: "A tutela provisória conserva sua eficácia na pendência do processo, mas pode, a qualquer tempo, ser revogada ou modificada". Assim, a tutela provisória pode ser revogada ou modificada por decisão judicial posterior, a exemplo de outra decisão interlocutória do próprio juízo, de decisão proferida em agravo de instrumento ou mesmo de sentença ou acórdão.

A jurisprudência do STJ, historicamente, sempre se situou no sentido do descabimento da devolução dos valores correspondentes ao benefício previdenciário concedido por tutela antecipada posteriormente cassada, consideradas, especialmente, a boa-fé dos percipientes, assim como a natureza alimentar dos benefícios previdenciários.[22]

Esse posicionamento, porém, foi alterado no julgamento do REsp 1.401.560/MT (Tema 692), em que se estabeleceu a necessidade de devolução dos valores correspondentes a benefício previdenciário concedido mediante tutela provisória cassada por decisão judicial posterior:

> "A reforma da decisão que antecipa a tutela obriga o autor da ação a devolver os benefícios previdenciários indevidamente recebidos".

Outrossim, o art. 115, § 3.º, da Lei 8.213/1991, permite que esses valores tidos como indevidos sejam cobrados administrativamente (mediante desconto na prestação mensal paga aos segurados) ou, quando isso for insuficiente, mediante ajuizamento de execução fiscal contra os beneficiários ou terceiros.

Juiz Fed. Convocado Rodrigo Zacharias, Apelação Cível 0038288-95.2005.4.03.9999/SP, j. 12.04.2010, *DE* 28.04.2010.

[22] "Agravo regimental em recurso especial. Processual civil e previdenciário. Violação ao princípio da unirrecorribilidade recursal. Não caracterizado. Tutela antecipada. Revogação. Devolução dos valores pagos em razão da medida antecipatória. Desnecessidade. Boa-fé do segurado. Hipossuficiência. Natureza alimentar do benefício previdenciário. (...) II. É incabível a devolução pelos segurados do Regime Geral da Previdência Social de valores recebidos por força de decisão judicial antecipatória dos efeitos da tutela, posteriormente revogada. Entendimento sustentado na boa-fé do segurado, na sua condição de hipossuficiente e na natureza alimentar dos benefícios previdenciários. Agravo regimental desprovido" (STJ, Rel. Min. Felix Fischer, AgRg no AgRg nos EDcl no REsp 1.016.470/RS, Agravo Regimental no Agravo Regimental nos Embargos de Declaração no Recurso Especial 2007/0300936-1, j. 26.06.2008, *DJe* 25.08.2008).

Conforme anotações que constavam do próprio site do STJ, o voto condutor no acórdão do julgamento do recurso especial correspondente ao Tema 692 deixou consignadas algumas matérias que deveriam ser observadas e debatidas de modo mais amplo, especialmente para consignar algumas possibilidades de *distinguishing*:

> "a) tutela de urgência concedida de ofício e não recorrida; b) tutela de urgência concedida a pedido e não recorrida; c) tutela de urgência concedida na sentença e não recorrida, seja por agravo de instrumento, na sistemática processual anterior do CPC/1973, seja por pedido de suspensão, conforme o CPC/2015; d) tutela de urgência concedida *initio litis* e não recorrida; e) tutela de urgência *concedida initio litis*, cujo recurso não foi provido pela segunda instância; f) tutela de urgência concedida em agravo de instrumento pela segunda instância; g) tutela de urgência concedida em primeiro e segundo graus, cuja revogação se dá em razão de mudança superveniente da jurisprudência então existente; h) tutela de urgência concedida e cassada, a seguir, seja em juízo de reconsideração pelo próprio juízo de primeiro grau, ou pela segunda instância em agravo de instrumento ou mediante pedido de suspensão; i) tutela de urgência cassada, mesmo nas situações retratadas anteriormente, mas com fundamento expresso na decisão de que houve má-fé da parte ou afronta clara a texto de lei, como no caso das vedações expressas de concessão de medida liminar ou tutela antecipada".

Todavia, a tese jurídica contida no Tema 692 foi reafirmada pelo STJ, inclusive com acréscimo de redação, para ficar da seguinte forma:

> "A reforma da decisão que antecipa os efeitos da tutela final obriga o autor da ação a devolver os valores dos benefícios previdenciários ou assistenciais recebidos, o que pode ser feito por meio de desconto em valor que não exceda 30% (trinta por cento) da importância de eventual benefício que ainda lhe estiver sendo pago".

O acréscimo redacional se deve às alterações efetuadas no art. 115 da Lei 8.213/1991, advindas da Lei 13.846/2019.

A nova tese jurídica fixada parece proporcionar aos segurados e beneficiários da Previdência Social situação ainda mais gravosa que a anterior, pois passa a permitir também a cobrança da devolução dos valores correspondentes a benefícios assistenciais – cujo caráter emergencial é notório.

Na reafirmação da tese jurídica contida no Tema 692 não foram modulados os efeitos da decisão, tampouco debatidas as várias distinções que já eram indicadas como merecedoras de atenção no próprio voto condutor da tese original, as quais foram superadas e tidas como absorvidas pela tese principal.

O impacto do Tema 692 foi muito grande no Processo Judicial Previdenciário. As ações previdenciárias, como sempre frisamos, geralmente são movidas por pessoas com grande perspectiva de vulnerabilidade econômica, que redunda em notória vulnerabilidade processual.

Além disso, são grandes as oscilações jurisprudenciais em matéria previdenciária, seja pela intensa interação entre os julgamentos das Cortes Superiores (notadamente STF e STJ, mas também com repercussão da atuação da TNU e dos Tribunais Regionais Federais), seja por conta da alteração de composição dos órgãos judiciários (especificamente a TNU, que é composta de Juízes Federais com mandatos de 2 anos).

É importante registrar que essa matéria foi apreciada pelo STF em 2015, no Tema 799, ao qual não se reconheceu existência de repercussão diante da configuração de matéria infraconstitucional. De sorte que esse tema sempre se esgotará no âmbito da jurisdição do STJ, nos termos do art. 105, III, da Constituição Federal.

O art. 300, § 3.º, do CPC define que não será possível a concessão de tutela provisória quando seus efeitos forem *irreversíveis*: "§ 3.º A tutela de urgência de natureza antecipada *não será concedida quando houver perigo de irreversibilidade dos efeitos da decisão*" (grifos nossos).

Vez ou outra essa argumentação aparece em ações previdenciárias, apresentando-se como um eventual óbice à concessão de tutela provisória em desfavor do INSS, à medida em que seus efeitos seriam irreversíveis – os valores alimentares pagos ao segurado não poderiam ser repostos ao erário no caso de cassação da decisão judicial.

Essa restrição deve ser devidamente contextualizada em relação às ações previdenciárias. Não há, nesse segmento de demandas judiciais, uma irreversibilidade fática – a exemplo de uma tutela provisória que determine a demolição de um imóvel. As questões previdenciárias são facilmente respostas ao estado anterior, com a cassação do benefício, inclusive prevalecendo a jurisprudência atual no sentido da necessidade de devolução dos valores percebidos pelo beneficiário.

Novamente é necessário recorrer ao magistério de Paulo Afonso Brum Vaz (2003, p. 122-123):

> "Diante da iminência da irreversibilidade, deve o juiz colocar na balança, de um lado, os eventuais prejuízos que decorrerão da antecipação da tutela, e de outro, de sua denegação. Se não concede, a parte autora

terá que aguardar cinco anos, no mínimo, sofrendo um prejuízo que pode ser irreparável, se julgado procedente o pleito. Caso adiante a tutela, haverá a possibilidade de causar um prejuízo insignificante aos cofres públicos, se, ao final, julgado improcedente o pedido. Tem de optar pelo prejuízo menor, menos gravoso, considerando, inclusive, o princípio hermenêutico que impõe que se interprete o direito em favor do segurado. Sobretudo, o que deve nortear a decisão é o princípio da razoabilidade, que impõe ao juiz prestigiar, perseguir e atender aos valores éticos, políticos e morais implícita ou explicitamente definidos na Constituição. (...)

A irreversibilidade sempre deve ceder ao direito evidente e ao risco de dano irreparável ou de difícil reparação. Consoante já se disse alhures, havendo necessidade de se sacrificar direitos, que recaia o sacrifício sobre o direito menos provável ou sobre o sujeito da relação processual que tenha maior fôlego para suportá-lo".

Em relação às ações revisionais há uma perspectiva jurisprudencial no sentido de que a parte autora já se encontra na fruição de algum benefício previdenciário e, dessa forma, não haveria a urgência necessária à concessão da tutela provisória. Trata-se, porém, de visão equivocada do instituto processual, pois pode haver a urgência na revisão do benefício, mesmo que a parte autora já esteja recebendo valor inferior de RMI – ainda estará evidente o caráter alimentar do benefício.

Todavia, em se tratando de ações revisionais que encontrem amparo em prova documental e em tese firmada no âmbito de julgamento repetitivo, o enquadramento mais adequado será buscar a *tutela de evidência*.

No caso da cobrança de prestações mensais vencidas entende-se incabível a concessão de tutela provisória, pois haveria uma forma de contrariedade ao sistema processual, que exige o pagamento por meio de precatório ou RPV, após o trânsito em julgado.

Para a concessão da antecipação dos efeitos da tutela, o Código de Processo Civil não exige a comprovação de eventual *miserabilidade*, apenas e tão somente a demonstração da iminência de dano irreparável ou risco.

Conforme o art. 300, § 1.º, do CPC, o juízo pode exigir prestação de caução a fim de haver no processo a possibilidade de ressarcimento dos danos que a parte contrária possa vir a sofrer com a efetivação da tutela provisória:

> "§ 1.º Para a concessão da tutela de urgência, o juiz pode, conforme o caso, exigir caução real ou fidejussória idônea para ressarcir os danos que a outra parte possa vir a sofrer, podendo a caução ser dispensada se a parte economicamente hipossuficiente não puder oferecê-la".

Compreendemos que esse dispositivo não se aplica às ações previdenciárias e assistenciais, diante de sua natureza peculiar (alimentar), sendo necessária a dispensa da caução nos termos da parte final do dispositivo transcrito, tendo em vista que a parte autora no Processo Judicial Previdenciário geralmente se constitui em alguém "economicamente hipossuficiente" e que, em termos práticos, não pode oferecê-la.

O art. 297 do CPC estabelece algumas medidas processuais para que seja efetivada a tutela provisória:

> "Art. 297. O juiz poderá determinar as medidas que considerar adequadas para efetivação da tutela provisória.
>
> Parágrafo único. A efetivação da tutela provisória observará as normas referentes ao cumprimento provisório da sentença, no que couber".

Às tutelas antecipadas em matéria previdenciária é possível a aplicação de *astreintes*, dentro do que dispõe o CPC, a fim de garantir seu cumprimento efetivo.

No caso de descumprimento da decisão judicial que determinou a concessão de tutela provisória, os Procuradores do INSS e seus órgãos administrativos encontram-se sujeitos à multa prevista no art. 80 do Código de Processo Civil (*comtempt of court*).

2.5 Contestação

Algumas singularidades em matéria de contestação (no caso, atribuível ao INSS) merecem ser anotadas.

A primeira delas diz respeito à desnecessidade de o Procurador do INSS apresentar seu documento de mandato. Nessas hipóteses, a representação processual decorre de mandato legal, derivado de sua aprovação em concurso público e decorrente do exercício de função pública, nos moldes constitucionais, conforme Súmula 644 do STF e previsão legal no art. 9.º da Lei 9.469/1997.[23]

Outro fato merecedor de registro é a contagem de prazo em dobro para o INSS, conforme a prerrogativa do art. 183 do CPC. Assim, o prazo de 15 dias previsto no art. 335 do CPC transforma-se em 30 (trinta) dias.

---

[23] "Art. 9.º A representação judicial das autarquias e fundações públicas por seus procuradores ou advogados, ocupantes de cargos efetivos dos respectivos quadros, independe da apresentação do instrumento de mandato".

Além disso, anote-se que ainda que não seja apresentada a contestação, ou que ela não abranja todos os fatos apresentados pelo autor/segurado, não se aplicará a pena de *revelia* ao INSS, posto que se compreende que é detentor e defensor de *direitos indisponíveis*, conforme disposto no art. 345, II, do CPC.[24]

Juntamente com a contestação deve o INSS apresentar as exceções e matérias preliminares, assim como a reconvenção.

Em relação às exceções, é comum a oposição delas em relação à incompetência do juízo, por conta do domicílio do autor (não reside na capital e procura esse foro, nos termos da Súmula 689 do STF) ou por conta do valor da causa, afastando-a ou remetendo-a ao Juizado Especial Federal.

Também são frequentes os incidentes de *impugnação ao valor da causa*, por exemplo, quando o INSS busca excluir o valor referente aos danos morais previdenciários, ou buscando a inclusão/exclusão de parcelas vincendas.

Da mesma forma, é comum que o INSS apresente como preliminar a *inépcia da inicial* (por ausência de documentos que ele reputa indispensáveis) ou *configuração de coisa julgada* (especialmente nas ações relativas a benefícios por incapacidade laboral).

As alegações do INSS em relação à configuração de coisa julgada devem ser afastadas mediante os termos do Tema 629 do STJ e, em relação às ações visando benefícios por incapacidade, nos moldes da Lei 14.331/2022.

Quanto à reconvenção, veja-se o conteúdo do art. 343 do CPC:

"Art. 343. Na contestação, é lícito ao réu propor reconvenção para manifestar pretensão própria, conexa com a ação principal ou com o fundamento da defesa".

Embora rara, a reconvenção pode ter espaço no Processo Judicial Previdenciário.

---

[24] "Previdenciário. Constitucional. Contestação intempestiva. Direito indisponível. Art. 320, II, do CPC. Efeitos da revelia. Inaplicabilidade. Revisão de benefício concedido na vigência da Lei 8.213/91. Art. 58 do ADCT. Equivalência salarial. Proporcionalidade do percentual do benefício previdenciário com o número de salários mínimos. Impossibilidade. Critérios de reajuste. Preservação do valor real. 1. À luz do que estabelece o inciso II, do art. 320 do CPC, não se opera a revelia contra a Fazenda Pública. A inexistência de contestação pelo INSS, por se tratar de pessoa jurídica de direito público, cujos direitos são indisponíveis, não acarreta os efeitos da revelia. Precedentes. (...) 5. Agravo retido e Apelação do INSS providos" (TRF da 1.ª Região, 2.ª Turma, Rel. Des. Fed. Neuza Maria Alves da Silva, AC 9601429077, Apelação Cível 9601429077, *e-DJF1* 16.04.2010, p. 10).

Um exemplo: o segurado ajuíza ação visando o restabelecimento de seu benefício, cessado pelo INSS na Operação Pente Fino; o INSS, além de contestar a ação, ajuíza sua reconvenção, buscando a cobrança dos valores pagos ao segurado durante a vigência do benefício previdenciário.

É interessante assinalar o conteúdo do Tema 524 do STJ: "Após o oferecimento da contestação, não pode o autor desistir da ação, sem o consentimento do réu (art. 267, § 4.º, do CPC), sendo que é legítima a oposição à desistência com fundamento no art. 3.º da Lei 9.469/97, razão pela qual, nesse caso, a desistência é condicionada à renúncia expressa ao direito sobre o qual se funda a ação".

2.6 Valor da causa

O valor da causa é matéria de grande importância no processo civil, diante de suas inúmeras consequências, destacadamente definição de competência, alçada, depósito na ação rescisória e condenação em verba honorária. No Processo Judicial Previdenciário esses temas são igualmente sensíveis e merecedores de especial atenção.

Em linhas gerais, o valor da causa corresponde ao benefício econômico pretendido na demanda, conforme disposição do art. 291 do CPC:

> "Art. 291. A toda causa será atribuído valor certo, ainda que não tenha conteúdo econômico imediatamente aferível".

No caso das ações previdenciárias, em que se pretende a concessão ou revisão de benefícios previdenciários, cuja natureza é de prestações mensais contínuas (configurando relações de *trato sucessivo*), o proveito econômico da demanda normalmente acaba englobando as prestações vencidas e também aquelas a vencer no curso do processo.

Nesses termos, o valor da causa previdenciária deverá tomar em consideração todas as parcelas vencidas e também 12 parcelas vincendas, conforme disposição do art. 291, § 1.º, do CPC: "§ 1.º Quando se pedirem prestações vencidas e vincendas, considerar-se-á o valor de umas e outras".

O art. 291, § 2.º, do CPC estabelece uma regra importante para a fixação do valor da causa no Processo Judicial Previdenciário: "§ 2.º O valor das prestações vincendas será igual a uma prestação anual, se a obrigação for por tempo indeterminado ou por tempo superior a 1 (um) ano, e, se por tempo inferior, será igual à soma das prestações".

Tratando-se, como é o caso da maior parte das aposentadorias, de benefícios sem termo final, o dispositivo transcrito indica que o valor da causa levará em conta os atrasados e uma projeção de mais 12 prestações mensais.

Todavia, quando ocorrer que as prestações mensais durem período inferior a 1 ano, o valor da causa considerará as mensalidades atrasadas, às quais serão somadas tão somente aqueles outros meses específicos de duração da relação jurídica.

Essa hipótese do art. 291, § 2.º, do CPC é importante no Processo Judicial Previdenciário, pois atinge a discussão judicial do salário-maternidade (que é de 120 dias) e também do auxílio por incapacidade temporária para o trabalho, que será fixado em 120 dias no caso de impossibilidade de fixação da duração exata do benefício, nos termos do art. 60, §§ 8.º e 9.º, da Lei 8.213/1991.

Para a fixação de competência dos Juizados Especiais Federais, o cálculo do valor da causa nas ações que lá tramitarem deve seguir o mesmo parâmetro normativo mencionado acima.

Quando o objeto da ação previdenciária for a revisão da RMI, o cálculo das 12 vincendas (com reflexo nos atrasados) deverá levar em conta não o montante total do novo benefício, mas tão somente a diferença entre o valor original da RMI e seu cálculo revisto.

O art. 3.º, § 2.º, da Lei 10.259/2001[25] estabelece que quando o objeto da ação residir em obrigações vincendas, o cálculo do valor da causa se dará por 12 parcelas vincendas.

Contudo, à medida que não há previsão expressa na legislação especial a respeito das ações em que se discutam prestações vincendas e também aquelas vencidas, o STJ[26] já determinou a utilização de interpretação integrada do

---

[25] "§ 2.º Quando a pretensão versar sobre obrigações vincendas, para fins de competência do Juizado Especial, a soma de doze parcelas não poderá exceder o valor referido no art. 3.º, *caput*".

[26] "Previdenciário. Conflito negativo de competência. Pedido de condenação ao pagamento de prestações vencidas e vincendas. Aplicação do art. 260 do CPC c.c. art. 3.º, § 2.º, da Lei n.º 10.259/2001 para a fixação do valor da causa. Feito que ultrapassa o valor de sessenta salários mínimos. Incompetência do Juizado Federal Especial. Domicílio da parte autora não é sede de vara da Justiça Federal. Opção de foro. Art. 109, § 3.º, da Constituição Federal. Competência relativa. Súmula n.º 33/STJ. Decisão mantida pelos seus próprios fundamentos.
1. Conforme entendimento desta Corte, para a fixação do conteúdo econômico da demanda e, consequentemente, a determinação da competência do juizado especial federal, nas ações em que há pedido englobando prestações vencidas e também vincendas, como no caso dos autos, incide a regra do art. 260 do Código de Processo Civil interpretada conjuntamente com o art. 3.º, § 2.º, da Lei n.º 10.259/2001.

preceito acima citado com o art. 260 do CPC/1973 (LOPES JUNIOR, 2012, p. 183), atual regra contida no art. 291 do CPC/2015.

O STJ já decidiu que, nas ações previdenciárias, o valor atribuído ao *dano moral previdenciário* deve ser agregado ao valor pretendido a título de benefício previdenciário ou revisão de benefício. Isso se enquadra no art. 292, VI, do CPC: "VI – na ação em que há cumulação de pedidos, a quantia correspondente à soma dos valores de todos eles;".

Somando-se o valor correspondente ao benefício previdenciário e aquele relativo ao dano moral ocorre a majoração do proveito econômico e o valor da causa passa a corresponder a esse montante total, o que eventualmente pode alterar a competência jurisdicional,[27] suprimindo o processo da jurisdição dos Juizados Especiais Federais.

Em relação à atribuição do valor da causa nas ações em que se discuta tão somente o *dano moral previdenciário*, o STJ já decidiu que o valor da causa será a estimativa constante na petição inicial,[28] o que encontra respaldo

---

2. O crédito apurado a favor do Autor é superior a 60 (sessenta) salários mínimos, evidenciando-se, portanto, a incompetência do Juizado Especial Federal para processamento e julgamento do feito.
(...)
5. Agravo regimental desprovido" (STJ, 3.ª Seção, Rel. Min. Laurita Vaz, AgRg no CC 103.789/SP, Agravo Regimental no Conflito de Competência 2009/0032281-4, j. 24.06.2009, *DJe* 01.07.2009).

[27] "Previdenciário. Conflito negativo de competência. Juízo Federal comum e Juizado Especial Federal. Concessão de benefício previdenciário. Pedido de condenação ao pagamento de prestações vencidas e vincendas, além de indenização por danos morais. Fixação do valor da causa e da competência. Arts. 258, 259, II, e 260 do CPC c/c 3.º, § 2.º, da Lei 10.259/01. Precedentes do STJ. Competência do Juízo Comum Federal.
1. A indenização por danos morais soma-se aos demais pedidos, a teor do art. 259, II, do Código de Processo Civil.
2. O conteúdo econômico da lide é determinante para a fixação do valor da causa e, por conseguinte, da competência do Juizado Especial Federal. *In casu*, o montante de 60 salários mínimos, previsto na Lei 10.259/01, foi superado.
3. Conflito conhecido para declarar a competência" (STJ, 3.ª Seção, Rel. Min. Arnaldo Esteves Lima, CC 98.679/RS, Conflito de Competência 2008/0207142-9, j. 05.12.2008, *DJe* 04.02.2009).

[28] "Processual civil. Conflito negativo. Ação de indenização por danos materiais e morais. Desconto de mútuos não contratados em benefício previdenciário. Valor da causa. Estimativa prevista na petição inicial. Manutenção. Alçada da Lei n. 11.259/2001 ultrapassada. Competência do Juízo Federal Comum.

no art. 292, V, do CPC: "V – na ação indenizatória, inclusive a fundada em dano moral, o valor pretendido".

O valor da causa previdenciária, em caso de litisconsórcio facultativo ativo, para fins de alçada e consequente fixação da competência jurisdicional, deve ser calculado considerando-se cada litisconsorte (o benefício econômico aferível por cada litisconsorte).[29]

Para fins de fixação da competência dos Juizados Especiais Federais, a legislação consagra a possibilidade de renúncia ao benefício econômico excedente a 60 salários mínimos, isto é, na hipótese de o valor da causa (correspondendo ao benefício econômico pretendido) superar os referidos 60 salários mínimos, mas o autor da demanda previdenciária renunciar ao excedente, o Juizado Especial Federal será competente para a apreciação da demanda. Nesse sentido, veja-se os comentários a respeito do Tema 1.030 do STJ.

O juiz tem o dever de examinar o valor dado à causa, verificando sua compatibilidade aos critérios legais. No modelo processual do CPC/2015, atribuiu-se ao juízo a possibilidade de alterar, de ofício, o valor da causa quando incompatível com as regras legais:

> "Art. 292. (...)
> § 3.º O juiz corrigirá, de ofício e por arbitramento, o valor da causa quando verificar que não corresponde ao conteúdo patrimonial em discussão ou ao proveito econômico perseguido pelo autor, caso em que se procederá ao recolhimento das custas correspondentes".

I. O valor da causa nas indenizações por dano moral, com a finalidade de determinação do Juízo competente, corresponde à estimativa constante na petição inicial.
II. Precedente da 2.ª Seção.
III. Conflito conhecido e provido, para declarar a competência do Juízo suscitado" (STJ, 2.ª Seção, Rel. Min. Aldir Passarinho Junior, CC 99.147/RS, Conflito de Competência 2008/0217857-2, j. 11.02.2009, DJe 04.03.2009).

[29] "Previdenciário. Processual civil. Valor da causa para fins de alçada. Litisconsórcio ativo facultativo. Aplicação do artigo 4.º da Lei 6.825/80. Divisão pelo número de litisconsortes.
1. Em casos de litisconsórcio facultativo ativo, para fins de alçada e consequente fixação da competência jurisdicional, deve-se proceder à divisão do valor atribuído à causa, pelo número de litisconsortes.
(...)
3. Recurso especial provido. Acórdão anulado" (STJ, 6.ª Turma, Rel. Min. Hélio Quaglia Barbosa, REsp 504.488/BA, Recurso Especial 2002/0158065-0, j. 21.09.2004, DJ 11.10.2004, p. 383).

O réu (INSS), nos termos do art. 293 do Código de Processo Civil, poderá impugnar o valor dado à causa, em preliminar da contestação, sob pena de preclusão. O juízo decidirá a respeito, determinando, se necessário, a complementação das custas judiciais.

Por fim, ressaltemos que o valor da causa não se confunde com o valor da condenação: após ajuizada a demanda, mesmo que célere sua tramitação, algumas parcelas do benefício previdenciário virão a vencer, aumentando o valor dos atrasados e da condenação a ser imposta à autarquia previdenciária.

JURISPRUDÊNCIA

Súmula 107/TFR: A ação de cobrança de crédito previdenciário contra a Fazenda Pública está sujeita à prescrição quinquenal estabelecida no Decreto 20.910, de 1932.

Súmula 644/STF: Ao titular do cargo de procurador de autarquia não se exige a apresentação de instrumento de mandato para representá-la em juízo.

Tema 313/STF:

I – Inexiste prazo decadencial para a concessão inicial do benefício previdenciário; II – Aplica-se o prazo decadencial de dez anos para a revisão de benefícios concedidos, inclusive os anteriores ao advento da Medida Provisória 1.523/1997, hipótese em que a contagem do prazo deve iniciar-se em 1.º de agosto de 1997.

ADI 6.096/DF: STF reconheceu a inconstitucionalidade da modalidade de prazo decadencial estabelecido pela Lei 13.846/2019, mantendo o parâmetro anterior.

Súmula 85/STJ: Nas relações jurídicas de trato sucessivo, em que a Fazenda Pública figura como devedora, quando não tiver sido negado o próprio direito reclamado, a prescrição atinge apenas as prestações vencidas antes do quinquênio anterior à propositura da ação.

Súmula 106/STJ: Proposta a ação no prazo fixado para o seu exercício, a demora na citação, por motivos inerentes ao mecanismo da justiça, não justifica o acolhimento da arguição de prescrição ou decadência.

Súmula 116/STJ: A Fazenda Pública e o Ministério Público têm prazo em dobro para interpor agravo regimental no Superior Tribunal de Justiça.

Súmula 576/STJ: Ausente requerimento administrativo no INSS, o termo inicial para a implantação da aposentadoria por invalidez concedida judicialmente será a data da citação válida.

Tema 544/STJ: O suporte de incidência do prazo decadencial previsto no art. 103 da Lei 8.213/1991 é o direito de revisão dos benefícios, e não o direito ao benefício previdenciário. Incide o prazo de decadência do art. 103 da Lei 8.213/1991, instituído pela Medida Provisória 1.523-9/1997, convertida na Lei 9.528/1997, no direito de revisão dos benefícios concedidos ou indeferidos anteriormente a esse preceito normativo, com termo a quo a contar da sua vigência (28.6.1997).

Tema 862/STJ: O termo inicial do auxílio-acidente deve recair no dia seguinte ao da cessação do auxílio-doença que lhe deu origem, conforme determina o art. 86, § 2.º, da Lei 8.213/91, observando-se a prescrição quinquenal da Súmula 85/STJ.

Tema 975/STJ: Aplica-se o prazo decadencial de dez anos estabelecido no art. 103, *caput*, da Lei 8.213/1991 às hipóteses em que a questão controvertida não foi apreciada no ato administrativo de análise de concessão de benefício previdenciário.

Tema 995/STJ: É possível a reafirmação da DER (Data de Entrada do Requerimento) para o momento em que implementados os requisitos para a concessão do benefício, mesmo que isso se dê no interstício entre o ajuizamento da ação e a entrega da prestação jurisdicional nas instâncias ordinárias, nos termos dos arts. 493 e 933 do CPC/2015, observada a causa de pedir.

Tema 1.005/STJ: Na ação de conhecimento individual, proposta com o objetivo de adequar a renda mensal do benefício previdenciário aos tetos fixados pelas Emendas Constitucionais 20/98 e 41/2003 e cujo pedido coincide com aquele anteriormente formulado em ação civil pública, a interrupção da prescrição quinquenal, para recebimento das parcelas vencidas, ocorre na data de ajuizamento da lide individual, salvo se requerida a sua suspensão, na forma do art. 104 da Lei 8.078/90.

Tema 1.057/STJ:

I. O disposto no art. 112 da Lei 8.213/1991 é aplicável aos âmbitos judicial e administrativo;

II. Os pensionistas detêm legitimidade ativa para pleitear, por direito próprio, a revisão do benefício derivado (pensão por morte) – caso não alcançada pela decadência –, fazendo jus a diferenças pecuniárias pretéritas não prescritas, decorrentes da pensão recalculada;

III. Caso não decaído o direito de revisar a renda mensal inicial do benefício originário do segurado instituidor, os pensionistas poderão postular a revisão da aposentadoria, a fim de auferirem eventuais parcelas não prescritas resultantes da readequação do benefício original, bem como os reflexos na graduação econômica da pensão por morte; e

IV. À falta de dependentes legais habilitados à pensão por morte, os sucessores (herdeiros) do segurado instituidor, definidos na lei civil, são partes legítimas para pleitear, por ação e em nome próprios, a revisão do benefício original – salvo se decaído o direito ao instituidor – e, por conseguinte, de haverem eventuais diferenças pecuniárias não prescritas, oriundas do recálculo da aposentadoria do *de cujus*.

Súmula 74/TNU: O prazo de prescrição fica suspenso pela formulação de requerimento administrativo e volta a correr pelo saldo remanescente após a ciência da decisão administrativa final.

Tema 93/TNU: Quando o segurado houver preenchido os requisitos legais para concessão da aposentadoria por tempo de serviço na data do requerimento administrativo, esta data será o termo inicial da concessão do benefício.

Tema 125/TNU: (i) o marco inicial para a contagem do prazo decadencial do benefício de pensão por morte transcorre independentemente do benefício do segurado instituidor. Portanto, a partir da data do início (DIB) do benefício [derivado]; e (ii) em alinhamento com a jurisprudência do STJ acima destacada, caso o direito de revisão específico do pensionista não seja alcançado pela decadência, o beneficiário não poderá receber eventual diferença oriunda do recálculo do benefício do instituidor [originário], em relação ao qual houve o transcurso do prazo decadencial, mas fará jus ao reflexo financeiro correspondente na pensão concedida.

(*Observação: O tema foi cancelado no julgamento do PEDILEF 5056680-63.2013.4.04.7000/PR, por ocasião da decisão exarada nos autos do REsp 1.605.554/PR, em sede de embargos de divergência. Há, no STJ, o PUIL 365, pendente de análise*).

Tema 200/TNU: Na pretensão ao recebimento de diferenças decorrentes de revisão de renda mensal inicial em virtude de verbas salariais reconhecidas em reclamação trabalhista, a prescrição quinquenal deve ser contada retroativamente da data do ajuizamento da ação previdenciária, não fluindo no período de tramitação da ação trabalhista, enquanto não definitivamente reconhecido o direito e não homologados os cálculos de liquidação.

Tema 277/TNU: O direito à continuidade do benefício por incapacidade temporária com estimativa de DCB (alta programada) pressupõe, por parte do segurado, pedido de prorrogação (§ 9.º, art. 60, da Lei n. 8.213/91), recurso administrativo ou pedido de reconsideração, quando previstos normativamente, sem o que não se configura interesse de agir em juízo.

Tema 283/TNU: A coisa julgada administrativa não exclui a apreciação da matéria controvertida pelo poder judiciário e não é oponível à revisão de ato administrativo para adequação aos requisitos previstos na lei previdenciária, enquanto não transcorrido o prazo decadencial.

Capítulo 3
DA COMPETÊNCIA

Sumário: 3.1 A competência para processar e julgar matéria previdenciária definida na Constituição Federal de 1988 – 3.2 Competência subsidiária da Justiça Estadual em matéria previdenciária – 3.3 Competência subsidiária da Justiça Estadual para o julgamento do benefício da assistência social – 3.4 Competência para julgar matéria relativa a acidentes de trabalho – 3.5 Competência dos Juizados Especiais Federais – 3.6 Competência para julgar temas de Direito de Família com reflexos previdenciários: 3.6.1 Competência para julgar questões sobre Registros Públicos com reflexos previdenciários – 3.7 Competência para julgar temas de Direito do Trabalho com reflexos previdenciários – 3.8 Competência para julgar o dano moral previdenciário – 3.9 Competência para julgar processos envolvendo Previdência Complementar – 3.10 Competência originária dos Tribunais Regionais Federais – Jurisprudência – Quadro-resumo.

3.1 A COMPETÊNCIA PARA PROCESSAR E JULGAR MATÉRIA PREVIDENCIÁRIA DEFINIDA NA CONSTITUIÇÃO FEDERAL DE 1988

A definição de competências dos diversos órgãos que compõem o Poder Judiciário é matéria de ordem eminentemente constitucional, visto que ligada à estrutura do Poder Político. Segundo Marcus Orione Gonçalves Correia, "a fonte primária da competência é a própria Constituição, que indica qual juiz deve decidir as causas que lhe são submetidas" (2002, p. 72).

Tanto é assim que a CF, em seu art. 109, I, define a competência para processar e julgar a matéria previdenciária, reservando tal função jurisdicional para a Justiça Federal, a teor do disposto no aludido preceito:

"Art. 109. *Aos juízes federais compete processar e julgar*;

I – *as causas em que* a União, *entidade autárquica* ou empresa pública federal *forem interessadas na condição de* autoras, rés, assistentes ou oponentes, exceto as de falência, as de acidentes de trabalho e as sujeitas à Justiça Eleitoral e à Justiça do Trabalho" (grifos nossos).

O INSS é autarquia federal, conforme o teor da Lei 8.029/1990, bem como do Decreto-lei 200/1967, que definem ser de sua competência a gerência do sistema de Seguridade Social. Assim, sempre deverá figurar na posição de réu nas ações previdenciárias, uma vez que está sob seu encargo a implementação e manutenção dos benefícios devidos pela Seguridade Social, o que desloca, em regra, a competência de julgamento dessa modalidade de demandas para a Justiça Federal.[1]

O constituinte, entretanto, sabendo da realidade da Justiça Federal brasileira, estipulou a regra do § 3.º do art. 109, a qual autoriza a Justiça Estadual a julgar matéria previdenciária em caso de inexistência, na Comarca, de Vara Federal, nos termos da lei. Isso configura inequívoca manifestação do primado constitucional do acesso à justiça, corolário do *devido processo legal*.

Eis o teor do referido art. 109, § 3.º, da Carta Magna, com a redação anterior à EC 103/2019:

> "§ 3.º Serão processadas e julgadas na justiça estadual, no foro do domicílio dos segurados ou beneficiários, as causas em que forem parte instituição de previdência social e segurado, sempre que a comarca não seja sede de vara do juízo federal, e, se verificada essa condição, a lei poderá permitir que outras causas sejam também processadas e julgadas pela justiça estadual".

Após a promulgação da Emenda Constitucional 103/2019, o art. 109, § 3.º, passou a vigorar com a seguinte redação:

> "§ 3.º Lei poderá autorizar que as causas de competência da Justiça Federal em que forem parte instituição de previdência social e segurado possam ser processadas e julgadas na justiça estadual quando a comarca do domicílio do segurado não for sede de vara federal".

Como se vê, a partir da Emenda Constitucional 103/2019 houve uma alteração significativa em relação à possibilidade de jurisdição delegada em matéria previdenciária, a qual não será mais automática e absoluta nas localidades onde não existe sede de Vara Federal, mas dependerá, como estabelece a nova norma constitucional, dos limites atribuídos pela lei. Tal

---

[1] Em boa parte dos países que adotam o regime federativo a competência para apreciar e julgar matéria relativa à Seguridade Social é da Justiça Federal, tendo em vista a desejável unicidade na interpretação e aplicação desse ramo do Direito nos respectivos territórios nacionais. Disso são exemplos a Argentina, a Alemanha, a Suíça e Portugal.

norma regulamentadora já existe, consubstanciada na Lei 13.876/2019, que será objeto de análise no próximo tópico.

Gonçalves Correia, a esse respeito, pontifica que a Carta Magna divide "as atribuições entre a Justiça Estadual e Federal, a fim de viabilizar o adequado andamento dos feitos – já que se sabe que a Justiça Federal tem competência sobre áreas extremamente extensas"; o outro objetivo constitucional relativo à referida distribuição de competências é atinente ao "interesse público – e não privado – de melhor atender ao jurisdicionado, que, presente no local da demanda, pode acompanhar o processo" (2002, p. 76).

Também é válido lembrar a regra presente no § 2.º do mesmo dispositivo constitucional, segundo a qual:

> "§ 2.º As causas intentadas contra a União *poderão* ser aforadas na seção judiciária em que for domiciliado o autor, naquela onde houver ocorrido o ato ou fato que deu origem à demanda ou onde esteja situada a coisa, ou, ainda, no Distrito Federal" (grifos nossos).

Tal norma refere-se expressamente apenas à União Federal. Contudo, devido ao escopo social nela inserido pelo constituinte, seu comando pode ser aplicado analogamente, sem maiores dúvidas, às autarquias federais, como sói ser no caso do Instituto Nacional do Seguro Social – INSS.

Nesse sentido, também há que se fazer menção à Súmula 689 do Supremo Tribunal Federal: "O segurado pode ajuizar ação contra a instituição previdenciária perante o juízo federal do seu domicílio ou nas varas federais da Capital do Estado-membro".

Há que ser lembrada a norma contida no § 4.º do mesmo art. 109 da CF, a qual dispõe que nas hipóteses em que a Justiça Estadual exercer a função da Justiça Federal, por delegação, o recurso cabível será sempre para o Tribunal Regional Federal respectivo à área de jurisdição do Juiz Federal que, ordinariamente, seria competente para o conhecimento e julgamento da demanda.[2]

Essa norma é corroborada pela disposição do art. 108, II, da CF/1988:

> "Art. 108. Compete aos Tribunais Regionais Federais: (...) II – julgar, em grau de recurso, as causas decididas pelos juízes federais e pelos juízes estaduais no exercício da competência federal da área de sua jurisdição".

---

[2] Dispõe o § 4.º do art. 109 da CF: "§ 4.º Na hipótese do parágrafo anterior, o recurso cabível será sempre para o Tribunal Regional Federal na área de jurisdição do juiz de primeiro grau".

Conforme a Súmula 3 do STJ, "Compete ao Tribunal Regional Federal dirimir conflito de competência verificado, na respectiva região, entre juiz federal e juiz estadual investido de jurisdição federal".

Conflitos de competência entre distintos órgãos jurisdicionais do Juizados Especiais Federais serão dirimidos, conforme a competência, pelas Turmas Recursais (Varas de Juizado vinculadas à mesma Turma Recursal) ou pela Turma Regional de Uniformização, quando as Varas-Juizado forem vinculadas a Turmas Recursais distintas, mas ainda na mesma região da Justiça Federal (RE 590.409, julgado na sistemática da repercussão geral).

3.2 COMPETÊNCIA SUBSIDIÁRIA DA JUSTIÇA ESTADUAL EM MATÉRIA PREVIDENCIÁRIA

A competência subsidiária da Justiça Estadual para o julgamento e processamento de lides previdenciárias, inexistindo na comarca de domicílio do segurado ou benefício sede de Vara Federal, ficava evidente da simples leitura do preceito constitucional descrito no tópico anterior (art. 109, § 3.º).

Após a aprovação da Emenda Constitucional 103/2019, o art. 109, § 3.º, passou a vigorar com a seguinte redação:

> "§ 3.º Lei poderá autorizar que as causas de competência da Justiça Federal em que forem parte instituição de previdência social e segurado possam ser processadas e julgadas na justiça estadual quando a comarca do domicílio do segurado não for sede de vara federal".

A partir da Reforma Previdenciária, como se pode perceber, houve uma significativa redução da possibilidade de jurisdição delegada em matéria previdenciária, a começar do fato da dependência de lei ordinária para regulamentação da matéria (antes norma constitucional autoaplicável).

A jurisdição delegada agora não se trata de uma prerrogativa inequívoca e automática para os segurados que residam em localidades onde não existe sede de Vara Federal, mas dependerá dos limites estabelecidos pela Lei 13.876/2019 e da regulamentação administrativa que lhe for dada (atualmente a Resolução 603/2019 do CJF – alterada parcialmente pela Resolução CJF 705/2021 – e a Recomendação 60/2019 do CNJ).

A Lei 13.876/2019 estabeleceu os seguintes parâmetros para a competência delegada: a) o município onde reside o segurado não deve ser sede de Vara Federal e deve estar mais distante do que 70 km da sede de Vara Federal mais próxima; b) os 70 km são aferidos a partir da distância que existe entre os centros urbanos de ambos os municípios, e não do local de residência do segurado; c) apenas os novos processos, ajuizados após a vigência da Emenda Constitucional 103/2019, sujeitar-se-ão a esse novo regime de competência.

Apesar de implicar evidente óbice ao acesso à justiça, não se pode questionar a constitucionalidade do novo modelo de competência delegada trazido pela EC 103/2019, visto que foi formulado no âmbito de uma reforma constitucional. Porém, defendemos que os critérios geográficos trazidos pela Lei 13.876/2019 e respectiva regulamentação podem ser discutidos judicialmente no que concerne à sua razoabilidade e proporcionalidade.

Com efeito, a jurisdição delegada sempre foi prevista no ordenamento jurídico brasileiro ao passoque se constituía em uma medida de facilitação do acesso à justiça, consideradas as dimensões continentais do Brasil e o baixo grau de capilaridade da Justiça Federal – ao contrário do que ocorre em relação à Justiça Estadual, presente na quase totalidade dos municípios brasileiros.

A regulamentação da Lei 13.876/2019, ao prever o critério de 70 km, contados entre os centros urbanos de cada cidade, pareceu ignorar as condições estruturais do país, em que há municípios dotados de grande extensão territorial e servidos por estradas precárias, bem como segurados dependentes de transporte público – nem sempre existente ou suficiente.

A inadequação desse critério à realidade geográfica brasileira levou o próprio CJF a revisar a Resolução 603/2019 através da Resolução 705/2021, adotando-se, doravante, o seguinte critério:

> "§ 2º A apuração da distância, conforme previsto pelo parágrafo anterior, deverá observar o deslocamento real, e não em linha reta, conforme tabelas disponíveis em ferramentas de órgãos oficiais, Google Maps ou similares".

Quanto ao mérito do que pode ser atribuído da Justiça Federal à Justiça Estadual, a jurisprudência já teve a oportunidade de reconhecer que tal prerrogativa se aplica, entre outros objetos do pedido, ao processamento e julgamento de lides versando sobre renda mensal vitalícia,[3] justificação do

---

[3] "A alegada incompetência para apreciar a concessão de benefício da renda mensal vitalícia não impede que seja julgado pedido feito alternativamente, relativo a hipótese estreme de qualquer dúvida relativa à delegação constitucional de competência aos juízes estaduais"; Acórdão proferido pelo TRF da 3.ª Região, 1.ª Turma, Rel. Juiz Sinval Antunes, AC 95.03.020361-9, j. 22.08.1995, *DJ* 26.09.1995, p. 64.866.

tempo de serviço,[4] averbação[5] e reconhecimento de tempo de serviço,[6] salário-maternidade,[7] bem como revisão ou reajuste de benefício previdenciário,[8] entre outros.

O art. 381, do CPC, que trata da ação autônoma de produção antecipada de prova, pode ser aplicado na perspectiva da competência delegada tratada no art. 109, § 3.º, da CF, conforme dispõe seu § 4.º:

> "§ 4.º O juízo estadual tem competência para produção antecipada de prova requerida em face da União, de entidade autárquica ou de empresa pública federal se, na localidade, não houver vara federal".

Por outro lado, a jurisprudência também já reconheceu, sem maior polêmica, que a competência delegada à Justiça Estadual não se aplica aos casos de discussão judicial sobre a validade das contribuições previdenciárias,[9] visto tratar-se de matéria essencialmente tributária, bem como aqueles relativos à impetração de mandado de segurança contra ato de autoridades administrativas do INSS (pois compete ao juiz federal apreciar e julgar mandado de

---

[4] "A Justiça Estadual é competente para o ajuizamento de ação de justificativa de tempo de serviço"; Acórdão proferido pelo TRF da 3.ª Região, 2.ª Turma, Rel. Juíza Eva Regina, AC 93.03.034905-9, j. 10.10.1995, DJ 30.10.1995.

[5] Acórdão proferido pelo TRF da 3.ª Região, 1.ª Turma, Rel. Juíza Diva Malerbi, AC 89.03.0233111-2, j. 11.06.1991, DOE 19.08.1991.

[6] "Em se tratando de ação declaratória, que visa o reconhecimento do tempo de serviço laborado para efeito de obtenção de benefício previdenciário, proposta no foro do domicílio do segurado, expresso em comarca onde inexiste Vara Federal, tem-se que há delegação de competência para a Justiça Estadual apreciar e julgar o processo, nos termos do art. 109, § 3.º, da CF, art. 15, II e III, da Lei 5.010/1966, além da Súmula 32 do Colendo Superior Tribunal de Justiça, não havendo, assim, que se falar em incompetência do juízo"; TRF da 3.ª Região, 5.ª Turma, Rel. Des. Fed. Suzana Camargo, AC 97.03.022727-9, j. 07.06.1999, DJ 17.08.1999.

[7] "O salário-maternidade é benefício de natureza previdenciária, regulando-se a competência, no caso, pelo disposto no art. 109, I, § 3.º, da Carta Magna"; Acórdão proferido pelo TRF da 3.ª Região, 2.ª Turma, Rel. Juiz Aricê Amaral, AC 2000.03.99.071162-4, j. 05.06.2001, DJU 15.08.2001, p. 1.387.

[8] "A competência para processar e julgar o feito visando o reajuste de benefício previdenciário, ajuizado contra o INSS, é da Justiça Estadual, na comarca desprovida de Vara Federal, nos termos do art. 109, § 3.º, da CF"; Acórdão proferido pelo TRF da 3.ª Região, 1.ª Seção, Rel. Juíza Ramza Tartuce, CC 97.03.006702-6, j. 18.06.1997, DJ 15.07.1997, p. 54.049.

[9] TRF da 3.ª Região, 1.ª Turma, Rel. Juiz Theotonio Costa, AC 90.03.028122-0, j. 17.09.1996, DJ 22.10.1996, p. 80.174.

segurança contra ato de autoridade federal, a teor do disposto no art. 109, VIII, da CF).[10]

A competência delegada da Justiça Estadual não se altera nem com a instalação posterior de Vara Federal no domicílio do segurado, não havendo que se falar em superveniente incompetência do juízo.[11] Por outro lado, a aludida competência delegada da Justiça local não se altera pelo "fato da União Federal compor o polo passivo da demanda, uma vez que o referido preceito [art. 109, § 3.º] já excepciona a regra geral, contida no inc. I do art. 109, segundo a qual as causas em que faça parte devem tramitar perante a Justiça Federal".[12]

O Tribunal Regional Federal da 4.ª Região editou a Súmula 8, mediante a qual se expressa que "subsiste no novo texto constitucional a *opção* do segurado para ajuizar ações contra a Previdência Social no foro estadual do seu domicílio ou no do Juízo Federal" (grifos nossos).

Nesses termos, se a competência previdenciária da Justiça Estadual é considerada opção do segurado, verifica-se que "*inocorre a incompetência do juízo*, porque cabe apenas ao beneficiário, preferindo a regra geral (CF, art. 109, I), renunciar à comodidade que a Magna Carta lhe conferiu (CF, art. 109, § 3.º) e ajuizar a ação na sede de Vara do Juízo Federal".[13]

É importante registrar que é "absoluta a incompetência do Juizado Especial Cível Estadual para o processamento e julgamento das causas previdenciárias, por expressa vedação legal à aplicação da Lei n. 10.259/2001 no âmbito do juízo estadual" (Tema 94 da TNU).

3.3 COMPETÊNCIA SUBSIDIÁRIA DA JUSTIÇA ESTADUAL PARA O JULGAMENTO DO BENEFÍCIO DA ASSISTÊNCIA SOCIAL

Superado o exame da competência da Justiça dos Estados para processar e julgar ações previdenciárias em geral, cabe lugar ao estudo específico da competência desse órgão jurisdicional para o julgamento de ações versando

---

[10] TRF da 3.ª Região, 5.ª Turma, Rel. Des. Fed. Pedro Rotta, AMS 95.03.034797-1, j. 24.03.1997, *DJ* 05.08.1997.
[11] TRF da 3.ª Região, 5.ª Turma, Rel. Des. Fed. Suzana Camargo, AC 97.03.018849-4, j. 20.06.2000, *DJU* 19.09.2000, p. 625.
[12] TRF da 3.ª Região, 5.ª Turma, AG 2001.03.00.026844-8, Rel. Des. Fed. Suzana Camargo, j. 06.08.2002.
[13] TRF da 3.ª Região, 1.ª Turma, AC 95.03.060054-5, Rel. Juiz Fed. Conv. Casem Mazloum, j. 17.03.1998, *DJ* 13.07.1998, p. 163.

sobre a concessão judicial do benefício da assistência social, pleiteado com fundamento no art. 203, V, da CF, e no art. 20 da Lei 8.742/93.

É comum que a autarquia previdenciária alegue que o art. 109, § 3.º, da CF permite que sejam ajuizadas perante o juízo estadual, na ausência de Vara Federal na Comarca, apenas causas em que a parte seja *segurada* do INSS, e quem busca judicialmente o benefício da assistência social, *a priori*, não se encaixaria nesse conceito, tendo em vista a ausência de vinculação com a Previdência Social.

Ora, considerando o disposto no aludido dispositivo constitucional, a Justiça Estadual afigura-se-nos competente para apreciar e julgar também o pedido de assistência social, em jurisdição delegada, uma vez que o vocábulo *segurado* deve ser compreendido em ampla acepção, abrangendo não somente os segurados elencados no art. 11 da Lei 8.213/1991, como também todo e qualquer beneficiário da Previdência Social e os beneficiários do BPC da Lei 8.742/93.

Quanto ao conceito mesmo de *segurado*, Barroso Leite coloca uma questão preambular, asseverando que "*a legislação previdenciária não define segurado*, preferindo cogitar logo de início seus destinatários, que denomina beneficiários, classificar estes como segurados e dependentes, e enumerar uns e outros" (1996, p. 152, grifos nossos).

A doutrina não chega a um consenso sobre o conceito propriamente jurídico de segurado, sendo que, no geral, apenas se faz a menção à filiação à instituição de Previdência, o que é insuficiente para sua diferenciação do conceito de beneficiário (após a concessão do benefício, o beneficiário também possuirá vínculo com a entidade gestora da Seguridade Social).

Assim, cremos que "o termo 'segurado', previsto no art. 109, § 3.º, da CF, deve ser tomado no seu sentido amplo, para abranger tanto os filiados à Previdência Social como os que pretendem compeli-la a reconhecer tal qualidade"[14], sob pena de indevidamente obstar seu direito constitucional de *efetivo acesso à justiça*.

O princípio da universalidade, insculpido no art. 194, I, da CF, também reforça esse entendimento que expressamos acima.

Além disso, o benefício insculpido no art. 203, V, da CF tem sua administração a cargo do INSS, disciplina normativa que acaba por equiparar

---

[14] TRF da 3.ª Região, 5.ª Turma, Rel. Des. Fed. Ramza Tartuce, AG 96.03.034625-0, j. 03.03.1997, *DJ* 13.05.1997, p. 33.109.

beneficiário e segurado, ao menos para fins de definição de competência jurisdicional.

Esse entendimento já foi esposado diversas vezes pela jurisprudência:

> "Conflito de competência. Benefício assistencial. Artigo 109, parágrafo 3º, da Constituição da República. Incidência. Descumprimento de carta precatória. Impossibilidade.
> 1. A literalidade do parágrafo 3.º do artigo 109 da Constituição da República deixa certo que à Justiça Estadual foi atribuída a competência excepcional para processar e julgar, no foro do domicílio dos segurados ou beneficiários, exclusivamente, as causas em que forem parte instituição de previdência social e segurado, sempre que a comarca não seja sede de vara do juízo federal, além daqueloutras permitidas em lei.
> 2. À luz da evidente razão da norma inserta no parágrafo 3.º do artigo 109 da Constituição da República, é de se interpretá-la atribuindo força extensiva ao termo 'beneficiários', de modo a que compreenda os que o sejam do segurado, mas também aqueloutros do benefício da assistência social, como, aliás, resta implícita na jurisprudência desta Egrégia Terceira Seção, que tem compreendido no benefício previdenciário o benefício assistencial.
> (...)
> 4. Conflito conhecido para declarar competente o Juízo de Direito da 2.ª Vara Cível de Presidente Venceslau/SP, suscitante, para processar e julgar a ação ordinária visando à concessão de benefício assistencial, devendo o Juízo suscitado dar integral cumprimento à carta precatória expedida pelo Juízo estadual.
> (CC 37.717/SP, Rel. Min. Hamilton Carvalhido, 3.ª Seção, j. 08.10.2003, *DJ* 09.12.2003, p. 209)".

Outrossim, compreendemos que a mudança de redação promovida no art. 109, § 3.º, da CF, por obra da Emenda Constitucional 103/2019, remetendo à norma infraconstitucional os limites da jurisdição delegada, não possui o condão de afastar o raciocínio acima empreendido, que reputamos válido mesmo após a Reforma Previdenciária.

3.4 COMPETÊNCIA PARA JULGAR MATÉRIA RELATIVA A ACIDENTES DE TRABALHO

As questões relativas à concessão de benefícios decorrentes de acidentes de trabalho possuem profunda ligação com a matéria previdenciária. Deve-se lembrar, inclusive, que foi justamente da legislação acidentária que, nos primórdios, se originou a própria legislação previdenciária.

O acidente de trabalho segue definido no art. 19 da Lei 8.213/91:

> "Art. 19. Acidente do trabalho é o que ocorre pelo exercício do trabalho a serviço de empresa ou de empregador doméstico ou pelo exercício do trabalho dos segurados referidos no inciso VII do art. 11 desta Lei, provocando lesão corporal ou perturbação funcional que cause a morte ou a perda ou redução, permanente ou temporária, da capacidade para o trabalho".

Os eventos descritos nesse dispositivo legal permitem a concessão de benefícios a cargo do INSS, mas não serão benefícios previdenciários típicos, embora a configuração jurídica seja a mesma (mesmos requisitos legais para concessão); serão prestações acidentárias, de natureza jurídica distinta, com certas consequências jurídicas distintas, a exemplo da estabilidade no emprego.

O art. 20 da Lei 8.213/91 equipara ao acidente de trabalho a doença profissional e a doença do trabalho; por sua vez, o art. 21, do mesmo diploma legal, estabelece que correspondem ao acidente de trabalho algumas situações atípicas, como a lesão corporal decorrente de agressões de colegas de trabalho ou ato de sabotagem, entre várias outras.

De acordo com a parte final do art. 109, I, da CF, não compete à Justiça Federal, como seria esperado, processar e julgar as ações relativas a acidentes de trabalho:

> "Art. 109. Aos juízes federais compete processar e julgar:
> I – as causas em que a União, entidade autárquica ou empresa pública federal forem interessadas na condição de autoras, rés, assistentes ou oponentes, **exceto** as de falência, **as de acidentes de trabalho** e as sujeitas à Justiça Eleitoral e à Justiça do Trabalho;".

Seguindo esse mesmo rumo, o art. 129 da Lei de Benefícios (Lei 8.213/91) dispõe que:

> "Art. 129. Os litígios e medidas cautelares relativos a acidentes do trabalho serão apreciados:
> I – na esfera administrativa, pelos órgãos da Previdência Social, segundo as regras e prazos aplicáveis às demais prestações, com prioridade para conclusão; e
> II – na via judicial, pela Justiça dos Estados e do Distrito Federal, segundo o rito sumaríssimo, inclusive durante as férias forenses, mediante petição

instruída pela prova de efetiva notificação do evento à Previdência Social, através de Comunicação de Acidente de Trabalho – CAT.

Parágrafo único. O procedimento judicial de que trata o inciso II deste artigo é isento do pagamento de quaisquer custas e de verbas relativas à sucumbência".

A questão não tem apresentado maiores controvérsias na doutrina, tampouco na jurisprudência.

Com efeito, a competência da Justiça Estadual para processamento e julgamento das ações acidentárias já está consagrada na Súmula 15 do Superior Tribunal de Justiça: "Compete à Justiça Estadual processar e julgar os litígios decorrentes de acidente do trabalho".

Todavia, é na Súmula 235 do STF que a matéria fica mais bem delineada, por explicitar a competência da jurisdição estadual para julgar a matéria, ainda que no polo passivo se encontre a autarquia previdenciária: "É competente para a ação de acidente do trabalho a Justiça cível comum, inclusive em segunda instância, ainda que seja parte autarquia seguradora".

A Emenda Constitucional 45/2005, que tratou da Reforma do Poder Judiciário, dilatou a competência da Justiça do Trabalho, a partir de diversas alterações no art. 114, bem como a inclusão do inciso IX, o qual dispõe que:

"Art. 114. Compete à Justiça do Trabalho processar e julgar:

(...)

IX – outras controvérsias decorrentes da relação de trabalho, na forma da lei".

Mesmo essa alteração do Texto Constitucional não teve o condão de suscitar qualquer debate a respeito de eventual modificação quanto à competência para processar e julgar lides relativas a acidentes de trabalho, a qual permanece na órbita da Justiça Estadual.

Caberá à Justiça do Trabalho a competência sobre a discussão em torno de temas estritamente trabalhistas, derivados do contrato de trabalho (art. 114, I, da CF), como a obtenção da estabilidade no emprego, eventual reintegração e verbas rescisórias, bem como indenização por danos materiais, morais e estéticos em virtude do acidente de trabalho. Esse posicionamento está consagrado na Súmula Vinculante 22.

O entendimento do Supremo Tribunal Federal de que compete à Justiça Estadual julgar causas referentes a benefícios previdenciários decorrentes de acidentes de trabalho foi corroborado no julgamento do RE 638.483 (STF, Plenário Virtual, Rel. Min. Presidente, j. 10.06.2011, *DJe* 31.08.2011). O julgamento ocorreu por meio da sistemática da repercussão geral e vincula todos os órgãos judiciários no país.

Não serão julgadas pela Justiça do Estado, por ausência de enquadramento no art. 129 da Lei 8.213/91, tampouco no art. 109, I, parte final, da CF, as chamadas ações regressivas acidentárias, promovidas pelo INSS nos termos do art. 120 da Lei de Benefícios,[15] uma vez que não são ações por acidente de trabalho, mas ações visando reaver os valores gastos pelo INSS com a cobertura previdenciária dirigida a aqueles que, em virtude de negligência nas condições de trabalho (segurança e saúde do trabalho), vieram a sofrer acidentes ou adoecimentos no âmbito laboral.

Para as demandas relativas aos benefícios de natureza acidentária, não se aplica o rito processual previsto na Lei 10.259/2001 (Juizados Especiais Federais), visto se tratar de matéria da Justiça Comum Estadual.

No caso de ações de revisão ou manutenção de benefícios acidentários, a competência continua sendo da Justiça Estadual, conforme precedentes jurisprudenciais.[16]

---

[15] Dispõe o art. 120, I, da Lei de Benefícios:
"Art. 120. A Previdência Social ajuizará ação regressiva contra os responsáveis nos casos de:
I – negligência quanto às normas padrão de segurança e higiene do trabalho indicadas para a proteção individual e coletiva".

[16] Veja-se, a título de exemplo, os seguintes julgados:
"Agravo Regimental no Conflito Negativo de Competência. Justiças Federal e Estadual. Previdenciário. Pretensão que visa à revisão de benefício acidentário. Aplicação do art. 109, I, da CF/88. Competência da Justiça Estadual. Decisão agravada mantida. 1. É competente a Justiça Estadual para processar e julgar ação relativa a acidente de trabalho, estando abrangida nesse contexto tanto a lide que tem por objeto a concessão de benefício como, também, as relações daí decorrentes (restabelecimento, reajuste, cumulação), uma vez que o art. 109, I, da CF/88, não fez qualquer ressalva a este respeito. Incidência da Súmula 15/STJ: Compete à justiça estadual processar e julgar os litígios decorrentes de acidente do trabalho. 2. Agravo regimental a que se nega provimento" (STJ, AGRCC 201101279632, Adilson Vieira Macabu (Desembargador convocado do TJ/RJ), 3.ª Seção, DJE 19.12.2011).

"Previdenciário. Processual civil. Ação rescisória. Violação à literal disposição de lei. Pensão por morte. Benefício acidentário. Procedência da demanda tanto para a alegação de incompetência absoluta da Justiça Federal quanto para a impossibilidade de alteração do coeficiente. Honorários advocatícios. 1. Preliminarmente, verifico que a corré Nair Nogueira Rocha é titular de pensão por morte decorrente de acidente do trabalho. 2. Nas causas em que se discute benefício acidentário, quer seja concessão ou revisão, a competência para conhecer e julgar cabe à Justiça Estadual, consoante exegese do artigo 109, inciso I, da Constituição Federal. 3. Tendo em vista

"Previdenciário e Processual Civil. Conflito de competência. Pedido de concessão de auxílio-acidente decorrente de acidente de trabalho. Súmulas 15/STJ E 501/STF. Causa de pedir. Competência da Justiça Estadual.

1. Nos termos da jurisprudência dominante do Superior Tribunal de Justiça, é competência da Justiça Estadual processar e julgar ação relativa a acidente de trabalho, estando abrangida nesse contexto tanto a lide que tem por objeto a concessão de benefício em razão de acidente de trabalho como também as relações daí decorrentes (restabelecimento, reajuste, cumulação), uma vez que o art. 109, I, da Constituição Federal não fez nenhuma ressalva a este respeito.

2. Nas ações que objetivam a concessão de benefício em decorrência de acidente de trabalho, a competência será determinada com base no pedido e causa de pedir. Precedentes do STJ.

3. No caso dos autos, conforme se extrai da Petição Inicial, o pedido da presente ação é a concessão de benefício acidentário, tendo como causa de pedir a exposição ao agente nocivo ruído. Logo, a competência para processar e julgar a presente demanda é da Justiça estadual. Precedentes do STJ.

4. Assim, caso o órgão julgador afaste a configuração do nexo causal, a hipótese é de improcedência do pleito de obtenção do benefício acidentário, e não de remessa à Justiça Federal. Nessa hipótese, caso entenda devido, pode a parte autora intentar nova ação no juízo competente para obter benefício não-acidentário, posto que diversos o pedido e a causa de pedir.

5. Conflito de Competência conhecido para declarar competente para processar o feito a Justiça Estadual.

(CC 152.002/MG, Rel. Min. Herman Benjamin, 1.ª Seção, j. 22.112017, *DJe* 19.12.2017)".

No caso da revisão da pensão por morte, contudo, ainda que decorrente de óbito por acidente de trabalho, a competência para julgar tais processos tem sido reconhecida como da Justiça Federal.[17]

---

que o processamento do feito em Primeira Instância e Segunda instâncias deram-se na Justiça Federal, é de rigor o reconhecimento a procedência da ação rescisória, nos termos do artigo 485, inciso V, do Código de Processo Civil. 4. Processo originário anulado. Determinação de desmembramento do feito e remessa do traslado à Justiça estadual competente. (...)" (TRF da 3.ª Região, 3.ª Seção, Des. Fed. Daldice Santana, AR 00981098320074030000, *e-DJF3* Judicial 1 07.06.2013).

[17] E aqui vale o seguinte acórdão, representativo dessa posição jurisprudencial: "Previdenciário e processual civil. Benefícios. Pensão por morte decorrente de benefício acidentário. Competência da Justiça Federal. Precedente do STJ. Mãe do falecido.

Nesse assunto, é relevante a menção ao Tema 414 do STF:

> **Tema 414/STF** – Compete à Justiça Comum Estadual julgar as ações acidentárias que, propostas pelo segurado contra o Instituto Nacional do Seguro Social (INSS), visem à prestação de benefícios relativos a acidentes de trabalho.

O mandado de segurança relativo à prestação acidentária (a exemplo de eventual cessação indevida do mesmo) não será apreciado pela Justiça do Estado, mas pela Justiça Federal, em virtude da competência jurisdicional, nesse caso, se definir em razão da autoridade coatora (art. 109, VIII, da CF).

3.5 COMPETÊNCIA DOS JUIZADOS ESPECIAIS FEDERAIS

A competência para processar e julgar matéria previdenciária dos Juizados Especiais Federais encontra-se delineada, basicamente, pelo valor da causa. Assim, dispõe o art. 3.º da lei que os instituiu – Lei 10.259/2001:

> "Art. 3.º Compete ao Juizado Especial Federal Cível processar, conciliar e julgar causas de competência da Justiça Federal até o valor de 60 (sessenta) salários mínimos, bem como executar as suas sentenças.
>
> § 1.º Não se incluem na competência do Juizado Especial Cível as causas:
>
> I – referidas no art. 109, incisos II, III e XI, da Constituição Federal, as ações de mandado de segurança, de desapropriação, de divisão e demarcação, populares, execuções fiscais e por improbidade administrativa e as demandas sobre direitos ou interesses difusos, coletivos ou individuais homogêneos;
>
> II – sobre bens imóveis da União, autarquias e fundações públicas federais;
>
> III – para anulação ou cancelamento de ato administrativo federal, salvo o de natureza previdenciária e o de lançamento fiscal;

Não comprovação da dependência econômica. Fragilidade da prova testemunhal. Não atendimento dos requisitos da pensão por morte. 1. A pensão por morte é benefício eminentemente previdenciário, independentemente das circunstâncias que cercaram o falecimento do segurado. 2. Embora comprovada a condição de segurado do filho da autora à época de seu óbito, o requisito da dependência econômica (que, na espécie, não é presumido), não foi atendido com as provas juntadas aos autos. 3. As testemunhas pouco conhecem sobre a vida do filho da autora e de sua mãe, não sabendo precisar, com grau mínimo de detalhes, qual a importância de sua contribuição para o sustento da família. 4. Recurso de apelação provido" (TRF da 3.ª Região, 9.ª Turma, Des. Fed. Marisa Santos, AC 00476493920054039999, *e-DJF3* Judicial 1 03.12.2009, p. 640).

IV – que tenham como objeto a impugnação da pena de demissão imposta a servidores públicos civis ou de sanções disciplinares aplicadas a militares.

§ 2.º Quando a pretensão versar sobre obrigações vincendas, para fins de competência do Juizado Especial, a soma de 12 (doze) parcelas não poderá exceder o valor referido no art. 3.º, *caput*.

§ 3.º No foro onde estiver instalada Vara do Juizado Especial, a sua competência é absoluta".

A jurisprudência vem reiterando a posição segundo a qual a competência dos Juizados Especiais Federais é absoluta. Com efeito, o Enunciado 25 da Turma Recursal do Juizado Especial Federal Previdenciário de São Paulo dispõe que: "A competência dos Juizados Especiais Federais é determinada unicamente pelo valor da causa e não pela complexidade da matéria".

E, de acordo com a norma supratranscrita, realmente é difícil chegar a outra conclusão, em face da expressa determinação legal:

> "Sendo *absoluta*, a competência não pode ser modificada pela vontade das partes. Disso resulta que a parte não tem escolha quando a causa tiver valor não superior a sessenta salários mínimos, e o local for sede de Juizado Especial Federal. Essa regra, contudo, deve ser conciliada com aquelas normas dos §§ 2.º e 3.º do art. 109 da CF" (Santos, 2004, p. 43). O TRF da 1ª Região tem proferido alguns julgamentos reconhecendo a incompetência dos Juizados Especiais Federais quando a causa é complexa, isto é, requer produção de prova pericial mais complexa, a exemplo da comprovação da deficiência ou quando há necessidade de perícia médica mais aprofundada. A complexidade da causa seria incompatível com os princípios da celeridade e informalidade que pautam a atuação dos Juizados Especiais Federais" (TRF da 1.ª Região, 1.ª Seção, Rel. João Luiz de Souza, Processo: 1000 684-39.2020.4.01.0000, j. 03.11.2020, *DJe* 05.11.2020).

Compreendemos que é bem interessante esse posicionamento ser explorado pela advocacia previdenciária, propiciando que determinadas ações passem a tramitar nas Varas Federais comuns.

Seria mais adequado, todavia, que o legislador não tivesse optado por fixar como absoluta a competência ora analisada, visto que, numa perspectiva ligada à tese do amplo acesso à justiça, melhor teria sido optar pela relatividade, deixando a critério do jurisdicionado optar pela escolha que melhor fosse apta à defesa de seus direitos em juízo (a celeridade dos Juizados e a busca mais complexa da verdade do processo ordinário).

Na medida em que o valor da causa é relevantíssimo no Sistema dos Juizados Especiais, dado ser o elemento primordial de fixação de competência dessa esfera judiciária, o valor atribuído à causa pode ser verificado de ofício pelo juiz.

A Turma Recursal do Juizado Especial Federal Previdenciário de São Paulo expediu dois importantes Enunciados a respeito da matéria ora discutida.

O primeiro é o Enunciado 13:

> "O valor da causa, quando a demanda envolver parcelas vincendas, corresponderá à soma de doze parcelas vincendas controversas, nos termos do art. 3.º, § 2.º, da Lei 10.259/2001".

Explicando o conteúdo desse Enunciado, veja-se o magistério de Marisa Santos (2004, p. 13):

> "A questão em debate, portanto, é se, para fins de fixação do valor da causa e consequente aferição da competência dos Juizados Federais, deve-se somar o valor das parcelas vencidas com o de doze vincendas.
>
> A nosso ver, nessa hipótese, o valor da causa deve ser o de doze parcelas vincendas, independentemente de a soma com o valor das vencidas da mesma natureza ser superior a sessenta salários mínimos. Essa interpretação nos parece melhor atender aos objetivos da lei e dá tratamento igual a causas da mesma natureza. Em questões previdenciárias – matéria que constantemente é levada aos Juizados Especiais Federais Cíveis – entendimento diverso pode causar tratamento que ofenda o princípio da isonomia.
>
> Interpretação diversa obrigaria o autor a ingressar com ações diversas para cada período vencido, até sessenta salários mínimos por processo, e outra ação para as parcelas vincendas (desde que a soma de doze fosse de até sessenta salários mínimos), multiplicação de processos incompatível com a finalidade da Lei n. 10.259/2001".

O segundo Enunciado importante é o de n. 24:

> "O valor da causa, em ações de revisão da renda mensal de benefício previdenciário, é calculado pela diferença entre a renda devida e a efetivamente paga, multiplicada por 12 (doze)".

O valor da causa, no caso de litisconsórcio ativo, é tomado em consideração relativamente a cada litisconsorte, quer dizer: a condenação judicial não poderá ultrapassar o valor de sessenta salários mínimos por beneficiário.

O valor da causa que, na data de ajuizamento da ação, não superava os sessenta salários mínimos e que, porventura, venha a superar tal valor, em razão da demora judicial, não é idôneo a alterar a competência dos Juizados Federais, na medida em que se fixa a competência no momento da propositura da ação. Ademais, o art. 3.º, *caput*, da Lei 10.259/2001, acolheu o princípio da *perpetuatio jurisdictionis*.

No julgamento do Tema 1.030 o STJ fixou a seguinte tese:

> "Ao autor que deseje litigar no âmbito do Juizado Especial Federal Cível, é lícito renunciar, de modo expresso e para fins de atribuição de valor à causa, ao montante que exceda os 60 salários mínimos previstos no art. 3.º, *caput*, da Lei 10.259/2001, aí incluídas, sendo o caso, as prestações vincendas".

Esse posicionamento foi formulado a partir da prerrogativa constante do art. 17, § 4.º, da Lei 10.259/2001: "§ 4º Se o valor da execução ultrapassar o estabelecido no § 1.º, o pagamento far-se-á, sempre, por meio do precatório, sendo facultado à parte exequente a renúncia ao crédito do valor excedente, para que possa optar pelo pagamento do saldo sem o precatório, da forma lá prevista".

Embora o art. 3º da Lei 10.259/2001, que estabelece a competência dos Juizados Especiais Federais, não permita expressamente a renúncia aos valores que excedam 60 salários mínimos, essa prerrogativa é deduzida do já mencionado art. 17, § 4.º, visando sobretudo que a satisfação material da dívida se dê mediante o RPV e não através da expedição de precatório, conforme entendimento do STJ no Tema 1030.

Não se aplicam as normas dos Juizados Especiais Federais no âmbito da Justiça dos Estados, mesmo nas ações em que se discutam benefícios previdenciários de natureza acidentária.

Outrossim, no Tema 94 da TNU restou consignada a tese de que "É absoluta a incompetência do Juizado Especial Cível Estadual para o processamento e julgamento das causas previdenciárias, por expressa vedação legal à aplicação da Lei 10.259/2001 no âmbito do juízo estadual".

3.6 COMPETÊNCIA PARA JULGAR TEMAS DE DIREITO DE FAMÍLIA COM REFLEXOS PREVIDENCIÁRIOS

Há diversos temas previdenciários que derivam de situações de Direito de Família, tornando complexa a tarefa de identificar qual o órgão jurisdicional competente para apreciar o pedido.

Um desses temas reside na concessão do benefício de pensão por morte em virtude da *morte presumida*, nos termos do art. 78 da Lei 8.2132/91:

> "Art. 78. Por morte presumida do segurado, declarada pela autoridade judicial competente, depois de 6 (seis) meses de ausência, será concedida pensão provisória, na forma desta Subseção.

§ 1.º Mediante prova do desaparecimento do segurado em consequência de acidente, desastre ou catástrofe, seus dependentes farão jus à pensão provisória independentemente da declaração e do prazo deste artigo.

§ 2.º Verificado o reaparecimento do segurado, o pagamento da pensão cessará imediatamente, desobrigados os dependentes da reposição dos valores recebidos, salvo má-fé".

Nesse caso, a jurisprudência tem determinado que a competência para a discussão em torno da pensão por morte é da Justiça Federal (com possibilidade de jurisdição delegada), tendo em vista que o objeto do pedido consiste na aferição dos requisitos para concessão da prestação previdenciária (qualidade de segurado, condição de dependentes etc.) e não na declaração de ausência conforme o rito previsto nos arts. 22 a 39 do Código Civil:

"Previdenciário e processual civil. Conflito de competência. Juízo federal e juízo de direito. Ação em que se deduz pretensão a benefício previdenciário. Reconhecimento da morte presumida do cônjuge da autora para o único fim de obtenção de pensão por morte. Competência da justiça federal. Inteligência do art. 78, *caput*, da Lei n. 8.213/91.

1. Tendo o pedido de reconhecimento de morte presumida o único propósito de percepção de pensão por morte (ex. vi do art. 78 da Lei n. 8.213/91), cabe à Justiça Federal o processamento e julgamento da lide. Precedentes: CC 121.033/MG, Rel. Ministro Raul Araújo, Data da Publicação 3/8/2012; CC 112.937/PI, Rel. Ministro Jorge Mussi, Data da Publicação 03/12/2010.

2. Conflito conhecido para declarar a competência do Juízo Federal da Vara Única da Subseção Judiciária de Parnaíba, para julgamento da lide.

(CC 130.296/PI, Rel. Min. Sérgio Kukina, 1.ª Seção, j. 23.10.2013, DJe 29.10.2013)".

A jurisprudência vinha se inclinando para o mesmo entendimento nos casos em que a pensão por morte depende de prévio reconhecimento da união estável.

Há, todavia, um elemento normativo novo nesse raciocínio. Trata-se do art. 74, §§ 3.º a 6.º, da Lei 8.213/91, conforme redação dada pela Lei 13.846/2019:

"§ 3.º Ajuizada a ação judicial para reconhecimento da condição de dependente, este poderá requerer a sua habilitação provisória ao benefício de pensão por morte, exclusivamente para fins de rateio dos valores com outros dependentes, vedado o pagamento da respectiva cota até o trânsito em julgado da respectiva ação, ressalvada a existência de decisão judicial em contrário.

§ 4.º Nas ações em que o INSS for parte, este poderá proceder de ofício à habilitação excepcional da referida pensão, apenas para efeitos de rateio, descontando-se os valores referentes a esta habilitação das demais cotas, vedado o pagamento da respectiva cota até o trânsito em julgado da respectiva ação, ressalvada a existência de decisão judicial em contrário.

§ 5.º Julgada improcedente a ação prevista no § 3.º ou § 4.º deste artigo, o valor retido será corrigido pelos índices legais de reajustamento e será pago de forma proporcional aos demais dependentes, de acordo com as suas cotas e o tempo de duração de seus benefícios.

§ 6.º Em qualquer caso, fica assegurada ao INSS a cobrança dos valores indevidamente pagos em função de nova habilitação".

Esses dispositivos legais ilustram uma situação em que há, efetivamente, prévia ação na Vara de Família visando ao reconhecimento de situações que proporcionam a condição de dependente previdenciário, a exemplo de ações de reconhecimento de paternidade ou de existência da união estável.

Nesses casos, está sendo exercida a jurisdição da Justiça do Estado, em relação a temas de Direito de Família que, entre várias outras consequências jurídicas (sobretudo sucessórias e patrimoniais), proporcionam a condição de dependente previdenciário – seja após o trânsito em julgado dessas demandas, como estabelece o comando inicial do art. 74, § 3.º, supracitado, seja no caso de decisão judicial que defira essa condição liminarmente (com fulcro nas tutelas provisórias dos arts. 300 e seguintes do CPC).

Todavia, cremos que esse caminho delineado no art. 74, §§ 3.º a 6.º, da Lei 8.213/91, não impede expressamente a propositura direta e imediata de ação judicial com o objetivo de obtenção da prestação previdenciária na Justiça Federal, tal como já é admitido pela jurisprudência.

A opção (e correspondente fixação de competência) pela Vara Federal ou pela Vara de Família dependerá do pedido que efetivamente for formulado na demanda, no caso concreto, e aí as variáveis serão muitas, mas em geral pode-se indicar que as ações visando reconhecimento de união estável, no juízo de família, comportam pedidos mais amplos, relativos a efeitos patrimoniais (direitos sucessórios) mais amplos que a obtenção do benefício previdenciário.

Também a nova redação art. 76, § 3.º, da Lei 8.213/91, impõe essas reflexões que estamos desenvolvendo neste tópico:

"§ 3.º Na hipótese de o segurado falecido estar, na data de seu falecimento, obrigado por determinação judicial a pagar alimentos temporários a ex--cônjuge, ex-companheiro ou ex-companheira, a pensão por morte será devida pelo prazo remanescente na data do óbito, caso não incida outra hipótese de cancelamento anterior do benefício".

Como se sabe, a Lei 13.846/2019 introduziu esse § 3.º no art. 76 da Lei de Benefícios e, assim, criou a figura da pensão temporária por morte, decorrente de pensão alimentícia temporária.

Caso seja movida pela parte interessada, ainda com o segurado vivo, uma ação revisional de alimentos, será possível ocorrerem reflexos previdenciários (especialmente, em momento posterior, a prorrogação da pensão por morte). Nesse caso, essa demanda deve ser ajuizada na Vara de Família, pois o objeto será um pedido de revisão de prestação alimentícia – com possíveis e futuros efeitos previdenciários.

Outro caminho diverso, mas igualmente possível, é a pretensão de prorrogação da pensão por morte, inicialmente fixada como temporária – nos termos do art. 76, § 6.º, da Lei 8.213/91 –, a partir do argumento da superveniência da dependência econômica em relação ao segurado falecido, na mesma linha do que o STJ já consagrou na Súmula 336.

Nesse caso, esta modalidade de ação judicial deverá ser ajuizada em face do INSS, na Justiça Federal, tendo em vista que, apesar de resvalar em uma questão de Direito de Família, o objeto do pedido será essencialmente relativo a uma prestação previdenciária.

3.6.1 Competência para julgar questões sobre Registros Públicos com reflexos previdenciários

Algumas questões ligadas à Lei de Registros Públicos (Lei 6.015/1973), especialmente a alteração de certos dados pessoais nesses órgãos cartorários, podem comportar reflexos previdenciários. De modo que é relevante pontuar qual a adequada competência para processar e julgar tais temas.

Pensamos, a princípio, nas demandas relativas à alteração de gênero e/ou nome civil, bem como eventuais ações em que se discuta a alteração do registro da data de nascimento.

Esses temas podem ter repercussão previdenciária: a alteração da data de nascimento no registro de pessoas naturais pode levar à antecipação da concessão de uma aposentadoria que leve em conta o fator etário; a alteração de gênero, pode determinar a exigência de maior ou menor tempo de contribuição e/ou de idade para concessão de aposentadoria.

O art. 54 da Lei 6.015/1973, estabelece que o assento do nascimento deverá conter: 1º) o dia, mês, ano e lugar do nascimento e a hora certa, sendo possível determiná-la, ou aproximada; 2º) o sexo do registrando; 3º) o fato de ser gêmeo, quando assim tiver acontecido; 4º) o nome e o prenome, que forem postos à criança, entre outros requisitos. Porém, deve-se mencionar que no Brasil não é incomum (mesmo atualmente) que ocorra a declaração de nascimento e registro em cartório somente muitos meses após o efetivo nascimento, considerando a família ser desprovida de recursos ou viver em localidades distantes do Cartório.

Quanto à mudança de gênero, é certo que a jurisprudência do STF e a conduta administrativa do CNJ atualmente permitem que ocorra mediante simples autodeclaração. Porém, havendo qualquer forma de resistência a essa pretensão, poderá ser buscada em juízo.

Tais demandas, ainda que possam apresentar reflexos previdenciários, não serão movidas contra o INSS e sequer terão por objeto alguma prestação previdenciária. De sorte que devem correr nas Varas Estaduais e, quando houver, nas Varas de Registros Públicos.

O art. 29, § 1.º, *f*, da Lei de Registros Públicos determina que sejam averbados, nos registros civis de pessoas naturais quaisquer alterações de nomes. Os arts. 97 e 99 da mesma Lei 6.015/1973 estabelecem que alterações posteriores nos nomes podem ocorrer mediante decisões judiciais impostas em face do respectivo Cartório.

Diante desse quadro normativo, percebe-se que tais ações judiciais, relativas a mudança de gênero e/ou nome civil, bem como referentes a alterações de data de nascimento ou estado civil, deverão correr no juízo estadual e, se houver na localidade, especificamente na Vara de Registros Públicos. O rito processual específico é definido pelo art. 109 da Lei 6.015/1973 e a averbação das informações alteradas pelo Cartório poderá se desdobrar em efeitos imediatos perante o INSS, não havendo, *a priori*, necessidade de ajuizamento de ações previdenciárias.

Em outubro de 2021 foi firmado Termo de Cooperação entre o INSS e Associação Nacional dos Registradores de Pessoas Naturais (Arpen-Brasil), permitindo aos Cartórios de Registro Civil de todo o país formular diretamente ao INSS requerimento dos benefícios de pensão por morte e auxílio-maternidade em prol dos segurados.

Nesses casos, compreendemos que eventual judicialização em virtude de negativa de benefício por parte do INSS deverá ser promovida contra a autarquia previdenciária e não contra o Cartório. Assim, a competência para processar e julgar esse tipo de ação será da Justiça Federal, nos termos do art. 109, I, da Constituição Federal.

3.7 COMPETÊNCIA PARA JULGAR TEMAS DE DIREITO DO TRABALHO COM REFLEXOS PREVIDENCIÁRIOS

Há muitas relações entre o que ocorre no mundo do trabalho e o que se dá no âmbito previdenciário; são relevantes e frequentes os reflexos previdenciários das matérias trabalhistas. Por isso é importante fixar de modo adequado a competência para solucionar uns e outros casos.

As lides previdenciárias, aquelas cujo objeto é uma prestação a cargo da Previdência Social (ou um de seus derivados, conforme vimos anteriormente), serão apreciadas originariamente pela Justiça Federal, nos termos do art. 109, I, da CF.

As controvérsias trabalhistas, ainda que produzam reflexos previdenciários (como viabilizar tempo de contribuição suficiente à aposentadoria ou majoração de RMI, as situações mais frequentes), serão processas e julgadas na Justiça do Trabalho:

> "Art. 114. Compete à Justiça do Trabalho processar e julgar:
>
> I – as ações oriundas da relação de trabalho, abrangidos os entes de direito público externo e da administração pública direta e indireta da União, dos Estados, do Distrito Federal e dos Municípios;".

Essas situações são tipicamente conflitos que decorrem das relações de trabalho e, apenas posteriormente, no bojo de outras relações jurídicas – dadas perante segurado e INSS –, é que ocorrerá um desdobramento previdenciário.

As situações mais corriqueiras do Direito do Trabalho que produzem efeitos previdenciários são as reclamatórias visando reconhecimento de vínculo de emprego e pretensões salariais diversas (pagamentos de horas-extras, adicionais etc.).

Como se disse, são controvérsias decorrentes da relação de trabalho e, portanto, serão *a priori* julgadas pela Justiça do Trabalho, ensejando efeitos previdenciários somente em momento posterior, seja a partir de uma averbação simples dessas informações no CNIS (nos moldes do art. 29-A da Lei 8.213/91) ou através da tortuosa via de aproveitamento da *prova emprestada* da Justiça do Trabalho.

Outras demandas trabalhistas com importantes reflexos previdenciários dizem respeito ao *fornecimento do PPP para o segurado* (no caso de recusa da empresa no momento da despedida)[18] ou em relação à pretensão de *correção*

---

[18] "Agravo de instrumento do reclamante. Recurso de revista. 1. Pedidos formulados em aditamento à petição inicial. Incidência da prescrição bienal. 2. Indenização por danos morais. Valor da indenização. Decisão denegatória. Manutenção. Não há como assegurar o processamento do recurso de revista quando o agravo de instrumento interposto não desconstitui os termos da decisão denegatória, que subsiste por seus próprios fundamentos. Agravo de instrumento desprovido.

das informações constantes no PPP[19] (viabilizando a concessão da aposentadoria especial ou a conversão do tempo de serviço), ou ainda a questão da *estabilidade pré-aposentadoria*.

Outro ponto que é de atribuição da Justiça do Trabalho é a complementação de remuneração prevista no art. 63, parágrafo único, da Lei 8.213/91:

> "Art. 63. O segurado empregado, inclusive o doméstico, em gozo de auxílio-doença será considerado pela empresa e pelo empregador doméstico como licenciado.
>
> Parágrafo único. A *empresa que garantir ao segurado licença remunerada ficará obrigada a pagar-lhe* durante o período de auxílio-doença a *eventual diferença entre o valor deste e a importância garantida pela licença*" (grifos nossos).

Recurso de revista da reclamada. 1. Obrigação de fazer. Entrega de guia PPP (perfil profissiográfico previdenciário) para liberação de aposentadoria especial. 2. Indenização por danos morais e materiais. Matéria fática. Súmula 126/TST. 3. Astreintes. Inaplicabilidade do art. 412 do Código Civil. Inviável a admissibilidade do recurso de revista, se não preenchidos os requisitos do art. 896 da CLT. Recurso de revista não conhecido, nos temas. 4. Honorários advocatícios. Ausência de assistência sindical. Impossibilidade de deferimento. Consoante orientação contida na Súmula 219/TST, interpretativa da Lei 5.584/70, para o deferimento de honorários advocatícios, nas lides oriundas de relação de emprego, é necessário que, além da sucumbência, haja o atendimento de dois requisitos, a saber: a assistência sindical e a comprovação da percepção de salário inferior ao dobro do mínimo legal, ou que o empregado se encontre em situação econômica que não lhe permita demandar sem prejuízo do próprio sustento ou da respectiva família. Com efeito, se o Reclamante não está assistido por sindicato de sua categoria, impossível subsistir a condenação ao pagamento dos honorários advocatícios. Recurso de revista conhecido e provido, no tema" (TST, 3ª Turma, Rel. Min. Mauricio Godinho Delgado, ARR-986-55.2010.5.15.0132, *DEJT* 15.08.2014).

[19] Retificação de PPP. Devida. Cabe ao empregador fornecer o perfil profissiográfico abrangendo todas as atividades exercidas pelo autor, indicando o contato com agentes nocivos ou prejudiciais à saúde ou à integridade física do trabalhador. Estando sujeito à periculosidade, por contato com energia elétrica, tal informação deve constar do documento respectivo. O fato de, eventualmente, o autor não fazer jus à aposentadoria especial não autoriza a ré a negar o fato e excluí-lo das informações a serem prestadas ao órgão previdenciário, único responsável pela análise e concessão do benefício, desde que preenchidos os requisitos legais. Recurso provido, no particular. (TRT da 23.ª Região, 11ª Turma, Rel. Wilma Gomes da Silva Hernandes, Processo: 1000596-06.2019.5.02.0006, 17.08.2020).

Algumas empresas, por força de convenção coletiva ou acordo coletivo de trabalho, podem assegurar aos seus empregados o direito de complementação salarial no caso de gozo de auxílio-doença.

Exemplificamos: a remuneração do empregado é correspondente a dois salários mínimos e seu auxílio-doença, diante das específicas regras de cálculo que lhe foram aplicadas, teve a RMI calculada no valor correspondente a apenas 1,5 salário mínimo. Havendo, no caso concreto, uma tal norma coletiva, a empresa será obrigada a complementar a remuneração do empregado em gozo de auxílio-doença, arcando com a diferença entre o benefício previdenciário e o valor total de sua remuneração.

Muitos outros exemplos seriam possíveis, mas cremos que esses que foram apresentados são suficientes a indicar que, quando o cerne do objeto do pedido for uma questão decorrente da relação de trabalho, a competência jurisdicional será da Justiça do Trabalho, ainda que reflexamente possa haver reflexos previdenciários.

3.8 COMPETÊNCIA PARA JULGAR O DANO MORAL PREVIDENCIÁRIO

Cumpre falar do *dano moral previdenciário*.

Essa modalidade de demanda previdenciária, movida em ação autônoma ou apenas como mero pedido cumulativo, é incluída no Processo Judicial Previdenciário, porque diz respeito à atuação estatal indevida em matéria de benefícios previdenciários (MARTINEZ, 2009).

Possui pertinência com o tema da concessão/revisão de benefício previdenciário, como os exemplos mais comumente aventados indicam: recusa de protocolo de pedido de benefício; alta médica administrativa, quando o segurado ainda se encontra incapacitado de fato para o trabalho; atraso injustificado na concessão/processamento de benefício; descumprimento de decisão judicial; cancelamento indevido de benefício; falta de orientação adequada ou atendimento desatencioso, quiçá com maus-tratos; extravio de processo ou procrastinação de devolução de documentos; inobservância de súmulas e má exegese das leis; lentidão na revisão e engano nos cálculos; presunção de fraude; erro médico; mora no seguro-desemprego (MARTINEZ, 2009).

Assim, a discussão judicial a respeito do dano moral previdenciário deve ser considerada como verdadeira *ação previdenciária*, merecendo todo o tratamento destinado a essa modalidade de demanda judicial, inclusive no tocante à competência, o que implica a possibilidade de julgamento pelas Varas Federais Previdenciárias ou delegação à Justiça Estadual, nas hipóteses constitucionais. Igualmente, compreendemos possível a possibilidade de ajuizamento nas Varas Federais da Capital do Estado, a teor da Súmula 689 do STF.

3.9 COMPETÊNCIA PARA JULGAR PROCESSOS ENVOLVENDO PREVIDÊNCIA COMPLEMENTAR

A estrutura da Previdência Complementar, embora integre a Previdência Social e a própria Seguridade Social, nos termos do art. 202 da CF/1988, consiste em uma modalidade de cobertura previdenciária apenas complementar (além de autônoma e facultativa, conforme dispõe o Texto Constitucional). Possui natureza jurídica contratual (ainda que se trate de uma modalidade contratual fortemente regulada pelos órgãos estatais).

Diante desses elementos, a jurisprudência tem definido que a competência para tratar dos processos envolvendo discussões sobre Previdência Complementar é da Justiça do Estado, e não da Justiça Federal ou da Justiça do Trabalho.

Não se trata de processo de competência da Justiça Federal porque o INSS não figura no polo passivo dessas demandas, visto não se tratar da cobertura previdenciária básica, sob sua responsabilidade.

Não se trata de processo de competência da Justiça do Trabalho pelo fato de que esse tipo de conflito não configura conflito decorrente da relação de trabalho, mas matéria tipicamente contratual-civil, cujo instrumento se dá entre o beneficiário e a entidade de Previdência Complementar. Nesse sentido, cumpre mencionar os Temas 190 e 1092, decididos pelo STF na sistemática da repercussão geral:

> **Tema 190/STF** – Compete à Justiça comum o processamento de demandas ajuizadas contra entidades privadas de previdência com o propósito de obter complementação de aposentadoria, mantendo-se na Justiça Federal do Trabalho, até o trânsito em julgado e correspondente execução, todas as causas dessa espécie em que houver sido proferida sentença de mérito até 20.02.2013.
>
> **Tema 1092/STF** – Compete à Justiça comum processar e julgar causas sobre complementação de aposentadoria instituída por lei cujo pagamento seja, originariamente ou por sucessão, da responsabilidade da Administração Pública direta ou indireta, por derivar essa responsabilidade de relação jurídico-administrativa.

Porém, quando a obrigação da complementação da aposentadoria ficar estabelecida, contratualmente, como encargo do ex-empregador, a discussão judicial em torno desse tema será de competência da Justiça do Trabalho, nos termos do art. 114, I, da CF, visto que se tratará de conflito oriundo da relação de trabalho.

3.10 Competência originária dos Tribunais Regionais Federais

Embora já se tenha falado da competência da Justiça Federal para o processamento e julgamento de ações previdenciárias (art. 109, I, da CF), é importante apontar a competência originária dos Tribunais Regionais Federais nessa matéria.

Isso ocorrerá, *a priori*, em duas situações: nos Mandados de Segurança impetrados contra ato de Juiz Federal (ou do próprio Tribunal) e nas ações rescisórias.

> "Art. 108. Compete aos Tribunais Regionais Federais:
>
> I – processar e julgar, originariamente:
>
> (...)
>
> b) as revisões criminais e as *ações rescisórias de julgados seus ou dos juízes federais da região*;
>
> c) os *mandados de segurança* e os habeas data contra ato do próprio Tribunal ou de juiz federal;" (grifos nossos).

Os mandados de segurança contra ato do Tribunal ou ato de Juiz Federal podem decorrer tanto de uma questão administrativa (a exemplo de uma Portaria do Juízo ou do TRF no sentido de criar alguma restrição indevida no âmbito processual) quanto de questões processuais, quando figuram como *sucedâneo recursal* (impetrados em face de ato judicial contra o qual não caiba recurso dotado de efeito suspensivo).

A ação rescisória, por sua vez, corresponde à ação originária, em que a pretensão veiculada é a de rescindir a decisão de mérito transitada em julgado, nas várias hipóteses previstas no art. 966 do CPC/2015.

Essa ação, embora se constitua em uma pretensão originária (e não um recurso), será ajuizada no respectivo Tribunal Regional Federal, no caso das ações previdenciárias, nos termos do art. 108, I, *b*, da CF.

Embora esse dispositivo constitucional mencione expressamente que o Tribunal Regional Federal é competente para apreciar "ações rescisórias de julgados seus ou dos juízes federais da região", compreendemos, à luz do art. 109, § 3.º, c.c. o art. 108, II, ambos da CF/1988, que os Tribunais Regionais Federais são o órgão jurisdicional competente para processar e julgar também as ações rescisórias das decisões proferidas em processos que tenham tramitado, inicialmente, na Justiça do Estado mediante competência delegada.

JURISPRUDÊNCIA

Súmula 53/TFR: Compete à Justiça Estadual processar e julgar questões pertinentes ao Direito de Família, ainda que estas objetivem reivindicação de benefícios previdenciários.

Súmula 216/TFR: Compete à Justiça Federal processar e julgar mandado de segurança impetrado contra ato de autoridade previdenciária, ainda que localizada em comarca do interior.

Súmula 235/STF: É competente para a ação de acidente do trabalho a Justiça cível comum, inclusive em segunda instância, ainda que seja parte autarquia seguradora.

Súmula 501/STF: Compete à Justiça ordinária estadual o processo e o julgamento, em ambas as instâncias, das causas de acidente do trabalho, ainda que promovidas contra a União, suas autarquias, empresas públicas ou sociedades de economia mista.

Súmula 689/STF: O segurado pode ajuizar ação contra a instituição previdenciária perante o juízo federal do seu domicílio ou nas varas federais da Capital do Estado-membro.

Súmula Vinculante 22/STF: A Justiça do Trabalho é competente para processar e julgar as ações de indenização por danos morais e patrimoniais decorrentes de acidente de trabalho propostas por empregado contra empregador, inclusive aquelas que ainda não possuíam sentença de mérito em primeiro grau quando da promulgação da Emenda Constitucional 45/04.

Tema 190/STF: Compete à Justiça comum o processamento de demandas ajuizadas contra entidades privadas de previdência com o propósito de obter complementação de aposentadoria, mantendo-se na Justiça Federal do Trabalho, até o trânsito em julgado e correspondente execução, todas as causas dessa espécie em que houver sido proferida sentença de mérito até 20.02.2013.

Tema 414/STF: Compete à Justiça Comum Estadual julgar as ações acidentárias que, propostas pelo segurado contra o Instituto Nacional do

Seguro Social (INSS), visem à prestação de benefícios relativos a acidentes de trabalho.

Tema 1092/STF: Compete à Justiça comum processar e julgar causas sobre complementação de aposentadoria instituída por lei cujo pagamento seja, originariamente ou por sucessão, da responsabilidade da Administração Pública direta ou indireta, por derivar essa responsabilidade de relação jurídico-administrativa.

Súmula 3/STJ: Compete ao Tribunal Regional Federal dirimir conflito de competência verificado, na respectiva região, entre juiz federal e juiz estadual investido de jurisdição federal.

Súmula 15/STJ: Compete à Justiça Estadual processar e julgar os litígios decorrentes de acidente do trabalho.

Súmula 32/STJ: Compete à Justiça Federal processar justificações judiciais destinadas a instruir pedidos perante entidades que nela tem exclusividade de foro, ressalvada a aplicação do art. 15, II, da Lei 5.010/66.

Súmula 376/STJ: Compete à turma recursal processar e julgar o mandado de segurança contra ato de juizado especial.

Súmula 428/STJ: Compete ao Tribunal Regional Federal decidir os conflitos de competência entre juizado especial federal e juízo federal da mesma seção judiciária.

Súmula 505/STJ: A competência para processar e julgar as demandas que têm por objeto obrigações decorrentes dos contratos de planos de previdência privada firmados com a Fundação Rede Ferroviária de Seguridade Social – REFER é da Justiça estadual.

Súmula 539/STJ: Compete à Justiça Estadual processar e julgar litígios instaurados entre entidade de previdência privada e participante de seu plano de benefícios.

Tema 1.030/STJ: Ao autor que deseje litigar no âmbito de Juizado Especial Federal Cível, é lícito renunciar, de modo expresso e para fins de atribuição de valor à causa, ao montante que exceda os 60 (sessenta) salários mínimos previstos no art. 3.º, *caput*, da Lei 10.259/2001, aí incluídas, sendo o caso, até doze prestações vincendas, nos termos do art. 3.º, § 2.º, da referida Lei, c/c o art. 292, §§ 1.º e 2.º, do CPC/2015.

Tema 94/TNU: É absoluta a incompetência do Juizado Especial Cível Estadual para o processamento e julgamento das causas previdenciárias, por expressa vedação legal à aplicação da Lei 10.259/2001 no âmbito do juízo estadual.

QUADRO-RESUMO

	COMPETÊNCIA
Definição	Compete, constitucionalmente, à Justiça Federal processar e julgar as ações previdenciárias (concessão e revisão de benefício previdenciário) – art. 109, I, da CF.
Competência para julgar as prestações acidentárias	Ações relativas a acidente de trabalho são julgadas pela Justiça Estadual, em competência originária, ainda que movidas contra o INSS (art. 129 da Lei 8.213/91; art. 109,I, parte final, da CF). Esse quadro não se alterou com a promulgação da EC 45/2004, que ampliou a competência da Justiça do Trabalho. As ações regressivas, previstas no art. 120 da Lei 8.213/91, não são compreendidas neste tema, vez que se trata do ressarcimento dos valores gastos pelo INSS em virtude de negligência da empresa no trato com a segurança e saúde do trabalhador.
Delegação de competência	Compete à Justiça Estadual, inexistindo Vara Federal na Comarca, julgar matéria previdenciária (art. 109, § 3.º, da CF). Os limites da jurisdição delegada estão previstos na Lei 13.876/2019, consistindo em: a) afetam apenas as demandas posteriores à vigência desta norma; b) o segurado poderá ajuizar a ação previdenciária quando o município onde residir não for sede de Vara Federal e ficar a mais de 70 km da sede da Vara Federal mais próxima.
Benefício da assistência social	A jurisprudência compreende que é possível a competência delegada também para o julgamento das ações envolvendo o benefício assistencial da Lei 8.742/93, ainda que não se trate de demanda envolvendo "segurado" da Previdência Social. As condições serão aquelas mesmas, previstas na Lei 13.876/2019.
Mandado de segurança	Impossibilidade de delegação à Justiça do Estado do julgamento de mandado de segurança, ainda que verse sobre matéria previdenciária, visto que a definição da competência, nesses casos, decorre da autoridade coatora (art. 109, VIII, da CF).
Recursos na competência delegada	Ainda que julgado e processado o feito em primeira instância pela Justiça Estadual, os recursos são direcionados ao Tribunal Regional Federal respectivo (art. 109, § 4.º, da CF).
Competência dos Juizados Especiais Federais	Ações previdenciárias cujo valor da causa, no momento da propositura, não ultrapasse 60 salários mínimos (Lei 10.259/2001, art. 3.º). Conforme o Tema 1030/STJ é possível renunciar, no momento do ajuizamento, ao excedente ao patamar de 60 salários mínimos, aí incluídas, sendo o caso, até doze prestações vincendas, nos termos do art. 3.º, § 2.º, da referida Lei, c/c o art. 292, §§ 1.º e 2.º, do CPC/2015, de sorte a fixar a competência dos Juizados Especiais Federais (art. 17, § 3.º, da Lei 10.259/2001).

Previdência complementar	O STF estabeleceu a competência da Justiça Comum para julgar processos decorrentes de contrato de previdência complementar nos RE 586.453 e 583.050 (repercussão geral). Temas 190 e 1092 do STF. Quando a complementação da aposentadoria for um encargo contratual a cargo do ex-empregador as discussões judiciais serão da Justiça do Trabalho, à medida que se trate de conflito decorrente da relação de trabalho (art. 114, I, da CF).
Dano moral	Tratando-se de questão conexa a benefício ou revisão de benefício previdenciário, configura-se como típica ação previdenciária, merecendo o tratamento, quanto à competência, devido a qualquer ação previdenciária, inclusive quanto às hipóteses de delegação de jurisdição e possibilidade de ajuizamento no foro da Capital do Estado.
Competência originária dos TRFs	Os Tribunais Regionais Federais possuem competência originária em matéria previdenciária (além da competência recursal) quando se tratar de Mandado de Segurança impetrado contra ato do Tribunal ou de Juiz Federal a ele vinculado, bem como nas situações de ações rescisórias contra decisões judiciais dele próprio ou dos Juízes Federais ele vinculados (art. 108, I, *b*, da CF). A competência para as rescisórias abrange também os julgados proferidos em ações que tramitaram, inicialmente, na Justiça Estadual, em virtude de competência delegada (intelecção do art. 109, §§ 3.º e 4.º, c.c. art. 108, II, da CF).

Capítulo 4
DO ACESSO À JUSTIÇA

> **Sumário:** 4.1 A prioridade conferida à pessoa idosa – 4.2 A gratuidade de justiça – 4.3 Inclusão digital.

4.1 A PRIORIDADE CONFERIDA À PESSOA IDOSA

Um item importante em relação a estratégias de acesso à justiça relevantes no Processo Judicial Previdenciário diz respeito à prioridade na tramitação dos processos conferida pelo art. 1.048 do CPC/2015:

> "Art. 1.048. Terão prioridade de tramitação, em qualquer juízo ou tribunal, os procedimentos judiciais:
>
> I – em que figure como parte ou interessado pessoa com idade igual ou superior a 60 (sessenta) anos ou portadora de doença grave, assim compreendida qualquer das enumeradas no art. 6º, inciso XIV, da Lei nº 7.713, de 22 de dezembro de 1988;".

Embora essa norma não se refira exclusivamente ao *processo judicial previdenciário*, sua menção nos é útil, pois parcela expressiva dos processos relativos à Previdência Social envolvem pessoas idosas e, também muito frequentemente, pessoas portadoras de doenças graves.

Com esse tipo de prioridade, decorrente da faixa etária e da condição de saúde, atende-se bem o princípio de *celeridade processual* que é elementar nas ações previdenciárias.

Também é interessante a menção ao Estatuto da Pessoa Idosa, que igualmente garante a prioridade na tramitação dos feitos em relação àquelas pessoas com mais de sessenta anos, com o que, certamente, abrange-se boa parte ou a quase totalidade dos litigantes em matéria previsional.

Segundo o Estatuto da Pessoa Idosa (art. 71), o interessado na obtenção da prioridade processual, deverá fazer prova de sua idade (o que se pelos meios ordinários de prova, valendo para tanto o Registro Geral de Identidade, o Cadastro de Pessoa Física, a Certidão de Nascimento etc.), requerendo o benefício à autoridade judiciária competente para decidir o feito, que determinará as providências necessárias a serem cumpridas, anotando-se tal circunstância em local visível nos autos do processo.

A prioridade processual da pessoa idosa não cessa com sua morte, estendendo-se em favor do cônjuge supérstite, companheiro ou companheira, com união estável (art. 1.048, § 3.º, do CPC/2015).

4.2 A GRATUIDADE DE JUSTIÇA

Outro ponto importante a ser apontado em relação a medidas de acesso à justiça no âmbito do Processo Judicial Previdenciário diz respeito às disposições sobre gratuidade de justiça.

A redação original do art. 128 da Lei 8.213/1991 contemplava o regime da gratuidade processual para os postulantes de benefício previdenciário. Essa faculdade revela, nitidamente, a preocupação social do legislador, no sentido de propiciar o efetivo acesso à justiça em relação a partes já previamente conhecidas como *hipossuficientes*.

Atualmente, a Lei de Benefícios não mais prevê tal hipótese, mas o benefício da gratuidade de justiça pode ser obtido, sem maiores dificuldades, a partir das disposições do próprio CPC/2015:

> "Art. 98. A pessoa natural ou jurídica, brasileira ou estrangeira, com insuficiência de recursos para pagar as custas, as despesas processuais e os honorários advocatícios tem direito à gratuidade da justiça, na forma da lei".

Conforme o art. 99 do CPC/2015, basta uma simples formulação na petição inicial, na contestação ou nos demais atos processuais, a respeito da necessidade da concessão da gratuidade de justiça. Em relação às pessoas naturais, inclusive, há uma presunção de que é verdadeira a alegação de insuficiência de recursos (art. 99, § 3.º, do CPC).

O juiz somente poderá indeferir o pedido de gratuidade de justiça se houver nos autos elementos que evidenciem a falta dos pressupostos legais e, ainda assim, antes de indeferir o pedido, deverá determinar à parte a comprovação do preenchimento dos referidos pressupostos.

Nas ações previdenciárias é bastante relevante a concessão da justiça gratuita, vez que os segurados e dependentes geralmente são hipossuficientes.

De sorte que o ônus econômico do processo poderia configurar um impeditivo para o acesso à justiça.

Como visto, em relação às pessoas naturais há uma presunção de veracidade quanto à insuficiência de recursos para arcar com o custo econômico do processo; porém, essa presunção pode ser afastada pelo juízo ou contraditada pelo INSS (art. 100 do CPC).

Em relação a esse ponto, cremos que o requerimento de justiça gratuita deve ser bem fundamentado e documentado, de preferência já na petição inicial.

Deve-se informar qual a renda atual do segurado e seus dependentes, ou a situação de inexistência de renda (em razão de desemprego ou doença, por exemplo); deve-se indicar, no caso de haver renda, quais são os gastos ordinários que o autor da demanda previdenciária possui (aluguéis, remédios, alimentação etc.) e, assim, demonstrar a conclusão da necessidade de concessão da justiça gratuita.

Não possuem amparo legal – e basta ver a redação dos arts. 98 e 99 do CPC/2015 para chegar a essa conclusão – as presunções de que pedidos de revisão de benefício previdenciário não comportam a gratuidade de justiça, pois haveria alguma capacidade econômica do segurado.

A lei não exige *miserabilidade*, mas apenas a incapacidade de arcar com o custo econômico do processo e, no caso da pessoa física, há uma presunção em relação a esse elemento, devendo ser comprovado pelo INSS o conteúdo oposto, isto é, que o segurado é capaz de suportar os encargos econômicos do processo.

4.3 INCLUSÃO DIGITAL

O CPC/2015 avançou muito na permissão da prática de atos processuais pela via eletrônica, acompanhando um movimento notório da sociedade em direção a uma vida cada vez mais permeada pelo digital.

Nesse quadro, e atento às questões de *exclusão digital*, os arts. 198 e 199 do CPC/2015 trazem algumas medidas interessantes de *inclusão digital*, a cargo do Poder Judiciário:

> "Art. 198. As unidades do Poder Judiciário deverão manter gratuitamente, à disposição dos interessados, equipamentos necessários à prática de atos processuais e à consulta e ao acesso ao sistema e aos documentos dele constantes.
>
> Parágrafo único. Será admitida a prática de atos por meio não eletrônico no local onde não estiverem disponibilizados os equipamentos previstos no *caput*.

Art. 199. As unidades do Poder Judiciário assegurarão às pessoas com deficiência acessibilidade aos seus sítios na rede mundial de computadores, ao meio eletrônico de prática de atos judiciais, à comunicação eletrônica dos atos processuais e à assinatura eletrônica".

Em ambas as hipóteses tratadas acima (PcD e pessoas hipossuficientes), cremos que consistem em prerrogativas importantes que podem ser exigidas para os segurados e dependentes, de sorte a facilitar o trâmite de acesso à justiça.

Capítulo 5
DAS PROVAS

Sumário: 5.1 A garantia constitucional de ampla defesa e a amplitude da produção probatória – 5.2. A apreciação do conjunto probatório pela Administração Pública e pelo Poder Judiciário – 5.3 Aspectos procedimentais: momento de requisição das provas e recursos cabíveis – 5.4 Provas em espécie no processo judicial previdenciário: 5.4.1 Depoimento pessoal e confissão; 5.4.2 Prova documental; 5.4.3 Prova testemunhal; 5.4.4 Prova pericial; 5.4.5 Inspeção Judicial; 5.4.6 Fato notório e máximas de experiência; 5.4.7 Prova da hipossuficiência econômica para concessão do BPC da Assistência Social – 5.5 Prova emprestada da Justiça Trabalhista – Jurisprudência.

5.1 A GARANTIA CONSTITUCIONAL DE AMPLA DEFESA E A AMPLITUDE DA PRODUÇÃO PROBATÓRIA

Um desdobramento do princípio constitucional do devido processo legal é o *princípio constitucional da ampla defesa*.

Segundo esse princípio específico, ninguém pode ser privado da liberdade ou de seus bens, sem que se lhe propicie a produção de ampla defesa, a qual só pode efetivar-se em sua plenitude mediante a *participação ativa* e contraditória dos sujeitos do processo (TUCCI; TUCCI, 1989, p. 60).

José Roberto Bedaque (1999, p. 168) conceitua o princípio da ampla defesa conjuntamente com o princípio do contraditório, afirmando que são "expressões diferentes para identificar o mesmo fenômeno: a necessidade de o sistema processual infraconstitucional assegurar às partes a possibilidade da mais ampla participação na formação do convencimento do juiz. Isso implica, evidentemente, a produção das provas destinadas à demonstração dos fatos controvertidos. Contraditório efetivo e defesa ampla compreendem o poder conferido à parte de se valer de todos os meios de prova possíveis e adequados à reconstrução dos fatos constitutivos, impeditivos, modificativos ou extintivos do direito afirmado".

Eduardo Cambi destaca que "o efetivo acesso à ordem jurídica justa implica a plena afirmação da pretensão (ou tese jurídica) pelo autor e a ampla refutação desta pretensão (antítese) pelo réu. Nesse processo argumentativo, não são legítimas as restrições indevidas do Estado, limitando a participação das partes, em contraditório, e, com isso, tornando o exercício do poder jurisdicional abusivo, já que a utilização democrática do poder, pelo Estado-juiz, só se legitima a partir da concessão de suficientes oportunidades de argumentação para as partes". Conclui o mesmo autor que "a restrição excessiva do poder de alegar os fatos relevantes e o direito de prová-los em juízo tornam sem efeito a expressão dinâmica dessas garantias processuais" (2001, p. 112-113).

A estipulação de regras rígidas em relação à prova pode configurar, em certa medida, uma barreira para o acesso efetivo à justiça, atentando também contra o princípio da ampla defesa e o princípio da ação (NERY JR., 2000, p. 100-101).

Tucci e Tucci afirmam que a

> "*garantia da plenitude de defesa* (...) deve ser complementada pelo *direito à prova*... (...) *a faculdade reconhecida à parte de fazer encartar nos autos do processo todos os elementos de convicção de que dispõe*, com a finalidade de demonstrar a verdade dos fatos que embasam suas alegações" (1989, p. 68-69, grifos nossos).

Segundo Nelson Nery Jr.,

> "os contendores têm direito de deduzir suas pretensões e defesas, de realizar as provas que requereram para demonstrar a existência de seu direito"; ademais, "essa oportunidade tem de ser real, efetiva, pois *o princípio constitucional não se contenta com o contraditório meramente formal*" (idem, p. 131-133, grifos nossos).

De acordo com o magistério de Eduardo Cambi:

> "o direito à prova pode ser reconhecido como um componente insuprimível do *poder de agir*, conferindo ao autor a possibilidade de utilização de todos os meios probatórios admissíveis pelo sistema processual, desde que se mostrem relevantes para comprovação dos fatos deduzidos como fundamento da pretensão (...) o impedimento à realização da prova significaria a *impossibilidade de agir*. O *poder de agir* concretiza-se, pois, no complexo de atividades e de poderes de iniciativa processual, especialmente na possibilidade de argumentação e na utilização dos meios probatórios. Em outras palavras, *a garantia da ação, em uma perspectiva constitucional, compreende um complexo tecnicamente indeterminado de situações processuais ativas, as quais abrangem todos os instrumentos processuais idôneos a*

influir na decisão judicial. Afinal, quanto maior é a possibilidade de o autor demonstrar as situações fáticas em que se baseiam a sua demanda (...) mais restrita fica a esfera de discricionariedade do juiz na valoração das provas e na formação do seu convencimento" (2001, p. 117, grifos nossos).

Ainda com este jurista, "o reconhecimento de um direito constitucional à prova, no processo civil, implica a impossibilidade da criação de obstáculos legislativos irracionais que tornem praticamente impossível ou extremamente difícil valer-se das provas necessárias para a demonstração dos fatos que integram o *thema probandum*", devendo ser razoáveis as regras que venham a limitar o exercício desse direito (CAMBI, 2001, p. 170).

Realmente, em um sistema processual-constitucional que escolhe a máxima eficiência do direito à prova, a eventual exclusão de uma fonte de prova deve ser excepcional, não a regra. Além disso, a justificativa para tanto deve ser escorada na necessidade de resguardar valores constitucionais de grau superior ou pelo menos igual ao daquele a cuja proteção se está renunciando (CAMBI, 2001, p. 171).

Ademais, "o reconhecimento do direito constitucional à prova implica a superação do sistema da prova legal e a exaltação do sistema do livre convencimento do juiz. Logo, nenhum limite probatório se justifica previamente, exceto quando, diante dos conflitos de princípios e regras presenciados no caso concreto, existam razões relevantes que imponham uma derrogação excepcional do direito de as partes servirem-se, em juízo, de todas as provas relevantes" (CAMBI, 2001, p. 172).

Assim, o *direito à prova* só encontra limitações quando estas estejam estabelecidas pela própria Constituição Federal, a exemplo da proibição de prova ilícita[1] e a proteção da intimidade, por exemplo.

Nesse caminho, nota-se que a legislação infraconstitucional tradicionalmente prevê uma perspectiva de ampla liberdade de instrução probatória, seguindo os parâmetros previstos na Constituição Federal.

Demonstrando esse argumento, tem-se que o conhecido art. 332 do CPC/1973 foi transmutado para o art. 369 do CPC/2015: "As partes têm o

---

[1] "A prova testemunhal deve ser admitida para a comprovação do tempo de serviço do trabalhador rural, tendo em vista que a Constituição Federal não a proíbe, sendo vedado à legislação infraconstitucional excepcioná-la. A Constituição apenas não admite as provas obtidas por meio ilícito (art. 5.º, LVI). O § 3.º do art. 55 da Lei 8.213/1991 deve ser interpretado conforme à Constituição Federal, pois, de outra forma, poderia inviabilizar o direito de inúmeros segurados, com afronta à própria Constituição Federal, no que tange à garantia de acesso ao judiciário (art. 5.º, XXXV), bem como o princípio da verdade real e a produção de provas (arts. 5.º, LV, e 332 do CPC)" (TRF da 2.ª Região, AC 98.02.07600-7, 6.ª Turma, Rel. Des. Fed. Erik Dyrlund, j. 29.08.2001, *DJU* 13.11.2001).

direito de empregar todos os meios legais, bem como os moralmente legítimos, ainda que não especificados neste Código, para provar a verdade dos fatos em que se funda o pedido ou a defesa e influir eficazmente na convicção do juiz".[2]

Podemos compreender, a partir do art. 370 do CPC/2015[3], que a regra é a permissão da produção das provas requeridas pelas partes ou vislumbradas pelo próprio juízo, de ofício, e a exceção é o indeferimento da produção de provas, o que se limita apenas às diligências inúteis ou protelatórias – salvo essas situações, de provas evidentemente inúteis ou protelatórias, o CPC permite a formação de um amplo e completo quadro de instrução probatória e demonstração dos fatos e circunstâncias que venham a afetar a aplicação do direito no caso concreto.

5.2 A APRECIAÇÃO DO CONJUNTO PROBATÓRIO PELA ADMINISTRAÇÃO PÚBLICA E PELO PODER JUDICIÁRIO

É importante que se faça uma ponderação sobre as diferenças entre a instrução probatória e a forma de apreciação do conjunto probatório por parte do INSS, no âmbito do processo administrativo, e, de outro lado, no curso da ação previdenciária, por parte do Poder Judiciário.

Deve-se rememorar que o INSS, na qualidade de autarquia federal, compõe a Administração Pública Indireta e, assim, submete-se a todos os princípios regentes do Direito Administrativo, em particular o *princípio da legalidade* (art. 37, *caput*, da CF).

A atividade da Administração Pública pode ser *vinculada* ou *discricionária*. Grosso modo, conceitua-se a atividade administrativa *vinculada* como aquela que possui todos os seus contornos e limites estritamente regidos pela lei, sem deixar em aberto qualquer margem de liberdade para o administrador. Atividade *discricionária*, em linhas gerais, é aquela em que os limites de atuação são deixados com maior liberdade ao órgão administrativo, o qual

---

[2] Não é de se desprezar o fato de que o referido preceito legal é a primeira norma constante do Código de Processo Civil no Capítulo XII – Das Provas. Ao dispô-la dessa maneira, o legislador fez uma opção, a qual revela a intenção de garantir o mais amplo regime probatório, pois a regra inaugural em relação a esse tema admite todos os meios legais e morais de prova. Essa tese se reforça se relido o dispositivo citado à luz da novel Constituição Federal de 1988, que lhe sobreveio e, indubitavelmente, lhe altera o significado, ampliando-o em direção ao sentido do *direito fundamental à prova*.

[3] "Art. 370. Caberá ao juiz, de ofício ou a requerimento da parte, determinar as provas necessárias ao julgamento do mérito."
Parágrafo único. O juiz indeferirá, em decisão fundamentada, as diligências inúteis ou meramente protelatórias.

tem a faculdade de examinar a *oportunidade e conveniência* da emanação do eventual ato administrativo.

Segundo a opinião de Zanella Di Pietro (2002, p. 204),

> "pode-se, pois, concluir que a atuação da Administração Pública no exercício da função administrativa é vinculada quando *a lei estabelece a única solução possível diante de determinada situação de fato*; ela *fixa todos os requisitos, cuja existência a Administração deve limitar-se a constatar*, sem qualquer margem de apreciação subjetiva" (grifos nossos).

A atividade de concessão de qualquer benefício decorrente da Seguridade Social, bem como sua implementação, manutenção e revisão (ou qualquer mudança em seu *status* inicial), é atividade eminentemente *vinculada*.

Não é admissível que o INSS possa conceder qualquer benefício previdenciário (ou praticar qualquer revisão ou manutenção de benefício previdenciário ou assistencial) à margem das exigências estabelecidas nos diversos diplomas legais pertinentes, em especial a Lei 8.213/1991 (Plano de Benefícios da Previdência Social) e a Lei 8.742/1993 (Lei Orgânica da Assistência Social), sob pena de malferir a garantia de legalidade contida no art. 5.º, II ("ninguém será obrigado a fazer ou deixar de fazer alguma coisa senão em virtude de lei"), e no já mencionado art. 37, *caput*, ambos da CF.

Além disso, a autarquia previdenciária somente poderá utilizar as informações e os dados constantes do CNIS, conforme disposição do art. 29-A, da Lei 8.213/91:

> "Art. 29-A. O INSS utilizará as informações constantes no Cadastro Nacional de Informações Sociais – CNIS sobre os vínculos e as remunerações dos segurados, para fins de cálculo do salário-de-benefício, comprovação de filiação ao Regime Geral de Previdência Social, tempo de contribuição e relação de emprego".

Por outro lado, no julgamento de ações previdenciárias é possível que seja observada postura diversa por parte do Poder Judiciário.

A atuação do Poder Judiciário em matéria de análise de provas deve ser distinta porque ele será o órgão mediador da grande assimetria entre segurados e autarquia previdenciária e nesse aspecto se acentua sua grande vulnerabilidade processual:

> "Na instrução probatória previdenciária, a temática da vulnerabilidade processual apresenta grande relevo devido à sua nítida manifestação, a qual pode ser facilmente verificada consoante a análise de dois aspectos:

a inegável desigualdade existente na relação processual estabelecida entre as partes e a significativa dificuldade de apresentação de provas por parte do segurado em razão de sua vulnerabilidade social e econômica.

Essa relação de desigualdade pode ser notadamente percebida em várias situações, entre as quais, exemplifica-se: o INSS é possuidor do processo administrativo, peça fundamental para a instrução processual; dispõe de um sistema informatizado que detém informações primordiais concernentes à demanda, as quais legalmente estão à disposição do segurado, mas a dificuldade de acesso é indiscutível; possui um quadro de peritos médicos à sua disposição para atuar como assistentes técnicos nas perícias médicas judiciais, e o segurado, por sua vez, não dispõe de tal recurso para atender a uma garantia que também lhe é inerente" (PAZ, 2018, p. 71).

O Poder Judiciário, quando aprecia o conjunto probatório em uma ação previdenciária, pode levar em consideração não somente o regramento legal mais específico sobre concessão de benefícios, em uma perspectiva de estrita legalidade. Pode e deve se valer dos diversos meios de prova previstos em todo o ordenamento jurídico, especialmente a partir de um prisma de efetivo acesso à justiça.

Além da remissão a outros mecanismos de prova de determinados fatos que repercutirão em relação aos direitos previdenciários, o sistema judicial também pode se valer de outros conceitos jurídicos (encontrados no próprio ordenamento jurídico) para atribuir efeitos a determinadas situações, de modo diverso do que seria o enquadramento dado pelo INSS.

Há vários exemplos bastante expressivos dessa abordagem.

Em relação à aposentadoria especial, pode-se mencionar a bem conhecida Súmula 198 do TFR: "Atendidos os demais requisitos, *é devida a aposentadoria especial, se perícia judicial constata que a atividade exercida pelo segurado é perigosa, insalubre ou penosa, mesmo não inscrita em Regulamento*" (grifos nossos).

A aposentadoria especial obedece, em uma primeira análise, a um regime de taxatividade: apenas as atividades consideradas pela legislação como *especiais* ensejarão a concessão daquela aposentadoria ou, conforme o caso, a conversão do tempo de atividade especial em tempo de atividade comum.

A Súmula 198 do extinto TFR promove uma verdadeira flexibilização desse entendimento e, no caso concreto, comprovado por prova pericial que determinada atividade, não elencada no regulamento, é insalubre ou perigosa, será cabível a aposentadoria especial ou a conversão do tempo.

O art. 15, II, da Lei 8.213/91, estabelece uma hipótese de prorrogação do período de graça nas situações de desemprego involuntário, a qual deve ser comprovada, segundo os critérios desse dispositivo legal, mediante registro no Ministério do Trabalho

Contudo, deve-se mencionar o entendimento contido na Súmula 27 da TNU, segundo a qual "A ausência de registro em órgão do Ministério do Trabalho não impede a comprovação do desemprego por outros meios admitidos em Direito".

O STJ também aderiu a esse posicionamento (PET 7.115), admitindo que não há necessidade de registro no Ministério do Trabalho para comprovação da situação de desemprego, sendo admitidos quaisquer meios de prova para tanto, estabelecendo, todavia, a ressalva de que a simples ausência de registro em CTPS não é suficiente à demonstração desse fato.

A comprovação do desemprego involuntário também pode ocorrer por outro mecanismo, sendo utilizado critério normativo diverso do art. 15, II, da Lei 8.213/91. Pode-se mencionar a disposição do art. 477, § 10, da CLT, conforme redação dada pela Reforma Trabalhista (Lei 13.467/2017):

> "§ 10. A anotação da extinção do contrato na Carteira de Trabalho e Previdência Social é documento hábil para requerer o benefício do seguro-desemprego e a movimentação da conta vinculada no Fundo de Garantia do Tempo de Serviço, nas hipóteses legais, desde que a comunicação prevista no caput deste artigo tenha sido realizada".

Esse novo dispositivo legal pode motivar *overruling* em relação àquele posicionamento firmado pelo STJ na PET 7.115, pois compreendemos que, se a simples anotação da extinção do contrato de trabalho na CTPS viabiliza o acesso a direitos trabalhistas de primeira grandeza, como o acesso ao FGTS ou ao seguro-desemprego, também é suficiente a propiciar a prorrogação do período de graça.

Em relação à concessão do BPC da Assistência Social, previsto no art. 203, V, da CF, o requisito da hipossuficiência econômica pode ser demonstrado por meio da renda mensal familiar *per capita* inferior a 1/4 de salário mínimo, conforme exige o art. 20, § 3.º, da Lei 8.742/93, e aplicável estritamente na via administrativa, mas também outros meios de prova da *hipossuficiência econômica* poderão ser considerados dentro da ação previdenciária (STJ, 3.ª Seção, Rel. Min. Napoleão Nunes Maia Filho, Recurso Especial Repetitivo 1.112.557-MG, do j. 28.10.2009, *DJe* 20.11.2009).

Em relação à comprovação do tempo de atividade rural, pode-se mencionar, entre outros entendimentos, aquele contido na Súmula 577 do STJ: "É possível reconhecer o tempo de serviço rural anterior ao documento mais antigo apresentado desde que amparado em convincente prova testemunhal colhida sob contraditório".

A comprovação do tempo de atividade rural do segurado especial é objeto de intensa judicialização, havendo um regramento legal taxativo e minucioso a esse respeito (arts. 11, V, 38-A, 38-B, 55 e 106, da Lei 8.213/91), o qual exige início de prova material.

Essa exigência é muitas vezes corroborada pela jurisprudência (a exemplo da Súmula 149 do STJ, que veda a comprovação mediante prova exclusivamente testemunhal), mas em tantos outros julgados há notória atenuação da regra de direito probatório, a exemplo do que se passa com a Súmula 577.

Esse enunciado, com fundamento na legislação há pouco mencionada, faz uma exigência parcial de início de prova material da atividade rural – acompanhando o parâmetro utilizado pela Administração Pública. Porém, permite-se "ampliar" o lapso temporal de atividade rural comprovado, somando-se à prova documental já existente prova testemunhal relativa a tempos pretéritos – modalidade de prova que, em um primeiro momento, seria insuficiente mediante os critérios utilizados pelo INSS.

A possibilidade de apreciação da prova pelo Poder Judiciário, portanto, é muito mais ampla do que a forma que é imposta ao INSS (órgão integrante do Poder Executivo e, assim, adstrito ao princípio da estrita legalidade).

Essa proposição das diferentes *espécies* de interpretação da norma processual previdenciária, conforme o agente estatal que a coloque em prática, é corolário da tese anteriormente exposta no sentido de que as normas de processo civil devem ser reinterpretadas à luz dos mandamentos constitucionais de cunho social (garantidores da eficácia e concretização dos direitos sociais).

5.3 ASPECTOS PROCEDIMENTAIS: REQUISIÇÃO DAS PROVAS, DINAMIZAÇÃO DO ÔNUS PROBATÓRIO E RECURSOS CABÍVEIS

O art. 319, VI, do CPC estabelece que a petição inicial indicará "as provas com que o autor pretende demonstrar a verdade dos fatos alegados". Além disso, a petição inicial *será instruída com os documentos indispensáveis à propositura da ação* (art. 320 do CPC).

Caso esses dois requisitos não tenham sido preenchidos no momento de propositura da ação, o juízo determinará que o autor, no prazo de 15 dias, emende ou complete a petição inicial, indicando com precisão o que deve ser corrigido ou completado (art. 321 do CPC). Somente se a parte autora não cumprir essa diligência é que será indeferida a petição inicial – nunca poderá ocorrer o indeferimento de plano.

Da decisão que indeferir a petição inicial por falta de documentos indispensáveis ou ausência de indicação das provas que deverão ser produzidas caberá recurso de apelação, visto que esta possui a natureza jurídica de sentença (arts. 330, IV, e 331 do CPC).

Apesar de existir a garantia específica do art. 321 do CPC, no sentido de permitir a emenda à inicial, facultando à parte autora juntar os documentos indispensáveis à propositura da ação, é necessário que se compreenda essa exigência de modo mais flexível em relação às ações previdenciárias.

É que nem sempre os segurados e dependentes possuem, de plano, a documentação necessária à comprovação de inúmeros fatos que repercutem em direitos previdenciários: a) a comprovação por início de prova material de determinados períodos de atividade rural; b) o PPP e/ou o LTCAT referentes à atividade especial; c) documentação escrita da união estável ou da dependência econômica.

Nesses casos, meramente exemplificativos, muitas vezes a comprovação dos fatos alegados pela parte autora ocorrerá, ou será corroborada, apenas no curso da instrução probatória, mediante oitiva de testemunha ou requisição de documentos a ex-empregadores, entre outras situações.

Portanto, deve-se evitar um formalismo exacerbado nessa modalidade de decisão judicial que recebe a petição inicial, sendo descabido rigor excessivo na interpretação do comando contido no art. 320 do CPC, referente à instrução da inicial com os documentos indispensáveis à propositura da ação, pois a comprovação dos fatos relevantes à implementação dos direitos previdenciários ocorrerá ao longo de toda a instrução probatória.

Se o INSS, em sua contestação, alegar fato impeditivo, modificativo ou extintivo do direito da parte autora, esta será ouvida no prazo de 15 dias, sendo permitida a produção de prova (art. 350 do CPC).

Ou seja, caso o INSS, na contestação, traga um argumento que possa interferir no julgamento da causa (alegação de perda de qualidade de segurado, por exemplo), a parte autora será ouvida a esse respeito e poderá, inclusive, requerer a produção de prova sobre esse novo fato/argumento que tenha aparecido na lide e eventualmente não consta de sua petição inicial, sendo permitida a produção de prova a respeito.

Não sendo hipótese de extinção do processo ou julgamento antecipado de mérito – total ou parcial – ocorrerá o saneamento e organização do processo (art. 357, II e III, do CPC), em decisão judicial que, entre outras coisas, delimitará as questões de fato sobre as quais recairá a atividade probatória, especificando os meios de prova admitidos, e definirá a distribuição do ônus da prova, nos termos do art. 373 do estatuto processual.

A fixação dos pontos controvertidos corresponde à "delimitação das questões de fato sobre as quais recairá a atividade probatória", buscando "otimizar a instrução probatória, dado que o juiz, sendo o destinatário das provas, determina antes do início de sua produção quais fatos controvertidos realmente interessam ser provados para a formação de seu convencimento", eliminando a atuação das partes em "provar fatos que não são controvertidos e outros que, apesar da controvérsia, não interessam ao convencimento do juiz" (NEVES, 2016, p. 627).

De acordo com o art. 370 do CPC, caberá ao juiz, de ofício ou a requerimento da parte, determinar as provas necessárias ao julgamento do mérito, indeferindo, em decisão fundamentada, as diligências inúteis ou meramente protelatórias. Essa decisão se dá no momento de saneamento e organização do processo (art. 357 do CPC).

O art. 357, § 2.º, do CPC permite às partes apresentar ao juiz, para homologação, uma proposta de delimitação consensual das questões de fato e de direito sobre as quais recairá a instrução probatória (típico exemplo de *negócio jurídico processual*).

Não há nenhuma vedação legal para que esse preceito seja aplicado também em relação ao INSS, tampouco nenhuma dificuldade prática particular das ações previdenciárias. De sorte que o emprego do art. 357, § 2.º, do CPC dependerá, nesse particular, apenas da definição de seus contornos pela jurisprudência e da política atuação cooperativa que possa ser adotada pelo INSS.

O art. 373 do CPC estabelece sobre o ônus da prova, incorporando no Processo Civil brasileiro a *teoria da distribuição dinâmica do ônus da prova*, em notável evolução ao modelo processual anterior, que imprimia uma distribuição estática do ônus da prova (CARPES, 2018).

Em um primeiro trecho do art. 373 do CPC se estabelece que o ônus da prova incumbe (inciso I) ao autor, quanto ao fato constitutivo de seu direito, e (inciso II) ao réu, quanto à existência de fato impeditivo, modificativo ou extintivo do direito do autor.

Conforme SILVEIRA (2018), foi mantida a regra geral, tal qual na legislação processual anterior, pela qual compete a cada parte fornecer os elementos de prova das alegações de fato que fizer, a qual é adequada para a maioria dos litígios, mas deve ser flexibilizada conforme as características específicas de determinado conflito.

Assim, o art. 373, § 1.º, do CPC introduziu expressamente no ordenamento jurídico a regra da *distribuição dinâmica do ônus da prova*:

"§ 1.º Nos casos previstos em lei ou diante de peculiaridades da causa relacionadas à impossibilidade ou à excessiva dificuldade de cumprir o encargo nos termos do *caput* ou à maior facilidade de obtenção da prova do fato contrário, poderá o juiz atribuir o ônus da prova de modo diverso, desde que o faça por decisão fundamentada, caso em que deverá dar à parte a oportunidade de se desincumbir do ônus que lhe foi atribuído".

A *redistribuição do ônus da prova pelo juiz* é excepcional, e não a regra geral, mas esse dispositivo tem potencial para ser muito relevante no Processo Judicial Previdenciário, visto que "resgata a esperança de adequação da aplicação das regras de distribuição do ônus probatório à realidade da lide previdenciária e suas peculiaridades" (PAZ, 2018, p. 85).

Temos defendido a aplicabilidade desse dispositivo em algumas hipóteses, por exemplo, quando o autor (segurado, ex-empregado) possui extrema dificuldade de obter o LTCAT de uma empresa em que trabalhou (porque a empresa não é encontrada ou está extinta irregularmente), documento necessário para demonstrar a atividade especial necessária à concessão da aposentadoria especial, e o INSS possui em seus bancos de dados informações sobre aquela determinada empresa.

Conforme a doutrina, a *redistribuição do ônus da prova* se aplica quando houve uma assimetria informacional dentro do litígio, e uma das partes possui melhores condições de produzir a prova do que a outra (SILVEIRA, 2018). Exatamente o cenário que se vislumbra em relação à lide *segurado X INSS*.

Até mesmo a dificuldade econômica pode ser um fundamento justificável para a inversão do ônus da prova propiciada pelo art. 373, § 1.º, do CPC (PAZ, 2018, p. 90), embora esse argumento não seja unânime na doutrina (SILVEIRA, 2018).

A *distribuição dinâmica do ônus da prova* não corresponde à aplicação dos efeitos da revelia ou às hipóteses de inversão do ônus da prova (a exemplo daquela modalidade prevista no CDC). Portanto, não há nenhum óbice legal de que seja aplicado o regime previsto no art. 373, § 1.º, do CPC, em face do INSS.

As decisões judiciais relativas à instrução probatória (fundamentadas no art. 321 ou no art. 357 do CPC) não se enquadram no rol previsto no art. 1.015 do CPC, isto é, a princípio não é cabível sua impugnação via interposição do recurso de agravo de instrumento.

Todavia, conforme o posicionamento firmado pelo STJ no Tema 988 dos recursos especiais repetitivos, será defensável o cabimento do agravo de instrumento contra decisões sobre instrução probatória caso demonstrado o risco de dano ao direito em disputa no processo. Há posicionamentos doutrinários que também compreendem pelo cabimento de mandado de segurança contra ato judicial nessas situações, mas a abertura proporcionada pelo conteúdo do Tema 988 do STJ deve prevalecer na jurisprudência.

Na hipótese de não cabimento do agravo de instrumento em relação a decisões judiciais referentes a instrução probatória, essas matérias poderão ser impugnadas no corpo do recurso de apelação, como preliminar de mérito (art. 1.009, § 1.º, do CPC).

Há uma forte conexão entre o direito fundamental à prova e o dever de fundamentação das decisões judiciais. Em linhas gerais, de nada adianta a possibilidade de uma adequada instrução probatória se, no momento da decisão judicial, o quadro probatório é desconsiderado imotivadamente pelo juízo (PAZ, 2018).

Assim, a decisão judicial, inclusive no que se refere à forma de avaliação das provas, deve ser fundamentada, nos termos do art. 489, § 1.º, do CPC, e eventual insuficiência na fundamentação poderá ser enfrentada inclusive pela via dos embargos de declaração (art. 1.022 do CPC).

Não há nenhuma restrição legal para que se realize um *negócio jurídico processual* (relativo à instrução probatória) entre segurado e INSS – pelo fato de compor a Administração Pública. A viabilidade desse tipo de técnica dependerá, muito mais, dos contornos que lhe der a jurisprudência e da prática colaborativa adotada pela autarquia previdenciária.

Por fim, neste tema, ainda cabe frisar a existência da *ação autônoma de produção antecipada de provas*, nos moldes dos arts. 381 a 383 do CPC.

Trata-se de mecanismo bastante interessante, a fim de que se crie ou se constate previamente o substrato probatório relativo ao direito em questão, favorecendo o ajuizamento da ação principal ou indicando seu descabimento ou sua inviabilidade prática. Veja-se o teor do art. 381 do CPC:

> "Art. 381. A produção antecipada da prova será admitida nos casos em que:
>
> I – haja fundado receio de que venha a tornar-se impossível ou muito difícil a verificação de certos fatos na pendência da ação;
>
> II – a prova a ser produzida seja suscetível de viabilizar a autocomposição ou outro meio adequado de solução de conflito;
>
> III – o prévio conhecimento dos fatos possa justificar ou evitar o ajuizamento de ação".

A hipótese prevista no inciso I, de fundado receio de que venha a tornar-se impossível ou muito difícil a verificação de certos fatos na pendência da ação, corresponde àquelas situações em que o fato a ser comprovado depende de uma prova que possa desaparecer e deve ser realizada imediatamente.

Um exemplo: há necessidade de ouvir uma testemunha que já é bastante idosa ouse encontra adoecida e pode vir a falecer, a fim de que ela esclareça algum fato relevante para o Direito Previdenciário (a atividade rural ou a existência de união estável, por exemplo).

A hipótese prevista no inciso II, a produção da prova pode viabilizar a autocomposição ou outro meio de solução consensual do conflito, diz respeito às ações sobre benefício por incapacidade laboral, por exemplo, em que a realização prévia da perícia médica (com constatação da incapacidade laboral) poderá vir a permitir acordo com a autarquia previdenciária.

5.4 PROVAS EM ESPÉCIE NO PROCESSO JUDICIAL PREVIDENCIÁRIO

Os direitos e pretensões jurídicas são oriundos de fatos aos quais o Direito atribui determinados efeitos. Para que se obtenha os referidos efeitos, em sede judicial, é necessário que se prove adequadamente os fatos que lhes dão suporte (PONTES DE MIRANDA, 1979). Daí a necessidade de uma adequada teoria da *prova*.

Moacyr Amaral Santos conceitua prova como o conjunto de meios pelos quais se fornece ao juiz o conhecimento da verdade dos fatos deduzidos em juízo ("prova é a soma dos fatos produtores da convicção, apurados no processo"), sendo que sua finalidade é justamente a formação da convicção, no espírito do julgador, quanto à existência dos fatos da causa (1986, p. 3-4).

Pontes de Miranda, por sua vez, define prova como "o ato judicial, ou processual, pelo qual o juiz se faz certo a respeito do fato controverso ou do assento duvidoso que os litigantes trazem a juízo" (1979, p. 312).

A prova tem por finalidade convencer o magistrado da certeza da existência ou inexistência dos fatos alegados pelas partes, pois a incidência da norma jurídica depende da comprovação inequívoca da existência do fato da vida aduzido pelos litigantes (MILHOMENS, 1986, p. 5 e 46).

Portanto, *prova*, na teoria processual, significa "os meios e instrumentos (que) servem para criar no espírito do destinatário, que é o juiz, a *certeza* da existência do fato, do objeto, da relação jurídica ou das circunstâncias nos termos e na medida em que a lei exige uma tal certeza" (MILHOMENS, 1986, p. 6).

Sintetizando o que foi dito, podemos afirmar que *prova judiciária* é o mecanismo processual de demonstração de fato pretérito ao magistrado, a fim de que ele aplique o direito. Não se pretende, com a instrução probatória, encontrar a verdade absoluta dos fatos, mas tão somente permitir que se aplique a norma jurídica da forma como pretendida pela parte que declara o fato a ser comprovado.

Os fatos alegados pelas partes são objeto de afirmação ou negação no processo, sendo que as provas consistem em meios de verificação dessas proposições. Servem, portanto, "para *iluminar* o juiz quanto às questões de fato"; as provas possuem o condão de fornecer ao juiz os "elementos necessários para a reconstrução, em juízo, de acontecimentos passados, com a finalidade de que ele possa formar o seu próprio convencimento sobre a verdade (...) dos fatos históricos alegados pelas partes. A atividade do juiz consiste na verificação da veracidade ou da falsidade dos fatos principais (ou *probandum*) alegados pelas partes, bem como na tomada de uma 'escolha decisória', dentre as soluções (ou versões possíveis em relação à *fattispecie* aplicável ao caso concreto, devendo adotar aquela que, sendo mais persuasiva, consista no melhor fundamento racional da decisão" (CAMBI, 2001, p. 49-50).

Prova, assim e considerando tudo que acima se expôs, é o mecanismo ou meio pelo qual se faz levar ao conhecimento do juízo os fatos acontecidos e discutidos na lide, sendo de se destacar que tal procedimento de trazer a prova a juízo é necessário na medida em que o juiz dos fatos não possui conhecimento.

Entretanto, a *prova judiciária* não é uma espécie qualquer de *prova*, mas, sim, uma modalidade de *prova* submetida a um determinado regime jurídico.

Conforme Amaral Santos, "a prova dos fatos, em juízo, faz-se por meios pelo direito considerados idôneos para fixá-los no processo"; o Direito exige um método próprio, demandando um procedimento ou processo probatório, juridicamente disciplinado, em que "a prova dos fatos deverá ser colhida pelos *meios admitidos em direito*, no processo, e pela *forma estabelecida em lei*" (SANTOS, 1986, p. 4).

A Ciência Processual observou o desenvolvimento de três distintos sistemas de regulação jurídica da produção de provas: o *sistema da prova legal* ou *positivo*; *sistema da livre convicção*; e, finalmente, *sistema da persuasão racional*, os quais serão examinados a seguir.

O primeiro sistema surgido, denominado *sistema positivo* ou *da prova legal*, tem como norte a ideia de que as regras legais estabelecem os casos em que o juiz deve considerar provado ou não um fato, excluindo-lhe todo poder de deliberar segundo a convicção que as provas lhe transmitam. Ocorre um verdadeiro *tarifamento da prova*, sem que lhe caiba apreciá-la conforme a eficácia que tem na formação de sua convicção (Santos, 1986, p. 12-13).

Em total oposição a esse regime encontra-se o *sistema da livre convicção*, mediante o qual o juiz é soberanamente livre quanto à indagação da verdade e apreciação das provas: "a verdade jurídica é a formada na consciência do juiz, que não é, para isso, vinculado a qualquer regra legal, quer no tocante à espécie de prova, quer no tocante à sua avaliação. A convicção decorre não das provas, ou melhor, não só das provas colhidas, mas também do conhecimento pessoal, das suas impressões pessoais, e à vista destas lhe é lícito repelir qualquer ou todas as demais provas. Além do que não está obrigado a dar os motivos em que funda a sua convicção" (SANTOS, 1986, p. 13).

Efetuando uma espécie de síntese desses dois regimes, captando o que de melhor possuem um e outro, criou-se o terceiro sistema, conhecido como *persuasão racional* ou *convencimento racional*.

Segundo Amaral Santos: "conforme esse sistema, o juiz, não obstante apreciar as provas livremente, não segue as suas impressões pessoais, mas tira a sua convicção das provas produzidas, ponderando sobre a qualidade e a *vis probandi* destas; a convicção está na consciência formada pelas provas, não arbitrárias e sem peias, e sim condicionada a regras jurídicas, a regras de lógica jurídica, a regras de experiência, tanto que o juiz deve mencionar na sentença os motivos que a formaram" (1986, p. 13-14).

O Direito Processual Civil brasileiro adota, sem dúvidas, o *sistema da persuasão racional* (Santos, 1986, p. 17). Já o fazia no CPC/1973 e repete esse modelo no CPC/2015: "Art. 371. O juiz apreciará a prova constante dos autos, independentemente do sujeito que a tiver promovido, e indicará na decisão as razões da formação de seu convencimento".

Não há como negar a enorme relevância do modelo processual da *persuasão racional* na seara específica do Processo Judicial Previdenciário, especialmente diante do delicado quadro social que geralmente permeia as ações previdenciárias e o modo de vida dos segurados e dependentes.

Apesar de o modelo processual brasileiro expressamente indicar a adoção do modelo da *persuasão racional*, a legislação processual previdenciária parece sobrevalorizar (ao menos na via administrativa e na defesa judicial do INSS) a perspectiva da taxatividade dos mecanismos probatórios, ocorrendo verdadeira equiparação ao já superado *sistema da prova legal*.

Por tudo isso, é importante resgatar o conceito que foi apresentado inicialmente a respeito do instituto da *prova*: um meio processual de convencimento do magistrado acerca de fatos pretéritos, dos quais este não teve conhecimento direto, a fim de que se aplique a norma jurídica na maneira pretendida pelos litigantes. É essa concepção que deve prevalecer sobre a *prova* no *processo judicial previdenciário*, recordando-se que o Poder Judiciário possui uma abertura maior para a análise do conjunto probatório do que aquela que é franqueada à Administração Pública (INSS), presa aos parâmetros de estrita legalidade.

Nos próximos tópicos analisaremos de modo particularizado cada modalidade de prova e seus reflexos nas ações previdenciárias. Nem todas as espécies de prova serão apreciadas, apenas aquelas que compreendemos tenham maior emprego no Processo Judicial Previdenciário.

5.4.1 Depoimento pessoal e confissão

O depoimento pessoal está previsto no art. 385 do CPC. Pode ser requerido pela parte adversa ou mesmo determinado de ofício pelo juízo.

Compreendemos, porém, que nada impede que a parte autora indique, em sua petição inicial, que deseja realizar depoimento pessoal na audiência de instrução e julgamento, sendo essa diligência deferida ou não pelo juízo.

Embora o depoimento pessoal (da parte autora) não gere efeitos jurídicos automáticos em relação ao INSS (equivalendo a uma *confissão*), defendemos que é importante a produção desse tipo de prova, pois o detalhamento prestado pela parte autora em relação aos fatos previdenciários (datas sobre atividade laborativa, elementos da convivência sob união estável etc.) poderá influir na formação da convicção do juízo, corroborando outras provas que estejam nos autos.

Segundo Neves (2016, p. 686), "o contato pessoal do juiz com as partes, em razão da aplicação do livre convencimento motivado do juiz, esclarecer alguns fatos que não tenham chegado ao seu conhecimento somente após o filtro do patrono que subscreve as peças processuais".

A parte responderá pessoal e oralmente sobre os fatos tratados na lide, não podendo se servir de anotações escritas preparadas anteriormente; o juízo, todavia, pode facultar a consulta a notas breves, desde que objetivem complementar esclarecimentos (art. 387 do CPC).

Essa previsão do art. 387, no sentido de permitir consultas a breves anotações, parece ser relevante nas ações previdenciárias, em que as partes são geralmente humildes e muitas vezes possuem idade avançada ou alguma doença, fatores que podem levar a prejudicar a recordação precisa sobre datas ou detalhes importantes para o deslinde da causa: tempo de duração do contrato de trabalho; datas de início e término da atividade rural em determinada fazenda; detalhes do convívio familiar para fins de comprovação da união estável e dependência econômica.

O art. 388, III, do CPC estabelece que a parte não é obrigada a responder sobre fatos que impliquem "desonra própria, de seu cônjuge, de seu companheiro ou de parente em grau sucessível". Esse tipo de pergunta pode ocorrer em ações em que discuta a configuração da união estável ou dependência econômica, para fins de pensão por morte, e deverão ser evitadas.

De acordo com o art. 389 do CPC, há confissão, judicial ou extrajudicial, quando a parte admite a verdade de fato contrário ao seu interesse e favorável ao do adversário. A confissão judicial pode ser espontânea ou provocada (art. 390 do CPC), fazendo prova contra o confitente, mas não prejudicando os litisconsortes (art. 391 do CPC).

Embora a confissão vincule apenas o confitente, compreendemos, tal qual dissemos em relação ao depoimento pessoal, que o conteúdo da confissão pode auxiliar na formação da convicção do juízo, quando corroborada pelas outras provas constantes dos autos.

5.4.2 Prova documental

Na Teoria Geral do Processo, "documento é uma coisa representativa de um fato" (SANTOS, 1986, p. 143). Para Antunes Varela, documento é "todo o objeto material elaborado pelo homem, capaz de reproduzir ou representar um facto, uma coisa ou até uma pessoa" (1985, p. 505).

Conforme Daniel Amorim Assumpção Neves (2016, p. 702):

> "O conceito amplo de documento o define como qualquer coisa capaz de representar um fato, não havendo necessidade de a coisa ser materializada em papel e/ou conter informações escritas. (...) Da mesma forma, uma fotografia, uma tabela, um gráfico, gravação sonora ou filme cinematográfico também será considerado um documento. Num conceito mais restrito, documento é o papel escrito.
>
> Apesar de o conceito restrito representar a ampla maioria das espécies de documentos na praxe forense, o direito brasileiro adotou o conceito amplo, sendo significativa a quantidade de diferentes espécies de coisas que são consideradas como documentos para fins probatórios no processo judicial".

O documento público faz prova não só da sua formação, mas também dos fatos que o escrivão, o chefe de secretaria, o tabelião ou o servidor declarar que ocorreram em sua presença (art. 405 do CPC). Nesse sentido, é relevante a apresentação de documentos públicos no Processo Judicial Previdenciário, como Certidão de Casamento, Certificado de Alistamento Militar, Título Eleitoral, entre outros. Estes valerão, no mínimo, como início de prova material.

As declarações constantes do documento particular escrito e assinado ou somente assinado presumem-se verdadeiras apenas em relação ao signatário (art. 408 do CPC). Essa regra se aplica a documentos trazidos pela parte autora (a exemplo de contratos de trabalho ou notas fiscais da comercialização da produção agrícola) e, assim, em um primeiro momento tais conteúdos não vinculam o INSS. Todavia, poderão os documentos apresentados pela parte autora configurar início de prova material, auxiliando a formação da convicção do juízo.

A ideia de prova documental ou prova material é muito importante no Direito Previdenciário e no Processo Judicial Previdenciário. Em muitos momentos a legislação previdenciária irá exigir, para a finalidade de concessão de determinados benefícios – ou quaisquer situações favoráveis aos segurados – a comprovação por prova documental (ao menos início de prova material) de determinados fatos e circunstâncias.

Vamos apresentar algumas situações em que a prova documental (início de prova material ou prova material plena) é exigida do segurado ou dependente em juízo.

Pode-se exemplificar com a disposição contida no art. 16, § 5.º, da Lei 8.213/91:

> "§ 5.º As provas de união estável e de dependência econômica exigem início de prova material contemporânea dos fatos, produzido em período não superior a 24 (vinte e quatro) meses anterior à data do óbito ou do recolhimento à prisão do segurado, não admitida a prova exclusivamente testemunhal, exceto na ocorrência de motivo de força maior ou caso fortuito, conforme disposto no regulamento".

Como se vê, para a comprovação da união estável e da dependência econômica (requisitos necessários à configuração da dependência previdenciária), exige-se prova documental (prova material); ademais, a legislação, a partir da Lei 13.846/2019, passou a requerer que essa prova material seja recente (produzida em tempo não superior a dois anos antes do óbito) e inseriu vedação à comprovação dessas situações mediante prova exclusivamente testemunhal.

Essa regra parece conflitar com a disposição do art. 226, § 3.º, da CF/1988: "§ 3º Para efeito da proteção do Estado, é reconhecida a união estável entre o homem e a mulher como entidade familiar, devendo a lei facilitar sua conversão em casamento".

Da mesma forma, a exigência de prova material da união estável parece colidir com os arts. 1.723 e 1.725 do Código Civil, que conceitua essa forma de relação conjugal e, em nenhum momento, exige a prova formal para sua constituição:

> "Art. 1.723. É reconhecida como entidade familiar a união estável entre o homem e a mulher, configurada na convivência pública, contínua e duradoura e estabelecida com o objetivo de constituição de família. (...)

Art. 1.725. Na união estável, salvo contrato escrito entre os companheiros, aplica-se às relações patrimoniais, no que couber, o regime da comunhão parcial de bens".

A configuração da dependência previdenciária, nesse caso, requer seja enfrentada a exigência de início de prova material (art. 16, § 5.º, da Lei 8.213/91) mediante argumentação jurídica baseada no Direito Material (art. 226, § 3.º, da CF/1988, c.c. arts. 1.723 e 1.725 do Código Civil). Nesse rumo, é importante frisar que a Súmula 63 da TNU estabelecia que a comprovação da união estável prescindia de início de prova material.

O art. 55 da Lei 8.213/91 estabelece as condições de comprovação do tempo de serviço, as quais são pormenorizadas pelo Regulamento da Previdência Social (Decreto 3.048/99).

Também se pode mencionar que o art. 106 da Lei 8.213/91[4] estabelece algumas regras probatórias específicas em relação à comprovação de tempo de serviço do *trabalhador rural*, dispositivo que existe em razão da especificidade das condições rurais.

De fato, "diante da precária organização empresarial e contábil do meio rural, era dever do legislador ordinário contemplar facilidades para os beneficiários rurais comprovarem o tempo de serviço e, assim, poderem usufruir da aposentadoria por tempo de serviço (...) ou outros benefícios dependentes do tempo de trabalho, ajuda compreendida no sentido de constatar a condição típica do laboral rural e compensá-lo e a seus familiares com a diminuição do

---

[4] Eis o teor da redação atual do referido dispositivo legal: "Art. 106. A comprovação do exercício de atividade rural será feita, complementarmente à autodeclaração de que trata o § 2.º e ao cadastro de que trata o § 1.º, ambos do art. 38-B desta Lei, por meio de, entre outros: I – contrato individual de trabalho ou Carteira de Trabalho e Previdência Social; II – contrato de arrendamento, parceria ou comodato rural; III – (revogado); IV - Declaração de Aptidão ao Programa Nacional de Fortalecimento da Agricultura Familiar, de que trata o inciso II do caput do art. 2º da Lei nº 12.188, de 11 de janeiro de 2010, ou por documento que a substitua; V – bloco de notas do produtor rural; VI – notas fiscais de entrada de mercadorias, de que trata o § 7º do art. 30 da Lei n.º 8.212, de 24 de julho de 1991, emitidas pela empresa adquirente da produção, com indicação do nome do segurado como vendedor; VII – documentos fiscais relativos a entrega de produção rural à cooperativa agrícola, entreposto de pescado ou outros, com indicação do segurado como vendedor ou consignante; VIII – comprovantes de recolhimento de contribuição à Previdência Social decorrentes da comercialização da produção; IX – cópia da declaração de imposto de renda, com indicação de renda proveniente da comercialização de produção rural; ou X – licença de ocupação ou permissão outorgada pelo Incra".

encargo da prova documental, com o objetivo de, dessa forma, equipará-lo ao urbano" (MARTINEZ, 1997, p. 451).

Essa compreensão de que a dificuldade da comprovação documental do tempo de serviço acarreta a dificuldade na própria obtenção do benefício faz perceber que "o rol, bastante simplificado, não exaure as infinitas possibilidades. (...) Impõe-se avaliação própria para essa prova: a atividade rurícola, tanto quanto a doméstica, não apresenta a mesma formalização da atividade urbana, relevando-se, pois, o depoimento testemunhal" (MARTINEZ, 1997, p. 450).

Exatamente por esses motivos a doutrina e a jurisprudência consagraram o entendimento de que, caso a parte traga aos autos os documentos elencados no art. 106 da legislação previdenciária, configura-se a chamada *prova plena*, o que assegura a concessão do benefício pleiteado. Entretanto, tal fato é raridade, dadas as condições socioeconômicas descritas, e, portanto, deve-se buscar atender a essa realidade conforme mecanismos processuais probatórios diversos.

A jurisprudência vem decidindo que, existindo nos autos início razoável de prova material, corroborada pela prova testemunhal colhida durante a instrução processual sob o crivo do contraditório, é possível o reconhecimento de período trabalhado por rurícola para fins previdenciários.

Esse entendimento hoje encontra respaldo na Súmula 577 do STJ, que permite o reconhecimento de tempo de serviço rural anterior ao documento mais antigo apresentado nos autos, desde que corroborado por prova testemunhal submetida ao crivo do contraditório.

A jurisprudência também vem alargando o rol de documentos aptos à comprovação da atividade rural, admitindo como razoável início de prova material da comprovação do tempo de trabalho rural, além dos documentos listados no art. 106, os seguintes, entre outros: Certidão de Casamento, o Título Eleitoral, o Certificado de Dispensa das Forças Armadas (documentos onde deve constar a profissão da parte como sendo lavrador), bem como a declaração de ex-empregador e outros documentos relativos à produção agrícola em regime de economia familiar.

Alguns julgados admitem a fotografia do segurado como início de prova da atividade rural[5].

---

5   "Previdenciário. Atividade rural. Início de prova material. Tempo de serviço urbano. Empregado. Início de prova material. Fotografia. Aposentadoria por tempo de contribuição. 1. A comprovação do exercício de atividade rural deve ser efetuada mediante início de prova material, complementada por prova testemunhal idônea,

A possibilidade de outras espécies de provas materiais (que não apenas aquelas descritas no art. 106 da Lei 8.213/91) serem consideradas aptas a comprovar a atividade de rurícola implica que, instruída a petição inicial unicamente com tais documentos, esta não pode ser indeferida de plano, pois poderá ser complementada pela prova testemunhal e outros documentos que se produzam no curso do processo. Fora isso, há as garantias de emenda à inicial previstas nos arts. 320 e 321 do CPC.

Nos termos da Súmula 149 do STJ, a prova exclusivamente testemunhal não basta à comprovação da atividade rurícola para os fins previdenciários, devendo ser corroborada por prova material. Essa exigência de prova material, todavia, não segue no Poder Judiciário o mesmo parâmetro taxativo que é aplicado na via administrativa do INSS.

5.4.3 Prova testemunhal

A prova testemunhal se encontra regulamentada pelo disposto nos arts. 442 a 463 do CPC/2015, aplicando-se tais regras gerais a todos os ramos do processo, inclusive no *processo judicial previdenciário*.

Prova testemunhal, segundo a definição de Amaral Santos, é a "fornecida por pessoa capaz e estranha ao feito, chamada a juízo para depor o que sabe sobre o fato litigioso" (1986, p. 242-243).

Já se definiu prova testemunhal como aquela em que a testemunha, "pessoa que, não sendo parte na ação, nem seu representante, é chamada a narrar as suas percepções sobre factos passados que interessam ao julgamento da causa" (VARELA *et al.*, 1985, p. 609).

Antunes Varela afirma que "a prova testemunhal é aquela que, na prática, *maior importância* assume, por ser a única a que pode recorrer-se na demonstração da realidade de muitos fatos (*Testimoniarum usus frequens et necessarius est*: Digesto, 22, 5, 1)". Isso porque é "enorme o contingente dos *fatos imprevistos* e dos próprios *fatos previsíveis*, com relevância para o julgamento dos litígios, em que o único meio de prova utilizável é o recurso ao depoimento das pessoas (terceiros) que tiveram acidentalmente percepção desses fatos ou de ocorrências a eles ligados por qualquer nexo de instrumentalidade" (VARELA *et al.*, 1985, p. 614).

---

conforme o art. 55, § 3.º, da Lei 8.213/91. (...) 3. A fotografia contemporânea à atividade que se busca comprovar, no alegado local de trabalho, constitui início de prova material, que, se confirmado pela prova oral, leva ao reconhecimento de tempo de serviço" (TRF da 4.ª Região, 6.ª Turma, Rel. Luciane Merlin Clève Kravetz, 5008546-36.2012.4.04.7001, juntado aos autos em 28.06.2013).

Nosso CPC adotou a tese da ampla admissibilidade da prova testemunhal, sendo que sua inadmissibilidade é sempre excepcional. Segundo o art. 442 do CPC, "A prova testemunhal é sempre admissível, não dispondo a lei de modo diverso". Esse entendimento se coaduna com a inspiração constitucional sobre a ampla defesa e a instrução probatória, que devem ser maximizadas.

No que concerne à admissibilidade da prova exclusivamente testemunhal, os sistemas processuais estrangeiros assinalam três diversos modelos: o da ampla admissibilidade (adotado por Alemanha, Áustria e Inglaterra); o da vedação da prova meramente testemunhal quanto a contratos excedentes de certo valor (encampado por França, Espanha, Bélgica, Argentina e pelo Brasil), bem como o modelo italiano, em que tal vedação pode ser afastada, em certos casos, pelo julgador (SANTOS, 1986, p. 246).

Quanto à prova exclusivamente testemunhal em nosso ordenamento jurídico, Amaral Santos pronunciou-se no seguinte sentido: "há fatos (...) cuja prova não é admitida se faça exclusivamente por testemunhas (...). Mas também é indubitável que tais fatos não constituem a regra. As limitações ao uso da prova testemunhal não atingem senão as convenções excedentes de certo valor e mais algumas hipóteses expressamente previstas em lei" (1986, p. 244).

Conforme Bueno (2016, p. 374), "não subsiste no CPC de 2015 a vedação generalizada de prova exclusivamente testemunhal para contratos acima de dez salários mínimos".

Conforme o art. 444 do CPC/2015, nos casos em que a lei exigir prova escrita da obrigação, é admissível a prova testemunhal quando houver, ao menos, começo de prova por escrito (*início de prova material*).

Na legislação previdenciária, temos o caso do art. 55 da Lei 8.213/1991, que veda a concessão de benefício previdenciário mediante a apresentação de prova exclusivamente testemunhal, exigindo, ao menos, o início de prova material por escrito.

Essa controvérsia ocasionou a edição da Súmula 149 do Superior Tribunal de Justiça: "A prova exclusivamente testemunhal não basta para a comprovação da atividade rurícola, para efeito da obtenção de benefício previdenciário".

A legislação previdenciária também registra outros exemplos de proibição da utilização da prova exclusivamente testemunhal, como é o caso da comprovação da união estável e da dependência econômica (salvo motivo de força maior ou caso fortuito) – art. 16, § 5.º, da Lei 8.213/91, com redação dada pela Lei 13.846/2019.

Aplica-se aqui a mesma dinâmica que ora propusemos no tópico anterior, ou seja, as disposições de direito material sobre a união estável podem ser aventadas para a defesa da configuração desta forma de conjugalidade, mesmo quando ausente início de prova material (arts. 1.723 e 1.725 do Código Civil c.c. art. 226, § 3.º, da CF).

Em algumas circunstâncias a legislação prevê o cabimento da prova exclusivamente testemunhal em caso "fortuito ou força maior".

Parte da doutrina busca interpretar as expressões "caso fortuito e força maior" conforme os primados civilistas a respeito desse tema, destacando a necessidade de documentação de um eventual e específico caso de sinistro que poderia causar a impossibilidade de obtenção de prova documental (SANDIM, 1998, p. 44).

Porém, diante da raridade dessas situações e da perspectiva do direito fundamental à prova, já se decidiu pela possibilidade de apresentação de prova exclusivamente testemunhal em razão de enchente[6] e incêndio[7], entre outros exemplos.

No Processo Judicial Previdenciário, diante de suas características próprias, especialmente a hipossuficiência da parte autora, o conceito de caso fortuito e força maior, para fins de permitir a produção de prova exclusivamente testemunhal, deve ser interpretado de modo amplo.

5.4.4 Prova pericial

A prova pericial se encontra regida pelas disposições dos arts. 464 a 480 do CPC, as quais se aplicam nas ações previdenciárias (tema importante, especialmente, nos casos de concessão de benefícios previdenciários derivados da incapacidade laboral).

Definindo-a, Amaral Santos conceitua a *prova pericial* como "declaração de caráter técnico, isto é, de declaração técnica sobre um elemento de prova" (1986, p. 308). Prova pericial igualmente pode ser definida como aquela que tem por fim a "percepção ou apreciação de factos por meio de peritos, quando sejam necessários conhecimentos especiais que os julgadores não possuem" (VARELA *et al.*, 1985, p. 576).

Segundo NEVES (2016, p. 720), "a prova pericial é meio de prova que tem como objetivo esclarecer fatos que exijam um conhecimento técnico específico para a sua exata compreensão".

---

[6] TRF da 3.ª Região, 5.ª Turma, Rel. Des. Fed. André Nabarrete, AC 97.03.038576-1, j. 07.12.1998, *DJ* 02.03.1999, p. 244.

[7] TRF da 4.ª Região, Turma de Férias, Rel. Des Fed. Maria de Fátima Freitas Labarrère, AC 94.04.013986-6, j. 07.01.1998, *DJ* 18.02.1998, p. 651.

Conforme o art. 464, § 1.º, do CPC, o juiz indeferirá a perícia quando: I – a prova do fato não depender de conhecimento especial de técnico; II – for desnecessária em vista de outras provas produzidas; III – a verificação for impraticável.

Considerando que o CPC delimita um rol taxativo de possibilidades nas quais (somente nestas) o juízo indeferirá a produção de provas, compreende-se que, em regra, será admissível a produção de prova pericial – incabível apenas nas taxativas hipóteses do art. 464, § 1.º, do CPC. Ainda assim, cumpre bem examinar estas três possibilidades indicadas pelo estatuto processual.

O indeferimento de produção de prova pericial, nos termos do art. 464, § 1.º, II, do CPC (prova desnecessária em virtude de outras provas já produzidas nos autos), só faz sentido se for considerado em relação a fatos confessados ou incontroversos, ou quando ocorrer a hipótese do art. 472 do CPC, isto é, quando as partes, na inicial e na contestação, apresentarem pareceres técnicos que o juízo considere suficientes à elucidação das questões de fato (NEVES, 2016, p. 722).

Em matéria previdenciária, essa situação contemplada no art. 464, § 1.º, II, do CPC parece ser de improvável ocorrência, visto que se as partes (segurado e INSS) acostarem pareceres técnicos aos autos, estes muito provavelmente serão divergentes em relação ao que se procurar comprovar (incapacidade para o trabalho ou cálculos previdenciários, por exemplo).

No que concerne ao indeferimento da produção de prova pericial nos termos do art. 464, § 1.º, III, do CPC (verificação impraticável do fato), esse caso também deve ser considerado com moderação.

NEVES (2016, p. 722) argumenta que "a verificação impraticável pode decorrer da impossibilidade de a ciência em seu atual estágio produzir a prova técnica ou ainda quando a fonte probatória não mais existir".

Ora, no campo previdenciário são recorrentes as solicitações de prova pericial por similaridade (para comprovação de atividade insalubre em empresa não mais existente, em empresa em atividade que pertença ao mesmo ramo econômico), ou a realização de prova pericial contemporânea visando à demonstração de fato pretérito (comprovação de atividade insalubre referente a tempos pretéritos, com efetivação de perícia contemporânea na empresa, tendo em vista que as condições de trabalho normalmente vão melhorando, a indicar que no passado a forma de trabalho seria mais prejudicial à saúde).[8]

---

[8] "Previdenciário. Atividade especial. Agentes nocivos ruído e hidrocarbonetos. Habitualidade e permanência. Agente nocivo ruído. Método de aferição. Laudo extemporâneo. Aposentadoria por tempo de contribuição. Concessão. (...) 6. Se a prova pericial realizada na empresa constata a existência de agentes nocivos em

A legislação previdenciária exige a comprovação da incapacidade para o trabalho/invalidez – e assim a prova pericial – nos seguintes casos: concessão ou restabelecimento de aposentadoria por incapacidade para o trabalho; concessão de auxílio-acidente; concessão e restabelecimento de auxílio-doença; concessão ou restabelecimento de benefício da assistência social; conversão do auxílio-doença em aposentadoria por incapacidade para o trabalho; progressividade da doença preexistente e agravamento da lesão incapacitante; e, finalmente, concessão de pensão por morte de segurado para filhos maiores inválidos.

Em regra, a realização da prova pericial será desenvolvida, nessas hipóteses, por profissional da área médica. A conclusão pericial, todavia, não será definitiva. Sobre os dados médicos obtidos, o juízo atribuirá, conforme sua compreensão, os efeitos jurídicos que compreender mais adequados: um laudo médico que indique apenas incapacidade parcial para o trabalho – do ponto de vista clínico, ou fisiológico – poderá ser compreendido, pela perspectiva jurídica, como demonstrativo de uma incapacidade total e definitiva para o trabalho e, assim, ensejar a concessão de aposentadoria.

Quanto a esse ponto, vale lembrar que o CPC/2015 manteve a tradição já existente no CPC/1973, no sentido de que o juízo não se encontra vinculado ao laudo pericial, conforme dicção do art. 479: "O juiz apreciará a prova pericial de acordo com o disposto no art. 371, indicando na sentença os motivos que o levaram a considerar ou a deixar de considerar as conclusões do laudo, levando em conta o método utilizado pelo perito".

O ato pericial médico, especialmente na via judicial, não pode se esgotar na avaliação das funções e estruturas corporais. Deve buscar compreender uma realidade mais complexa, que não envolva apenas as restrições físicas, mas igualmente as questões de ordem pessoal, social e ambiental (CAETANO COSTA, 2013, p. 208; 226), nos moldes da Classificação Internacional de Funcionalidade, Incapacidade e Saúde – CIF, da Organização Mundial de Saúde, de 2001.

---

data posterior ao labor, razão não há para se deduzir que as agressões ao trabalhador fossem menores ou inexistissem na época da prestação do serviço, até porque a evolução tecnológica e da segurança do trabalho tende a causar a redução e não o aumento da nocividade com o passar dos anos. 7. Comprovada a exposição do segurado a agente nocivo, na forma exigida pela legislação previdenciária aplicável à espécie, possível reconhecer-se a especialidade do tempo de labor correspondente. 8. Preenchidos os requisitos legais, tem o segurado direito à obtenção de aposentadoria por tempo de contribuição" (TRF da 4.ª Região, 6.ª Turma, Rel. Taís Schilling Ferraz, AC 5016609-73.2019.4.04.7108, juntado aos autos em 11.02.2021).

Essa classificação correlaciona o indivíduo (corpo) com as barreiras sociais, as quais impedem a participação na sociedade em igualdade de condições entre os indivíduos. Passa-se de modelo médico para modelo social ou biopsicossocial de incapacidade laborativa, em que a incapacidade é conceito em evolução. O fundamento para essa alteração paradigmática é a Convenção Internacional sobre os Direitos das Pessoas com Deficiência, homologada pela ONU em 13.12.2006, já incorporada ao ordenamento jurídico brasileiro com o *status* de norma constitucional.

Assim, já se teve oportunidade de decidir que "comprovada a parcial e permanente incapacidade laborativa do segurado para o exercício de sua profissão de trabalhador rural, somando-se ao seu nulo grau de escolaridade, meio social em que vive, impõe-se a concessão da aposentadoria por invalidez".[9]

No mesmo sentido já se julgou que "não há que se falar na possibilidade do autor se adaptar em outra atividade, pois deve ser levada em conta a idade do segurado, seu grau de instrução e o fato de ser afeito a atividades braçais. Não é dado exigir que o recorrido, com quase 50 (cinquenta) anos de idade, tendo trabalhado a vida toda nas profissões para as quais hoje se encontra incapacitado (pedreiro e lavrador), submetase a uma reabilitação profissional, e com sucesso".[10]

Nesse sentido, também a interdição da parte autora para os atos da vida civil já serviu a corroborar a comprovação da incapacidade laboral, exigida pela legislação previdenciária.[11]

Bastante significativas desse argumento são as Súmulas 47 e 78 da TNU:

> "47. Uma vez reconhecida a incapacidade parcial para o trabalho, o juiz deve analisar as condições pessoais e sociais do segurado para a concessão de aposentadoria por invalidez.

---

[9] TRF da 3.ª Região, 1.ª Turma, Rel. Des. Fed. Pedro Rotta, AC 89.03.004358-8, j. 19.02.1991, *DOE* 26.04.1993, p. 87. Do TRF da 2.ª Região: "Previdenciário. Aposentadoria. Auxílio-invalidez. Concessão, em face da incapacidade laborativa da autora para o exercício de sua atividade atual, bem como por conta de outras patologias reconhecidas pelo perito. Some-se tudo isto às suas condições sociais precárias de exercer qualquer outra atividade no âmbito restrito de suas potencialidades físicas e intelectuais", 1.ª Turma, Rel. Des. Fed. Frederico Gueiros,AC 91.02.017101-5, j. 18.03.1992, *DJ* 04.06.1992, p. 15.764.

[10] TRF da 3.ª Região, 5.ª Turma, Rel. Des. Fed. Suzana Camargo, AC 95.03.017850-9, j. 24.08.1998, *DJ* 27.04.1999, p. 386.

[11] "A incapacidade total e definitiva do autor pode ser comprovada pela interdição judicial corroborada pelo laudo médico pericial"; TRF da 3.ª Região, 2.ª Turma, Rel. Des. Fed. Aricê Amaral, AC 90.03.034231-8, j. 04.08.1992, *DOE* 13.08.1992, p. 119.

78. Comprovado que o requerente de benefício é portador do vírus HIV, cabe ao julgador verificar as condições pessoais, sociais, econômicas e culturais, de forma a analisar a incapacidade em sentido amplo, em face da elevada estigmatização social da doença".

De fato, nas ações previdenciárias, é relevante considerar que elementos como o pequeno grau de instrução/profissionalização do segurado impedem--no *efetivamente* de encontrar outra ocupação laboral, dado o contexto socioeconômico em que estão inseridos.

A necessidade de produção de prova pericial para a comprovação dos requisitos indispensáveis à concessão ou manutenção dos direitos previdenciários acima mencionados dificulta (senão impede) a utilização do mandado de segurança, pois essa estreita via processual não admite instrução probatória – não se adequando a uma modalidade de pedido em que a comprovação da situação de incapacidade para o trabalho demandará a realização de prova pericial, a ser eventualmente debatida pelos laudos dos assistentes técnicos, dentre outros desdobramentos possíveis.

Já se decidiu que, sendo insuficiente a prova pericial produzida pela autarquia previdenciária, imprescindível é a realização da prova pericial em juízo, sob pena de cerceamento de defesa e consequente anulação da decisão de primeiro grau.[12]

Por outro lado, caso a perícia realizada pelo INSS reconheça a invalidez que acomete a parte postulante de benefício, vale em juízo, dispensada a produção de prova judicial,[13] correspondendo ao reconhecimento da procedência do pedido.

Há inúmeros julgados considerando cerceamento de defesa a ausência de realização da perícia médica para comprovação do estado de incapacidade laboral em ações visando à obtenção do benefício da aposentadoria por incapacidade para o trabalho/validez, bem como seu restabelecimento e da

---

[12] Decidiu o TRF da 5.ª Região: 2.ª Turma, Rel. Des. Fed. Araken Mariz, "Se a perícia médica elaborada pelo INSS não contém dados suficientes a demonstrar que a segurada permanece ou não incapacitada para o trabalho, faz-se necessário a realização de uma nova perícia, imprescindível à formação do convencimento do juiz", AC 98.05.029491-9, j. 28.03.2000, *DJ* 26.06.2000, p. 1.064.

[13] Eis os termos da decisão do TRF da 5.ª Região: "Incabível a realização de perícia judicial, visto que as provas constantes dos autos, sobretudo a prova pericial, elaborada pelo instituto apelante, são suficientes para demonstrar que a segurada não está em condições de exercer as suas atividades laborativas", AC 97.05.014023-5, 2.ª Turma, Rel. Des. Fed. Luiz Alberto Gurgel de Faria, j. 23.02.1999, *DJ* 21.05.1999, p. 669.

mesma forma para o auxílio-doença/auxílio por incapacidade temporária para o trabalho.

Há também o entendimento pela anulação da sentença em razão da prova pericial ser considerada *insuficiente ao esclarecimento do juízo* quanto à incapacidade profissional do litigante.[14]

A jurisprudência tem adotado o entendimento de que não caracteriza cerceamento de defesa o indeferimento da prova pericial a ser realizada por médico especializado, bastando que a perícia feita pelo profissional designado pelo juízo contenha os dados necessários ao convencimento do julgador.[15]

Nas ações sobre benefícios por incapacidade para o trabalho o requerimento de prova pericial ambiental (meio ambiente do trabalho), pode ser um fator importante para aprofundar o conhecimento sobre o quadro incapacitante e a condição pessoal dos segurados, favorecendo a concessão do benefício.

A Lei 14.331/2022 introduziu nova regulamentação para as ações judiciais envolvendo benefícios por incapacidade. Além da exigência de certos documentos necessários à propositura da ação, estabeleceu a forma como será apreciada a perícia médica judicial; veja-se o art. 129-A da Lei 8.213/1991:

> "§ 1.º Determinada pelo juízo a realização de exame médico-pericial por perito do juízo, este deverá, no caso de divergência com as conclusões do laudo administrativo, indicar em seu laudo de forma fundamentada as razões técnicas e científicas que amparam o dissenso, especialmente no que se refere à comprovação da incapacidade, sua data de início e a sua correlação com a atividade laboral do municipiando.
>
> § 2.º Quando a conclusão do exame médico pericial realizado por perito designado pelo juízo mantiver o resultado da decisão proferida pela perícia realizada na via administrativa, poderá o juízo, após a oitiva da parte autora, julgar improcedente o pedido.
>
> § 3.º Se a controvérsia versar sobre outros pontos além do que exige exame médico-pericial, observado o disposto no § 1.º deste artigo, o juízo dará seguimento ao processo, com a citação do réu".

---

[14] AC 91.02.010068-1, 1.ª Turma, Rel. Des. Fed. Clelio Erthal, j. 02.12.1992, *DJ* 06.04.1993.

[15] "O laudo pericial mostrou-se suficiente para a formação da convicção do magistrado, tendo fornecido respostas claras e objetivas, não sendo necessária a complementação por um laudo de médico especializado, como defende a autarquia apelante", AC 95.03.017850-9, TRF da 3.ª Região, 5.ª Turma, Rel. Des. Fed. Suzana Camargo, j. 24.08.1998, *DJ* 27.04.1999, p. 386.

O § 1.º exige que o perito judicial exponha os fundamentos pelos quais diverge do perito que efetuou a perícia na via administrativa, de forma bem detalhada, indicando data de início da incapacidade (DII) e sua correlação com a atividade laborativa.

O § 2.º é bastante polêmico, pois cria uma nova modalidade de improcedência liminar do pedido: quando o laudo médico pericial judicial ficar em concordância com o laudo do perito administrativo, poderá o juízo julgar improcedente o pedido, deixando de levar em conta outros elementos dos autos (como documentação médica apresentada pela parte autora), inclusive a perspectiva de avaliação biopsicossocial.

Havendo outros pontos no processo que não somente a discussão sobre a incapacidade laboral, prosseguirá o processo.

Em relação à realização da prova pericial contábil, o posicionamento majoritário da jurisprudência entende não configurar cerceamento de defesa seu indeferimento no caso de ação de revisão de benefício previdenciário, em geral sob o argumento de se tratar de matéria exclusivamente de direito, nos termos do art. 464, § 1.º, I, do CPC.

Contudo, há posicionamentos contrários, no sentido de que a prova pericial contábil é cabível nas ações revisionais de benefício previdenciário.[16] A perícia contábil tem cabimento quando se tratar de dúvida a respeito dos cálculos monetários apresentados pelas partes, acerca do reajuste do benefício,[17] ou quanto à exata utilização dos salários de contribuição para o cálculo da renda mensal inicial (RMI) do benefício do autor,[18] bem como em relação à exata aplicação dos índices de correção previstos em lei,[19] entre outros casos.

---

[16] "A realização da prova pericial é direito da parte, o qual somente pode ser negado se configurada qualquer das hipóteses enumeradas no art. 420 do CPC", TRF da 2.ª Região, 3.ª Turma, Rel. Des. Fed. André Kozlowski, AC 95.02.028142-0, j. 02.06.1999, DJ 31.08.1999.

[17] "Não há dúvida quanto aos aspectos legais da questão, mas sim quanto à exatidão dos cálculos apresentados por ambas as partes. Nessas condições, a perícia econômica é indispensável, de sorte a que o juiz possa saber com exatidão qual o cálculo correto"; TRF da 2.ª Região, 6.ª Turma, Rel. Des. Fed. André Kozlowski, AC 96.02.01550-0, j. 09.05.2001, DJU 13.06.2001.

[18] "Laudo pericial, não impugnado pelas partes, que concluiu pela existência de erro na utilização dos salários de contribuição, quando do cálculo da renda mensal inicial do benefício do autor"; TRF da 5.ª Região, 3.ª Turma, Rel. Des. Fed. Ridalvo Costa, AC 97.05.00405-6, j. 07.08.1997, DJ 12.09.1997.

[19] "Entretanto, na espécie, a prova pericial realizada apurou que, ao contrário do que alegou a autarquia-apelante, os reajustes do benefício do autor nem sempre foram realizados com a exata aplicação dos índices de lei, sendo apuradas diferenças a serem

Mesmo que se tenha em conta que a revisão de benefício previdenciário normalmente é matéria exclusivamente de direito (aplicação da norma adequada ao caso em apreço), pode ocorrer dúvida quanto a alguns detalhes da demanda a ser decidida. O emaranhado de leis a respeito de atualização monetária existentes em nosso ordenamento, bem como a complexidade a respeito da variada gama de indicadores econômicos utilizáveis para tanto podem demandar a necessidade de prova pericial esclarecedora destes pontos, o que extrapola os conhecimentos jurídicos do julgador.

A comprovação da hipossuficiência econômica, requisito necessário à percepção do benefício da assistência social, pode ser realizada (ou corroborada) mediante prova pericial produzida pelo assistente social (laudo ou estudo social).

5.4.5 Inspeção judicial

A *inspeção judicial* é uma modalidade de prova pouco utilizada, e essa tendência se repete no Processo Judicial Previdenciário.

Consiste a inspeção judicial na possibilidade de o juiz, de ofício ou a requerimento das partes, em qualquer fase do processo, inspecionar pessoas ou coisas, esclarecendo algum ponto de interesse para a decisão da causa. Poderá valer-se de um ou mais peritos, assim como delegar tal diligência para seus auxiliares, notadamente o Oficial de Justiça, sendo tudo posteriormente reduzido a termo e juntado aos autos, conjuntamente com desenhos, gráficos ou fotos, conforme o caso (arts. 481 a 484 do CPC).

Em matéria de *prova judicial previdenciária*, a inspeção judicial pode ser tomada como ferramenta extremamente útil para a demonstração dos fatos discutidos em juízo: a prova de hipossuficiência necessária à concessão do benefício assistencial, mediante visita à residência do pretendente;[20] a prova

---

pagas em favor do autor", 1.ª Turma, Rel. Des. Fed. Ubaldo Ataíde Cavalcante, AC 97.05.02854-7, j. 12.11.1998, *DJ* 26.11.1999, p. 312.

[20] "Previdenciário. Benefício de amparo social. Restabelecimento. Assistência social. Presença dos requisitos exigidos em lei. Correção das parcelas atrasadas a partir da suspensão indevida. Honorários advocatícios. (...) 3. Neste caso, há laudo médico-pericial (fls. 83/86) informando que o apelado sofre de sequelas de Paralisia Infantil, com graves deformidades esqueléticas e de tecidos moles, apresentando acentuada atrofia de toda musculatura de membro inferior esquerdo, o que o impossibilita de exercer atividades que exijam bipedestação prolongada e deambulação frequente; além disso, segundo conclusão de inspeção judicial realizado em audiência (fls. 108), verificou-se tratar de pessoa com estado físico deplorável, apresentando, ainda, obesidade e aspecto depressivo; restou comprovado, também, através de prova testemunhal, que sua família não

das condições especiais de trabalho (insalubridade) ou mesmo a comprovação da atividade rural.[21]

Por outro lado, deve ser criticada a má utilização da *inspeção judicial*, algumas vezes impropriamente realizada em audiência de instrução judicial:

> "Previdenciário e processual civil. Aposentadoria por idade. Rurícola. Inspeção judicial. Desprovimento do recurso. I – Se a inspeção realizada em audiência na pessoa da autora constata que 'a sua pele e suas mãos não são próprias de quem trabalha na lavoura', infirma-se o exercício da atividade rural, máxime se a apelação não toca nessa prova, pois 'o que o olho vê, ninguém nega fielmente'. II – Apelação desprovida" (TRF da 3.ª Região, 10.ª Turma, Rel. Juiz Castro Guerra, AC 96030205770, *DJU* 30.01.2004, p. 468).

Tecnicamente, a produção de prova por *inspeção judicial* exige do juiz (ou seu auxiliar) deslocar-se ao local dos fatos, a fim de melhor conhecer a situação previdenciária ensejadora de direitos para segurados e dependentes. Não pode corresponder à inspeção judicial essa mera *inspeção pessoal* (na pessoa do segurado), muitas vezes carregada de preconceitos a respeito dos segurados ou de suas condições de trabalho.

5.4.6 Fato notório e máximas de experiência

As máximas da experiência, segundo Moacyr Amaral Santos em seu clássico *Prova Judiciária no Cível e Comercial* (1949, p. 451), são consideradas prova *prima facie*:

> "A prova *prima facie* terá, assim, a estrutura de uma presunção fundada numa experiência da vida, vale dizer, de uma presunção calcada numa

---

possui condições de sustentá-lo sem prejuízo dos demais, inserindo-se, portanto, no rol dos cidadãos que devem ser albergados pelo benefício em questão. (...) 5. Apelação do INSS e Remessa Oficial improvidas" (TRF da 5.ª Região, 2.ª Turma, Rel. Des. Fed. Napoleão Maia Filho, AC 200183000165509, j. 26.09.2006, *DJ* 18.10.2006, p. 712).

[21] "Previdenciário. Averbação de tempo de serviço rural. Isenção quanto ao recolhimento da contribuição previdenciária. I – Realizada a inspeção judicial, fica afastada a hipótese de prova exclusivamente testemunhal. II – Restou comprovada a ocorrência de fato impeditivo da colheita da prova documental mais específica, visto que os documentos em questão foram queimados, configurando verdadeira hipótese de força maior ressalvada expressamente pelo § 3.º, do art. 55, da Lei n. 8.213/91. (...) VII – Recurso do segurado provido. Recurso do INSS e remessa necessária improvidos" (TRF da 2.ª Região, 1.ª Turma, Rel. Des. Fed. Carreira Alvim, AC 199751010226226, j. 1.º.06.2004, *DJU* 14.06.2004, p. 234).

norma da experiência. Mas, conquanto consista numa presunção, dela se distingue, como se verá mais adiante. Será a prova extraída da experiência da vida, à vista de um fato e do que comumente ocorre segundo a ordem natural das coisas, e da qual lícito é o juiz utilizar-se quando difícil se tornar o emprego dos meios probatórios normais".

As máximas de experiência configuram assim verdadeiras presunções autorizadas ou permitidas pela lei (SANTOS, 1952, p. 82):

> "Presunção é a ilação que se tira de um fato conhecido para se provar a existência de outro desconhecido. Poder-se-á também dizer que presunções são as consequências que resultam dos constantes efeitos de um fato: *ex eo quod plerumque fit ducantur presumptiones*. Ou, mais precisamente, na definição de Carnelutti, são consequências deduzidas de um fato conhecido, não destinado a funcionar como prova, para chegar a um fato desconhecido".

As máximas de experiência seriam, ademais, presunções comuns ou presunções simples (SANTOS, 1952, p. 84):

> "Presunções comuns, também conhecidas por simples ou de homem, são as que a lei não estabelece, mas se fundam naquilo que ordinariamente acontece. São aquelas em que o juiz, baseado em coisas ou atos que geralmente acontecem ou se realizam, ou em fatos acontecidos, delas tira a verdade do caso *sub judice*".

Moacyr Amaral Santos explica que os *fatos notórios*, do mesmo modo que as *máximas de* experiência, fazem parte da cultura normal própria de determinada esfera social, e o juiz, ao utilizá-los, não funciona como testemunha que informa quanto a fatos, porque se vale de conhecimento que não é seu apenas, ou de umas poucas pessoas, mas de uma *coletividade*, da qual é intérprete, e de cuja exatidão os litigantes sempre estão em condições de fiscalizar (1986, p. 38). Assim,

> "as regras de experiência comum, que surgem pela observação do que comumente acontece, e fazem parte da cultura normal do juiz, serão por este livremente aplicadas, independentemente de prova das mesmas. O juiz não pode desprezá-las quando aprecia o conteúdo de um testemunho, ou mesmo de um documento, para extrair a verdade dos fatos testemunhados ou documentados. 'Tampouco pode olvidá-las quando aprecia a prova de indícios e somente com o seu concurso poderá reconhecer em vários deles o mérito de formar suficiente convicção, ou a um só a especial qualidade de constituir por si só prova plena'. Em suma, o juiz se vale das regras de

experiência comum, livremente, para apreciar e avaliar as provas trazidas ao processo pelos meios regulares, a fim de decidir quanto aquilo que lhe pareça a verdade" (SANTOS, 1986, p. 43).

Há certa distinção entre fatos notórios e máximas ou regras de experiência (NEVES, 2016, p. 652):

"Importante notar que os fatos notórios não se confundem com as máximas de experiência, que são diferentes espécies do gênero "saber privado do juiz". Enquanto os fatos notórios se referem a fatos determinados que ocorrem, a cuja existência têm acesso, de maneira geral, as pessoas que vivem em determinado ambiente sociocultural, as máximas de experiência são juízos generalizados e abstratos, fundados naquilo que costuma ocorrer, que autorizam o juiz a concluir, por meio de um raciocínio intuitivo, que em identidade de circunstâncias, também assim ocorra no futuro".

Como se vê, pode-se adotar o conceito de que regras ou máximas de experiência são juízos generalizados e abstratos, fundados naquilo que costuma ocorrer, autorizando os magistrados a concluir, por meio de um raciocínio intuitivo, que em identidade de circunstâncias também ocorrerá aquele mesmo tipo de evento no futuro.

O uso de regras de experiência é autorizado pelo art. 375 do CPC: "O juiz aplicará as regras de experiência comum subministradas pela observação do que ordinariamente acontece e, ainda, as regras de experiência técnica, ressalvado, quanto a estas, o exame pericial".

No Processo Judicial Previdenciário pode-se utilizar das *máximas de experiência* para comprovação da atividade especial, a partir da admissão da perícia indireta, ou perícia por similaridade, nas hipóteses em que a empresa em que laborou o segurado não mais existe, mas a constatação da exposição aos agentes nocivos se dá em empresa do mesmo ramo industrial ou do mesmo grupo econômico.

A experiência da vida afirma que as condições de trabalho de determinado ramo laboral são similares, e que com o passar do tempo e com o avanço da tecnologia se faz apenas por melhorar o meio ambiente do trabalho, e não o inverso, sendo possível aferir mediante essa prova a exposição aos agentes nocivos mesmo em relação a períodos pretéritos e em relação a espaços laborais ora inexistentes.

Também as condições particulares de trabalho em que se insere o rurícola (tipo de produção agrícola da região, datas de plantio e colheita, fazendas historicamente conhecidas em determinada região etc.) podem ingressar no âmbito processual, influindo na apreciação da prova e formação da convicção do juízo, mediante a utilização das máximas de experiência, bem como do recurso aos fatos notórios, que dispensam prova. Veja-se a exposição de Damasceno (2002, p. 43):

> "Situações que ocorrem nas relações entre empregados e empregadores numa região do país já não ocorrem em outra; igual proposição entre o trabalho industrial, comercial ou rural, neste último as máximas de experiência variam da plantação de cana-de-açúcar para uma plantação de milho; enfim, o que normalmente ocorria numa época em que predominou o trabalho manual não será comum após a mecanização".

Com fundamento nessas premissas normativas e nos exemplos trazidos, verifica-se que a utilização das máximas de experiência e dos fatos notórios pode ser bastante interessante no Processo Judicial Previdenciário.

5.4.7 Prova da hipossuficiência econômica para concessão do BPC da Assistência Social

Diante da importância do tema e do elevado índice de judicialização dessa questão, analisaremos em destaque a comprovação da hipossuficiência econômica, requisito necessário à concessão do benefício da assistência social, previsto no art. 203, V, da CF:

> "Art. 203. A assistência social será prestada a quem dela necessitar, independentemente de contribuição à seguridade social, e tem por objetivos:
> (...)
> V – a garantia de um salário mínimo de benefício mensal à pessoa portadora de deficiência e ao idoso que comprovem não possuir meios de prover à própria manutenção ou de tê-la provida por sua família, conforme dispuser a lei".

Nos termos do art. 20, § 3.º, da Lei 8.742/1993:

> "Observados os demais critérios de elegibilidade definidos nesta Lei, terão direito ao benefício financeiro de que trata o *caput* deste artigo a pessoa com deficiência ou a pessoa idosa com renda familiar mensal *per capita* igual ou inferior a 1/4 (um quarto) do salário mínimo".

O critério de 1/4 do salário foi alterado para 1/2 do salário mínimo pela Lei 13.981/2020, mas, poucos dias após sua publicação, essa norma foi revogada pela Lei 13.982/2020, que retomou o conhecido critério de renda fixado em 1/4 de salário mínimo.

Esse parâmetro matemático certamente configura um valor aquém do mínimo indispensável para que alguém possa simplesmente comer todos os dias, isso sem falar que este não pode ter outros gastos igualmente indispensáveis à dignidade humana: habitação, luz, água, remédios, vestuário etc. Por isso, esse critério matemático sempre se revelou excludente do direito ao BPC, ocasionando desde os anos 1990 intensa judicialização em busca desse direito.

A primeira decisão importante do STF nessa matéria foi proferida na ADI 1.232/DF, que foi julgada improcedente, para se reconhecer a constitucionalidade do dispositivo contido no art. 20, § 3.º, da Lei 8.742/1993, visto que seria meramente regra de regulamentação de norma constitucional.

A Excelsa Corte, ao proferir tal julgamento, atentou mais para o fato de que o art. 203, V, não é dotado da qualidade de autoaplicabilidade e, caso reconhecida como inconstitucional a norma do art. 20, § 3.º, da Lei 8742/93, o BPC deixaria de ser implementado.

Com esse pano de fundo, e apesar da declaração de sua constitucionalidade pelo STF, permaneceu a discussão a respeito dos critérios de prova da condição de hipossuficiência econômica, sendo que a jurisprudência caminhou para consagrar o entendimento de que, apesar de ser constitucional o critério de renda da Lei 8.742/1993, este não seria, no âmbito do Poder Judiciário, o único critério de demonstração da necessidade econômica exigido constitucionalmente para a concessão do BPC.

Assim, não seria possível interpretar o art. 20, § 3.º, da Lei 8.742/93, como o único a fornecer critérios para a determinação e configuração da pobreza, até porque essa norma define apenas um quadro objetivo de miserabilidade absoluta, permitindo, implicitamente, que outros mecanismos de prova sejam utilizados para demonstração, no caso concreto, da hipossuficiência econômica.

Esse entendimento ficou cristalizado no REsp repetitivo 1.112.557/MG, julgado pelo STJ na sistemática dos recursos especiais repetitivos e, portanto, dotado de eficácia vinculante. Essa tese foi acolhida também pelo STF (Reclamação 4.374/PE, de relatoria do Min. Gilmar Mendes), em que se reconheceu que havia um processo de inconstitucionalização da norma contida no art. 20, § 3.º, da Lei 8.742/1993, em virtude de mudanças fáticas e jurídicas supervenientes a esse diploma legal.

Entre as mudanças jurídicas indicadas na fundamentação dessa relevante decisão constam algumas normas supervenientes à Lei 8.742/1993, também destinadas às políticas assistenciais, dotadas de outros critérios normativos distintos da Lei Orgânica da Assistência Social: Lei 10.836/2004 (Bolsa Família, que utiliza o critério de renda per capita inferior a 1/2 salário mínimo); Lei 10.869/2003 (Programa Nacional de Acesso à Alimentação);

Lei 10.21/2001 (Bolsa Escola), entre outras ações de transferência de renda a cargo do Governo Federal.

Essa fundamentação jurídica restou consolidada no julgamento do RE 567.985/MT, em conjunto com a própria Reclamação 4.374/PE, no sistema de repercussão geral (Tese 27), onde se fixou o entendimento da inconstitucionalidade parcial, sem pronúncia de nulidade, da norma contida na Lei 8.742/1993, art. 20, § 3.º.

Em suma, a regra contida no art. 20, § 3.º, da Lei 8.742/1993, a respeito da insuficiência econômica do beneficiário, deve receber uma interpretação que não exclua a possibilidade de utilização, no Processo Judicial Previdenciário, de outros meios de prova previstos no ordenamento jurídico.

Nesse rumo, não se pode desconsiderar que a prova testemunhal tem uma relevância ímpar nessa seara, bem como a inspeção judicial ou mesmo a determinação de que seja a situação investigada por assistente social, que possa dirigir-se até o local onde reside o pleiteante do benefício, com o fim de coletar dados a serem posteriormente apresentados ao juiz, mediante relatório circunstanciado, possibilitando, então, efetivamente, ocorrer a aferição exata das condições em que vive o postulante.

Ademais, é de se considerar todas as ponderações anteriores sobre a questão das provas, a atividade instrutória do juiz, as presunções e máximas da experiência etc.

O que não pode é ocorrer uma negativa do benefício simplesmente pelo fato de não estar o postulante enquadrado naquela condição de miserável absoluto prevista pela Lei 8.742/1993, pois pode estar caracterizada a hipossuficiência econômica ensejadora do benefício, e que deve ser aferida em cada caso concreto.

5.5 PROVA EMPRESTADA DA JUSTIÇA TRABALHISTA

Há muitas relações entre o que ocorre no mundo do trabalho e o que se dá no âmbito previdenciário. Embora se trate do mesmo fato social (o trabalho humano), nem sempre a regulação jurídica ou a aplicação de consequências jurídicas ocorre de modo igual nesses dois segmentos do Direito.

Inúmeros argumentos se posicionam contra e favoravelmente à utilização do vínculo trabalhista reconhecido pela Justiça obreira também com efeitos previdenciários. Encontram-se sintetizados nesta passagem de Savaris (2008, p. 258-259):

> "A atribuição de efeitos automáticos para fins previdenciários possibilitaria a utilização da via trabalhista como desvio do mais elevado rigor na apre-

ciação de prova previdenciária, isto é, um modo de não atender à exigência de prova material. Ademais, o reconhecimento de efeitos previdenciários automáticos às decisões trabalhistas abriria um espaço de grande dimensão para o mau uso da ação trabalhista. Em vez de deduzirem pretensões efetivamente de ordem trabalhista, essas ações trabalhistas guardariam desiderato previdenciário. Um acordo *de-pai-para-filho* na justiça trabalhista teria a mesma repercussão de uma anotação contemporânea na CTPS, ainda que não haja o recolhimento das contribuições previdenciárias incidentes? Por fim, a coisa julgada trabalhista não pode favorecer nem prejudicar terceiros, de maneira que o INSS não estaria obrigado a reconhecer os efeitos da decisão trabalhista ou averbar tempo de contribuição ou salário de contribuição sem a prova exigida pela legislação previdenciária. (...)

O outro lado da moeda: a Justiça do Trabalho executa de ofício as contribuições incidentes sobre as verbas próprias que se encontram inseridas na condenação (CF 88, art. 114, § 3.º). Se há o reconhecimento do fato jurídico 'prestação de serviço' para fins de custeio da Previdência Social, não deveria haver o reconhecimento para fins previdenciários igualmente? Poderia um fato ser e não ser ao mesmo tempo? De outro lado, a comprovação de fraude processual caberia ao INSS. Não se trata de impor os efeitos da coisa julgada trabalhista ao INSS, mas impor o reconhecimento de um fato admitido pelo empregado e pelo empregador (por força de decisão judicial) e que, por sua presunção de boa-fé e veracidade, deve ser reconhecido por todos. De outra parte, se houver o recolhimento das contribuições previdenciárias pelo empregador, tanto melhor, mas o fato é que o empregado não pode ser prejudicado duas vezes, isto é, já teria sido subtraído em seus direitos trabalhistas e agora teria de suportar a recusa de seu direito previdenciário por uma questão tributária que simplesmente não lhe diz respeito".

Nesse tópico, portanto, discutiremos a possibilidade de *prova emprestada* da Justiça do Trabalho.

Prova emprestada, conforme entendimento doutrinário:

> "... é assim chamada pela doutrina ao se referir à prova constituída em um processo que é transladada para outra, seja depoimento pessoal, prova testemunhal, pericial ou até mesmo a confissão, com a finalidade de que seja apreciada e considerada válida tal como se tivesse sido produzida no próprio processo em que foi juntada" (AURELLI, 2018, p. 622).

Seria mais correto dizer: quais os limites do aproveitamento do vínculo de emprego (e outros direitos trabalhistas, sobretudo de cunho remuneratório), reconhecido pela Justiça do Trabalho, para fins previdenciários, particularmente na esfera das ações previdenciárias?

É importante mencionar que o próprio art. 29-A, §§ 2.º, 3.º e 5.º, da Lei 8.213/91 permite a inserção/correção de informações que constem do CNIS, sobre vínculos de emprego e/ou questões remuneratórias que venham a ser obtidas a partir de decisões da Justiça do Trabalho (entre outras fontes):

> "§ 2º O segurado poderá solicitar, a qualquer momento, a inclusão, exclusão ou retificação de informações constantes do CNIS, com a apresentação de documentos comprobatórios dos dados divergentes, conforme critérios definidos pelo INSS.
>
> § 3º A aceitação de informações relativas a vínculos e remunerações inseridas extemporaneamente no CNIS, inclusive retificações de informações anteriormente inseridas, fica condicionada à comprovação dos dados ou das divergências apontadas, conforme critérios definidos em regulamento.
>
> (...)
>
> § 5º Havendo dúvida sobre a regularidade do vínculo incluído no CNIS e inexistência de informações sobre remunerações e contribuições, o INSS exigirá a apresentação dos documentos que serviram de base à anotação, sob pena de exclusão do período".

Apesar dessa expressa previsão legal, nem sempre o conteúdo das decisões proferidas pela Justiça do Trabalho é facilmente transposto para a esfera previdenciária.

O tema da *prova emprestada* se encontra disposto no art. 372 do CPC:

> "Art. 372. O juiz poderá admitir a utilização de prova produzida em outro processo, atribuindo-lhe o valor que considerar adequado, observado o contraditório".

A denominada *prova emprestada* passa a ser, com o CPC/2015, uma nova modalidade de prova, deixando de ser simples *prova atípica*, como era no modelo do CPC/1973, por ausência de regramento específico (PAZ, 2018, p. 108).

A doutrina debate dois pontos que não ficam claros da simples leitura do art. 372 do CPC: a) a necessidade de identidade de partes no processo em que foi produzida a prova e no processo em que ela é aproveitada; b) a observação do contraditório em qual processo – originário, de destino da prova ou em ambos.

Em relação ao momento em que deve ser aplicado o contraditório, compreendemos que não há nenhum óbice a que a prova emprestada seja submetida ao crivo do contraditório no processo de destino (PAZ, 2018, p. 111).

Não é comum que o INSS participe das lides trabalhistas – embora não exista impedimento jurídico para que seja chamado a participar do feito, na qualidade de *terceiro*. Diante desse cenário em que é rara sua participação nas reclamações trabalhistas, o contraditório sobre a *prova emprestada* se dará no âmbito da própria ação previdenciária, momento em que a autarquia previdenciária terá a plena possibilidade de se contrapor ao conteúdo apresentado pelo segurado ou dependente.

Em relação à identidade das partes, não encontramos maiores problemas a não ser uma exigência para a aplicação do disposto no art. 372 do CPC. Primeiro porque não há uma exigência legal expressa, e o julgador (previdenciário) não pode criar obrigações quando a própria lei não as estabelece; em segundo lugar, porque haverá a incidência do contraditório no processo de destino da prova emprestada, e, assim, sua legitimação também perante o INSS – que não foi parte na ação trabalhista.

O STF possui um entendimento sobre essa questão consolidado na Súmula 225: "Não é absoluto o valor probatório das anotações da carteira profissional". Todavia, deve-se registrar que esse verbete diz respeito ao conteúdo da CTPS que é lançado por ato do empregador no bojo da relação de emprego, e não se refere à anotação em carteira de trabalho em virtude de decisão judicial da Justiça do Trabalho.

No Processo Judicial Previdenciário, deve-se levar em conta a Súmula 31 da Turma Nacional de Uniformização dos Juizados Especiais Federais:

> "A anotação na CTPS decorrente de sentença trabalhista homologatória constitui início de prova material para fins previdenciários".

O STJ, por sua vez, tem entendimento muito mais restritivo. O julgado a seguir bem exemplifica esse posicionamento:

> "Previdenciário. Embargos de divergência em recurso especial. Carteira de Trabalho e Previdência Social. Anotações feitas por ordem judicial. Sentença trabalhista não fundamentada em provas documentais e testemunhais. Início de prova material não caracterizado.
>
> 1. A sentença trabalhista será admitida como início de prova material, apta a comprovar o tempo de serviço, caso ela tenha sido fundada em elementos que evidenciem o labor exercido na função e o período alegado pelo trabalhador na ação previdenciária. Precedentes das Turma que compõem a Terceira Seção.
>
> 2. No caso em apreço, não houve produção de qualquer espécie de prova nos autos da reclamatória trabalhista, tendo havido acordo entre as partes.

3. Embargos de divergência acolhidos.
(STJ, 3.ª Seção, Rel. Min. Laurita Vaz, EREsp 616.242/RN, j. 28.09.2005, *DJ* 24.10.2005, p. 170)".

Esse entendimento do STJ foi corroborado no julgamento do PUIL 293:

"A sentença trabalhista homologatória de acordo somente será considerada início válido de prova material, para os fins do art. 55, § 3.º, da Lei 8.213/91, quando fundada em elementos probatórios contemporâneos dos fatos alegados, aptos a evidenciar o exercício da atividade laboral, o trabalho desempenhado e o respectivo período que se pretende ter reconhecido, em ação previdenciária".

Essa tese contida no PUIL 293 consagra entendimento que já vinha se apresentando no STJ, no sentido de que a sentença trabalhista homologatória de acordo entre as partes constitui tão somente início de prova material da atividade laboral desenvolvida, a qual deverá ser ratificada a partir de outros elementos probatórios, contemporâneos à data dos fatos, em ação previdenciária própria.

Como se viu, a jurisprudência reconhece valor probante para a sentença trabalhista, que reconhece vínculo empregatício ou outros direitos trabalhistas (especialmente de cunho remuneratório), inclusive homologatória de acordo. Esse valor probante, porém, resume-se a um início de prova material, que deve ser corroborado por outros elementos de prova, sendo vedado, a princípio, o aproveitamento da decisão trabalhista que se resume a homologar acordo entre as partes.

O tema da prova emprestada da Justiça do Trabalho pode ser compreendido também a partir da ótica da *cooperação judiciária nacional*, prevista nos arts. 67 a 69 do CPC.

Conforme o art. 67 do CPC, aos "órgãos do Poder Judiciário, estadual ou federal, especializado ou comum, em todas as instâncias e graus de jurisdição, inclusive aos tribunais superiores, incumbe o dever de recíproca cooperação, por meio de seus magistrados e servidores". E o art. 68 complementa essa disposição, estabelecendo que "os juízes poderão formular entre si pedido de cooperação para *prática de qualquer ato processual*" (grifos nossos).

Nesse sentido, deve-se considerar que o art. 69, § 2.º, do CPC apresenta um rol apenas exemplificativo dos atos processuais que podem ser praticados de modo concertado (conjunto) por mais de um órgão judiciário.

A partir deste panorama normativo, defendemos que é possível a realização da prova de situações laborais na Justiça do Trabalho de modo concertado com a produção de reflexos nas ações previdenciárias.

Por fim, também cabe dizer que a perspectiva/tendência de preferência pela realização de acordos trabalhistas e conciliações, até mesmo em desprestígio da prolação de decisão judicial dos conflitos, também produz reflexos previdenciários, possivelmente negativos.

Esse modelo "acordista", que atualmente predomina no Processo do Trabalho, foi impulsionado ainda mais com a Reforma Trabalhista (Lei 13.467/2017), que criou um procedimento específico e facilitado de homologação de acordo extrajudicial (arts 855-B a 855-E da CLT).[22]

Ao se adotar como caminho preferencial a política de conciliação, muitas vezes a jurisdição fica conivente com a possibilidade, real e concreta, de renúncia a direitos fundamentais trabalhistas dentro do acordo homologado pela Justiça Trabalhista; isso, em segundo momento, terá reflexos previdenciários, a exemplo do reconhecimento de um *quantum* de remuneração inferior ao que efetivamente era praticado, com repercussão no recolhimento de contribuições previdenciárias e diminuição da RMI.

Somados todos esses argumentos, pugnamos pela utilização da prova quanto ao tempo e às condições de trabalho, conforme reconhecida pela Justiça do Trabalho, não apenas como início de prova material, mas como prova plena, dado que emanada de autoridade judicial com as mesmas prerrogativas que os outros juízos, as quais, ademais, apresentam força plena em relação aos aspectos contributivos (permitindo a cobrança das contribuições previdenciárias em atraso).

JURISPRUDÊNCIA

Tema 27 (repercussão geral): É inconstitucional o § 3.º do art. 20 da Lei 8.742/1993, que estabelece a renda familiar mensal *per capita* inferior a um quarto do salário mínimo como requisito obrigatório para concessão

---

[22] "Art. 855-B. O processo de homologação de acordo extrajudicial terá início por petição conjunta, sendo obrigatória a representação das partes por advogado. § 1.º As partes não poderão ser representadas por advogado comum. § 2.º Faculta-se ao trabalhador ser assistido pelo advogado do sindicato de sua categoria. Art. 855-C. O disposto neste Capítulo não prejudica o prazo estabelecido no § 6.º do art. 477 desta Consolidação e não afasta a aplicação da multa prevista no § 8.º art. 477 desta Consolidação. Art. 855-D. No prazo de quinze dias a contar da distribuição da petição, o juiz analisará o acordo, designará audiência se entender necessário e proferirá sentença. Art. 855-E. A petição de homologação de acordo extrajudicial suspende o prazo prescricional da ação quanto aos direitos nela especificados. Parágrafo único. O prazo prescricional voltará a fluir no dia útil seguinte ao do trânsito em julgado da decisão que negar a homologação do acordo."

do benefício assistencial de prestação continuada previsto no art. 203, V, da Constituição.

Súmula 225/STF: Não é absoluto o valor probatório das anotações da carteira profissional.

Súmula 198/TFR: Atendidos os demais requisitos, é devida a aposentadoria especial, se perícia judicial constata que a atividade exercida pelo segurado é perigosa, insalubre ou penosa, mesmo não inscrita em Regulamento.

Súmula 229/TFR: A mãe do segurado tem direito à pensão previdenciária, em caso de morte do filho, se provada a dependência econômica, mesmo não exclusiva.

Súmula 44/STJ: A definição, em ato regulamentar, de grau mínimo de disacusia, não exclui, por si só, a concessão do benefício previdenciário.

Súmula 149/STJ: A prova exclusivamente testemunhal não basta à comprovação da atividade de rurícola, para efeito da obtenção de benefício previdenciário.

Súmula 242/STJ: Cabe ação declaratória para reconhecimento de tempo de serviço para fins previdenciários.

Súmula 336/STJ: A mulher que renunciou aos alimentos na separação judicial tem direito à pensão previdenciária por morte do ex-marido, comprovada a necessidade econômica superveniente.

Súmula 577/STJ: É possível reconhecer o tempo de serviço rural anterior ao documento mais antigo apresentado desde que amparado em convincente prova testemunhal colhida sob contraditório.

PUIL 293/STJ: A sentença trabalhista homologatória de acordo somente será considerada início válido de prova material, para os fins do art. 55, § 3.º, da Lei 8.213/91, quando fundada em elementos probatórios contemporâneos dos fatos alegados, aptos a evidenciar o exercício da atividade laboral, o trabalho desempenhado e o respectivo período que se pretende ter reconhecido, em ação previdenciária.

Súmula 6/TNU: A certidão de casamento ou outro documento idôneo que evidencie a condição de trabalhador rural do cônjuge constitui início razoável de prova material da atividade rurícola.

Súmula 14/TNU: Para a concessão de aposentadoria rural por idade, não se exige que o início de prova material, corresponda a todo o período equivalente à carência do benefício.

Súmula 18/TNU: Provado que o aluno aprendiz de Escola Técnica Federal recebia remuneração, mesmo que indireta, à conta do orçamento da União, o respectivo tempo de serviço pode ser computado para fins de aposentadoria previdenciária.

Súmula 22/TNU: Se a prova pericial realizada em juízo dá conta de que a incapacidade já existia na data do requerimento administrativo, esta é o termo inicial do benefício assistencial.

Súmula 24/TNU: O tempo de serviço do segurado trabalhador rural anterior ao advento da Lei 8.213/91, sem o recolhimento de contribuições previdenciárias, pode ser considerado para a concessão de benefício previdenciário do Regime Geral de Previdência Social (RGPS), exceto para efeito de carência, conforme a regra do art. 55, § 2.º, da Lei 8.213/91.

Súmula 26/TNU: A atividade de vigilante enquadra-se como especial, equiparando se à de guarda, elencada no item 2.5.7. do Anexo III do Decreto n. 53.831/64.

Súmula 27/TNU: A ausência de registro em órgão do Ministério do Trabalho não impede a comprovação do desemprego por outros meios admitidos em Direito.

Súmula 29/TNU: Para os efeitos do art. 20, § 2.º, da Lei 8.742, de 1993, incapacidade para a vida independente não é só aquela que impede as atividades mais elementares da pessoa, mas também a que impossibilita de prover ao próprio sustento.

Súmula 30/TNU: Tratando-se de demanda previdenciário, o fato de o imóvel ser superior ao módulo rural não afasta, por si só, a qualificação de seu proprietário como segurado especial, desde que comprovada, nos autos, a sua exploração em regime de economia familiar.

Súmula 31/TNU: A anotação na CTPS decorrente de sentença trabalhista homologatória constitui início de prova material para fins previdenciários.

Súmula 34/TNU: Para fins de comprovação do tempo de labor rural, o início de prova material deve ser contemporâneo à época dos fatos a provar.

Súmula 41/TNU: A circunstância de um dos integrantes do núcleo familiar desempenhar atividade urbana não implica, por si só, a descaracterização do trabalhador rural como segurado especial, condição que deve ser analisada no caso concreto.

Súmula 46/TNU: O exercício de atividade urbana intercalada não impede a concessão de benefício previdenciário de trabalhador rural, condição que deve ser analisada no caso concreto.

Súmula 47/TNU: Uma vez reconhecida a incapacidade parcial para o trabalho, o juiz deve analisar as condições pessoais e sociais do segurado para a concessão de aposentadoria por invalidez.

Súmula 48/TNU: A incapacidade não precisa ser permanente para fins de concessão do benefício assistencial de prestação continuada.

Súmula 49/TNU: Para reconhecimento de condição especial de trabalho antes de 29/4/1995, a exposição a agentes nocivos à saúde ou à integridade física não precisa ocorrer de forma permanente.

Súmula 63/TNU: A comprovação de união estável para efeito de concessão de pensão por morte prescinde de início de prova material.

Observação: embora a Súmula 63/TNU não tenha sido cancelada, ela contraria a disposição do art. 16, § 5.º, da Lei 8.213/91.

Súmula 68/TNU: O laudo pericial não contemporâneo ao período trabalhado é apto à comprovação da atividade especial do segurado.

Súmula 71/TNU: O mero contato do pedreiro com o cimento não caracteriza condição especial de trabalho para fins previdenciários.

Súmula 75/TNU: A Carteira de Trabalho e Previdência Social (CTPS) em relação à qual não se aponta defeito formal que lhe comprometa a fidedignidade goza de presunção relativa de veracidade, formando prova suficiente de tempo de serviço para fins previdenciários, ainda que a anotação de vínculo de emprego não conste no Cadastro Nacional de Informações Sociais (CNIS).

Súmula 77/TNU: O julgador não é obrigado a analisar as condições pessoais e sociais quando não reconhecer a incapacidade do requerente para a sua atividade habitual.

Súmula 78/TNU: Comprovado que o requerente de benefício é portador do vírus HIV, cabe ao julgador verificar as condições pessoais, sociais, econômicas e culturais, de forma a analisar a incapacidade em sentido amplo, em face da elevada estigmatização social da doença.

IRDR 12/TRF 4: O limite mínimo previsto no art. 20, § 3.º, da Lei 8.742/93 ("considera-se incapaz de prover a manutenção da pessoa com deficiência ou idosa a família cuja renda mensal *per capita* seja inferior a 1/4 (um quarto) do salário mínimo") gera, para a concessão do benefício assistencial, uma presunção absoluta de miserabilidade.

Capítulo 6
DO MINISTÉRIO PÚBLICO

Sumário: 6.1 A atuação do Ministério Público no Processo Civil – 6.2 A participação do Ministério Público nos processos judiciais previdenciários: 6.2.1 Prerrogativas processuais do Ministério Público; 6.2.2 Discussão sobre a nulidade processual por ausência de participação do Ministério Público – 6.3 Ações coletivas: 6.3.1 Algumas ponderações sobre a atuação do Ministério Público nas ações coletivas; 6.3.2 As ações coletivas em matéria previdenciária.

6.1 A ATUAÇÃO DO MINISTÉRIO PÚBLICO NO PROCESSO CIVIL

O Ministério Público é a instituição destinada à preservação dos valores fundamentais do Estado enquanto comunidade. Tais valores recebem a atenção dos membros do *parquet*, seja quando se encarregam da persecução penal ou quando atuam no juízo cível, em especial, no nosso caso, quando atuem na defesa de certos bens e valores fundamentais, inclusive os direitos sociais.[1]

O *Welfare State* se caracteriza pela proteção aos mais fracos e aos direitos e situações de abrangência comunitária e transindividual, de difícil preservação por iniciativa dos particulares. O Estado contemporâneo assumiu por missão garantir vida condigna aos homens, e um dos organismos idôneos a realizar essa função é o Ministério Público, tradicionalmente apontado como a instituição de proteção dos mais vulneráveis e que atualmente desponta

---

[1] Por disposição prevista no art. 127 da CF, o Ministério Público está destinado à defesa de interesses indisponíveis do indivíduo e da sociedade, e ao zelo dos interesses sociais (onde se encontram os direitos decorrentes da Seguridade Social). O art. 176 do CPC/2015 segue essa esteira e assim se encontra redigido: "Art. 176. O Ministério Público atuará na defesa da ordem jurídica, do regime democrático e dos interesses e direitos sociais e individuais indisponíveis".

como o agente estatal predisposto à tutela da cidadania (GRINOVER et al., 1996, p. 210).

A atuação do Ministério Público no processo civil normalmente é classificada conforme ele atue como *parte* ou *fiscal da ordem jurídica*. Contudo, essa distinção não satisfaz, uma vez que enfrenta de maneira rasa o problema: mesmo quando atua como parte, o Ministério Público zela pelo correto cumprimento da lei; ademais, quando participe do processo apenas como *custos legis*, possui algumas prerrogativas que o caracterizam como verdadeira *parte*, para fins processuais – nos termos do art. 179 do CPC.

O mais correto é classificar a atuação do *parquet* considerando a forma e o objetivo pela qual se manifesta, pelo que temos sua atuação como *autor*; *substituto processual*; *interveniente em razão da natureza da lide*; e *interveniente em razão da qualidade da parte*.

E, até mais essencial que discutir a exteriorização da atuação do *parquet* é buscar a causa que o traz ao processo. Nesse âmbito, pode-se afirmar que o Ministério Público atua quando houver interesse público (Greco Filho, 2000, p. 156) ou indisponível no bojo do processo, o qual, resumidamente, pode estar ligado à qualidade de *pessoa* (caso dos incapazes ou de ações relativas ao estado da pessoa) ou da natureza da *relação jurídica discutida*, conforme disposto no art. 178 do CPC.

Quando intervém em razão da natureza da lide, o Ministério Público tem dois tipos de atuação. Zela pelo interesse indisponível ligado à própria relação jurídica ou pelos interesses que, mesmo sem serem propriamente indisponíveis, aproveitam a grupo tão disperso da coletividade que se torna socialmente conveniente à atuação ministerial.

Intervindo em razão da natureza da lide, o órgão ministerial defende interesse impessoal da coletividade. Entretanto, intervindo pela qualidade da parte, tem atuação protetiva à parte. Vale dizer: se defende ou intervém em interesse de incapaz, o *parquet* zela por esse interesse e essa pessoa. Por outro lado, se a tutela judicial pretendida vincula-se a uma relação jurídica abstrata, como a preservação ambiental, por exemplo, o fim da intervenção será a proteção para que esse interesse não sofra disposição indevida.

Hugo Nigro Mazzilli (2003, p. 160) bem explicita essa hipótese de intervenção ministerial em razão de interesse ligado à parte:

> "A primeira hipótese se dá quando o Ministério Público atua de forma ativa ou interveniente, quando houver um interesse indisponível ligado a algumas pessoas. Exemplo dessa espécie de atuação é aquele em que o Ministério Público defende incapazes, indígenas, pessoas portadoras de deficiência, pessoas idosas, pessoas acidentadas no trabalho etc. Aqui

cogitamos de ação ou intervenção; aqui cogitamos de defesa individual ou coletiva – não importa. Mas, *em todos esses casos há algo em comum: sua ação tem uma finalidade protetiva: é a defesa de uma pessoa, de alguém que ostente alguma forma de hipossuficiência, que tenha uma limitação social, de capacidade ou de funcionalidade.* Nessa primeira hipótese, temos uma intervenção ligada a um interesse indisponível de uma pessoa. Exemplo clássico: a defesa do incapaz" (grifos nossos).

No caso específico do *processo judicial previdenciário*, aplica-se a regra geral de que o Ministério Público participa na qualidade de interventor, em razão da qualidade de parte, posto que em determinadas ações encontra-se presente o *incapaz* (a exemplo dos casos de pensão por morte, em que comumente há menores incapazes, filhos do segurado falecido).[2]

Também deve intervir quando se tratar de Mandado de Segurança, conforme expressa previsão da Lei 12.016/2009, que exige a participação do *parquet*, e nas ações em torno do Benefício de Prestação Continuada, em que a lei também requer sua participação (art. 31 da Lei 8.742/93).

Ademais, exige-se a participação do *parquet* na sistemática processual pertinente aos recursos extraordinários julgados pela metodologia da *repercussão geral*, assim como para os recursos especiais repetitivos, Incidente de Resolução de Demandas Repetitivas (IRDR) e ações civis públicas.

6.2 A PARTICIPAÇÃO DO MINISTÉRIO PÚBLICO NOS PROCESSOS JUDICIAIS PREVIDENCIÁRIOS

Além das situações em que o Ministério Público deve figurar como autor de uma demanda judicial, poderá participar do processo como fiscal da ordem jurídica, conforme dispõe o art. 178 do CPC:

> "Art. 178. O Ministério Público será intimado para, no prazo de 30 (trinta) dias, intervir como fiscal da ordem jurídica nas hipóteses previstas em lei ou na Constituição Federal e nos processos que envolvam:
>
> I – interesse público ou social;
>
> II – interesse de incapaz;
>
> (...)

---

[2] Não se pretende, por óbvio, fazer um rol exaustivo das situações em que o *incapaz* pode possuir interesse na lide ou mesmo dela fazer parte. Os casos citados são meramente exemplificativos, pois a realidade forense é muito mais rica do que qualquer tentativa de sistematização acadêmica.

Parágrafo único. A participação da Fazenda Pública não configura, por si só, hipótese de intervenção do Ministério Público".

No Processo Judicial Previdenciário, podemos destacar a participação do Ministério Público como fiscal da ordem jurídica nas ações sobre benefício assistencial, pois isso decorre da pura e simples previsão legal (art. 31 da Lei 8.742/1993: "Art. 31. Cabe ao Ministério Público zelar pelo efetivo respeito aos direitos estabelecidos nesta Lei"), visto que o estatuto processual estabelece essa forma de atuação "nas hipóteses previstas em lei ou na Constituição Federal".

Além da expressa previsão legal contida no art. 31 da Lei 8.742/93, a participação do MPF nos processos relativos ao BPC pode ser corroborada pela previsão dos incisos I e II do art. 178 do CPC, que exigem a participação do *parquet* nos processos que envolvam "interesse público ou social" e "interesse de incapaz".

Também decorre de expressa previsão legal a participação do Ministério Público nas ações previdenciárias que sejam promovidas por meio do rito processual do Mandado de Segurança.

Outro campo de atuação em que a participação do Ministério Público é necessária, dentro do Processo Judicial Previdenciário, reside nas mais diversas ações previdenciárias em que figure como parte incapaz (a exemplo de menores, pessoas com deficiência ou pessoas em outras situações previstas pela legislação civil).

6.2.1 Prerrogativas processuais do Ministério Público

O art. 179 do CPC determina que, quando o Ministério Público intervier como fiscal da ordem jurídica, terá vista dos autos depois das partes e será intimado de todos os atos do processo (inciso I); ademais, poderá produzir provas, requerer as medidas processuais que julgar pertinentes e recorrer (inciso II).

Outra prerrogativa processual do Ministério Público consiste no prazo em dobro para se manifestar nos autos (art. 180 do CPC), que terá início a partir de sua intimação pessoal.

A fim de não incorrer em demoras inadequadas ao célere andamento processual, estabelece o art. 180, § 1.º, do CPC, que terminado o prazo para manifestação do Ministério Público sem que tenha ocorrido o oferecimento de parecer, o juiz requisitará os autos e dará andamento ao processo.

Esse dispositivo visa solucionar a situação de processos sem andamento ou com atrasos inadequados em virtude de o órgão judicial permanecer esperando, indefinidamente, o cumprimento do prazo para elaboração de parecer pelo representante do parquet – a quem sempre se entendeu ser atribuído prazo impróprio, isto é, prazo destituído de sanções processuais no caso de descumprimento.

Por fim, estabelece a legislação que o membro do Ministério Público será civil e regressivamente responsável quando agir com dolo ou fraude no exercício de suas funções (art. 181 do CPC).

6.2.2 Discussão sobre a nulidade processual por ausência de participação do Ministério Público

A possibilidade de declaração de nulidade do processo por ausência de participação do *parquet* está contida no art. 279 do CPC/2015:

> "Art. 279. É nulo o processo quando o membro do Ministério Público não for intimado a acompanhar o feito em que deva intervir.
>
> § 1.º Se o processo tiver tramitado sem conhecimento do membro do Ministério Público, o juiz invalidará os atos praticados a partir do momento em que ele deveria ter sido intimado.
>
> § 2.º A nulidade só pode ser decretada após a intimação do Ministério Público, que se manifestará sobre a existência ou a inexistência de prejuízo".

Segundo Bueno (2016, p. 193), "a ausência de intimação do Ministério Público para atuar na qualidade de fiscal da ordem jurídica acarreta a nulidade do processo desde o instante em que a instituição devia ser intimada".

Há decisões determinando a anulação de processos diante do reconhecimento da ausência de participação ministerial. Porém, diante do princípio do aproveitamento dos atos processuais, caso o processo tenha tramitado sem conhecimento do membro do Ministério Público, o juiz invalidará somente os atos praticados a partir do momento em que ele deveria ter sido intimado (art. 279, § 1.º, do CPC).

Essa dinâmica do máximo aproveitamento dos atos processuais, ainda que determinado ato tenha sido praticado em desconformidade com a forma prescrita em lei, encontra respaldo nos arts. 281 a 283 do CPC:

> "Art. 281. Anulado o ato, consideram-se de nenhum efeito todos os subsequentes que dele dependam, todavia, a nulidade de uma parte do ato não prejudicará as outras que dela sejam independentes.

Art. 282. Ao pronunciar a nulidade, o juiz declarará que atos são atingidos e ordenará as providências necessárias a fim de que sejam repetidos ou retificados.

§ 1.º O ato não será repetido nem sua falta será suprida quando não prejudicar a parte.

§ 2.º Quando puder decidir o mérito a favor da parte a quem aproveite a decretação da nulidade, o juiz não a pronunciará nem mandará repetir o ato ou suprir-lhe a falta.

Art. 283. O erro de forma do processo acarreta unicamente a anulação dos atos que não possam ser aproveitados, devendo ser praticados os que forem necessários a fim de se observarem as prescrições legais.

Parágrafo único. Dar-se-á o aproveitamento dos atos praticados desde que não resulte prejuízo à defesa de qualquer parte".

Além desses aspectos processuais aplicáveis aos processos em geral, no Processo Judicial Previdenciário a jurisprudência registra numerosos julgados em que é relativizada a nulidade processual na hipótese da ausência de manifestação ministerial. Em que pese a relevante atuação do *parquet* em defesa dos direitos sociais, a ausência de sua intervenção processual, em algumas situações, não tem sido considerada causa de nulidade do processo.

Diante do princípio da instrumentalidade das formas, o ato processual será anulado somente se o seu objeto não tiver sido atingido. Deve-se considerar sempre a finalidade do ato processual, e, caso ela seja alcançada, ainda que o ato seja irregular em sua forma, não deverá ser anulado, pois o prejuízo às partes e ao direito é o requisito necessário para a decretação da anulação de ato processual – ideia ilustrada no velho brocardo jurídico *pas de nullité sans grief*.

A anulação de sentenças por ausência de manifestação do Ministério Público, com consequente remessa dos autos à Vara de origem, para que o feito seja novamente processado e julgado com efetiva participação ministerial, poderia proporcionar, por si só, prejuízo efetivo às partes: haveria uma inequívoca dilação do tempo de duração do processo, pela simples realização desse procedimento, ofendendo o direito fundamental à celeridade processual.

Em síntese, compreende-se que a hermenêutica mais adequada para a situação processual de ausência de intervenção do Ministério Público será aquela em que só se decretará a nulidade do processo ou de ato processual caso prejudique as partes; inexistindo prejuízo, será mais adequada a convalidação do ato processual, evitando-se maiores atrasos no andamento do processo e maior demora na satisfação material do direito às prestações previdenciárias e assistenciais.

Nesse sentido, o CPC/2015, art. 279, § 2.º, inova em relação ao CPC anterior e dispõe que "A nulidade só pode ser decretada após a intimação do Ministério Público, que se manifestará sobre a existência ou a inexistência de prejuízo".

A jurisprudência registra julgados nesse sentido que propomos, a exemplo de quando não ocorre nenhum prejuízo ao direito dos incapazes ou das pessoas com deficiência, ou quando é proferida sentença de procedência, que concede o benefício assistencial.

Outra hipótese em que a jurisprudência tem entendido pela ausência de nulidade processual pela falta de intervenção ministerial é aquela em que ocorre participação na esfera recursal, que se entende por supletiva: a manifestação no respectivo Tribunal Regional Federal possui o condão de convalidar os atos processuais anteriormente praticados, afastando qualquer nulidade.

Por outro lado, e embora parecesse despiciendo formular tal afirmação após a Constituição Federal de 1988, têm os tribunais decidido que não há nulidade processual pela ausência de intervenção do Ministério Público, tendo em vista a simples presença de ente estatal na lide (INSS ou a União Federal). Atualmente, a própria previsão do art. 178, parágrafo único, do CPC, já parece indicar esse entendimento. Nesses termos, já se julgou que "não cabe ao Ministério Público, como fiscal da lei, velar pelos interesses das autarquias, tendo em vista que esses órgãos dispõem de serviço jurídico próprio. O interesse público defendido pelo *parquet* não se confunde com os da pessoa jurídica de Direito Público".[3]

Também não se vislumbra nulidade processual por falta de intervenção do Ministério Público em casos de revisão de benefício, pois "não há que se falar em nulidade absoluta por falta de interveniência do Ministério Público Federal, pois o interesse público não está configurado no presente caso de ação revisional de benefícios previdenciários, cabendo ao juiz examinar a existência do interesse pela natureza da lide ou qualidade da parte".[4]

Compilando algumas situações esparsas, verifica-se não ser caso de nulidade do processo por ausência da intervenção ministerial quando não

---

[3] TRF da 5.ª Região, 1.ª Turma, Rel. Des. Fed. Castro Meira, AC 97.05.013199-6, j. 26.06.1997, *DJ* 18.07.1997, p. 55.213. Desde a promulgação da Constituição Federal de 1988, o Ministério Público não mais exerce a função de defesa judicial das pessoas de Direito Público, ficando tal atribuição a cargo de suas Procuradorias ou da Advocacia-Geral da União, no caso da União Federal.

[4] TRF da 5.ª Região, 1.ª Turma, Rel. Des. Fed. Ubaldo Ataíde Cavalcante, AC 97.05.038319-7, j. 28.05.1998, *DJ* 14.08.1998, p. 183.

restar comprovada a incapacidade da parte;[5] quando a genitora representou processualmente os filhos menores incapazes;[6] quando a participação ministerial não seria hábil a modificar o conteúdo do julgamento.[7]

6.3 AÇÕES COLETIVAS

Ainda no tema da participação do Ministério Público no processo judicial previdenciário, necessário tecer algumas linhas a respeito das ações coletivas. Com efeito, além da atuação em razão da qualidade da parte ou por motivo da natureza da lide, um terceiro segmento de atuação do *parquet* se apresenta hoje de modo importantíssimo, qual seja justamente o das ações coletivas.

Segundo Hugo Nigro Mazzilli (2003, p. 161),

> "há ainda uma terceira hipótese de atuação, uma terceira causa de atuação do Ministério Público, que é fruto de um posicionamento mais moderno, mais recente que o Código de Processo Civil de 1973: é a intervenção baseada na expressão social do interesse. Mesmo que não seja indisponível, se o interesse discutido em juízo tiver larga abrangência ou suficiente expressão social, estará justificada, até exigida, a atuação do Ministério Público".

As ações coletivas, ademais, consistem em uma importante resposta à atomização de conflitos, sendo caso de se valorizar esse caminho, inclusive em relação aos Termos de Ajustamento de Conduta (MANCUSO, 2008, p. 155-156).

Colocada, nesses termos, a importância da atuação do Ministério Público em relação às ações coletivas, veremos, agora, alguns apontamentos sobre o procedimento a ser observado em tal conduta.

6.3.1 Algumas ponderações sobre a atuação do Ministério Público nas ações coletivas

A legitimação do *parquet* para propor ação civil pública está prevista, a partir de 1988, não mais na legislação ordinária, mas no próprio corpo da Carta Constitucional – art. 129, III –, de sorte que a lei ordinária não pode limitar ou retirar do *parquet* a legitimidade para a defesa em juízo dos direitos difusos e coletivos.

---

[5] TRF da 3.ª Região, 1.ª Turma, Rel. Juiz Fed. Conv. Gilberto Jordan, AC 94.03.103498-0, j. 06.02.2001, *DJU* 26.06.2001, p. 438.

[6] TRF da 3.ª Região, 5.ª Turma, Rel. Des. Fed. Ramza Tartuce, AC 93.03.075188-4, j. 14.12.1999, *DJU* 04.04.2000, p. 534.

[7] TRF da 3.ª Região, 5.ª Turma, Rela. Desa. Fed. Suzana Camargo, AC 95.03.006483-0, j. 03.08.1999, *DJ* 19.10.1999, p. 617.

Todavia, tal legitimação não a retira de terceiros, em se verificando as mesmas hipóteses, segundo o disposto na Constituição Federal – conforme o mesmo art. 129, III – e na legislação infraconstitucional. A legitimidade do Ministério Público não é exclusiva, mas concorrente.

O Ministério Público, porém, é o único legitimado incondicionalmente a propor ação civil pública, pois as demais pessoas devem demonstrar o legítimo interesse para poder agir, sendo que não podem ir além daqueles interesses descritos em lei.

A lei estabelece que qualquer pessoa poderá – e o servidor público deverá – provocar a iniciativa do Ministério Público, ministrando-lhe informações sobre fatos que constituam objeto desta ação e indicando-lhe os elementos de convicção – art. 6.º da Lei 7.347/1985.

Caso outro legitimado proponha a ação civil pública, cumpre ao Ministério Público integrar a ação coletiva atuando como *custos legis*. A ausência de intervenção do *parquet* acarreta nulidade aos atos processuais de que não tenha participado. Havendo desistência infundada ou abandono injustificado da ação, o Ministério Público deve assumir a titularidade ativa.

O Ministério Público não é obrigado a propor, indistintamente, a ação civil pública. A obrigatoriedade só aparece quando identificada uma das hipóteses em que deva o *parquet* atuar. Contudo, verificada uma dessas hipóteses, sua atuação não é faculdade, mas dever. O Ministério Público possui legitimidade e competência para zelar pelos direitos coletivos atribuída pelo próprio texto constitucional; portanto, tal competência deve ser sempre exercida, pois toda competência é *dever* (FIGUEIREDO, 1998).

O princípio da obrigatoriedade informa não só a propositura da ação civil pública como toda sua condução: é vedado ao *parquet* desistir arbitrariamente do pedido ou deixar de executar a sentença (Mazzilli, 1999).

A tutela dos direitos e interesses transindividuais, como *função institucional* do Ministério Público, encontra-se expressamente disciplinada na Lei Federal 8.625/1993 – Lei Orgânica Nacional do Ministério Público – e na Lei Complementar Estadual 734/1993 – Lei Orgânica Estadual do Ministério Público de São Paulo –, em seu art. 25.

6.3.2 As ações coletivas em matéria previdenciária

Vista em breve exposição a importância da atuação do Ministério Público nas ações coletivas, assim como um rápido apontamento sobre o procedimento e as regras processuais pertinentes à sua atuação, é hora de examinar também em breve trecho as particularidades do processo judicial previdenciário.

Com efeito, nada obsta o *parquet*, principalmente o federal, de ingressar – ou de participar como *custos legis*, se ação coletiva for ajuizada por outrem que não a Instituição Ministerial – com ação coletiva na seara previdenciária.

Aliás, realmente algumas dessas demandas têm sido propostas em nossos Tribunais, as quais versam sobre a defesa de interesses individuais homogêneos de segurados e pensionistas.

Nossos Tribunais têm encarado tais demandas coletivas às vezes de modo progressista – o que se espera, visto que mais consentâneo com os ditames constitucionais –, outras vezes com visão arcaica do processo.

Pode-se citar, por exemplo, em relação a essa visão retrógrada das ações coletivas, o caso das ações coletivas propostas relativamente ao recebimento da diferença de 147% dos aposentados e pensionistas do INSS, em que a primeira percepção foi no sentido de que deveriam ser ajuizadas nas capitais dos diversos Estados, a pretexto de as decisões encaixarem-se nos limites territoriais dos diversos órgãos da Justiça Federal.

Todavia, a visão do Poder Judiciário não tem se restringido a essa posição inadequada inicial. De fato, inúmeras ações coletivas têm sido conhecidas, processadas e, muitas vezes, chegado a bom termo com uma efetiva e eficiente proteção e defesa dos direitos sociais, vistos estes e defendidos sob uma perspectiva coletiva, inclusive no âmbito previdenciário.

De acordo com o que expusemos a respeito da *preferibilidade das ações coletivas* para a tutela de alguns direitos fundamentais, nestes incluídos os direitos sociais ligados à Seguridade Social, pensamos que as ações coletivas consistem em um dos caminhos mais eficazes para a defesa e tutela dessa referida gama de direitos fundamentais.

É que, muitas vezes, as violações de direitos acontecem de forma massiva, muitas vezes por meio de um único ato governamental que restringe direitos previdenciários (seja na fixação de critérios ilegais ou inconstitucionais para a concessão de benefícios previdenciários, seja na errônea revisão dos valores dos benefícios etc.). Evitando-se a pulverização ou atomização de conflitos, o Poder Judiciário e o Ministério Público podem conferir uma proteção muito mais eficaz aos direitos sociais ora em tela.

Capítulo 7
DA SENTENÇA E DA APELAÇÃO

Sumário: 7.1 Estrutura da sentença e das decisões judiciais: 7.1.1 Do julgamento; 7.1.2 Fato novo no curso do processo – 7.2 Exigências para a devida fundamentação das decisões judiciais (art. 489, § 1.º): 7.2.1. Impossibilidade de mera indicação, reprodução ou paráfrase de dispositivo legal; 7.2.2. Utilização de conceitos jurídicos indeterminados; 7.2.3. Descabimento da decisão-padrão; 7.2.4. Fundamentação suficiente ou exauriente?; 7.2.5. Descabimento da mera invocação de súmulas ou precedentes; 7.2.6. Necessidade de realizar a adequada distinção ou superação dos precedentes no caso concreto; 7.2.7. Fundamentação da decisão judicial no caso de colisão entre normas jurídicas; 7.2.8 Vedação da fundamentação *per relationem;* 7.2.9 Aplicabilidade do art. 489, § 1.º, do CPC, aos Juizados Especiais Federais – 7.3 O reexame necessário nas ações previdenciárias – 7.4 Fixação dos honorários advocatícios – 7.5 Do recurso de apelação – Jurisprudência.

7.1 ESTRUTURA DA SENTENÇA E DAS DECISÕES JUDICIAIS

O art. 489 do CPC indica que todas as decisões judiciais deverão conter alguns elementos essenciais:

"Art. 489. São elementos essenciais da sentença:

I – o relatório, que conterá os nomes das partes, a identificação do caso, com a suma do pedido e da contestação, e o registro das principais ocorrências havidas no andamento do processo;

II – os fundamentos, em que o juiz analisará as questões de fato e de direito;

III – o dispositivo, em que o juiz resolverá as questões principais que as partes lhe submeterem".

Embora a redação do art. 489 diga expressamente que são elementos essenciais "da sentença", é certo que esses requisitos (relatório, fundamentos da decisão e dispositivo) são inerentes a toda forma de decisão judicial, como acórdãos proferidos pelos Desembargadores e Ministros de Tribunais, bem como decisões monocráticas proferidas nos termos do art. 932 do CPC.

Reforça esse entendimento o fato de que o art. 489, § 1.º, estabelece que "não se considera fundamentada qualquer decisão judicial, seja ela interlocutória, sentença ou acórdão". O dispositivo, como se vê, procura elencar várias hipóteses de decisão judicial, mencionando não apenas a sentença, mas também outros tipos importantes de decisão, como a decisão interlocutória e os acórdãos.

A menção aos elementos essenciais da decisão judicial (doravante, sempre consideraremos decisão judicial no sentido lato mencionado, e não apenas sentença) é extremamente importante.

Não se pode aferir a adequada fundamentação da decisão (art. 489, II) se não houver um perfeito relato dos principais atos processuais realizados e a exposição dos principais argumentos do pedido e da defesa (art. 489, I), em cotejo com o dispositivo em que o julgador apresenta a decisão proferida (art. 489, III).

Admite-se o relatório *per relationem*, que é aquela situação em que o juiz se reporta a um relatório realizado em outra demanda, o que é possível em termos de sentença em julgamento de demandas conexas quando julgadas em momentos diferentes ou de ações incidentais.

A ausência de relatório configura nulidade relativa, visto que só será o caso de anular a decisão judicial (sentença, acórdão etc.) se for demonstrado, concretamente, o prejuízo à parte (NEVES, 2016, p. 806).

O dispositivo da decisão, segundo Daniel Neves (2016, p. 806):

> "... é conclusão decisória da sentença, representando o comando da decisão. É a parte da sentença responsável pela geração de efeitos da decisão, ou seja, é do dispositivo que são gerados os efeitos práticos da sentença, transformando o mundo dos fatos."

A inexistência de dispositivo gera um vício processual de tipo gravíssimo: uma decisão judicial despida de dispositivo não chega a ser uma decisão judicial, pois nada é decidido; tratando-se de ato judicial inexistente (NEVES, 2016, p. 807).

No campo previdenciário o dispositivo da decisão judicial é muito importante, tendo em vista a prática, decorrente das orientações dos Tribunais e suas Corregedorias, de que indiquem, expressamente, elementos relevantes para a correta aplicação e implementação dos benefícios previdenciários, como a DIB, o valor do benefício ou a forma de cálculo da RMI etc.

7.1.1 Do julgamento

Conforme o art. 490 do CPC:

> "Art. 490. O juiz resolverá o mérito acolhendo ou rejeitando, no todo ou em parte, os pedidos formulados pelas partes".

Ou seja, é obrigação do juízo apreciar os pedidos formulados pela parte, acolhendo-os ou rejeitando, no todo ou em parte. Em uma ação previdenciária, deve decidir se o benefício é devido e em que extensão e modalidade (por exemplo, a decisão não admite o pedido de aposentadoria por incapacidade para o trabalho, mas aceita o cabimento subsidiário do auxílio por incapacidade temporária).

Também é necessário que o juízo observe os ditames do art. 491 do CPC:

> "Art. 491. Na ação relativa à obrigação de pagar quantia, ainda que formulado pedido genérico, a decisão definirá desde logo a extensão da obrigação, o índice de correção monetária, a taxa de juros, o termo inicial de ambos e a periodicidade da capitalização dos juros, se for o caso, salvo quando:
>
> I – não for possível determinar, de modo definitivo, o montante devido;
>
> (...)
>
> § 1.º Nos casos previstos neste artigo, seguir-se-á a apuração do valor devido por liquidação.
>
> § 2.º O disposto no *caput* também se aplica quando o acórdão alterar a sentença".

No caso do Processo Judicial Previdenciário, o juízo deverá indicar, em relação aos valores atrasados relativos ao benefício previdenciário concedido ou restabelecido, os índices e parâmetros de correção monetária e de juros moratórios (geralmente seguindo as Resoluções do CJF – Conselho da Justiça Federal), bem como o termo inicial de incidência (DER, citação etc.). O acórdão, caso altere a sentença, seguirá a mesma obrigação.

O pedido formulado na petição inicial vincula o julgamento que será proferido, nos termos do art. 492 do CPC:

> "Art. 492. É vedado ao juiz proferir decisão de natureza diversa da pedida, bem como condenar a parte em quantidade superior ou em objeto diverso do que lhe foi demandado".

Apesar da redação literal do dispositivo transcrito, que consagra o *princípio da congruência*, doutrina e jurisprudência vêm reconhecendo a possibilidade de flexibilização dessa regra, admitindo a *fungibilidade das ações previdenciárias*.

O Processo Judicial Previdenciário exige uma maior flexibilidade do rito procedimental e maior adaptação das fórmulas processuais à realidade complexa que permeia o Direito Previdenciário.

Conforme MAIA FILHO e WIRTH (2019, p. 146), "impõe reconhecer a possibilidade de mitigação da adstrição do julgado ao pedido expressamente formulado na petição inicial, admitindo-se que não se configura julgamento *ultra petita* a concessão de benefício previdenciário diverso do pleiteado na inicial do autor". Nesse sentido, veja-se esse interessante precedente do STJ:

> "Processual civil e previdenciário. Agravo interno no recurso especial. Benefício assistencial. Termo inicial. Data do requerimento administrativo ou, na ausência deste, da citação. Julgamento *ultra petita*. Não ocorrência. Agravo interno da autarquia federal desprovido. (...)
>
> 3. O Superior Tribunal de Justiça possui orientação firmada no sentido de que o pleito da parte deve ser interpretado em conformidade com a pretensão deduzida na exordial como um todo, sendo certo que o acolhimento da pretensão extraída da interpretação lógico-sistemática da peça apresentada pela parte autora não implica julgamento *ultra* ou *extra petita*.
>
> 4. Agravo interno da autarquia federal a que se nega provimento"
>
> (STJ, 1.ª Turma, Rel. Min. Manoel Erhardt (Desembargador Convocado do TRF5), AgInt no REsp n. 1.897.242/RN, julgado em 30.05.2022, *DJe* de 1º.06.2022).

Exemplo dessa característica de *fungibilidade* das ações previdenciárias ocorre quando o pedido é de auxílio por incapacidade temporária ao trabalho, mas constata-se a incapacidade laboral definitiva e a concessão é do benefício de aposentadoria; da mesma forma quando se requer o antigo benefício de aposentadoria por idade e, na ausência de preenchimento do requisito de carência, é concedido o benefício assistencial ao idoso previsto no art. 20 da Lei 8.742/1993.

Todavia, para que seja aplicada a mencionada *fungibilidade* que caracteriza as ações previdenciárias, devem estar presentes os requisitos para a concessão do benefício "subsidiário", assim como todos os requisitos e pressupostos processuais:

> "Processual civil e previdenciário. Auxílio-acidente. Pedido diverso na inicial. Princípio da fungibilidade. Inaplicabilidade.
>
> 1. A jurisprudência desta Corte Superior de Justiça firmou-se no sentido de que, em matéria previdenciária, é possível ao magistrado flexibilizar

o exame do pedido veiculado na peça exordial, e, portanto, conceder benefício diverso do que foi inicialmente pleiteado, desde que preenchidos os requisitos legais para tanto, sem que tal técnica configure julgamento *extra* ou *ultra petita*.

2. Caso em que a exordial formulou pedidos de restabelecimento de auxílio-doença e sua conversão em aposentadoria por invalidez, os quais foram julgados improcedentes, e o princípio da fungibilidade dos benefícios foi considerado inaplicável sob o fundamento de que o infortúnio que deu ensejo ao novo pleito de auxílio-acidente ocorreu em momento posterior ao ajuizamento da presente ação.

3. Havendo novo pedido com nova causa de pedir, caberia à parte autora inaugurar a referida demanda em sede administrativa e, se indeferido o pleito de concessão de auxílio-acidente, ajuizar nova ação judicial.

4. O fato de ter havido contestação de mérito não caracterizou o interesse recursal, porquanto o Tribunal de origem consignou que não havia qualquer pretensão resistida sobre o pedido de auxílio-acidente.

Incidência da Súmula 7 do STJ.

5. Agravo interno desprovido"

(1.ª Turma, Rel. Min. Gurgel de Faria, AgInt no AREsp 1.706.804/SP, j. 21.06.2021, *DJe* de 29.06.2021).

É muito relevante tratar da denominada *tutela específica*, prevista no art. 497 do CPC:

> "Art. 497. Na ação que tenha por objeto a prestação de fazer ou de não fazer, o juiz, se procedente o pedido, concederá a tutela específica ou determinará providências que assegurem a obtenção de tutela pelo resultado prático equivalente.
>
> Parágrafo único. Para a concessão da tutela específica destinada a inibir a prática, a reiteração ou a continuação de um ilícito, ou a sua remoção, é irrelevante a demonstração da ocorrência de dano ou da existência de culpa ou dolo".

As ações previdenciárias, em sua maioria, têm como objeto do pedido obrigações de fazer (concessão e implementação do benefício previdenciário; restabelecimento de benefício; revisão da RMI etc.). Nesse sentido, pode (e deve) o juiz determinar providências que assegurem o resultado prático do processo (isto é, a efetiva fruição do benefício previdenciário, em sua exata medida e com a máxima celeridade):

> Previdenciário. Prescrição. Pensão por morte rural para óbito ocorrido antes da LC 11/71. Lei 7604/87. Concessão a partir de 01/04/1987. Segurado

empregado e boia fria. Ausência de distinção no regime anterior. Benefício majorado com a constituição federal de 1988, juros moratórios e correção monetária. Diferidos. Da tutela específica do art. 497 do CPC/2015. (...)
6. Determina-se o cumprimento imediato do acórdão naquilo que se refere à obrigação de implementar o benefício, por se tratar de decisão de eficácia mandamental que deverá ser efetivada mediante as atividades de cumprimento da sentença *stricto sensu* previstas no art. 497 do CPC/2015, sem a necessidade de um processo executivo autônomo (*sine intervallo*).
(TRF da 4.ª Região – 6.ª Turma, Rel. Marina Vasques Duarte, APEL-REEX – Apelação/Reexame Necessário 0009658-50.2015.4.04.9999, *DE* 26.09.2016).

O rol de medidas coercitivas não é taxativo, podendo o juízo valer-se do que for adequado à satisfação da decisão judicial específica (daí a ideia de uma tutela *específica*), nos termos do art. 139, IV, do CPC. Em matéria previdenciária a medida mais específica consiste na fixação de multa no caso de descumprimento da obrigação de fazer cominada na decisão judicial.

O art. 497, parágrafo único, assegura a concessão da tutela específica independentemente da demonstração da ocorrência de dano ou da existência de culpa ou dolo. Em outras palavras, caberá a aplicação do art. 497 do CPC independentemente da comprovação de alguma conduta ilícita por parte do INSS.

A concessão de tutela específica também possui importância para os segurados pelo fato de que se trata de hipótese distinta (*distinguishing*) daquela tratada no Tema 692 do STJ: "A reforma da decisão que antecipa os efeitos da tutela final obriga o autor da ação a devolver os valores dos benefícios previdenciários ou assistenciais recebidos, o que pode ser feito por meio de desconto em valor que não exceda 30% (trinta por cento) da importância de eventual benefício que ainda lhe estiver sendo pago".

Os valores recebidos em virtude de concessão de tutela antecipada posteriormente revogada deverão ser restituídos ao INSS, por força do conteúdo do Tema 692, assinalado. Contudo, verifica-se que essa tese jurídica não trata da *tutela provisória* e não poderá ser interpretada extensivamente em prejuízo do segurado. Trata-se, como dissemos, de hipótese processual distinta que não autoriza a aplicação do precedente vinculante.

Por fim, cabe falar das peculiaridades da coisa julgada no Processo Judicial Previdenciário. A bastante conhecida definição do instituto da *coisa julgada* se encontra no art. 502 do CPC:

"Art. 502. Denomina-se coisa julgada material a autoridade que torna imutável e indiscutível a decisão de mérito não mais sujeita a recurso".

As ações previdenciárias são pautadas por um andamento em que a instrução probatória é precária, em virtude das características que denotam os segurados e dependentes: hipossuficiência econômica e também informacional; comprovação de situações ocorridas décadas atrás, muitas vezes passadas em situação de absoluta informalidade etc.

Nesse quadro, sempre se discutiu a possibilidade de admissão, no campo processual previdenciário, da perspectiva da coisa julgada *secundum eventum probationis*, na qual a coisa julgada, na hipótese de julgamento improcedente por ausência ou insuficiência de provas, acaba não ostentando as características da imutabilidade e indiscutibilidade, que são próprias do instituto da coisa julgada.

Essa possibilidade restou consagrada pelo STJ no julgamento do Tema 629:

> "A ausência de conteúdo probatório eficaz a instruir a inicial, conforme determina o art. 283 do CPC, implica a carência de pressuposto de constituição e desenvolvimento válido do processo, impondo sua extinção sem o julgamento do mérito (art. 267, IV, do CPC) e a consequente possibilidade de o autor intentar novamente a ação (art. 268 do CPC), caso reúna os elementos necessários à tal iniciativa".

Outro ponto de flexibilização da coisa julgada aplicável no Processo Judicial Previdenciário decorre do art. 505, I, do CPC:

> "Art. 505. Nenhum juiz decidirá novamente as questões já decididas relativas à mesma lide, salvo:
> I – se, tratando-se de relação jurídica de trato continuado, sobreveio modificação no estado de fato ou de direito, caso em que poderá a parte pedir a revisão do que foi estatuído na sentença;".

Os benefícios previdenciários se constituem na fora de relações jurídicas de trato sucessivo. Portanto, havendo alguma modificação no estado das coisas, isso permitirá revisão da decisão judicial anterior ou, a nosso ver, a propositura de nova demanda judicial.

Ainda a respeito desse tópico da coisa julgada é relevante mencionar as alterações impostas pela Lei 14.331/2022 à Lei 8.213/1991, as quais determinam, nas ações visando benefícios por incapacidade para o trabalho, a demonstração de que não há, no caso concreto, configuração da coisa julgada (*vide* tópico sobre a petição inicial).

7.1.2 Fato novo no curso do processo

O art. 493 do CPC estabelece que, mesmo após a propositura da ação, qualquer fato novo, constitutivo, modificativo ou extintivo do direito que influa no julgamento da lide deverá ser considerado pelo magistrado, de ofício ou a requerimento da parte, no momento de proferir a sentença:

> "Art. 493. Se, depois da propositura da ação, algum fato constitutivo, modificativo ou extintivo do direito influir no julgamento do mérito, caberá ao juiz tomá-lo em consideração, de ofício ou a requerimento da parte, no momento de proferir a decisão.
>
> Parágrafo único. Se constatar de ofício o fato novo, o juiz ouvirá as partes sobre ele antes de decidir".

A aplicação do *ius superveniens* não equivale a alterar a causa de pedir ou o pedido, mas tão somente considerar a alteração da situação fática ou normativa referente ao caso concreto.

No campo do Processo Judicial Previdenciário, esse dispositivo legal é de particular importância. Além da característica de *fungibilidade* das ações previdenciárias, já mencionada anteriormente, a alteração da situação fática é de grande importância e produz grande impacto nesse tipo específico de lide.

São fatos importantes que podem ser supervenientes ao ajuizamento da demanda, com impacto relevante e favorável ao segurado, as seguintes situações:

- o implemento da idade mínima[1] ou tempo de carência, nos casos de requerimento de aposentadoria por idade ou aposentadoria por tempo de contribuição, no curso do processo;
- alteração do quadro clínico, com piora da saúde ou agravamento de doença, nas ações em que se busque aposentadoria por invalidez ou auxílio-doença;

---

[1] "Previdenciário. Agravo regimental. Aposentadoria. Implemento da idade mínima no curso do processo. Irrelevância. I – O implemento da idade mínima no curso da ação, como fato superveniente que é (art. 462 do CPC) não representa óbice à concessão do benefício de aposentadoria por idade urbana, porquanto o direito se incorpora ao patrimônio jurídico de seu titular na data do implemento das condições necessárias à inativação. II – Considerando os princípios da economia processual e da instrumental idade das formas, a solução adotada no julgado atacado se apresenta razoável, tendo em vista a idade avançada do autor, que teria de postular a concessão do benefício na via administrativa quando já implementados todos os requisitos legais. III – Agravo improvido" (TRF da 3.ª Região, Turma Suplementar da 3.ª Seção, Juiz Convocado Fernando Gonçalves, APELREEX 00139254420054039999, *DJF3* 22.10.2008).

- nos processos nos quais se requer a concessão do benefício da assistência social, a redução do orçamento familiar, por exemplo, em razão de superveniência de desemprego de um dos componentes da família;
- situações de desemprego que alterem quadro de dependência econômica para fins de pensão por morte;
- concessão administrativa do benefício previdenciário[2] ou seu restabelecimento administrativo no curso da ação judicial.

A juntada dos documentos "novos" que comprovem a alteração das situações previdenciárias, no curso do processo, pode ocorrer a qualquer tempo,[3] exigindo-se tão somente a intimação da parte contrária para manifestação oportuna a respeito, em atenção ao princípio do devido processo legal.

A superveniência de nova legislação também deve ser aplicada ao caso concreto, nos termos do art. 493 do Código de Processo Civil,[4] respeitada,

---

[2] "Previdenciário. Agravo legal. Decisão monocrática. Execução. Preliminar de decisão *extra petita*. Fato superveniente. Análise de ofício. Concessão administrativa. Opção mais vantajosa. Atrasados judiciais. Indevidos. (...) II – A concessão administrativa de benefício mais vantajoso ao autor é fato superveniente, capaz de influir na solução da lide, impondo ao magistrado a sua consideração de ofício, no momento do julgamento, de acordo com o disposto no artigo 462 do Código de Processo Civil, aqui utilizado por analogia. (...) IX – Agravo legal improvido" (TRF da 3.ª Região, 8.ª Turma, Des. Fed. Marianina Galante, AC 00398527520064039999, *e-DJF3* Judicial 1 18.05.2012).

[3] "Embargos de declaração. Previdenciário. Averbação de tempo de serviço. Comprovação. Juntada de documentos. Embargos infringentes. Possibilidade. (...)
2. É fora de dúvida que o artigo 396 do Código de Processo Civil estatui competir à parte instruir a petição inicial com os documentos destinados a provar-lhe as alegações. Tal disposição, contudo, não é absoluta, sendo lícito, como é, às partes, em qualquer tempo, juntar aos autos documentos novos, não apenas para a prova de fatos supervenientes, mas, também, para contrapô-los aos que foram produzidos nos autos. E mais, é poder-dever do juiz requisitar nas repartições públicas, em qualquer tempo ou grau de jurisdição, provas necessárias às alegações apontadas (artigo 399, inciso I do Código de Processo Civil). (...) 4. Embargos rejeitados" (STJ, 6.ª Turma, Rel. Min. Hamilton Carvalhido, EDcl no REsp 208.050/SC, j. 05.12.2000, *DJ* 27.08.2001, p. 420).

[4] "Previdenciário. Processual civil. Benefício assistencial. Art. 203 da Constituição Federal. Hipossuficiência. Aferição. Renda per capita. Grupo familiar. Definição. Art. 20, § 1.º, da Lei n.º 8.742/93, c.c. art. 16 da Lei n.º 8.213/91. Interpretação restritiva. Fato superveniente. Consideração. Art. 462 do Código de Processo Civil. Alteração trazida pela Lei n.º 12.435/11. Inclusão de novos componentes para a composição do grupo familiar. Retorno dos autos à corte de origem. Necessidade. Recurso especial conhecido e parcialmente provido. (...) 4. De acordo com a regra inserta no art. 462 do Código de Processo Civil, o fato constitutivo, modificativo ou extintivo de direito, superveniente à propositura da ação deve ser levado em consideração, de ofício ou a

todavia, a ideia de *direito adquirido*, bem como a perspectiva do *tempus regit actum*, que é predominante no Direito Previdenciário.

A aplicação do art. 493 do CPC pode ocorrer também nos Tribunais, no âmbito recursal, conforme já era admitido pela jurisprudência[5] e, atualmente, pelo art. 933 do estatuto processual.

Uma das principais manifestações de aproveitamento ao fato superveniente à propositura da ação consiste na *reafirmação da DER*, assegurada no julgamento do Tema 995 pelo STJ:

> "É possível a reafirmação da DER (Data de Entrada do Requerimento) para o momento em que implementados os requisitos para a concessão do benefício, mesmo que isso se dê no interstício entre o ajuizamento da ação e a entrega da prestação jurisdicional nas instâncias ordinárias, nos termos dos arts. 493 e 933 do CPC/2015, observada a causa de pedir".

7.2 EXIGÊNCIAS PARA A DEVIDA FUNDAMENTAÇÃO DAS DECISÕES JUDICIAIS (ART. 489, § 1.º)

O artigo 489, § 1.º, do CPC estabelece que "não se considera fundamentada qualquer decisão judicial, seja ela interlocutória, sentença ou acórdão, que:", desatender à série de exigências elencadas nos seus vários incisos, as quais devem ser atendidas pelos julgadores.

---

requerimento das partes, pelo julgador, uma vez que a lide deve ser composta como ela se apresenta no momento da entrega da prestação jurisdicional. 5. A partir da vigência da Lei n.º 12.435/11, passou a existir, no direito positivo, a necessidade de se incluir, no cálculo da renda per capita do grupo familiar, os rendimentos percebidos pelos filhos solteiros, desde que vivam sob o mesmo teto daquele que requer o benefício assistencial. 6. As instâncias ordinárias, responsáveis pela realização de qualquer dilação probatória que se faça necessária, devem proceder exaustiva análise acerca do preenchimento, ou não, dos pressupostos exigidos na legislação pertinente à concessão do benefício assistencial, levando em consideração as alterações da Lei n.º 12.435/11. 7. Recurso especial conhecido e parcialmente provido" (STJ, 5.ª Turma, Rel. Min. Laurita Vaz, REsp 1.147.200/RS, j. 13.11.2012, *DJe* 23.11.2012).

[5] "Direito Processual Civil e Previdenciário. Fato superveniente modificativo. Alegação em embargos declaratórios. Possibilidade. Espelho emitido pela DATAPREV. Comprovação do óbito. Impossibilidade. 1. A jurisprudência desta Corte firmou-se no sentido de admitir a suscitação, em embargos de declaração, de fato novo que possa influir no julgamento do feito. (...) 3. Recurso especial a que se nega provimento" (5.ª Turma, Rel. Min. Adilson Vieira Macabu (Des. conv. TJ/RJ), REsp 1.215.205/PE j. 12.04.2011, *DJe* 12.05.2011).

A primeira observação a ser feita é, portanto, que o CPC não apresenta de modo direto quais são as exigências para a fundamentação da decisão judicial, utilizando linguagem indireta, a qual diz que não é considerada fundamentada a decisão judicial que não atenda àqueles diversos itens elencados no art. 489, § 1.º.

7.2.1. Impossibilidade de mera indicação, reprodução ou paráfrase de dispositivo legal

O inciso I do § 1.º do art. 489 encontra-se assim redigido, indicando que não é fundamentada a decisão judicial que:

> "I – se limitar à indicação, à reprodução ou à paráfrase de ato normativo, sem explicar sua relação com a causa ou a questão decidida;".

Segundo Daniel Neves (2016, p. 126), "caberá ao juiz externar sua interpretação da norma jurídica e sua correlação com os fatos. Esse exercício de interpretação e de subsunção é tarefa do juiz, não podendo se transferir para as partes a tarefa de descobrir o que passou pela mente do juiz ao aplicar a norma X ao fato Y".

Esse tipo de situação é bastante comum nas ações previdenciárias em que muitas vezes há uma singela decisão indicando um determinado dispositivo legal.

Faz-se necessário mais do que a mera reprodução ou paráfrase do dispositivo legal, indicando-se qual o entendimento a respeito desse dispositivo legal, qual seu alcance, e como ele se aplica ao caso em tela, sobretudo para propiciar a adequação distinção de sua interpretação a outras situações que não se amoldem àquele comando legal.

7.2.2. Utilização de conceitos jurídicos indeterminados

O art. 489, § 1.º, II, tratando da utilização dos conceitos jurídicos indeterminados, encontra-se assim redigido:

> "II – empregar conceitos jurídicos indeterminados, sem explicar o motivo concreto de sua incidência no caso;".

Segundo Maria Helena Diniz, "os conceitos indeterminados (...) são os utilizados pelo legislador para configurar certo suposto de fato ou consequência jurídica, cujo sentido requer do decididor uma explícita determinação, ou seja, supõe uma clarificação no instante da aplicação da norma". Conforme a mesma jurista, "os conceitos normativos pedem ao aplicador uma coparticipação na determinação de seu sentido, pois além de indeterminados encerram uma valoração de comportamento que exige especificação ou concretização na decisão".

Quis o legislador evitar decisões "que tragam expressões do tipo: 'com base no interesse público', 'com fundamento na moralidade', 'pela boa-fé do agente', 'visando o melhor interesse do incapaz', entre outras, que não demonstram, contudo, como tais conceitos abstratos ganham concreção no caso em testilha" (POMPÍLIO, PARRECHIO, 2015, p. 135). De acordo com Pompílio e Parrechio (2015, p. 135):

> "Conceitos jurídicos indeterminados sempre figuraram um dos principais instrumentos utilizados para pseudo-justificar decisões essencialmente genéricas. Tendo em vista esta artimanha, procurou o legislador estipular expressamente a obrigatoriedade de se explicitarem os motivos que tornam tal preceito aplicável no caso concreto".

Os conceitos jurídicos indeterminados e as cláusulas gerais são dotados de elevado grau de abstração, exigindo grande participação do juiz no momento do julgamento do caso concreto, explicitando seu alcance na situação determinada. O art. 489, § 1.º, II, traz, portanto, uma exigência salutar, impondo ao julgador que explicite o motivo da utilização dos conceitos jurídicos indeterminados no caso concreto e, decorrência dessa exigência, que explicite qual sua compreensão a respeito desses conceitos abertos.

Exige-se do magistrado que o uso dos conceitos jurídicos indeterminados seja vinculado ao debate do caso concreto, conforme as especificidades do caso concreto, sob pena de seu uso se mostrar puramente voluntarístico.

Assim, no campo previdenciário, não se consideram fundamentadas decisões que simplesmente indefiram a concessão de benefícios previdenciários em virtude de afrontarem "o princípio do equilíbrio financeiro e atuarial" ou a "regra da contrapartida".

Esses dois conceitos, o primeiro previsto no art. 201, *caput*, e o segundo, no art. 195, § 5.º, ambos da CF, não são unívocos. Ao revés, em torno deles existe intenso conflito hermenêutico, configurando uma disputa muito intensa a respeito de qual sua efetiva interpretação.

No mesmo sentido, destacamos que deve ser efetivamente explicitado o conteúdo utilizado, na decisão judicial, a outros elementos genéricos que decorrem dessa racionalidade econômica, como a menção ao princípio da seletividade ou à reserva do possível.

É importante sublinhar que os conceitos jurídicos indeterminados normalmente costumam ser mais apresentados como ligados à Teoria Geral do Direito e ao Direito Privado (boa-fé, função social etc.).

Entretanto, também conceitos jurídicos do campo dos direitos sociais e dos direitos previdenciários podem ser considerados como conceitos jurídicos indeterminados, a exemplo da ideia de "incapacidade para o trabalho" trazida pela Emenda Constitucional 103/2019.

Há um intenso conflito hermenêutico a respeito do conceito de incapacidade laboral. De um lado, o INSS pretende fazer valer uma interpretação apenas pautada pelos aspectos fisiológicos e clínicos a respeito da incapacidade. De outra parte, jurisprudência e doutrina avançaram, há tempos, para outro paradigma de constatação da invalidez, considerado aqui como biopsicossocial.

Na mesma trilha, pode-se questionar a indeterminação do conceito jurídico de reabilitação profissional: "seja considerado reabilitado para o desempenho de atividade que lhe garanta a subsistência".

O benefício assistencial, previsto no art. 203, V, da CF também é estruturado a partir de diversos conceitos jurídicos indeterminados: "pessoa portadora de deficiência", "idoso", "família" e "meios de prover a própria subsistência ou de tê-la provida por sua família".

Aproveitamos para pontuar que o próprio conceito de dependência econômica, para fins de pensão por morte e auxílio-reclusão, também é um conceito jurídico indeterminado. A legislação trata de definir os mecanismos de sua comprovação (os famosos "três documentos"), mas não se mobiliza para defini-la, até porque se trata de situação aberta.

7.2.3. Descabimento da decisão-padrão

O inciso III do § 1.º do art. 489 veda a utilização da decisão-padrão, e se encontra assim estabelecido:

> "III – invocar motivos que se prestariam a justificar qualquer outra decisão;".

Segundo Pompílio e Parrechio (2015, p. 136):

> "Esse dispositivo é de fundamental importância, pois ele tem por escopo frear as tão comentadas e inaceitáveis decisões genéricas. Conforme mencionado anteriormente, ao fundamentar uma decisão não deve o juiz se valer de expressões como "presentes os requisitos", "ausentes os

pressupostos", "diante das peculiaridades do caso concreto", sem, para tanto, demonstrar que de fato tais pressupostos ou requisitos se encontram presentes ou ausentes no caso em análise."

A decisão-padrão é um dos maiores males que afetam a prestação jurisdicional, especialmente nas ações previdenciárias.

Não incorre no vício processual descrito no art. 489, § 1.º, III, a decisão que utiliza fundamento padronizado, a exemplo de quando é julgada matéria tratada na sistemática dos recursos repetitivos. Nesse caso, não se exige fundamentação individualizada para julgar, isoladamente, cada um dos diversos processos fundados em idêntica controvérsia.

A exigência de uniformidade e coerência da jurisprudência dos tribunais até impõe a mesma forma de fundamentação em casos análogos como os aqui descritos. Nessa situação, o que se têm não é a decisão-padrão, mas julgamentos padronizados e uniformes, o que é adequado.

7.2.4. Fundamentação suficiente ou exauriente?

O inciso IV do § 1.º do art. 489 encontra-se assim redigido, e põe em questão se os julgadores devem empregar análise da fundamentação que seja suficiente ou exauriente:

> "IV – não enfrentar todos os argumentos deduzidos no processo capazes de, em tese, infirmar a conclusão adotada pelo julgador;".

Conforme a lição de Daniel Neves (2016, p. 129):

> "Há duas técnicas distintas de fundamentação das decisões judiciais: exauriente (ou completa) e suficiente. Na fundamentação exauriente, o juiz é obrigado a enfrentar todas as alegações das partes, enquanto na fundamentação suficiente basta que enfrente e decida todas as causas de pedir do autor e todos os fundamentos de defesa do réu. Como cada causa de pedir e cada fundamento de defesa podem ser baseados em várias alegações, na fundamentação suficiente o juiz não é obrigado a enfrentar todas elas, desde que justifique o acolhimento ou a rejeição da causa de pedir ou do fundamento de defesa".

Adotada a técnica da fundamentação apenas suficiente, vislumbra-se o problema hermenêutico de identificar quais seriam os fundamentos efetivamente "relevantes" a interferir no julgamento:

> "Aparentemente se considera que o juiz teria de decidir quais seriam os argumentos 'relevantes' que 'mereceriam' ser enfrentados em sua decisão

contrária à parte que os invoca, o que gera a situação absurda de o advogado (e a parte) ter(em) de esperar sensibilizar os julgadores do Tribunal ad quem, a quem terão de direcionar o recurso contra essa decisão, acerca da importância de tal argumento" (THEODORO JR. et al., 2015, p. 321).

Quer dizer, não se pode descartar, de antemão, este ou aquele fundamento ou razão de decidir apontado pelas partes (pelo segurado), sob alegação genérica de que não é viável a interferir no desfecho da decisão judicial que será proferida.

A interpretação jurídica é atividade eminentemente criadora e se encontra em constante evolução. É possível que, mediante arranjos normativos inovadores, construídos a partir da amarração de outras normas jurídicas até então não cogitadas para o caso concreto, chegue-se a conclusão diversa daquela tomada rotineiramente.

Isso é frequente em matéria previdenciária.

Nas ações previdenciárias os aspectos fáticos são extremamente importantes, então todo o conjunto probatório deve ser considerado, bem como todo o conjunto da argumentação.

Pense-se nas ações judiciais buscando benefícios por incapacidade, sobretudo a aposentadoria por invalidez. O prolator da decisão deve mencionar se utiliza um critério, para constatação da incapacidade laboral, meramente clínico e fisiológico ou se também admite um modelo de avaliação biopsicossocial para a comprovação da incapacidade laboral, o que traz outras consequências jurídicas e outro desdobramento ao processo, mais favorável à obtenção do benefício previdenciário.

Por esses exemplos compreende-se que nas ações previdenciárias deve ser adotado o paradigma da fundamentação exaustiva, com o cotejo de todos os argumentos trazidos pelas partes.

7.2.5. Descabimento da mera invocação de súmulas ou precedentes

O inciso V do § 1.º do art. 489 encontra-se assim redigido, vedando a mera invocação de súmulas ou precedentes:

> "V – se limitar a invocar precedente ou enunciado de súmula, sem identificar seus fundamentos determinantes nem demonstrar que o caso sob julgamento se ajusta àqueles fundamentos;".

Conforme Daniel Amorim Neves (2016, p. 130), "há exigência no sentido de o órgão jurisdicional, ao fundamentar sua decisão em precedente ou enunciado de súmula, identificar seus fundamentos determinantes e demonstrar que o caso sob julgamento se ajusta àqueles fundamentos". Outrossim, "não bastará ao órgão jurisdicional mencionar o precedente ou enunciado de súmula, devendo justificar sua aplicabilidade ao caso concreto, por meio de demonstração da correlação entre os fundamentos do entendimento consagrado e as circunstâncias do caso concreto", isto é, "uma comparação analítica entre os fundamentos determinantes da súmula ou precedente e o caso sob julgamento".

Não é incomum o uso da técnica, em alguns tribunais, em julgamentos monocráticos dos relatores dos recursos, do embasamento em ementas ou acórdãos que em nenhuma medida representam o entendimento dominante naquele Tribunal ou nos Tribunais Superiores.

Deve ser considerada uma questão de fundo que reside nas grandes diferenças entre a utilização dos precedentes nos sistemas jurídicos de *civil law* e de *common law*. Humberto Theodoro JR. et al. (2015, p. 335-336) procuram demonstrar as várias distinções entre a abordagem dos precedentes judiciais em um e outro sistema jurídico:

> "Podem ser apontadas nove diferenças generalizantes (nem sempre ocorrentes em todos os países) entre os sistemas:
> 1. nos países de *civil law*, as decisões não abordam os fatos de forma tão detalhada como nos países de *common law*, o que influencia sobremaneira no que pode ou não ser usado como base argumentativa em outros casos;
> 2. nos países de *civil law* há poucas considerações sobre políticas públicas;
> 3. nos países de *civil law*, raramente há uma análise detalhada e comparativa dos fatos e fundamentos jurídicos que já foram submetidos ao crivo do Judiciário anteriormente e que justificariam a aplicação de um precedente, ou o seu *distinguishing*;
> 4. nos países de *civil law*, não há real preocupação em diferenciar *ratio decidendi* (fundamentos determinantes) do *obter dicta* (opiniões não vinculativas);
> 5. enquanto nos países de *common law* as normas jurisprudenciais são devidamente contextualizadas e emergem de situações de fato ou de padrões, o mesmo não se pode dizer dos países de *civil law*;
> 6. nos países de *civil law* não existem técnicas sofisticadas de distinguir (*distinguishing*) um precedente do outro, ou de um precedente do caso em análise, salvo em casos cuja matéria controversa seja constitucional;

7. nos países de *civil law*, normalmente (ou quase sempre), uma única decisão não é tida como suficiente para se impor como um precedente, sendo necessárias decisões em série para o entendimento nelas consubstanciado para ter força, salvo nos casos de matéria constitucional;

8. nos países de *civil law*, os juízes que estão na base da pirâmide hierárquica do Judiciário não se importam em ignorar as decisões proferidas por órgãos mais elevados se houver uma norma legal que lhes possibilite entender de forma diversa, ainda que tenham a consciência de que sua decisão será reformada; e,

9. nos países de *civil law*, as cortes ignoram ou aplicam normas elaboradas jurisprudencialmente sem sequer mencionar o fato."

Essas observações também se aplicam em grande medida aos institutos da distinção (*distinguishing*) e da superação (*overruling*).

Para os fins de aplicação do art. 489, § 1.º, V, do CPC/2015, não há relevância se a utilização das súmulas como fundamentação da decisão seja de súmula vinculante ou súmula meramente persuasiva. Se o julgador afirma que concorda com a súmula, de qualquer das espécies, deverá demonstrar porque agiu dessa maneira, realizando o cotejo do caso concreto com os fundamentos determinantes da súmula que embasou o julgamento.

Em matéria previdenciária, a invocação inadequada de precedentes judiciais que não são expressivos da jurisprudência dominante, bem como a utilização de súmulas sem os devidos cuidados acima mencionados, é infelizmente frequente.

7.2.6. Necessidade de realizar a adequada distinção ou superação dos precedentes no caso concreto

O inciso VI do § 1.º do art. 489 dispõe a respeito dos institutos da distinção e superação dos precedentes judiciais, encontrando-se assim redigido:

> "VI – deixar de seguir enunciado de súmula, jurisprudência ou precedente invocado pela parte, sem demonstrar a existência de distinção no caso em julgamento ou a superação do entendimento".

Em conjunto com o inciso V, busca o inciso VI do § 1.º do art. 489 do CPC o efetivo controle da aplicação dos precedentes jurisprudenciais nas decisões judiciais.

De acordo com Daniela Pereira Madeira (2011, p. 537), "o *overruling* consiste no mecanismo utilizado para que se reconheça a existência de fundamento para o abandono do precedente anteriormente utilizado, por haverem sido alteradas as razões que autorizaram a sua decisão. (...) É o afastamento do precedente e a declaração de que este foi superado".

Por sua vez, o *distinguishing* (distinção) "permite que a regra sobreviva, embora seu sentido se torne menos abrangente. Em outros termos, há uma referência ao precedente, contudo, ressalta-se que por causa de uma peculiaridade a regra deve ser reformulada para se adaptar a esta nova circunstância, em virtude de uma peculiaridade existente no primeiro caso que não existia no segundo caso". De fato, "chega-se à conclusão de que a situação fático-jurídica é distinta da anteriormente decidida. Nesse caso a regra do precedente não é abandonada, mas reformulada levando em consideração características do caso específico" (MADEIRA, 2011, p. 537).

Essa situação é especialmente relevante no Processo Judicial Previdenciário, em que se verifica, por parte do INSS, um inequívoco uso estratégico do processo:

> "A preocupação se potencializa quando se vislumbra que os *repeat players* (litigantes habituais), ao perceberem a tendência de fortalecimento do uso do direito jurisprudencial, articulam-se com a finalidade de promoção de uma litigância estratégica perante os Tribunais (especialmente superiores) mediante o uso dos recursos (especial e extraordinário) e/ou dos *amici curiae* com o nítido intuito de forjar entendimentos-padrão passíveis de atender a seus interesses" (THEODORO JR. et al., 2015, p. 301).

Se o INSS faz um expressivo uso estratégico do processo para formar precedentes vinculantes que lhe são interessantes, cumpre, portanto, ao segurado uma cuidadosa articulação do instituto do *distinguishing* (distinção) no caso concreto, evitando a aplicação indiscriminada dos precedentes vinculantes e súmulas.

A necessidade de demonstrar a distinção ou a superação não se aplica às antigas súmulas persuasivas, pelo fato de que também não possuem a eficácia vinculante exigida pelo CPC.

O conhecimento a respeito e a correta aplicação dos precedentes vinculantes e da necessidade de eventual distinção/superação no caso concreto, portanto, é atribuição que deve ser realizada de ofício pelos órgãos jurisdicionais, inclusive nos Juizados Especiais Federais.

Porém, em termos práticos, sugerimos que as partes, sobretudo os segurados quando autores de ações previdenciárias, procurem indicar, em seus arrazoados, eventuais distinções (*distinguishing*) ou situações de superação (*overruling*) de precedentes jurisprudenciais vinculantes.

Passemos a exemplificar a questão com algumas situações previdenciárias importantes, sobretudo quanto à hipótese de distinção.

Deve-se rememorar que o STF é responsável por um julgamento através da técnica de *distinguishing* (distinção) extremamente relevante para o desdobramento do Processo Judicial Previdenciário, consubstanciado na Súmula 729:

> "A decisão na Ação Direta de Constitucionalidade 4 não se aplica à antecipação de tutela em causa de natureza previdenciária".

Na ADC 04 decidiu o STF pela constitucionalidade do art. 1.º da Lei 9.494/97, que vedava a antecipação de tutela em face da Fazenda Pública, em certos casos. Esse posicionamento é dotado de efeito vinculante e toda decisão que lhe fosse contrária seria sujeita ao instituto da reclamação.

Em virtude de diversas reclamações que lhe foram direcionadas, o STF, em razão das particularidades e dos princípios próprios ao Processo Judicial Previdenciário, houve por bem operar uma distinção e explicitar que o teor da ADC 04 não se aplica aos casos de natureza previdenciária.

Ademais, a distinção praticada na Súmula 729 do STF deve servir de exemplo e parâmetro hermenêutico para outras e novas situações que venham a ser enfrentadas pelos Tribunais em matéria previdenciária.

Outro exemplo importante reside na discussão sobre o Tema 692 do STJ: "A reforma da decisão que antecipa os efeitos da tutela final obriga o autor da ação a devolver os valores dos benefícios previdenciários ou assistenciais recebidos, o que pode ser feito por meio de desconto em valor que não exceda 30% (trinta por cento) da importância de eventual benefício que ainda lhe estiver sendo pago".

Os valores recebidos em virtude de concessão de tutela antecipada posteriormente revogada deverão ser restituídos ao INSS, por força do conteúdo do Tema 692, acima assinalado.

Contudo, verifica-se que essa tese jurídica não incide sobre a *tutela provisória* prevista no art. 497 do CPC, e não poderá ser interpretada extensivamente em prejuízo do segurado.

Portanto, verifica-se que se trata de hipótese processual distinta, que não autoriza a aplicação do precedente vinculante em epígrafe, e assim os valores obtidos pelos segurados em razão de *tutela provisória* porventura revogada não deverão ser restituídos ao INSS na forma do Tema 692 do STJ.

7.2.7. Fundamentação da decisão judicial no caso de colisão entre normas jurídicas

O art. 489, § 2.º, dispõe a respeito da fundamentação das decisões judiciais quando ocorre colisão entre normas jurídicas. O dispositivo legal está assim exposto:

> "§ 2.º No caso de colisão entre normas, o juiz deve justificar o objeto e os critérios gerais da ponderação efetuada, enunciando as razões que autorizam a interferência na norma afastada e as premissas fáticas que fundamentam a conclusão".

Conforme Humberto Theodoro JR. et al.i, o art. 489, § 2.º, do CPC tenta resolver um problema que já vêm ocorrendo há alguns anos no Brasil, que consiste na inadequada utilização das técnicas de proporcionalidade, baseada na teoria de Robert Alexy:

> "... é dizer, muitos são os julgados que, diante de um 'conflito entre princípios', pretendem fazer uma ponderação deles, mas sem a devida técnica, isso quando expõem na decisão o procedimento usado na ponderação. A partir do momento em que se torna obrigatória a exposição de como foi resolvido o conflito entre princípios, é possível ao jurisdicionado fazer o controle da decisão através de recursos. (...) No entanto, é preciso deixar claro que a opção legislativa que exige que o magistrado mostre o iter de sua ponderação, fundamentando a decisão por algum dos "princípios em conflito", é fundamental para garantir o controle de legitimidade e também possibilitar seu controle via recurso" (THEODORO JR. et al., 2015, p. 322).

Tendo em vista esse problema, estabelece o art. 489, § 2.º, do CPC, que "quando à mesma situação puderem ser aplicados diferentes princípios, sendo que a aplicação de cada um deles levaria a solução diversa, caberá ao juiz optar por um em detrimento do outro, de forma que em juízo de ponderação deverá decidir qual dos princípios deverá incidir no caso concreto" (NEVES, 2016, p. 133).

Esse cenário não é estranho ao Processo Judicial Previdenciário.

A revogação ou (re)interpretação de normas previdenciárias a partir dos princípios e valores constitucionais é frequente, sobretudo diante do prisma notório de redução/restrição (ou a tentativa de) de direitos previdenciários previstos na própria CF através da adoção de leis e atos administrativos que afrontam o Texto Constitucional.

7.2.8 Vedação da fundamentação *per relationem*

A fundamentação *per relationem*, conforme Daniel Neves (2016, p. 131), configura:

> "... técnica de fundamentação referencial pela qual se faz expressa alusão à decisão anterior ou parecer do Ministério Público, incorporando, formalmente, tais manifestações ao ato jurisdicional. Muito comum em julgamento de agravos internos e regimentais, nos quais o relator se limita a repetir os fundamentos da decisão monocrática e afirmar que as razoes recursais não forma suficientes a derrubá-los".

Daniel Neves (2016, p. 131) compreende que as próprias exigências de fundamentação constantes do art. 489, § 1.º, do CPC já seriam suficientes a afastar essa modalidade de fundamentação.

Além dessa perspectiva geral, no caso do recurso de agravo interno, o art. 1.021, § 3.º, do CPC estabelece que não se poderá simplesmente reproduzir os fundamentos da decisão agravada como razão de decidir o agravo:

> "Art. 1.021. Contra decisão proferida pelo relator caberá agravo interno para o respectivo órgão colegiado, observadas, quanto ao processamento, as regras do regimento interno do tribunal.
> (...)
> § 3.º É vedado ao relator limitar-se à reprodução dos fundamentos da decisão agravada para julgar improcedente o agravo interno".

Entretanto, a fundamentação *per relationem* ainda é prática muito comum no Processo Judicial Previdenciário, sobretudo nos Juizados Especiais Federais. Não é incomum encontrar acórdãos em matéria previdenciária, nas Turmas Recursais dos Juizados, bem como julgamentos de agravos internos, nos Tribunais Regionais Federais, que simplesmente se limitam a indicar "as próprias razões da sentença", que é "mantida por seus próprios e jurídicos fundamentos".

7.2.9 Aplicabilidade do art. 489, § 1.º, do CPC, aos Juizados Especiais Federais

Uma questão polêmica que logo se apresentou quando da edição do CPC de 2015 é a aplicabilidade do art. 489, § 1.º, aos processos que tramitam nos Juizados Especiais Federais.

O questionamento que se faz é se os princípios de simplicidade, oralidade e informalidade que informam e norteiam o funcionamento dos Juizados

Especiais Federais seriam incompatíveis com a exigência de adequada fundamentação prevista no art. 489, § 1.º, do CPC.

Trata-se os Juizados Especiais Federais de microssistema processual por onde correm boa parte das ações previdenciárias, de modo que o assunto possui extrema importância dentro do objeto de nosso estudo.

A aplicabilidade do art. 489 do CPC no âmbito dos Juizados Especiais Federais é uma questão antecedida pela própria questão da aplicação subsidiária do CPC ao rito processual dos Juizados Especiais. Segundo Kátia Mangone (2014, p. 202):

> "Em sendo o Código de Processo Civil, lei geral que regula os procedimentos, na hipótese de ausência de previsão específica no âmbito das Leis dos Juizados Especiais, pode socorrer-se o magistrado da aplicação do Código de Processo Civil. Destaca-se que tal aplicação ocorrerá no que não confrontar com a sistemática dos Juizados Especiais, suas regras e seus princípios norteadores da oralidade, simplicidade, informalidade, economia processual e celeridade, positivados no art. 2.º da Lei 9.099/95".

A Lei 10.259/2001, que prevê os Juizados Especiais Federais, não estabelece todas as situações possíveis de ocorrer em seu âmbito de competência. Entretanto, o próprio sistema dos Juizados Especiais prevê uma forma de autointegração, que consiste na aplicação das próprias leis específicas e do Código de Processo Civil para preenchimento dessas lacunas. Ademais, não há relação hierárquica entre o CPC e as leis 9.099/95, 10.259/2001 e 12.153/2009 (Juizados Especiais da Fazenda Pública), mas apenas critério de especialidade (MANGONE, 2014, p. 197-198).

A Lei 10.259/2001, de fato, não prevê expressamente o recurso ao CPC como forma de suprir lacunas de aplicação da norma no âmbito dos Juizados Especiais Federais; refere-se apenas à Lei 9.099/95 (art. 1.º), aplicável tão somente no caso de lacunas e no que não lhe for incompatível. A Lei 9.099/95, por sua vez, que estabelece o rito dos Juizados Especiais de Pequenas Causas, não menciona a aplicação subsidiária do CPC nos processos sob seu rito.

Entretanto, mesmo diante da ausência de regra expressa, o CPC é aplicável subsidiariamente ao rito processual dos Juizados Especiais Federais, pois o CPC é lei ordinária e geral, no Brasil, a respeito do Direito Processual Civil (MANGONE, 2014, p. 200), a teor do art. 15 do CPC:

> "Art. 15. Na ausência de normas que regulem processos eleitorais, trabalhistas ou administrativos, as disposições deste Código lhes serão aplicadas supletiva e subsidiariamente".

A concepção do CPC como norma geral do Processo Civil brasileiro decorre, por sua vez, da redação do art. 16:

> "Art. 16. A jurisdição civil é exercida pelos juízes e pelos tribunais em todo o território nacional, conforme as disposições deste Código".

Perfilamos o entendimento de que a disciplina da fundamentação judicial prevista no art. 489 do CPC aplica-se inequivocamente aos Juizados Especiais Federais, ainda que possam ser cogitadas certas particularidades nesse rito processual.

Conforme Daniel Neves (2016, p. 808), "tratando-se apenas de especificação da exigência constitucional de fundamentação das decisões judiciais, obviamente o art. 489, § 1.º, do novo CPC é aplicável a todos os processos em que se profira decisão, inclusive nos Juizados Especiais".

Algumas particularidades da aplicação do art. 489 ao rito dos Juizados Especiais Federais podem ser vislumbradas.

O art. 1.º da Lei 10.259/2001, conjugado com os arts. 38 e 46 da Lei 9.099/95, autoriza a dispensa do relatório no julgamento das demandas submetidas a esse rito processual específico, bem como a manutenção da sentença por seus próprios fundamentos.

A técnica da fundamentação do acórdão, nas Turmas Recursais, através dos próprios argumentos da sentença, deve ser utilizada com certos critérios e dentro de certos limites, de modo que não ocorram situações de decisões proferidas sem que se consiga identificar qual seja o benefício previdenciário discutido e qual a fundamentação utilizada.

Por fim, ressalte-se que a insuficiência da fundamentação nos acórdãos proferidos nas Turmas Recursais dos Juizados Especiais Federais dificulta a identificação dos temas ali ventilados (Súmula 282 do STF), inviabilizando a configuração e caracterização do prequestionamento, requisito imprescindível à admissão do recurso extraordinário, para ao STF, prejudicando também a interposição do Incidente direcionado à TNU.

7.3 O REEXAME NECESSÁRIO NAS AÇÕES PREVIDENCIÁRIAS

As demandas julgadas procedentes contra o INSS, entre as quais principalmente as de natureza previdenciária, não se sujeitavam, a princípio, ao sistema da *remessa obrigatória*.

Todavia, a Lei 9.469/1997, que converteu em lei a Medida Provisória 1.561-5, de 15.05.1997, estendeu às autarquias a aplicação da *condição de eficácia da sentença* prevista no art. 475, II, do CPC/1973, o qual dispunha que se encontravam sujeitas ao duplo grau de jurisdição, não produzindo efeito senão depois de confirmadas pelo tribunal, as decisões proferidas contra a União, os Estados e os Municípios.⁶

Assim, a partir daquela data, todas as sentenças que tratavam de matéria previdenciária julgadas procedentes (tendo em vista o INSS se configurar como autarquia federal) passaram a submeter-se ao regime da remessa obrigatória.

As consequências dessa medida, no que se refere à implementação de direitos sociais, foram negativas.

Certo número de demandas, que muitas vezes transitavam em julgado logo após a prolação de sentença, em face da ausência de interposição de recurso voluntário pela autarquia previdenciária, passou a ter que aguardar mais um punhado de anos até o momento do trânsito em julgado, dado o notório acúmulo de processos nos Tribunais Regionais Federais brasileiros.

Essa demora ou distanciamento do momento da efetiva implementação dos benefícios previdenciários fere flagrantemente a própria concepção dos direitos fundamentais, pois os direitos fundamentais, principalmente aqueles de cunho social, prestam-se à subsistência mínima dos cidadãos colocados sob a tutela do Estado.

A Súmula 45 do STJ impede que a remessa oficial seja apreciada em prejuízo da Fazenda Pública:

> "No reexame necessário, é defeso, ao Tribunal, agravar a condenação imposta à Fazenda Pública".

Nesses termos, a remessa oficial, para a maior parte da doutrina, apresenta-se como um instituto processual inconstitucional, por se direcionar em benefício a apenas uma das partes da relação processual.

Por outro lado, esse instituto processual também se revela anacrônico, na medida em que se considerem as prerrogativas processuais concedidas à Fazenda Pública, o rigor do exame dos processos e na elaboração das decisões judiciais de primeira instância, assim como a existência, na atualidade, de bem estruturado corpo jurídico para defesa em juízo do INSS (LOPES JR., 2008).

---

⁶ Eis o teor literal do art. 10 da Lei 9.469, de 10.07.1997: "Art. 10. Aplica-se às autarquias e fundações públicas o disposto nos arts. 188 e 475, *caput*, e no seu inc. II, do Código de Processo Civil".

O regime processual da remessa oficial foi atenuado a partir da Lei 10.352/2001, que deu nova redação ao art. 475 do CPC/1973 e criou algumas hipóteses de não aplicação desse instituto:

> "Art. 475. Está sujeita ao duplo grau de jurisdição, não produzindo efeito senão depois de confirmada pelo tribunal, a sentença:
>
> § 2.º Não se aplica o disposto neste artigo sempre que a condenação, ou o direito controvertido, for de valor certo não excedente a 60 (sessenta) salários mínimos, bem como no caso de procedência dos embargos do devedor na execução de dívida ativa do mesmo valor.
>
> § 3.º Também não se aplica o disposto neste artigo quando a sentença estiver fundada em jurisprudência do plenário do Supremo Tribunal Federal ou em súmula deste Tribunal ou do tribunal superior competente".

Essa modificação, em síntese, possibilitou a dispensa da obrigatoriedade de reexame oficial em razão do valor da condenação e quando a sentença estivesse em consonância com o entendimento predominante no STF ou no Tribunal Superior competente.

A medida trazida pela Lei 10.352/2001, por outro lado, também buscou compatibilizar o rito processual do Código de Processo Civil com o rito processual dos Juizados Especiais Federais (WAMBIER; WAMBIER, 2002, p. 121).

No CPC/2015 foi mantida, em linhas gerais, a ideia da remessa necessária, conforme disposição do art. 496:

> "Art. 496. Está sujeita ao duplo grau de jurisdição, não produzindo efeito senão depois de confirmada pelo tribunal, a sentença:
>
> I – proferida contra a União, os Estados, o Distrito Federal, os Municípios e suas respectivas autarquias e fundações de direito público; (...)
>
> § 1.º Nos casos previstos neste artigo, não interposta a apelação no prazo legal, o juiz ordenará a remessa dos autos ao tribunal, e, se não o fizer, o presidente do respectivo tribunal avocá-los-á.
>
> § 2.º Em qualquer dos casos referidos no § 1.º, o tribunal julgará a remessa necessária".

O juízo, ao julgar procedente uma ação previdenciária em face do INSS, determinará a remessa dos autos ao Tribunal, independentemente de haver ou não recurso de apelação; caso não o faça, o Tribunal poderá avocar o processo.

Na hipótese de o processo receber certidão de trânsito em julgado sem que tenha havido apreciação do reexame necessário, este ato processual poderá ser desconfigurado, pois se trata de nulidade processual. Isso pode ocorrer mediante ação rescisória do INSS ou, tendo em vista a possibilidade de avocação do Tribunal, também por simples petição da autarquia previdenciária, indicando a ausência de cumprimento do art. 496 do CPC.

Seguindo a linha do que há tinha previsão no CPC anterior, o CPC/2015 também apresenta algumas hipóteses de dispensa do exame necessário nas ações previdenciárias:

> "§ 3.º Não se aplica o disposto neste artigo quando a condenação ou o proveito econômico obtido na causa for de valor certo e líquido inferior a:
>
> I – 1.000 (mil) salários mínimos para a União e as respectivas autarquias e fundações de direito público;
>
> (...)
>
> § 4.º Também não se aplica o disposto neste artigo quando a sentença estiver fundada em:
>
> I – súmula de tribunal superior;
>
> II – acórdão proferido pelo Supremo Tribunal Federal ou pelo Superior Tribunal de Justiça em julgamento de recursos repetitivos;
>
> III – entendimento firmado em incidente de resolução de demandas repetitivas ou de assunção de competência;
>
> IV – entendimento coincidente com orientação vinculante firmada no âmbito administrativo do próprio ente público, consolidada em manifestação, parecer ou súmula administrativa".

Mantêm-se uma hipótese de dispensa do reexame necessário em virtude de valor de alçada, agora fixado em 1.000 (mil) salários mínimos para a condenação contra a União Federal e suas autarquias.

É ampliada a perspectiva de dispensa do reexame necessário da sentença quando ela se fundamentar em Súmula de qualquer Tribunal Superior (STJ ou STF), em acórdão proferido pelo STF ou STJ em julgamento de recursos repetitivos ou também nos casos de entendimento firmado em IRDR – Incidente de resolução de demandas repetitivas ou de IAC – Incidente de assunção de competência.

No regime processual anterior, como se viu, apenas as Súmulas do STF e a jurisprudência dominante do Tribunal superior permitiam a dispensa do reexame necessário; o rol de precedentes qualificados que permitem essa situação processual foi ampliado pelo CPC/2015.

Por fim, deve-se atentar para a nova hipótese criada pelo CPC/2015, que dispensa a remessa necessária quando o entendimento adotado pela sentença é "coincidente com orientação vinculante firmada no âmbito administrativo do próprio ente público, consolidada em manifestação, parecer ou súmula administrativa".

Essa nova possibilidade parece ser bem interessante em matéria previdenciária. Há entendimentos bastante favoráveis aos segurados contidos nos Enunciados do CRPS – Conselho de Recursos da Previdência Social e mesmo nas Súmulas da AGU. Nesses casos, deverá ser dispensada a obrigação de revisão da sentença estabelecida pelo art. 496, *caput*, do CPC.

Nessas hipóteses, caso a sentença determine a observação do reexame necessário, poderá ser alegado pelo segurado, em preliminar de apelação ou de contrarrazões de apelação, ou mesmo mediante petição simples (caso não exista recurso de apelação do segurado ou do INSS), que a decisão não se enquadra no art. 496, *caput*, do CPC diante da exceção contida no § 4.º, IV, do mesmo dispositivo legal.

O reexame necessário não ocorre no procedimento previsto para os Juizados Especiais Federais. De acordo com o art. 13 da Lei 10.259, de 12.07.2001, "nas causas de que trata esta Lei, não haverá reexame necessário".

O STJ, no sistema processual dos recursos especiais repetitivos (REsp 1.101.727 – PR[7]), decidiu que não é possível a dispensa da remessa oficial, pela hipótese do valor da causa inferior a 60 salários mínimos, para *sentenças ilíquidas*.

Quer-se fazer menção com *sentenças ilíquidas* àquelas sentenças proferidas em processos que não apresentam valor certo para condenação, sendo que o valor da condenação não é aferível de plano, demandando complexos cálculos de liquidação.

Posteriormente, o STJ cristalizou este entendimento na Súmula 490:

> "A dispensa de reexame necessário, quando o valor da condenação ou do direito controvertido for inferior a sessenta salários mínimos, não se aplica a sentenças ilíquidas".

---

[7] "Recurso especial. Direito processual civil. Reexame necessário. Sentença ilíquida. Cabimento.
1. É obrigatório o reexame da sentença ilíquida proferida contra a União, os Estados, o Distrito Federal, os Municípios e as respectivas autarquias e fundações de direito público (Código de Processo Civil, artigo 475, parágrafo 2.º).
2. Recurso especial provido. Acórdão sujeito ao procedimento do artigo 543-C do Código de Processo Civil" (STJ, Corte Especial, Rel. Min. Hamilton Carvalhido, REsp 1.101.727/PR, j. 04.11.2009, *DJ* 03.12.2009).

A partir do CPC/2015, esse posicionamento vem sendo flexibilizado pelo STJ, na medida em que, apesar de incerta a condenação imposta ao INSS, dificilmente uma ação previdenciária ultrapassa a barreira dos 1.000 (mil) salários mínimos: os benefícios são costumeiramente de valor fixado em 1 salário mínimo; há prescrição quinquenal e, eventualmente, desconto de valores recebidos na via administrativa. Veja-se este julgado emblemático:

> Processual civil e previdenciário. Agravo interno no recurso especial. Dispensa da remessa necessária. Art. 496, § 3.º, I, do CPC/2015. Condenação ou proveito econômico inferior a mil salários mínimos. Súmula 490/STJ que não se aplica às demandas ilíquidas de natureza previdenciária. Julgados das duas turmas da primeira seção desta corte.agravo interno da autarquia a que se nega provimento.
>
> 1. Com o julgamento do REsp. 1.735.097/RS, a Primeira Turma do STJ, guiada pelo voto condutor do Min. Gurgel de Farias, pacificou o entendimento de que a orientação da Súmula 490/STJ não se aplica às sentenças ilíquidas nos feitos de natureza previdenciária, a partir dos novos parâmetros definidos no art. 496, § 3.º, I do CPC/2015, que dispensa o duplo grau obrigatório às sentenças contra a União e suas autarquias cujo valor da condenação ou do proveito econômico seja inferior a mil salários mínimos.
>
> 2. Não obstante a aparente iliquidez das condenações em causas dessa natureza, a sentença que defere benefício previdenciário é espécie absolutamente mensurável, podendo o valor ser aferido por simples cálculos aritméticos, os quais são expressamente previstos na lei de regência.
>
> 3. Ainda que o benefício previdenciário seja concedido com base no teto máximo, observada a prescrição quinquenal, com os acréscimos de juros, correção monetária e demais despesas de sucumbência, não se vislumbra, em regra, como uma condenação na esfera previdenciária venha a alcançar os mil salários mínimos (REsp. 1.735.097/RS, Rel. Min. Gurgel de Faria, *DJe* 11.10.2019).
>
> (...)
>
> (1.ª Turma, Rel. Min. Manoel Erhardt (Des. Conv. TRF-5ª Região), AgInt no REsp n. 1.797.160/MS, j. 09.08.2021, *DJe* 16.08.2021).

Compreendemos que caberia até mesmo uma revisão da tese firmada na Súmula 490 (*overruling*) ou, ao menos, a discussão sobre hipóteses de *distinguishing*.

7.4 FIXAÇÃO DOS HONORÁRIOS ADVOCATÍCIOS

Conforme o art. 85 do CPC, "A sentença condenará o vencido a pagar honorários ao advogado do vencedor".

Os parâmetros para a fixação dos honorários encontram-se, em linhas gerais, no § 2.º do dispositivo legal mencionado:

> "§ 2.º Os honorários serão fixados entre o mínimo de dez e o máximo de vinte por cento sobre o valor da condenação, do proveito econômico obtido ou, não sendo possível mensurá-lo, sobre o valor atualizado da causa, atendidos:
>
> I – o grau de zelo do profissional;
>
> II – o lugar de prestação do serviço;
>
> III – a natureza e a importância da causa;
>
> IV – o trabalho realizado pelo advogado e o tempo exigido para o seu serviço".

Entretanto, em relação à Fazenda Pública (como é o caso do INSS), existem particularidades, destacando-se as seguintes regras abaixo:

> § 3.º Nas causas em que a Fazenda Pública for parte, a fixação dos honorários observará os critérios estabelecidos nos incisos I a IV do § 2.º e os seguintes percentuais:
>
> I – mínimo de dez e máximo de vinte por cento sobre o valor da condenação ou do proveito econômico obtido até 200 (duzentos) salários mínimos;
>
> II – mínimo de oito e máximo de dez por cento sobre o valor da condenação ou do proveito econômico obtido acima de 200 (duzentos) salários mínimos até 2.000 (dois mil) salários mínimos;
>
> III – mínimo de cinco e máximo de oito por cento sobre o valor da condenação ou do proveito econômico obtido acima de 2.000 (dois mil) salários mínimos até 20.000 (vinte mil) salários mínimos;
>
> IV – mínimo de três e máximo de cinco por cento sobre o valor da condenação ou do proveito econômico obtido acima de 20.000 (vinte mil) salários mínimos até 100.000 (cem mil) salários mínimos;
>
> V – mínimo de um e máximo de três por cento sobre o valor da condenação ou do proveito econômico obtido acima de 100.000 (cem mil) salários mínimos".

Apesar de o CPC/2015 explicitamente indicar que os honorários advocatícios comporão um percentual sobre o valor da condenação ou sobre o proveito econômico, nas ações previdenciárias, mesmo depois da vigência do novo estatuto processual, permanece sendo aplicada a Súmula 111 do STJ:

> "Os honorários advocatícios, nas ações previdenciárias, não incidem sobre as prestações vencidas após a sentença".

Esse entendimento foi mantido pelo STJ no Tema 1.105, que tem a seguinte redação:

> "Continua eficaz e aplicável o conteúdo da Súmula 111/STJ (com a redação modificada em 2006), mesmo após a vigência do CPC/2015, no que tange à fixação de honorários advocatícios."

Também deve ser observado o parâmetro contido no Tema 1.050 do STJ:

> "O eventual pagamento de benefício previdenciário na via administrativa, seja ele total ou parcial, após a citação válida, não tem o condão de alterar a base de cálculo para os honorários advocatícios fixados na ação de conhecimento, que será composta pela totalidade dos valores devidos".

Em relação às ações acidentárias, deve-se observar o art. 129, II, da Lei 8.213/1991:

> "Art. 129. Os litígios e medidas cautelares relativos a acidentes do trabalho serão apreciados:
> (...)
> II – na via judicial, pela Justiça dos Estados e do Distrito Federal, segundo o rito sumaríssimo, inclusive durante as férias forenses, mediante petição instruída pela prova de efetiva notificação do evento à Previdência Social, através de Comunicação de Acidente do Trabalho – CAT.
> Parágrafo único. O procedimento judicial de que trata o inciso II deste artigo é isento do pagamento de quaisquer custas e de verbas relativas à sucumbência".

Entretanto, esse dispositivo legal deve ser compreendido em consonância com a Súmula 110 do STJ:

> "A isenção do pagamento de honorários advocatícios, nas ações acidentárias, é restrita ao segurado".

Não se deve esquecer que o STF consagrou o entendimento, na Súmula Vinculante 47, de que os honorários advocatícios configuram verba de natureza alimentar:

> "Os honorários advocatícios incluídos na condenação ou destacados do montante principal devido ao credor consubstanciam verba de natureza alimentar cuja satisfação ocorrerá com a expedição de precatório ou requisição de pequeno valor, observada ordem especial restrita aos créditos dessa natureza".

7.5 DO RECURSO DE APELAÇÃO

Estabelece o art. 1.009, do CPC que "da sentença cabe apelação".

O recurso de apelação é, de fato, o principal recurso cível existente na legislação processual brasileira, pois é o recurso voltado à impugnação da sentença e, assim, possui o efeito devolutivo mais amplo dentre o rol de recursos existentes.

As questões decididas na fase de conhecimento contra as quais não caiba agravo de instrumento não se sujeitam à preclusão e devem ser suscitadas como matéria preliminar no recurso de apelação (art. 1.009, § 1.º).

Essa inovação trazida pelo CPC/2015 é bastante importante no Processo Judicial Previdenciário: atualmente, nem toda decisão interlocutória permitirá a interposição de agravo de instrumento, tão somente aquelas modalidades de decisão elencadas no art. 1.015 do CPC, ou as hipóteses de risco de perecimento de direito, nos termos do Tema 988 do STJ, que flexibilizou o rol até então taxativo tratado no dispositivo mencionado há pouco.

A maior parte das decisões relativas à instrução probatória não se encontram previstas no rol do art. 1.015 do CPC (oitiva de testemunhas, requisição de informações a uma empresa, realização de perícias etc.) e a jurisprudência não tem sido simpática a esses casos na perspectiva mais abrangente permitida pelo Tema 988 do STJ.

Portanto, cabe muita atenção para a apresentação desse tipo de impugnação como matéria preliminar no recurso de apelação, com o requerimento de anulação da sentença recorrida e produção da devida instrução probatória ou, sendo viável, a conversão do julgamento em diligência no âmbito do próprio Tribunal Regional Federal, com a consequente produção da prova e imediato julgamento do recurso de apelação (nos termos do art. 938 do CPC).

O recurso de apelação, em regra, possui efeito suspensivo (art. 1.012 do CPC).

Nelson Nery Jr., dissertando sobre o *efeito suspensivo*, define-o como a "qualidade do recurso que *adia a produção dos efeitos da decisão impugnada* assim que interposto o recurso, *qualidade essa que perdura até que transite em julgado a decisão sobre o recurso*. Pelo efeito suspensivo, *a execução do comando emergente da decisão impugnada não pode ser efetivada* até que seja julgado o recurso" (1993, p. 207-208, grifos nossos).

Apesar da previsão contida no art. 1.012, *caput*, do CPC, em certos casos a sentença poderá começar a produzir efeitos imediatamente.

Ao Processo Judicial Previdenciário importa especialmente a previsão do art. 1.012, § 1.º, V, do CPC:

> "§ 1.º Além de outras hipóteses previstas em lei, começa a produzir efeitos imediatamente após a sua publicação a sentença que:
> (...)
> V – confirma, concede ou revoga tutela provisória;".

Há outras hipóteses processuais, mas nas ações previdenciárias cabe a aplicação do art. 1.012, § 1.º, V, do CPC, em que a sentença que confirmar, conceder ou revogar a tutela provisória será dotada de efeitos imediatos.

Em termos práticos: uma sentença de procedência que confirma ou concede a tutela provisória terá como resultado a possibilidade de implementação imediata do benefício previdenciário.

Ou seja, e conforme o art. 1.012, §§ 2.º, o segurado poderá promover o pedido de cumprimento provisório assim que publicada a sentença.

Não se perca de vista que, também nesses casos, a eficácia da sentença poderá ser suspensa excepcionalmente pelo relator caso o apelante demonstre a probabilidade de provimento do recurso ou se, sendo relevante a fundamentação, houver risco de dano grave ou de difícil reparação (art. 1.012, § 4.º, c.c. art. 995, parágrafo único, do CPC).

O CPC/2015, no art. 1.013, §§ 3.º e 4.º, ampliou de modo muito positivo o instituto do julgamento da *causa madura*, que já existia no CPC/1973:

> "§ 3.º Se o processo estiver em condições de imediato julgamento, o tribunal deve decidir desde logo o mérito quando:
> I – reformar sentença fundada no art. 485;
> II – decretar a nulidade da sentença por não ser ela congruente com os limites do pedido ou da causa de pedir;
> III – constatar a omissão no exame de um dos pedidos, hipótese em que poderá julgá-lo;
> IV – decretar a nulidade de sentença por falta de fundamentação.
> § 4.º Quando reformar sentença que reconheça a decadência ou a prescrição, o tribunal, se possível, julgará o mérito, examinando as demais questões, sem determinar o retorno do processo ao juízo de primeiro grau".

Assim, nas hipóteses contidas no art. 1.013, §§ 3.º e 4.º (julgamento sem solução de mérito; nulidade por julgamento *extra* ou *ultra petita*; omissão na apreciação da argumentação ou falha na fundamentação; reconhecimento de prescrição e decadência), deverá o Tribunal, quando anular esse tipo de sentença, e sendo viável, julgar diretamente o mérito.

Em relação às ações previdenciárias consideramos bastante interessantes as possibilidades de julgamento do mérito pelo Tribunal quando este órgão judicial reconhecer a falha na fundamentação ou a omissão na apreciação de argumentação apresentada em primeiro grau, pois são situações infelizmente bastante recorrentes (ao arrepio das exigências processuais contidas no art. 489, § 1.º, do CPC).

Da mesma forma é bem relevante no Processo Judicial Previdenciário a possibilidade de o Tribunal afastar o reconhecimento da prescrição e da decadência e apreciar diretamente o mérito, sem devolver os autos ao juízo de primeiro grau.

A previsão do art. 1.013, § 3.º, do CPC só se aplica nas situações em que a decisão no processo não dependa do esclarecimento de questões controvertidas ou esclarecimento de aspectos fáticos.

Quando o quadro for esse, não se considerará o processo apto para julgamento, e a apreciação do recurso de apelação será no sentido de *conversão do julgamento em diligência para apenas posterior julgamento de mérito*:

> "Previdenciário. Processual civil. Benefício por incapacidade. Laudo pericial. Complementação imprescindibilidade. Conversão do julgamento em diligência. – A prova técnica é essencial nas causas que versem sobre incapacidade laborativa, devendo retratar o real estado de saúde da parte autora, de acordo com os documentos constantes dos autos e outros eventualmente apresentados na realização da perícia. – Verifica-se a necessidade de complementação do laudo pericial, que além de não apresentar uma conclusão satisfatória, não se manifestando tecnicamente sobre o grau de incapacidade do autor, sua permanência ou temporariedade, deixou de responder aos quesitos apresentados pelo INSS e pela parte autora (ID 88764034, p. 46/47 e 62/63), descurando-se do disposto no inciso IV do art. 473 do Código de Processo Civil. – Julgamento convertido em diligência, com posterior vista às partes, retornando, então, à Relatoria, para julgamento do recurso autárquico. Precedente da e. Nona Turma"
> (TRF da 3.ª Região, 9.ª Turma, Des. Fed. Monica Aparecida Bonavina Camargo, AC 0002818-12.2019.4.03.9999, *DJEN* 23.03.2022).

> "Previdenciário. Pensão por morte. Qualidade de segurado. Ex-vereador. Período de graça. Desemprego. Necessidade de comprovação. Conversão em diligência. Julgamento pelo colegiado ampliado. Art. 942 do CPC. 1. A Lei 8.213/91, no art. 11, inciso I, alínea 'j', inclui, como segurado obrigatório da Previdência Social, na categoria de empregado, 'o exercente de mandato eletivo federal, estadual ou municipal, desde que não

vinculado a regime próprio de previdência social'. 2. Tendo a própria lei previdenciária alçado o exercente de mandato eletivo não vinculado a regime próprio de previdência social à categoria de segurado obrigatório da Previdência Social, como empregado, não há razão para que, uma vez extinto o mandato eletivo, não se possa reconhecer eventual situação de desemprego do ex-detentor do mandato parlamentar municipal. 3. Considerando que jurisprudência do STJ, que entende que 'a simples ausência de registro na CTPS não tem o condão de, por si só, comprovar a situação de desemprego, devendo ser cumulada com outros elementos probatórios' (AgRg no AREsp 801.828/PE, Rel. Min. Mauro Campbell Marques, Segunda Turma, julgado em 24/11/2015, DJe 02/12/2015), este Tribunal tem entendido que, inexistindo registro de desemprego junto ao Ministério do Trabalho e da Previdência Social após o último contrato de trabalho registrado na CTPS ou o recebimento de seguro-desemprego, a comprovação do desemprego pode dar-se mediante realização de prova testemunhal. 4. Hipótese em que o julgamento deve ser convertido em diligência, para a realização da prova testemunhal requerida pelo autor, com o fito de comprovar a situação de desemprego da de cujus após dezembro de 2008 até a data do seu falecimento"

(TRF da 4.ª Região, 9.ª Turma, Paulo Afonso Brum Vaz, AC 5002513-63.2018.4.04.7213, 23.11.2020).

O Direito Previdenciário se encontra em constante evolução e há vários e complexos precedentes vinculantes que tratam do tema da decadência, nem sempre aplicados adequadamente; é bastante interessante a possibilidade prevista no art. 1.013, § 4.º, do CPC, dando bastante dinamismo a esse tipo de julgamento (*primazia do julgamento do mérito*).

Para concluir esse tópico relativo ao recurso de apelação mencionaremos o importante conteúdo do art. 1.014 do CPC:

> "Art. 1.014. As questões de fato não propostas no juízo inferior poderão ser suscitadas na apelação, se a parte provar que deixou de fazê-lo por motivo de força maior".

Daniel Amorim Assumpção Neves (2016, p. 1551) comenta esse dispositivo legal e explicita algumas situações em que o fato só é apresentado ao Tribunal: "c) impossibilidade de a parte comunicar o fato ao seu advogado, desde que exista uma causa objetiva para justificar a omissão; d) impossibilidade de o próprio advogado em comunicar o fato ao juízo, desde que demonstrada que a omissão foi causada por um obstáculo insuperável e alheio à sua vontade".

A nosso ver esse dispositivo traz uma importante ferramenta à advocacia previdenciária.

Muitas vezes a ação é proposta sem que exista, naquele momento, um substrato fático-probatório satisfatório, levando frequentemente à improcedência do pedido. E, em grande parte das situações, o conjunto probatório não é apresentado ao juízo de primeiro grau justamente por não estar em posse dos segurados/autores: não ter em mãos, documentos relativos a tempo de atividade rural ou urbana; desconhecer o paradeiro de testemunhas fundamentais à comprovação de determinados fatos etc.

A partir da possibilidade aberta pelo art. 1.014 do CPC, esses elementos probatórios novos poderão ser apresentados no recurso de apelação. Não haverá qualquer problema relativo ao devido processo legal porque o INSS terá a devida oportunidade de manifestação no âmbito de suas contrarrazões.

A doutrina externa a necessidade de comprovação da força maior, ou seja, a impossibilidade de ter apresentado aquele fato anteriormente: nas ações previdenciárias pode ser a dificuldade em encontrar a testemunha ou os responsáveis pela empresa onde trabalhou décadas atrás e atualmente se encontra extinta.

JURISPRUDÊNCIA

Súmula 423/STF: Não transita em julgado a sentença por haver omitido o recurso *ex officio*, que se considera interposto *ex lege*.

Súmula Vinculante 47/STF: Os honorários advocatícios incluídos na condenação ou destacados do montante principal devido ao credor consubstanciam verba de natureza alimentar cuja satisfação ocorrerá com a expedição de precatório ou requisição de pequeno valor, observada ordem especial restrita aos créditos dessa natureza.

Súmula 45/STJ: No reexame necessário, é defeso, ao Tribunal, agravar a condenação imposta à Fazenda Pública.

Súmula 110/STJ: A isenção do pagamento de honorários advocatícios, nas ações acidentárias, é restrita ao segurado.

Súmula 111/STJ: Os honorários advocatícios, nas ações previdenciárias, não incidem sobre as prestações vencidas após a sentença.

Súmula 253/STJ: O art. 557 do CPC, que autoriza o relator a decidir o recurso, alcança o reexame necessário.

Súmula 410/STJ: A prévia intimação pessoal do devedor constitui condição necessária para a cobrança de multa pelo descumprimento de obrigação de fazer ou não fazer.

Súmula 490/STJ: A dispensa de reexame necessário, quando o valor da condenação ou do direito controvertido for inferior a sessenta salários mínimos, não se aplica a sentenças ilíquidas.

Tema 629/STJ: A ausência de conteúdo probatório eficaz a instruir a inicial, conforme determina o art. 283 do CPC, implica a carência de pressuposto de constituição e desenvolvimento válido do processo, impondo sua extinção sem o julgamento do mérito (art. 267, IV, do CPC) e a consequente possibilidade de o autor intentar novamente a ação (art. 268 do CPC), caso reúna os elementos necessários à tal iniciativa.

Tema 1.050/STJ: O eventual pagamento de benefício previdenciário na via administrativa, seja ele total ou parcial, após a citação válida, não tem o condão de alterar a base de cálculo para os honorários advocatícios fixados na ação de conhecimento, que será composta pela totalidade dos valores devidos.

Tema 1.105/STJ: Continua eficaz e aplicável o conteúdo da Súmula 111/STJ (com a redação modificada em 2006), mesmo após a vigência do CPC/2015, no que tange à fixação de honorários advocatícios.

Capítulo 8
DA EXECUÇÃO

Sumário: 8.1 Dos precatórios: 8.1.1 Aspectos gerais – 8.2 Os precatórios na seara previdenciária: 8.2.1 Evolução histórica dos precatórios em matéria previdenciária 8.2.2 A Lei 10.259/2001: criação dos RPV; 8.2.3 A sistemática trazida pela Emenda Constitucional 62/2009: precatórios superpreferenciais; 8.2.4 Alterações trazidas pela Emenda Constitucional 113/2021; 8.2.5 Alterações no regime de precatórios trazidas pela Emenda Constitucional 114/2021 – 8.3 Os precatórios complementares – 8.4 Execução invertida – 8.5 Excesso de execução – 8.6 Critérios de atualização da dívida previdenciária – Jurisprudência.

A concessão judicial de benefício previdenciário (ou assistencial, bem como seu restabelecimento ou a revisão de RMI) alcança tanto uma obrigação de fazer (implementação, revisão ou restabelecimento do benefício) quanto uma obrigação de pagar quantia certa (valores atrasados e devidos desde a DIB, em razão do reconhecimento do direito, acrescidos da correção monetária e dos juros de mora). Esse entendimento encontra-se bem sedimentado na jurisprudência:

> "Previdenciário. Agravo regimental em recurso especial. Cumprimento imediato da decisão judicial que determina a implantação de benefício previdenciário. Agravo regimental do INSS desprovido. 1. O julgado que condena o INSS ao pagamento de novo benefício ou à revisão da renda mensal do benefício já concedido estabelece: a) uma obrigação de pagar, relativa ao pagamento das parcelas vencidas, que será objeto de execução autônoma, regulada pelo art. 730 do CPC; e b) uma obrigação de fazer, consistente na determinação de implantação do benefício ou da nova renda mensal, regulada pelo art. 461 do CPC 2. Sendo a execução da parte da sentença que determina a implantação do benefício regulada pelo art. 461 do CPC, não há que se falar em execução provisória, como pretende o INSS. A partir do trânsito em julgado da sentença, ou da admissão de

recurso desprovido de efeito suspensivo, o juiz, de ofício ou a requerimento da parte, determinará a intimação do réu para que cumpra, no prazo fixado pelo título executivo, a obrigação de implantar o benefício. 3. Agravo Regimental do INSS desprovido" (STJ, AgREsp 200801028260, Napoleão Nunes Maia Filho, 5.ª Turma, *DJE* 11.10.2010).

As parcelas devidas a partir de tutela provisória ou da implementação da sentença são consideradas como *obrigação de fazer* e devem ser pagas diretamente pelo INSS, dispensado precatório ou RPV. Esse é o chamado *complemento positivo*.

Há também a execução da quantia correspondente às parcelas atrasadas e devidas desde a data de início do benefício (DIB), as quais são pagas via precatórios ou RPV, conforme o caso.

Analisaremos neste capítulo o regime de precatórios e RPV, bem como outros assuntos correlatos à execução previdenciária.

8.1 DOS PRECATÓRIOS

8.1.1 Aspectos gerais

Os pagamentos que a Fazenda Pública efetua quando condenada em quantia certa dentro de ação judicial realizam-se, em regra, mediante a expedição de precatórios judiciais.

O instituto dos *precatórios*, segundo as precisas palavras de De Plácido e Silva (1993, vol. 3, p. 416), corresponde à "requisição ou, propriamente, à *carta expedida pelos juízes da execução de sentenças*, em que a Fazenda Pública foi condenada a certo pagamento, ao presidente do Tribunal, a fim de que, por seu intermédio, se autorizem e se expeçam as necessárias ordens de pagamento às repartições pagadoras".

O Instituto Nacional do Seguro Social, autarquia federal criada pela Lei 8.029, de 12.04.1990,[1] faz parte da Administração Pública Federal (art. 4.º, II, *a*, do Decreto-lei 200, de 25.02.1967).[2]

---

[1] Dispõe o art. 17 da Lei 8.029/1990: "É o Poder Executivo autorizado a instituir o Instituto Nacional do Seguro Social (INSS), como autarquia federal, mediante fusão do Instituto de Administração da Previdência e Assistência Social (Iapas), com o Instituto Nacional de Previdência Social (INPS), observado o disposto nos §§ 2.º e 4.º do art. 2.º desta lei".

[2] Dispõe o aludido texto normativo: "Art. 4.º A Administração Federal compreende: (...); II – A Administração Indireta, que compreende as seguintes categorias de en-

Assim, nas ações previdenciárias em que for condenado ao pagamento de benefício, inclusive das prestações mensais atrasadas, deverá a execução da autarquia, como regra, ocorrer mediante a expedição do precatório, com lastro no art. 100 da Constituição Federal.

O rito previsto nesse preceito determina a intimação da Fazenda Pública para, primeiramente, opor embargos à execução promovida. Se estes não forem opostos oportunamente, ou se o forem opostos e julgados improcedentes inicia-se nova fase, segundo a qual se tem a expedição do precatório, mediante requisição do juiz da execução ao Presidente do Tribunal competente.

Exige-se o trânsito em julgado da decisão que for o título judicial que dará base à execução e expedição dos precatórios. O trânsito em julgado ocorre geralmente com o julgamento definitivo dos embargos à execução opostos pela Fazenda Pública (INSS).

À Fazenda Pública (INSS) não se aplica a multa de 10% prevista no art. 523, § 1.º, do CPC.

No caso de parcelas incontroversas da sentença ou do acórdão, em relação aos quais não se opuser embargos à execução, ocorre o trânsito em julgado e já se pode dar início à execução (conforme o art. 535, § 4.º, do CPC: "§ 4.º Tratando-se de impugnação parcial, a parte não questionada pela executada será, desde logo, objeto de cumprimento").

Entretanto, nesses casos, deverá ser observado o conteúdo do Tema 28 do STF:

> "Surge constitucional expedição de precatório ou requisição de pequeno valor para pagamento da parte incontroversa e autônoma do pronunciamento judicial transitada em julgado observada a importância total executada para efeitos de dimensionamento como obrigação de pequeno valor".

Ou seja, apesar de o art. 535, § 4.º, do CPC permitir expressamente a execução imediata da parcela incontroversa, o adimplemento desta observará a expedição de precatório ou de RPV, nos termos do art. 100 da CF, conforme a importância total que será executada.

---

tidades, dotadas de personalidade jurídica própria: a) Autarquias; (...) Art. 5.º Para os fins desta lei, considera-se: I – Autarquia – o serviço autônomo, criado por lei, com personalidade jurídica, patrimônio e receita próprios, para executar atividades típicas da Administração Pública, que requeiram, para seu melhor funcionamento, gestão administrativa e financeira descentralizada".

De certa maneira, o entendimento fixado no Tema 28 do STF acaba por "anular" parcialmente a execução imediata proporcionada pelo dispositivo processual citado acima.

Os precatórios devem ser apresentados à Presidência dos Tribunais até 2 de abril de determinado ano (a partir da redação dada pela Emenda Constitucional 114/2021, que alterou a data que existia historicamente até então, fixada em 1º de julho de cada ano), a fim de serem inseridos na respectiva peça orçamentária, modo em que serão pagos até 31 de dezembro do ano subsequente. Em outras palavras, e exemplificando: o precatório apresentado até 1º.04.2023 deverá ser pago até 31.12.2024.

Ao tratar dos precatórios, a Presidência dos Tribunais age no exercício de *função atípica*, desenvolvendo uma atuação meramente administrativa em relação aos precatórios.[3] Apenas fiscaliza a regularidade formal do precatório expedido (nomes e qualificação das partes, valores e critérios de atualização adotados na coisa julgada etc.).

Problemas na ordem de pagamento, quanto ao valor da dívida ou qualquer situação de ordem administrativa devem novamente ser judicializados.

Na esfera previdenciária, será sempre o Tribunal Regional Federal a cuidar do processamento dos precatórios, mesmo que a lide tenha sido julgada em primeira instância pelo juízo estadual (art. 109, §§ 3.º e 4.º, da CF). No caso das ações acidentárias, conforme art. 109, I, *parte final*, da CF, a gestão dos precatórios cumprirá ao correspondente Tribunal de Justiça, no exercício de sua competência absoluta.

Parcelas devidas a partir da tutela provisória (arts. 294 e seguintes, do CPC) ou da tutela específica (art. 497 do CPC) são consideradas como *obrigação de fazer* e devem ser pagas diretamente pelo INSS, dispensado precatório ou RPV. Esse é o chamado *complemento positivo*.

Todavia, merece menção o conteúdo do Tema 755 do STF, que julgou inconstitucional a sistemática de pagamento via *complemento positivo*:

> "É vedado o fracionamento da execução pecuniária contra a Fazenda Pública para que uma parte seja paga antes do trânsito em julgado, por meio de Complemento Positivo, e outra depois do trânsito, mediante Precatório ou Requisição de Pequeno Valor".

---

[3] Nos moldes da Súmula 311 do STJ: "Os atos do presidente do tribunal que disponham sobre processamento e pagamento de precatório não têm caráter jurisdicional".

Na ADI 5.755/DF, o STF julgou inconstitucional o art. 2.º da Lei 13.463/2017, que determinava o cancelamento dos precatórios que tivessem sido expedidos há dois anos e ainda não tivessem sido levantados pela parte.

8.2 OS PRECATÓRIOS NA SEARA PREVIDENCIÁRIA

A regra geral do pagamento via expedição de precatório, válida para a condenação judicial da Fazenda Pública, foi relativizada ao longo do tempo dentro do âmbito do processo judicial previdenciário.

Nesse histórico de flexibilização, em que se verificam avanços e retrocessos no curso das modificações legislativas, a que mais se destaca é a existência de um limite de alçada para a condenação judicial da Fazenda Pública, abaixo do qual a legislação previdenciária dispensava a expedição do instrumento do precatório.

8.2.1 Evolução histórica dos precatórios em matéria previdenciária

À época da promulgação da Constituição Federal de 1988, a redação original do art. 100 determinava a expedição dos precatórios como regra geral para os pagamentos devidos pela Fazenda Pública, em virtude de sentença judiciária, os quais deveriam ser pagos na ordem cronológica de apresentação e à conta dos respectivos créditos.[4] A única ressalva feita pelo Texto Constitucional residia nos créditos de natureza alimentícia, dentre os quais se procurou incluir as prestações devidas em razão de benefício previdenciário concedido judicialmente, dado seu inequívoco caráter alimentar.[5]

---

[4] Dispunha o art. 100, *caput*, da CF, em sua primeira redação: "À exceção dos créditos de natureza alimentícia, os pagamentos devidos pela Fazenda Federal, Estadual ou Municipal, em virtude de sentença judiciária, far-se-ão exclusivamente na ordem cronológica de apresentação dos precatórios e à conta dos créditos respectivos, proibida a designação de casos ou pessoas nas dotações orçamentárias e nos créditos adicionais abertos para este fim".

[5] Essa natureza alimentícia dos benefícios da Seguridade Social fica ainda mais evidente quando são considerados como uma das modalidades de direitos fundamentais mais elementares e essenciais que se pode vislumbrar, como temos procurado demonstrar no decorrer deste trabalho. Nesse sentido, à época, reconheceu a jurisprudência que: "O pagamento dos créditos relativos à concessão de benefícios previdenciários, por terem estes natureza de prestação alimentícia, não pode ser feito por via de precatório, mas através de depósito direto à disposição do Juízo. Orientação jurisprudencial desta Corte Regional e de outros Tribunais Regionais Federais", TRF da 3.ª Região, AG 90.03.002277-1, 1.ª Turma, Rel. Des. Fed. Pedro Rotta, j. 15.05.1990, *DOE* 29.10.1990, p. 112.

Sob a égide desse fundamento de validade constitucional foi editada a Lei 8.213/1991, que instituiu o novo Regime Geral de Previdência Social. Eis a redação originária do art. 128:

> "As demandas judiciais que tiverem por objeto as questões reguladas nesta lei, de valor não superior a Cr$ 1.000.000,00 (um milhão de cruzeiros) obedecerão ao rito sumaríssimo e serão isentas de pagamento de custas e liquidadas imediatamente, não se lhes aplicando o disposto nos arts. 730 e 731 do CPC".

Como se percebe, estabelecia a lei um patamar abaixo do qual as condenações judiciais referentes à matéria previdenciária poderiam ser quitadas de imediato, afastando-se o instrumento do precatório e, por conseguinte, encurtando-se o acesso dos jurisdicionados a uma gama elementar de seus direitos fundamentais.

A Lei 9.032/1995, manteve essa sistemática da isenção dos precatórios abaixo de um determinado montante monetário. Contudo, corrigiu os valores previstos na legislação previdenciária. De maneira que art. 128 passou a ter a seguinte redação:

> "Art. 128. As demandas judiciais que tiverem por objeto as questões reguladas nesta Lei e cujo valor da execução, por autor, não for superior a R$ 4.988,57 (quatro mil, novecentos e oitenta e oito reais e cinquenta e sete centavos), serão isentas de pagamento de custas e quitadas imediatamente, não se lhes aplicando o disposto nos arts. 730 e 731 do CPC".

O Supremo Tribunal Federal, ignorando a característica alimentar dos benefícios previdenciários, julgou inconstitucional o aludido art. 128 da Lei 8.213/1991.

Dessa forma, com fulcro nessa decisão da Corte Suprema, passou a vigorar, quanto ao pagamento dos benefícios previdenciários concedidos judicialmente, o sistema geral de quitação via precatório judicial, com os inconvenientes anteriormente mencionados, em especial o de obstruir ou, ao menos, retardar o acesso a um direito fundamental.

A ADIn 1.252-DF, declarou a inconstitucionalidade das expressões "e liquidadas imediatamente, não se lhes aplicando o disposto nos arts. 730 e 731 do CPC", contidas no art. 128 da Lei 8.213/1991, subsistindo única e exclusivamente o trecho dessa norma que determinava que as ações previdenciárias eram isentas de pagamento de custas.

Posteriormente, o Pretório Excelso editou a Súmula 655, que assim se encontra redigida: "A exceção prevista no art. 100, *caput*, da Constituição, em favor dos créditos de natureza alimentícia, não dispensa a expedição de precatório, limitando-se a isentá-los da observância da ordem cronológica dos precatórios decorrentes de condenações de outra natureza".

Posteriormente, por obra da Emenda Constitucional 20/1998, criou-se exceção à regra geral dos precatórios, com o acréscimo do § 3.º ao art. 100 da CF, mediante o qual se dispensava a aplicação do sistema precatorial aos pagamentos de obrigações definidas em lei como de pequeno valor a que a Fazenda Pública fosse condenada em razão de sentença judicial transitada em julgado:

> "§ 3.º O disposto no *caput* deste artigo, relativamente à expedição de precatórios, não se aplica aos pagamentos de obrigações definidas em lei como de pequeno valor que a Fazenda Federal, Estadual ou Municipal deva fazer em virtude de sentença judicial transitada em julgado".

E isso fica ainda mais claro quando se considera a reforma promovida posteriormente pela Emenda Constitucional 30/2000, que acrescentou o § 1.º-A ao aludido art. 100, que esclareceu o que seriam os referidos *créditos de natureza alimentícia*:

> "Os débitos de natureza alimentícia compreendem aqueles decorrentes de salários, vencimentos, proventos, *pensões e suas complementações, benefícios previdenciários* e indenizações por morte ou invalidez, fundadas na responsabilidade civil, em virtude de sentença transitada em julgado".

Sobre o art. 100, § 3.º, da CF, restou claro que se tratava de norma de eficácia contida, necessitando de lei para definir o que seria "obrigação de pequeno valor" para a Fazenda Pública, não podendo servir-lhe de base à Lei 8.213/1991, com a redação que vigia àquela época.

A jurisprudência se fixou no sentido de que o art. 100, § 3.º, da CF não teria represtinado o antigo art. 128 da Lei 8.213/1991, mas breve ocorreu o advento da Lei 10.099/2000, que alterou o citado art. 128, principalmente para trazer a definição da obrigação de pequeno valor para a Previdência Social, que ficou entendida como aquela cujo montante não ultrapassasse o teto fixado em R$ 5.180,25 (cinco mil, cento e oitenta reais e vinte e cinco centavos).[6]

---

6   Eis o teor do art. 128 da Lei 8.213/1991, com as referidas alterações promovidas: "Art. 128. As demandas judiciais que tiverem por objeto o reajuste ou a concessão de benefícios regulados nesta lei cujos valores de execução não forem superiores a R$ 5.180,25 (cinco mil, cento e oitenta reais e vinte e cinco centavos) por autor, poderão, por opção

Ações previdenciárias cuja condenação não ultrapassasse o referido patamar, poderiam ser satisfeitas de imediato, independentemente da expedição dos precatórios judiciais.

Ainda quanto à questão da dispensa dos precatórios, a referida Lei 10.099/2000 vedou "o fracionamento, repartição ou quebra do valor da execução", de modo que o pagamento fosse feito, quanto ao principal da obrigação previdenciária, com a dispensa do precatório e, quanto aos créditos restantes (em geral constituindo montante menor), mediante a expedição daquele instrumento. No mesmo sentido, dando encerramento sistemático a essa disposição, também *era vedada a expedição de precatório complementar* dos valores pagos de imediato.[7]

8.2.2 A Lei 10.259/2001: criação dos RPV

Com a entrada em vigor da Lei 10.259, em 14.01.2002, que criou os Juizados Especiais Federais, alterou-se o limite para dispensa dos precatórios judiciais em matéria previdenciária.

De fato, dispõe o art. 17 dessa lei, em seu § 1.º, que: "para os efeitos do § 3.º do art. 100 da CF, as obrigações ali definidas como de pequeno valor, a serem pagas independentemente de precatório, terão como limite o mesmo valor estabelecido nesta Lei para a competência do Juizado Especial Federal Cível (art. 3.º, *caput*)".

Da leitura do referido art. 3.º, verifica-se que o limite para ingresso nos Juizados Especiais Federais Cíveis é de 60 salários mínimos, de modo que, até esse valor, os benefícios previdenciários concedidos judicialmente encontram-se dispensados da expedição de precatório, podendo ser pagos em até 60 dias, mediante requisitórios de pequeno valor (RPV).

A sentença condenatória, no âmbito dos Juizados Especiais Federais, será líquida (art. 1.º da Lei 10.259, c/c art. 38, parágrafo único, da Lei 9.099/1995). Após o trânsito em julgado serão requisitados à autoridade competente os valores para pagamento da obrigação (RPV).

---

de cada um dos exequentes, ser quitadas no prazo de até sessenta dias após a intimação do trânsito em julgado da decisão, sem necessidade da expedição de precatório".

[7] Trata-se do teor dos novos §§ 1.º e 2.º do citado art. 128: "§ 1.º É vedado o fracionamento, repartição ou quebra do valor da execução de modo que o pagamento se faça, em parte, na forma estabelecida no *caput* e, em parte, mediante expedição do precatório. § 2.º É vedada a expedição de precatório complementar ou suplementar do valor pago na forma do *caput*".

Ultrapassando a condenação o patamar de 60 salários mínimos, poderá a parte beneficiada renunciar ao excedente, cumprindo-se a decisão por meio da requisição de pequeno valor, ou, caso não renuncie, será expedido precatório nos termos do art. 100 da Constituição Federal pelo próprio Juizado Especial Federal. A execução é considerada em relação a cada litisconsorte ativo. Quanto a isso, veja-se o entendimento firmado no Tema 1.030 do STJ:

> "Ao autor que deseje litigar no âmbito de Juizado Especial Federal Cível, é lícito renunciar, de modo expresso e para fins de atribuição de valor à causa, ao montante que exceda os 60 (sessenta) salários mínimos previstos no art. 3.º, *caput*, da Lei 10.259/2001, aí incluídas, sendo o caso, até doze prestações vincendas, nos termos do art. 3.º, § 2.º, da referida lei, c/c o art. 292, §§ 1.º e 2.º, do CPC/2015".

Aceita-se a possibilidade de destaque dos honorários advocatícios em relação ao montante que será pago ao beneficiário (art. 22, § 4.º, do Estatuto da OAB).

Finalmente, o procedimento de pagamento do RPV é regulamentado por diversas resoluções administrativas do Conselho da Justiça Federal (CJF).

8.2.3 A sistemática trazida pela Emenda Constitucional 62/2009: precatórios superpreferenciais

Em 09.12.2009 foi promulgada a Emenda Constitucional 62, que alterou em parte o regime de pagamentos devido pela Fazenda Pública.

O cerne dessa emenda constitucional é a alteração do pagamento devido pelos demais entes da Federação (Estados e Municípios), o que foge ao tema do Processo Judicial Previdenciário.

Entretanto, também traz algumas regras, especialmente relativas aos débitos alimentares e de pequeno valor, as quais merecem ser examinadas.

Em primeiro lugar, o art. 100, § 1.º, da CF, reitera a ideia de que os débitos de natureza alimentícia compreendem aqueles decorrentes de salários, vencimentos, proventos, pensões e suas complementações, benefícios previdenciários e indenizações por morte ou por invalidez, fundadas em responsabilidade civil, em virtude de sentença judicial transitada em julgado, indicando que serão pagos com preferência sobre todos os demais débitos, exceto sobre aqueles referidos no § 2.º do art. 100.

O referido § 2.º do art. 100, por sua vez, trata dos débitos de natureza alimentícia cujos titulares tenham 60 anos de idade ou mais na data de expedição do precatório ou sejam portadores de doença grave, definidos na forma da lei.

Os débitos aqui tratados (art. 100, § 2.º), como se verifica, terão primazia inclusive em relação aos débitos alimentares previstos no art. 100, § 1.º, e serão pagos com preferência sobre todos os demais débitos.

Entretanto, para que isso ocorra, porém, além das restrições relativas ao titular do direito (idoso ou portador de doença grave), o montante prioritário será de até o valor equivalente ao triplo do fixado em lei para os fins do disposto no § 3.º do art. 100, que trata das obrigações de pequeno valor. Para essa finalidade, todavia, e excepcionalmente, admite-se o fracionamento, sendo os valores restantes pagos na ordem cronológica de apresentação dos precatórios.

Trata-se, portanto, de um regime excepcionalíssimo, dentro do já excepcional regime de pagamento das obrigações de pequeno valor, o qual tem aplicação bastante significativa no Processo Judicial Previdenciário, em que as obrigações geralmente são de pequena monta, os beneficiários geralmente idosos e, muitas vezes, acometidos de doenças graves. Esse regime trazido pela Emenda Constitucional 62/2009, por sua vez, apresenta profunda consonância com o que denominamos de *celeridade previdenciária*.

As obrigações de pequeno valor, ademais, poderão ser fixadas, por leis próprias, com valores distintos às diversas entidades de direito público, segundo as diferentes capacidades econômicas, destacando-se que o mínimo, nesses casos, deverá ser igual ao valor do maior benefício do regime geral de previdência social (art. 100, § 4.º, da CF).

Em relação aos requisitórios, sua atualização, a partir da promulgação da Emenda Constitucional 62/2009 (conforme introdução do § 12 ao art. 100 do Texto Magno), após sua expedição e até o efetivo pagamento, independentemente de sua natureza, será feita pelo índice oficial de remuneração básica da caderneta de poupança. Para fins de compensação da mora, incidirão juros simples no mesmo percentual de juros incidentes sobre a caderneta de poupança, ficando excluída a incidência de juros compensatórios.

A Emenda Constitucional 62/2009 foi julgada parcialmente inconstitucional pelo STF, em sessão de 13.03.2013.[8] Três pontos foram julgados inconstitucionais: as regras de correção monetária, baseadas na utilização dos índices de caderneta de poupança e não na inflação; a preferência de pagamento para os idosos com mais de 60 anos, considerando-se o adimplemento dessa idade na expedição, e não no momento de recebimento dos

---

[8] ADIs 4.357 e 4.225, Plenário, Rel. Min. Carlos Ayres Britto (aposentado) e Rel. p/ Acórdão Min. Luiz Fux, j. 13.03.2013, por maioria. Ficaram vencidos os Ministros Teori Zavascki, Dias Toffoli e Gilmar Mendes, que compreendiam que a EC 62/2009 encontrava-se regularmente dentro do poder do constituinte derivado, tendo sido editada na ânsia de dar racionalidade ao sistema de precatórios, tido por economicamente inviável.

valores, assim como a sistemática de compensação dos precatórios (desconto, em fonte, de eventuais tributos devidos pelo beneficiário do precatório).

Em relação à preferência de pagamento por idade, estabeleceu-se que esta deve ser atribuída àqueles que possuam 60 anos no momento em que o precatório seja efetivamente pago, e não na data de sua expedição. Essa decisão atende aos princípios da razoabilidade e proporcionalidade, além de preservar a dignidade da pessoa humana.

Quanto aos índices de correção dos valores devidos em sede de precatório, reconheceu-se que a Fazenda Pública utiliza um padrão para cobrança dos seus próprios créditos (Taxa Selic) e, em relação aos seus débitos, utiliza outro, bem inferior, afrontando o princípio da isonomia e mesmo o direito de propriedade (confisco indireto no patrimônio do cidadão).

Os juros até então aplicados aos créditos de precatórios utilizam o índice de remuneração da caderneta de poupança, que historicamente era de 0,5% mais a TR, índice atualmente bastante reduzido, o que redunda em uma correção bem inferior à inflação.

O STF ainda derrubou o regime especial de pagamento de precatórios, previsto no art. 97 do ADCT, que previa o parcelamento das dívidas de precatórios em 15 anos, combinando a necessidade de destinar parcelas variáveis de 1 a 2% da receita dos Estados e Municípios para uma conta especial, voltada ao pagamento de precatórios, sendo que, destes recursos, 50% seriam destinados ao pagamento por ordem cronológica e o restante a um sistema que combinava pagamentos por ordem crescente de valor por meio de leilões ou acordos diretos com os credores.

A fundamentação das ADIs adota os argumentos do Relator, Min. Carlos Britto, no sentido de que a Emenda Constitucional 62/2009 afronta cláusulas pétreas, como a garantia de acesso à justiça, a independência entre os Poderes, o desrespeito à duração razoável do processo e a proteção à coisa julgada.

8.2.4 Alterações trazidas pela Emenda Constitucional 113/2021

A Emenda Constitucional 113/2021 imprimiu diversas alterações no regime constitucional de precatórios.

8.2.4.1 Compensação de dívidas da Fazenda Pública com os valores a serem pagos em precatórios

Inicialmente, destacamos a mudança no art. 100, § 9.º, da CF:

> "§ 9.º Sem que haja interrupção no pagamento do precatório e mediante comunicação da Fazenda Pública ao Tribunal, o valor correspondente aos

eventuais débitos inscritos em dívida ativa contra o credor do requisitório e seus substituídos deverá ser depositado à conta do juízo responsável pela ação de cobrança, que decidirá pelo seu destino definitivo".

O texto anterior desse dispositivo era o seguinte:

> "§ 9.º No momento da expedição dos precatórios, independentemente de regulamentação, deles deverá ser abatido, a título de compensação, valor correspondente aos débitos líquidos e certos, inscritos ou não em dívida ativa e constituídos contra o credor original pela Fazenda Pública devedora, incluídas parcelas vincendas de parcelamentos, ressalvados aqueles cuja execução esteja suspensa em virtude de contestação administrativa ou judicial".

A redação anterior do art. 100, § 9.º, da CF, mencionava que seria realizada, de modo direto, a compensação entre dívidas do credor dos precatórios com a Fazenda Pública devedora, estivessem esses inscritos ou não em Dívida Ativa, salvo se houvesse suspensão da exigibilidade por contestação administrativa ou judicial.

A nova redação estabelece que essa compensação não ocorrerá de modo imediato, pois os valores serão depositados à conta do juízo responsável pela cobrança em favor da Fazenda Pública, que decidirá a respeito.

Nesse jaez, o juízo da Fazenda Pública poderá examinar a compensação de créditos de modo mais abrangente, reconhecendo, eventualmente, prescrição, decadência, anistia, remissão, ou qualquer outro elemento que possa afetar o montante do *quantum debeatur* ou a própria existência da dívida.

Nessa nova redação do § 9.º, vislumbra-se dúvida apenas na expressão "credor do requisitório", pois a expressão requisição, no art. 17 da Lei 10.259/2001, refere-se apenas às obrigações de pequeno valor:

> "Art. 17. Tratando-se de obrigação de pagar quantia certa, após o trânsito em julgado da decisão, o pagamento será efetuado no prazo de sessenta dias, contados da entrega da requisição, por ordem do Juiz, à autoridade citada para a causa, na agência mais próxima da Caixa Econômica Federal ou do Banco do Brasil, independentemente de precatório.
>
> § 1.º Para os efeitos do § 3.º do art. 100 da Constituição Federal, as obrigações ali definidas como de pequeno valor, a serem pagas independentemente de precatório, terão como limite o mesmo valor estabelecido nesta Lei para a competência do Juizado Especial Federal Cível (art. 3.º, *caput*).
>
> § 2.º Desatendida a requisição judicial, o Juiz determinará o sequestro do numerário suficiente ao cumprimento da decisão".

8.2.4.2 Cessão de créditos de precatório e suas finalidades

Em relação à cessão de créditos oriundos de precatório, bem como as finalidades para as quais pode ocorrer sua utilização, houve exponencial ampliação de possibilidades por obra da Emenda Constitucional 113/2021. A redação anterior do art. 100, § 11, era a seguinte:

> "§ 11. É facultada ao credor, conforme estabelecido em lei da entidade federativa devedora, a entrega de créditos em precatórios para compra de imóveis públicos do respectivo ente federado".

A partir da Emenda Constitucional 113/2021 ficou assim:

> "§ 11. É facultada ao credor, conforme estabelecido em lei do ente federativo devedor, com autoaplicabilidade para a União, a oferta de créditos líquidos e certos que originalmente lhe são próprios ou adquiridos de terceiros reconhecidos pelo ente federativo ou por decisão judicial transitada em julgado para:
>
> I – quitação de débitos parcelados ou débitos inscritos em dívida ativa do ente federativo devedor, inclusive em transação resolutiva de litígio, e, subsidiariamente, débitos com a administração autárquica e fundacional do mesmo ente;
>
> II – compra de imóveis públicos de propriedade do mesmo ente disponibilizados para venda;
>
> III – pagamento de outorga de delegações de serviços públicos e demais espécies de concessão negocial promovidas pelo mesmo ente;
>
> IV – aquisição, inclusive minoritária, de participação societária, disponibilizada para venda, do respectivo ente federativo; ou
>
> V – compra de direitos, disponibilizados para cessão, do respectivo ente federativo, inclusive, no caso da União, da antecipação de valores a serem recebidos a título do excedente em óleo em contratos de partilha de petróleo".

Antes da EC 113/2021, podia-se utilizar os créditos de precatório essencialmente para compra de imóveis públicos do respectivo ente federado. Doravante, a utilização dos créditos de precatórios judiciais, inclusive quando adquiridos de outrem, presta-se às diversas finalidades previstas no art. 100, § 11, da CF.

O § 14 do art. 100 foi alterado, mas apenas para mencionar que a cessão de precatórios deverá observar o disposto no § 9.º do mesmo artigo, tendo sido mantida a exigência de que a cessão de créditos somente produzirá efeitos após comunicação, por meio de petição protocolizada, ao Tribunal de origem e ao ente federativo devedor.

É importante mencionar que a cessão de créditos de precatório pode incidir também em precatórios de natureza alimentar, pois esse dispositivo constitucional não faz nenhuma ressalva em relação a isso.

8.2.4.3 Taxa Selic como critério de atualização monetária das condenações judiciais da Fazenda Pública

O art. 3.º da própria Emenda Constitucional 113/2021 passou a estabelecer a Taxa Selic como único critério para atualização monetária das condenações da Fazenda Pública, a qual incidirá uma única vez até o efetivo pagamento:

> "Art. 3.º Nas discussões e nas condenações que envolvam a Fazenda Pública, independentemente de sua natureza e para fins de atualização monetária, de remuneração do capital e de compensação da mora, inclusive do precatório, haverá a incidência, uma única vez, até o efetivo pagamento, do índice da taxa referencial do Sistema Especial de Liquidação e de Custódia (Selic), acumulado mensalmente".

Essa alteração só alcançará as ações judiciais com trânsito em julgado posterior à vigência da Emenda Constitucional 113/2021.

8.2.5 Alterações no regime de precatórios trazidas pela Emenda Constitucional 114/2021

8.2.5.1 Data para inclusão da condenação judicial do INSS nos precatórios judiciais

A Emenda Constitucional 114/2021 alterou a redação do art. 100, § 5.º:

> "§ 5.º É obrigatória a inclusão no orçamento das entidades de direito público de verba necessária ao pagamento de seus débitos oriundos de sentenças transitadas em julgado constantes de precatórios judiciários apresentados até 2 de abril, fazendo-se o pagamento até o final do exercício seguinte, quando terão seus valores atualizados monetariamente".

Até então, o prazo para inscrição das condenações da Fazenda Pública (incluindo o INSS) nos precatórios judiciais foi encurtado, de 1.º de julho para 2 de abril de determinado ano, sendo mantido que os valores serão pagos até o final do ano seguinte, quando serão atualizados monetariamente.

8.2.5.2 Parcelamento dos precatórios

Além das mudanças no texto definitivo da CF houve diversas inclusões no ADCT, as quais são referentes ao parcelamento de precatórios:

> "Art. 107-A. Até o fim de 2026, fica estabelecido, para cada exercício financeiro, limite para alocação na proposta orçamentária das despesas com pagamentos em virtude de sentença judiciária de que trata o art. 100 da Constituição Federal, equivalente ao valor da despesa paga no exercício de 2016, incluídos os restos a pagar pagos, corrigido, para o exercício de 2017, em 7,2% (sete inteiros e dois décimos por cento) e, para os exercícios posteriores, pela variação do Índice Nacional de Preços ao Consumidor Amplo (IPCA), publicado pela Fundação Instituto Brasileiro de Geografia e Estatística, ou de outro índice que vier a substituí-lo, apurado no exercício anterior a que se refere a lei orçamentária, devendo o espaço fiscal decorrente da diferença entre o valor dos precatórios expedidos e o respectivo limite ser destinado ao programa previsto no parágrafo único do art. 6.º e à seguridade social, nos termos do art. 194, ambos da Constituição Federal, a ser calculado da seguinte forma: (...)

O novo art. 107-A do ADCT passa a mencionar um limite, ou seja, um teto, para alocação de recursos na peça orçamentária no que se refere aos pagamentos de precatórios judiciais, que corresponderá ao chamado "Teto de Gastos" trazido pela Emenda Constitucional 95/2016.

Além da fixação desse teto, é disposto que o espaço fiscal, ou seja, a diferença, entre o valor dos precatórios expedidos e o respectivo limite (o "teto") deverá ser destinado ao recém-criado programa de renda mínima, bem como à Seguridade Social, nos termos do art. 194 da CF.

Os incisos I a III do art. 107-A do ADCT estabelecem um escalonamento referente ao teto para pagamento de precatórios e como ele se altera até 2026:

> "I – no exercício de 2022, o espaço fiscal decorrente da diferença entre o valor dos precatórios expedidos e o limite estabelecido no caput deste artigo deverá ser destinado ao programa previsto no parágrafo único do art. 6º e à seguridade social, nos termos do art. 194, ambos da Constituição Federal;
>
> II – no exercício de 2023, pela diferença entre o total de precatórios expedidos entre 2 de julho de 2021 e 2 de abril de 2022 e o limite de que trata o *caput* deste artigo válido para o exercício de 2023; e
>
> III – nos exercícios de 2024 a 2026, pela diferença entre o total de precatórios expedidos entre 3 de abril de dois anos anteriores e 2 de abril do ano anterior ao exercício e o limite de que trata o *caput* deste artigo válido para o mesmo exercício".

O valor destinado ao pagamento de precatórios corresponderá, em cada exercício, ao limite previsto no art. 107-A do ADCT, do que será deduzida a projeção para a despesa com o pagamento de requisições de pequeno valor para o mesmo exercício, que terão prioridade no pagamento (art. 107-A, § 1.º, do ADCT).

Ou seja, a rubrica com a projeção dos valores destinados ao RPV será o parâmetro para encontrar o valor a ser pago para os precatórios, descontando-se esse montante do limite máximo tratado no art. 107-A do ADCT, e a diferença entre um valor e outro será destinada ao programa de renda mínima do art. 6.º, parágrafo único, da Constituição Federal, bem como à Seguridade Social.

Os precatórios que não forem pagos em razão do limite previsto no art. 107-A do ADCT terão prioridade para pagamento em exercícios seguintes, observada a ordem cronológica e o disposto no § 8.º do mesmo artigo, que estabelece a seguinte ordem de prioridade:

> "§ 8.º Os pagamentos em virtude de sentença judiciária de que trata o art. 100 da Constituição Federal serão realizados na seguinte ordem:
>
> I – obrigações definidas em lei como de pequeno valor, previstas no § 3.º do art. 100 da Constituição Federal;
>
> II – precatórios de natureza alimentícia cujos titulares, originários ou por sucessão hereditária, tenham no mínimo 60 (sessenta) anos de idade, ou sejam portadores de doença grave ou pessoas com deficiência, assim definidos na forma da lei, até o valor equivalente ao triplo do montante fixado em lei como obrigação de pequeno valor;
>
> III – demais precatórios de natureza alimentícia até o valor equivalente ao triplo do montante fixado em lei como obrigação de pequeno valor;
>
> IV – demais precatórios de natureza alimentícia além do valor previsto no inciso III deste parágrafo;
>
> V – demais precatórios".

8.2.5.3 Acordo com a Fazenda Pública e deságio no pagamento dos precatórios em atraso

É facultado ao credor de precatório que não tenha sido pago em virtude do limite orçamentário, além das hipóteses previstas no art. 100, § 11, da CF (quitações de dívidas com a Fazenda Pública, aquisição de imóveis, pagamentos de serviços de concessão pública etc.), e sem prejuízo dos procedimentos previstos nos §§ 9º e 21 do referido artigo, optar pelo recebimento, mediante acordos diretos perante Juízos Auxiliares de Conciliação de Pagamento de

Condenações Judiciais contra a Fazenda Pública Federal, em parcela única, até o final do exercício seguinte, com renúncia de 40% (quarenta por cento) do valor desse crédito.

O procedimento de pagamento do precatório com deságio será regulamentado pelo CNJ – Conselho Nacional de Justiça (art. 107-A, § 4.º, do ADCT).

Ademais, em relação aos precatórios que não forem incluídos na proposta orçamentária de 2022, nos termos do art. 107-A, § 3.º, do ADCT, os valores necessários à sua quitação serão providenciados pela abertura de créditos adicionais durante o exercício de 2022 (art. 107-A, § 7.º, do ADCT).

O art. 107-A, § 5.º, do ADCT estabelece que não se incluem no limite para pagamento de precatórios as despesas para fins de cumprimento do disposto nos §§ 11, 20 e 21 do art. 100 da Constituição Federal (utilização dos créditos de precatórios para outras finalidades), bem como no art. 107-A, § 3.º, do ADCT (pagamento com deságio), bem como a atualização monetária dos precatórios inscritos no exercício.

8.3 OS PRECATÓRIOS COMPLEMENTARES

A Emenda Constitucional 37/2002 alterou a sistemática do precatório complementar, acrescentando ao art. 100 da Constituição o § 4.º, que dispunha, com a redação vigente naquele momento:

> "São vedados a expedição de precatório complementar ou suplementar de valor pago, bem como fracionamento, repartição ou quebra do valor da execução, *a fim de que seu pagamento não se faça, em parte, na forma estabelecida no § 3.º deste artigo e, em parte, mediante expedição de precatório*" (grifos nossos).

O texto modificado procura, como se afigura claramente de sua leitura, impedir que o beneficiário receba o valor teto de imediato, sem expedição de precatório e, o restante, caso a condenação judicial ultrapasse o limite legal, mediante expedição de precatório. Trata-se, desta maneira, apenas de aperfeiçoamento do sistema já vigente, só que mais detalhado em prol da Fazenda Pública.

Ademais, a mesma emenda constitucional acrescentou o art. 86 ao ADCT, o qual regulamenta a questão dos precatórios judiciais ainda pendentes,[9] bem

---

[9] Dispõe o aludido preceito constitucional: "Art. 86. Serão pagos conforme disposto no art. 100 da CF, não se lhes aplicando a regra de parcelamento estabelecida no *caput* do art. 78 deste Ato das Disposições Constitucionais Transitórias, os débitos

como o art. 87, que trata da dispensa dos precatórios nas demais unidades da Federação.

Essa sistemática restou corroborada com a promulgação da Emenda Constitucional 62/2009, que alterou a redação do art. 100, da Carta Magna, passando a vigorar o § 8.º, com a seguinte redação:

> "§ 8.º É vedada a expedição de precatórios complementares ou suplementares de valor pago, bem como o fracionamento, repartição ou quebra do valor da execução para fins de enquadramento de parcela do total ao que dispõe o § 3.º deste artigo".

De sua leitura, verifica-se que resta preservada a sistemática de vedação à expedição de precatório complementar de modo que o segurado possa receber parte do *quantum debeatur* imediatamente (a parcela tida como obrigação de pequeno valor, nos moldes do § 3.º do art. 100), e o remanescente, por meio de precatório complementar, a partir da cisão dos valores.

O fracionamento de valores com expedição de precatório complementar é permitido, de forma excepcionalíssima, no regime de obrigações de pequeno valor *prioritárias* do § 2.º do art. 100, o qual exige que sejam os beneficiários idosos ou portadores de doenças graves, nos termos da lei, assim como com o limite do triplo do que seja obrigação de pequeno valor ordinária (art. 100, § 3.º, da CF) – consoante examinado no tópico anterior.

Ainda se deve fazer menção à Súmula Vinculante 17, em que resta consignado que, durante o período previsto no § 1.º do art. 100 da CF, não incidem juros de mora sobre os precatórios que nele sejam pagos. A mora

---

da Fazenda Federal, Estadual, Distrital ou Municipal oriundos de sentenças transitadas em julgado, que preencham, cumulativamente, as seguintes condições: I – ter sido objeto de emissão de precatórios judiciários; II – ter sido definidos como de pequeno valor pela lei de que trata o § 3.º do art. 100 da CF ou pelo art. 87 deste Ato das Disposições Constitucionais Transitórias; III – estar, total ou parcialmente, pendentes de pagamento na data da publicação desta Emenda Constitucional.
§ 1.º Os débitos a que se refere o *caput* deste artigo, ou os respectivos saldos, serão pagos na ordem cronológica de apresentação dos respectivos precatórios, com precedência sobre os de maior valor.
§ 2.º Os débitos a que se refere o *caput* deste artigo, se ainda não tiverem sido objeto de pagamento parcial, nos termos do art. 78 deste Ato das Disposições Constitucionais Transitórias, poderão ser pagos em duas parcelas anuais, se assim dispuser a lei.
§ 3.º Observada a ordem cronológica de sua apresentação, os débitos de natureza alimentícia previstos neste artigo terão precedência para pagamento sobre todos os demais".

estatal ocorre somente após a data ali consignada, deixando os precatórios de ser pagos no prazo de 18 meses da data de sua inscrição.

Esse precatório complementar não demanda nova citação da Fazenda Pública ou ajuizamento de nova execução. Apenas é gerado novo precatório ou precatório complementar.

8.4 EXECUÇÃO INVERTIDA

Outra questão importante a ser analisada neste capítulo consiste na chamada *execução invertida*, de forte impacto nas ações previdenciárias.

Define-se por *execução invertida* a situação em que o devedor, em execução de título judicial, toma a iniciativa de dar início à atividade executiva. Trata-se de uma forma especial de *consignação em pagamento*, com a peculiaridade de que o credor ainda detém título executivo judicial.

Na realidade, conforme entendimento doutrinário (Scarpinella Bueno, 2011, p. 168-169), não ocorre propriamente a execução movida pelo próprio executado (*execução invertida*), mas, mais tecnicamente, cumprimento espontâneo da obrigação pelo devedor.

No CPC/2015, o art. 534, *caput*, estabelece que "o exequente apresentará demonstrativo discriminado e atualizado do crédito". Contudo, a prática da *execução invertida* tem sido amplamente aceita pelo Poder Judiciário.

LEONARDO LA BRADBURY (2021, p. 879) ressalta que esse procedimento deve ser admitido inclusive com base no *princípio da cooperação*, previsto no art. 6º do CPC.

A despeito da lacuna normativa que mencionamos, certo é que a *execução invertida* ainda vem sendo utilizada pelo INSS nas ações previdenciárias,[10] de sorte que merece ser examinada com acuidade.

---

[10] O seguinte julgado, do TRF da 3.ª Região, apresenta uma excelente definição da execução invertida na seara previdenciária: "Agravo em agravo de instrumento. Previdenciário. Honorários em execução. Cálculo elaborado pelo INSS. Improvido. 1. A execução em face da Fazenda Pública se processa nos termos do artigo 730 do CPC, ou seja, após apresentação dos cálculos de liquidação da parte exequente, o INSS será citado para oposição de embargos à execução. 2. No entanto, em virtude da morosidade imposta pelo procedimento executivo convencional, nas ações previdenciárias passou-se a adotar a chamada 'execução invertida', prevista originalmente no artigo 570 do CPC, revogado pela Lei n.º 11.232/05, pela qual o INSS, após o trânsito em julgado e por contar com serviços especializados de contadoria, elabora os cálculos de liquidação para posterior manifestação do credor. 3. Ocorre que, no caso dos autos, não se vislumbra a ocorrência da execução invertida propriamente

Com efeito, concordamos com esse posicionamento e não vemos problema na admissão do procedimento da execução invertida nas ações previdenciárias. O que deve ser observado veementemente é que não exista qualquer sorte de prejuízo aos segurados, especialmente o pagamento em valores menores do que aqueles previstos na coisa julgada ou a alteração do conteúdo e critérios de atualização ali consignados.

O STF julgou improcedente a 219, mantendo a determinação para que a União Federal *e suas autarquias* apresentem, na fase de execução, os dados e cálculos do *quantum deleatur*, suficientes e necessários ao cumprimento da sentença.

8.5 EXCESSO DE EXECUÇÃO

Um tema que por vezes é suscitado no âmbito das ações previdenciárias, na fase de execução, é o do *excesso de execução*. Muitas vezes alega o INSS que a execução movida pelo segurado incide em cobrança excessiva, isto é, que os valores em atraso devidos ao segurado estão sendo cobrados a maior do que o efetivamente devido.

O excesso de execução é uma das defesas possibilitadas ao INSS, nos termos do art. 535, IV, do CPC. Nesses casos, deverá a executada "declarar de imediato o valor que entende correto, sob pena de não conhecimento da arguição" (art. 535, § 2.º, do CPC).

O excesso de execução deve ser comprovado pelo INSS,[11] não bastando, para obstar ou reduzir o valor da execução, meras alegações genéricas, destituídas de prova.[12]

---

dita, pois, embora o INSS tenha apresentado os cálculos, o valor não foi aceito pela parte exequente, que cuidou tão somente de entender a proposta como uma confissão parcial de dívida e requerer a requisição do valor, por se tratar de verba incontroversa, manifestando, expressamente, seu interesse no julgamento do recurso que apura os valores controvertidos. (...) 5. Agravo a que se nega provimento" (TRF da 3.ª Região, 10.ª Turma, Des. Fed. Walter do Amaral, AI 00319372320114030000, e-DJF3 Judicial 1 08.08.2012).

[11] "Embargos à execução. Previdenciário e processual civil. Excesso de execução não configurado. Não tendo o INSS apresentado qualquer evidência de que o cálculo da parte exequente esteja, efetivamente, incorrendo em excesso de execução, e considerando, ainda, que o valor apurado pela Contadoria Judicial, reitere-se, até a competência 12/2007, é muito semelhante ao valor apontado pelo credor, não merece ser provido o apelo Autárquico" (TRF da 4.ª Região, 6.ª Turma, Des. Fed. Celso Kipper, AC 200972990030396, *DE* 04.03.2010).

[12] "Previdenciário. Processo civil. Liquidação por artigos. Descabida na ausência de fato novo. Memorial de cálculo adequado. Genéricas alegações de erro. Improce-

O excesso de execução, quando caracterizado, não implica nulidade do feito executivo, mas tão somente a redução do valor executado ao que é efetivamente devido ao segurado.[13] Na aferição da ocorrência de excesso de execução devem ser apurados/descontados os valores pagos administrativamente para o segurado.[14]

O juízo sempre poderá se valer dos cálculos do contador,[15] para adequar a decisão ao que efetivamente devido ao segurado, sem que isso incorra no vício

---

dência. (...) 4. Os pedidos de excesso de execução e de indevida inovação do título exequendo não trazem qualquer fundamento fático ou jurídico de erro concreto e específico, pelo que também são rejeitados" (TRF da 4.ª Região, 5.ª Turma, Des. Fed. Néfi Cordeiro, AC 200304010539221, *DJ* 10.03.2004, p. 501).

[13] "Processual civil e previdenciário. Excesso de execução. Nulidade. Inexistência. Correção do valor exequendo. Este Colendo Superior Tribunal de Justiça, em iterativos julgados, pacificou entendimento no sentido de que a verificação do excesso de execução não implica em nulidade do feito executivo, mas tão somente na redução do montante ao valor tido como correto. – Recurso especial conhecido e provido" (STJ, 6.ª Turma, Rel. Min. Vicente Leal, REsp 200101489095, *DJ* 27.05.2002, p. 208).

[14] "Previdenciário. Embargos à execução de sentença. Excesso de execução. Inocorrência. Valores pagos administrativamente devidamente descontados quando do cálculo exequendo. Não há falar em excesso de execução se os valores pagos administrativamente por conta da concessão extrajudicial do benefício foram devidamente descontados quando da feitura dos cálculos" (TRF da 4.ª Região, 6.ª Turma, Des. Fed. Luís Alberto D'azevedo Aurvalle, AC 200304010374268, *DE* 16.02.2007).

[15] "Previdenciário. Processo civil. Embargos à execução. Cálculo do contador do juízo. Possibilidade. *Reformatio in pejus* não caracterizada. 1. É assente neste Tribunal que o juiz pode utilizar-se do contador quando houver necessidade de adequar os cálculos ao comando da sentença, providência que não prejudica o embargante. 2. Precedentes. 3. Recurso improvido" (STJ, 6.ª Turma, Rel. Min. Paulo Gallotti, REsp 200100978680, *DJ* 17.05.2004, p. 293).

"Processual civil e previdenciário. Agravo regimental no agravo em recurso especial. Execução de título judicial. Envio dos autos ao contador judicial. Possibilidade. Precedentes do STJ. Divergência jurisprudencial não demonstrada nos moldes legais. Agravo regimental a que se nega provimento. 1. Embora a sistemática de execução de título judicial por cálculo do contador tenha sido abolida desde a reforma promovida pela Lei 8.898/94, transferindo-se ao exequente o ônus de indicar através de memória discriminada de cálculo o valor da execução, manteve-se a possibilidade do julgador de, se assim entender necessário, valer-se de cálculos elaborados pelo auxiliar do juízo para evitar excesso de execução, conforme previsão do art. 604, § 2.º, do CPC, dispositivo que foi substituído pelo art. 475-B, § 3.º do CPC (Lei 11.323/2005). Precedentes do STJ. (...) 3. Agravo regimental a que se nega provimento" (STJ, 2.ª Turma, Rel. Min. Mauro Campbell Marques, AgAREsp 201201350392, *DJE* 06.11.2012).

da *reformatio in pejus*. O erro material,[16] aquele que é aritmético, meramente matemático, pode ser corrigido a qualquer tempo. Já não ocorre a mesma possibilidade de alteração de valores, nos embargos à execução, quando se pretende a alteração de índices ou critérios de atualização já estabelecidos pela coisa julgada.[17]

8.6 CRITÉRIOS DE ATUALIZAÇÃO DA DÍVIDA PREVIDENCIÁRIA

O STJ, no REsp repetitivo 1.102.484/SP (julgado em 22.04.2009, *DJe* 20.05.2009), decidiu a respeito da correção monetária incidente sobre os créditos pagos por meio de precatórios. Determinou a aplicação do IPCA-A e da UFIR, afastando o índice IGP-DI.

Quanto aos juros por mora no precatório, o STF julgou o RE 591.085/MS,[18] na sistemática da repercussão geral, decidindo que não incidem juros moratórios no período compreendido entre a data da inscrição do precatório e a data de efetivo pagamento, desde que observado o lapso previsto na CF,

---

[16] "Agravo regimental. Previdenciário. Processo civil. Execução de sentença. Conta de liquidação. Erro material. Não configurado. Excesso de execução. Reexame de provas. Enunciado n.º 7/STJ. 1. É da jurisprudência desta Corte que o erro material corrigível a qualquer tempo e que não transita em julgado com a homologação da conta é o aritmético e de cálculo, detectáveis ao simples exame da conta. Eventual divergência acerca de critérios de cálculo e de seus elementos não configura erro material. (...) 3. Agravo regimental a que se nega provimento" (STJ, 6.ª Turma, Haroldo Rodrigues (Des. Conv. do TJ/CE), AgREsp 201001827609, *DJE* 14.03.2011).

[17] "Processual civil. Previdenciário. Benefício. Reajuste. Equivalência ao número de salários mínimos. Súmula 260/TFR. Art. 58 ADCT. Coisa julgada. Excesso de execução. I – A Súmula 260/TFR não vincula o reajuste do benefício ao número de salários mínimos, pois não se confunde com o critério previsto no art. 58 do ADCT, que vigorou no intervalo compreendido entre abril/89 e dezembro/91. II – Impõe-se a revisão dos cálculos do benefício previdenciário, pois, *in casu*, verifica-se excesso de execução decorrente da disparidade entre o índice utilizado no cálculo e o determinado na r. sentença. Recurso provido" (STJ, 5.ª Turma, Rel. Min. Felix Fischer, REsp 200201197231, *DJ* 10.03.2003, p. 303).
"Previdenciário. Execução. Exclusão de índices inflacionários. Cálculo da renda do benefício em manutenção. Coisa julgada. Desrespeito. – Não é permitida a exclusão, em sede de embargos do devedor, de índices relativos a expurgos inflacionários cuja aplicação foi determinada na sentença proferida no processo cognitivo, em respeito à coisa julgada. – Recurso especial conhecido" (STJ, 6.ª Turma, Rel Min. Vicente Leal, REsp 200100773079, *DJ* 01.10.2001, p. 266).

[18] Plenário, Rel. Min. Ricardo Lewandowski, j. 04.12.2008, *DJe* 19.02.2009, julgado sob a sistemática da repercussão geral (art. 543-B do Código de Processo Civil).

de 18 meses, vale esse posicionamento tanto para a redação original como para a redação dada pela Emenda Constitucional 30/2000.

Esse entendimento foi reforçado pela edição da Súmula Vinculante 17:

> "Durante o período previsto no parágrafo 1.º do art. 100 da Constituição, não incidem juros de mora sobre os precatórios que nele sejam pagos".

Superado o lapso constitucional, a consequência é a incidência dos juros moratórios, retomados a partir dessa data, mas calculados sobre todo o período.

No REsp repetitivo 1.143.677/RS,[19] o STJ definiu alguns critérios de atualização e correção monetária para o pagamento das RPVs. Aplica-se aos RPVs o que foi disposto na Súmula Vinculante 17, acima transcrita: os juros moratórios não incidem entre a data da elaboração dos cálculos e o efetivo pagamento, desde que respeitado o prazo legal de quitação da dívida. Por outro lado, conforme o mesmo precedente, incide correção monetária nesse lapso temporal, visto que a correção monetária é mecanismo de recomposição da efetiva desvalorização da moeda (utilizando-se o IPCA-E/IBGE), para o que pode ocorrer a expedição de *requisitório complementar*.

Nesse sentido o Tema 96 do STF:

> "Incidem os juros da mora no período compreendido entre a data da realização dos cálculos e a da requisição ou do precatório".

Em relação aos juros moratórios aplicáveis aos valores em atraso, a questão foi decidida pelo STJ no REsp repetitivo 1.205.946/SP.[20] Nesse julgamento, restou assentado que a Lei 11.960/2009, que traz novo regramento concernente à atualização monetária e juros de mora devidos pela Fazenda Pública (INSS), deve ser aplicada, de imediato, aos processos em andamento.

A Lei 11.960, de 29.06.2009, pode incidir em período subsequente a esta data, inclusive aos processos em curso, mas não poderá retroagir e incidir em período anterior a esta data, ante a aplicação do princípio *tempus regit actum*.

O art. 5.º da Lei 11.960/2009 havia alterado a redação do art. 1.º-F da Lei 9.494/1997, disciplinando os consectários das condenações impostas à Fazenda Pública, inclusive o INSS: a correção monetária e os juros moratórios devem observar, respectivamente, os índices oficiais de remuneração

---

[19] Corte Especial, Rel. Min. Luiz Fux, j. 02.12.2009, *DJe* 04.02.2010.
[20] Corte Especial, Rel. Min. Benedito Gonçalves, v.u., j. 17.10.2012, *DJe* 26.10.2012.

básica e os juros aplicados à caderneta de poupança. Antes da vigência da Lei 11.960/2009 os juros moratórios incidiam à razão de 1% ao mês, a partir da citação válida.

Atualmente essa questão está regida pelo Tema 810 do STF:

> "1) O art. 1.º-F da Lei 9.494/97, com a redação dada pela Lei 11.960/09, na parte em que disciplina os juros moratórios aplicáveis a condenações da Fazenda Pública, é inconstitucional ao incidir sobre débitos oriundos de relação jurídico-tributária, aos quais devem ser aplicados os mesmos juros de mora pelos quais a Fazenda Pública remunera seu crédito tributário, em respeito ao princípio constitucional da isonomia (CRFB, art. 5.º, *caput*); quanto às condenações oriundas de relação jurídica não tributária, a fixação dos juros moratórios segundo o índice de remuneração da caderneta de poupança é constitucional, permanecendo hígido, nesta extensão, o disposto no art. 1.º-F da Lei 9.494/97 com a redação dada pela Lei 11.960/09; e 2) O art. 1.º-F da Lei 9.494/97, com a redação dada pela Lei 11.960/09, na parte em que disciplina a atualização monetária das condenações impostas à Fazenda Pública segundo a remuneração oficial da caderneta de poupança, revela-se inconstitucional ao impor restrição desproporcional ao direito de propriedade (CRFB, art. 5.º, XXII), uma vez que não se qualifica como medida adequada a capturar a variação de preços da economia, sendo inidônea a promover os fins a que se destina".

No que concerne à correção monetária, os índices aplicáveis variaram um tanto ao longo do tempo. Explicativo é o julgado adiante transcrito, do STJ, que bem delimita cada um dos períodos e os respectivos índices de atualização aplicáveis:

> "Previdenciário e processual civil. Agravo regimental. Recurso especial. Termo inicial do benefício. Requerimento administrativo (precedentes). Juros de mora e correção monetária. Fixação. (...) 3. Os índices de correção monetária aplicáveis aos débitos previdenciários em atraso são, *ex vi* do art. 18 da Lei n. 8.870/1994, o INPC (janeiro a dezembro de 1992), IRSM (janeiro de 1993 a fevereiro de 1994), URV (março a junho de 1994), IPC-r (julho de 1994 a junho de 1995), INPC (julho de 1995 a abril de 1996) e IGP-DI (a partir de maio de 1996), os quais, aplicados, devem ser convertidos, à data do cálculo, em UFIR e, após sua extinção, em IPCA-E. Após a entrada em vigor da Lei n. 11.960/2009, devem ser observados os critérios de atualização nela disciplinados. 4. Agravo regimental parcialmente provido" (STJ, 6.ª Turma, Rel. Min. Sebastião Reis Júnior, AgREsp 200802597638, *DJe* 1.º.03.2013).

Em todo caso, é necessário que se observe eventual formação de coisa julgada em que se disponha em sentido diferente do que aqui foi exposto.

Decorridos os prazos para interposição de recurso ou ajuizamento de ação rescisória, a execução deve ocorrer pelos critérios fixados na coisa julgada, a despeito de orientação jurisprudencial posterior em sentido diverso.

JURISPRUDÊNCIA

ADI 5.534/DF (STF): O Tribunal, por maioria, julgou parcialmente procedente o pedido formulado na ação direta, para declarar a constitucionalidade do art. 535, § 3.º, inciso II, do Código de Processo Civil de 2015, e conferir interpretação conforme à Constituição ao art. 535, § 4.º, do CPC, no sentido de que, para efeito de determinação do regime de pagamento do valor incontroverso, deve ser observado o valor total da condenação, conforme tese firmada no RE com repercussão geral 1205530 (Tema 28), nos termos do voto do Relator, vencido o Ministro Marco Aurélio, que julgava improcedente o pedido.

Tema 28/STF: Surge constitucional expedição de precatório ou requisição de pequeno valor para pagamento da parte incontroversa e autônoma do pronunciamento judicial transitada em julgado observada a importância total executada para efeitos de dimensionamento como obrigação de pequeno valor.

Tema 45/STF: A execução provisória de obrigação de fazer em face da Fazenda Pública não atrai o regime constitucional dos precatórios.

Tema 96/STF: Incidem os juros da mora no período compreendido entre a data da realização dos cálculos e a da requisição ou do precatório.

Tema 755/STF: É vedado o fracionamento da execução pecuniária contra a Fazenda Pública para que uma parte seja paga antes do trânsito em julgado, por meio de Complemento Positivo, e outra depois do trânsito, mediante Precatório ou Requisição de Pequeno Valor.

Tema 810/STF: 1) O art. 1.º-F da Lei 9.494/97, com a redação dada pela Lei 11.960/09, na parte em que disciplina os juros moratórios aplicáveis a condenações da Fazenda Pública, é inconstitucional ao incidir sobre débitos oriundos de relação jurídico-tributária, aos quais devem ser aplicados os mesmos juros de mora pelos quais a Fazenda Pública remunera seu crédito tributário, em respeito ao princípio constitucional da isonomia (CRFB, art. 5.º, *caput*); quanto às condenações oriundas de relação jurídica não tributária, a fixação dos juros moratórios segundo o índice de remuneração da caderneta de poupança é constitucional, permanecendo hígido, nesta extensão, o disposto no art. 1.º-F da Lei 9.494/97 com a redação dada pela Lei 11.960/09; e 2) O art. 1º-F da Lei nº 9.494/97, com a redação dada pela Lei 11.960/09, na parte em que disciplina a atualização monetária das condenações impostas à Fazenda Pública segundo a remuneração oficial da caderneta de poupança, revela-se inconstitucional ao impor restrição desproporcional ao direito de propriedade (CRFB, art. 5.º, XXII), uma vez que não se qualifica como medida adequada a capturar a variação de preços da economia, sendo inidônea a promover os fins a que se destina.

Tema 1.037/STF: O enunciado da Súmula Vinculante 17 não foi afetado pela superveniência da Emenda Constitucional 62/2009, de modo que não incidem juros de mora no período de que trata o § 5.º do art. 100 da Constituição. Havendo o inadimplemento pelo ente público devedor, a fluência dos juros inicia-se após o período de graça.

Súmula Vinculante 17/STF: Durante o período previsto no parágrafo 1.º do artigo 100 da Constituição, não incidem juros de mora sobre os precatórios que nele sejam pagos.

Súmula 311/STJ: Os atos do presidente do tribunal que disponham sobre processamento e pagamento de precatório não têm caráter jurisdicional.

Tema 905/STJ:

1. Correção monetária: o art. 1.º-F da Lei 9.494/97 (com redação dada pela Lei 11.960/2009), para fins de correção monetária, não é aplicável nas condenações judiciais impostas à Fazenda Pública, independentemente de sua natureza.

1.1 Impossibilidade de fixação apriorística da taxa de correção monetária.

No presente julgamento, o estabelecimento de índices que devem ser aplicados a título de correção monetária não implica prefixação (ou fixação apriorística) de taxa de atualização monetária. Do contrário, a decisão baseia-se em índices que, atualmente, refletem a correção monetária ocorrida no período correspondente. Nesse contexto, em relação às situações futuras, a aplicação dos índices em comento, sobretudo o INPC e o IPCA-E, é legítima enquanto tais índices sejam capazes de captar o fenômeno inflacionário.

1.2 Não cabimento de modulação dos efeitos da decisão.

A modulação dos efeitos da decisão que declarou inconstitucional a atualização monetária dos débitos da Fazenda Pública com base no índice oficial de remuneração da caderneta de poupança, no âmbito do Supremo Tribunal Federal, objetivou reconhecer a validade dos precatórios expedidos ou pagos até 25 de março de 2015, impedindo, desse modo, a rediscussão do débito baseada na aplicação de índices diversos. Assim, mostra-se descabida a modulação em relação aos casos em que não ocorreu expedição ou pagamento de precatório.

2. Juros de mora: o art. 1.º-F da Lei 9.494/97 (com redação dada pela Lei 11.960/2009), na parte em que estabelece a incidência de juros de mora nos débitos da Fazenda Pública com base no índice oficial de remuneração da caderneta de poupança, aplica-se às condenações impostas à Fazenda Pública, excepcionadas as condenações oriundas de relação jurídico-tributária.

3. Índices aplicáveis a depender da natureza da condenação.

(...)

3.2 Condenações judiciais de natureza previdenciária.

As condenações impostas à Fazenda Pública de natureza previdenciária sujeitam-se à incidência do INPC, para fins de correção monetária, no que se refere ao período posterior à vigência da Lei 11.430/2006, que incluiu o art. 41-A na Lei 8.213/91. Quanto aos juros de mora, incidem segundo a remuneração oficial da caderneta de poupança (art. 1.º-F da Lei 9.494/97, com redação dada pela Lei n. 11.960/2009).

4. Preservação da coisa julgada.

Não obstante os índices estabelecidos para atualização monetária e compensação da mora, de acordo com a natureza da condenação imposta à Fazenda Pública, cumpre ressalvar eventual coisa julgada que tenha determinado a aplicação de índices diversos, cuja constitucionalidade/legalidade há de ser aferida no caso concreto.

Tema 1.018/STJ: O Segurado tem direito de opção pelo benefício mais vantajoso concedido administrativamente, no curso de ação judicial em que se reconheceu benefício menos vantajoso. Em cumprimento de sentença, o segurado possui o direito à manutenção do benefício previdenciário concedido administrativamente no curso da ação judicial e, concomitantemente, à execução das parcelas do benefício reconhecido na via judicial, limitadas à data de implantação daquele conferido na via administrativa.

Tema 1.030/STJ: Ao autor que deseje litigar no âmbito de Juizado Especial Federal Cível, é lícito renunciar, de modo expresso e para fins de atribuição de valor à causa, ao montante que exceda os 60 (sessenta) salários mínimos previstos no art. 3.º, *caput*, da Lei 10.259/2001, aí incluídas, sendo o caso, até doze prestações vincendas, nos termos do art. 3.º, § 2.º, da referida lei, c/c o art. 292, §§ 1.º e 2.º, do CPC/2015.

Capítulo 9
AGRAVO DE INSTRUMENTO

> **Sumário:** 9.1 Cabimento – 9.2 Flexibilização do rol taxativo do agravo de instrumento (Tema 988 do STJ) – 9.3 Competência – 9.4 Do processamento do agravo de instrumento nos tribunais – Jurisprudência – Quadro-resumo.

O recurso de agravo de instrumento é o recurso existente no processo civil brasileiro contra decisões judiciais interlocutórias, assim consideradas aquelas que não põem fim ao processo.

Na vigência do CPC/1973 havia duas modalidades de recurso de agravo, o agravo por instrumento e o agravo retido. O agravo de instrumento recebia esse nome por, efetivamente, ser constituído de um "instrumento próprio", isto é, um processo instrumentado de modo autônomo, sendo formado um processo físico apartado do processo principal.

O agravo retido, por sua vez, ganhava esse nome porque a impugnação da decisão interlocutória ficava "retida" nos próprios autos: a petição de recurso ou a insurgência oral (quando a impugnação a decisão interlocutória ocorresse durante a realização de alguma audiência judicial) não ganhavam instrumento próprio, isto é, não era formalizado um processo em autos apartados, e, assim, aquela matéria ficava aguardando análise concomitante com a análise de eventual recurso de apelação posteriormente interposto.

Com o advento do CPC/2015, esse sistema foi totalmente reformulado. O recurso de agravo, doravante, só existe na forma de *agravo de instrumento*, previsto no art. 1.015 do CPC/2015, tendo sido extinto o recurso de *agravo retido*[1].

---

[1] É importante sublinhar que no Processo Civil brasileiro, no tocante à sistemática aplicável aos recursos, vigora a perspectiva de que se trata de um rol taxativo, isto é, apenas os recursos expressamente previstos pela legislação processual terão cabimento (DONOSO; SERAU JR., 2020, p. 42-43).

Outra mudança significativa em relação ao CPC/1973 reside no fato de que doravante não há previsão, *a priori*, de cabimento do recurso de agravo de instrumento em relação a todas as decisões interlocutórias, mas tão somente em relação àquelas elencadas nos diversos incisos do art. 1.015 do CPC/2015.

As decisões proferidas fase de conhecimento, quando a decisão a seu respeito não comportar agravo de instrumento, não serão cobertas pela preclusão e deverão ser suscitadas em preliminar de apelação, eventualmente interposta contra a decisão final, ou nas contrarrazões (art. 1.009, § 1.º, CPC/2015) – mais adiante debateremos a flexibilização do cabimento do agravo de instrumento a partir do julgamento do STJ no Tema 988.

A ideia do legislador, ao reformular o modelo do agravo de instrumento, seguiu no sentido de proporcionar uma certa concentração de atos processuais (vedada a recorribilidade imediata das decisões interlocutórias), no intuito de alcançar a celeridade processual (BERWANGER, 2016, p. 39-42).

A seguir iremos examinar alguns dos principais pontos do recurso de agravo de instrumento e suas eventuais implicações em matéria previdenciária.

9.1 CABIMENTO

A partir da vigência do CPC/2015 o agravo de instrumento passou a merecer um regime de taxatividade, isto é, trata-se de um recurso que só será cabível contra as específicas modalidades de decisões interlocutórias taxativamente elencadas no art. 1.015, não vigorando mais o entendimento contemplado no CPC/1973, de que caberia o recurso de agravo contra toda e qualquer decisão interlocutória.

Essa posição inicial foi alterada pelo julgamento proferido pelo STJ no Tema 988, que será analisado na sequência, inclusive seus desdobramentos na esfera previdenciária.

Por ora, façamos um exame das situações que já se encontram previstas no art. 1.015 do CPC/2015 em relação às quais o agravo de instrumento é cabível de modo absoluto:

> "Art. 1.015. Cabe agravo de instrumento contra as decisões interlocutórias que versarem sobre:
>
> I – tutelas provisórias;
>
> II – mérito do processo;
>
> III – rejeição da alegação de convenção de arbitragem;
>
> IV – incidente de desconsideração da personalidade jurídica;

V – rejeição do pedido de gratuidade da justiça ou acolhimento do pedido de sua revogação;

VI – exibição ou posse de documento ou coisa;

VII – exclusão de litisconsorte;

VIII – rejeição do pedido de limitação do litisconsórcio;

IX – admissão ou inadmissão de intervenção de terceiros;

X – concessão, modificação ou revogação do efeito suspensivo aos embargos à execução;

XI – redistribuição do ônus da prova nos termos do art. 373, § 1.º;

XII – (VETADO);

XIII – outros casos expressamente referidos em lei.

Parágrafo único. Também caberá agravo de instrumento contra decisões interlocutórias proferidas na fase de liquidação de sentença ou de cumprimento de sentença, no processo de execução e no processo de inventário".

As hipóteses previstas no art. 1.015, III e IV, referentes respectivamente à rejeição da alegação de convenção de arbitragem e ao incidente de desconsideração da personalidade jurídica parecem, em uma primeira análise, não interessar ao Processo Judicial Previdenciário. Iremos nos deter, com mais atenção, nas demais situações.

Importa muito a previsão do art. 1.015, I, do CPC no sentido de caber agravo de instrumento da decisão referente à tutela provisória (indeferida ou deferida, parcial ou totalmente, alterada ou mantida). Trata-se de um elemento relevante nas ações previdenciárias, pois geralmente é requerida a implementação imediata do benefício previdenciário.

Quando a tutela provisória for analisada e decidida na própria sentença, caberá sua impugnação no âmbito do recurso de apelação (art. 1009, § 3.º, do CPC/2015).

Alerte-se sempre para os riscos de devolução dos valores pagos a título de benefício previdenciário ou assistencial concedidos via tutela provisória posteriormente revogada, conforme conteúdo do Tema 692 do STJ.

As decisões sobre o mérito do processo (art. 1.015, II, do CPC/2015) também desafiam a interposição de agravo de instrumento. São exemplos sobre decisões interlocutórias que atingem o mérito do processo aquelas que tratem de prescrição e decadência, situações bastante recorrentes no âmbito previdenciário, nos termos do art. 103 da Lei 8.213/1991.

Também a decisão que diga respeito à impossibilidade jurídica do pedido será considerada matéria de mérito do processo (DONOSO, SERAU JR., 2020, p. 233).

No Processo Judicial Previdenciário, onde é recorrente a discussão probatória sobre os requisitos para obtenção dos benefícios previdenciários, apenas as decisões sobre exibição ou posse de documento (art. 1.015, VI) e sobre inversão do ônus da prova (unicamente na hipótese do art. 373, § 1.º, do CPC/2015) poderão ser atacadas pela via do agravo de instrumento. As demais decisões sobre produção de provas, *a priori*, não terão recorribilidade imediata, mas apenas como preliminar do recurso de apelação.

As decisões sobre gratuidade da justiça (rejeição ou acolhimento desse pedido, bem como sua revogação), muito frequentes e relevantes nas ações previdenciárias, são impugnadas pela via do agravo de instrumento (art. 1.015, V, do CPC/2015).

No Processo Judicial Previdenciário é comum ocorrer a figura do litisconsórcio, a exemplo de uma ação movida pelo conjunto de dependentes previdenciários (da mesma classe, nos termos do art. 16 da Lei 8.213/91) para obtenção do benefício de pensão por morte.

Nesse caso, poderá ser utilizado o agravo de instrumento conforme as figuras previstas no art. 1.015, VII e VIII, relativas, respectivamente, à exclusão de litisconsorte e rejeição do pedido de limitação do litisconsórcio.

Compreendemos que é possível ocorrer nas ações previdenciárias a figura da intervenção de terceiros. Um exemplo provável seria a discussão sobre rateio de pensão por morte, em ação movida pela viúva em face do INSS, havendo a pretensão de participação, nessa lide, de uma dependente ou conjunto de dependentes oriundos de outro núcleo familiar. Será viável, nesses casos, a interposição de agravo de instrumento com base no art. 1.015, IX ("admissão ou inadmissão de intervenção de terceiros").

O art. 1.015 traz uma série de hipóteses relativas à fase de execução ou ao cumprimento de sentença (inciso X – *concessão, modificação ou revogação do efeito suspensivo aos embargos à execução* – e parágrafo único – *decisões interlocutórias proferidas na fase de liquidação de sentença ou de cumprimento de sentença, no processo de execução*).

Todas essas situações podem ocorrer no Processo Judicial Previdenciário, que geralmente culmina no pagamento de atrasados em relação à implementação do benefício previdenciário e, assim, enseja uma fase de execução ou de cumprimento de sentença.

Nesses casos, eventual discussão sobre decisões proferidas quanto à satisfação material em favor dos segurados ou dependentes se dará pela via do agravo de instrumento, vez que não faria sentido aguardar o recurso de apelação para apresentar tais questões como matéria preliminar.

Quanto o art. 1.015, XIII, admite o cabimento do agravo de instrumento em "outros casos expressamente referidos em lei", a menção, aqui, se refere, entre outras, à previsão expressa do agravo de instrumento pela Lei do Mandado de Segurança, no caso de decisão que analisa pedido de liminar, bem como na Lei da Ação Civil Pública, que também prevê expressamente o agravo de instrumento nas situações de apreciação do pedido de liminar.

As hipóteses de *improcedência liminar do pedido*, previstas no art. 332 do CPC/2015, não configuram decisão interlocutória – ainda que proferidas logo no início da lide. Trata-se de uma técnica de julgamento antecipado da lide, no começo de sua tramitação, com fundamento nos precedentes dos Tribunais Superiores ou Tribunais Regionais Federais (em IRDR ou IAC), e o recurso cabível será o de apelação.

9.2 FLEXIBILIZAÇÃO DO ROL TAXATIVO DO AGRAVO DE INSTRUMENTO (TEMA 988 DO STJ)

O STJ foi chamado a definir a natureza do rol de situações previstas no art. 1.015 do CPC, bem como decidir sobre a possibilidade de se admitir a interposição de agravo de instrumento contra decisão interlocutória que verse sobre hipóteses não expressamente versadas nos incisos do referido dispositivo.

No julgamento do Tema 988 foi firmada a seguinte tese:

> "O rol do art. 1.015 do CPC é de taxatividade mitigada, por isso admite a interposição de agravo de instrumento quando verificada a urgência decorrente da inutilidade do julgamento da questão no recurso de apelação".

Tendo em vista que essa tese foi formulada no âmbito de julgamento de recursos repetitivos (arts. 1.036 e seguintes do CPC), o julgamento tem caráter vinculante (art. 927, III, do CPC).

A tese da taxatividade mitigada não significa dizer que as hipóteses legais de cabimento do agravo de instrumento estão elencadas num rol exemplificativo que comporte interpretação extensiva ou analogia. O que ficou definido é que ao rol originário do art. 1.015 deve ser agregada mais uma hipótese para o agravo de instrumento, no sentido de seu cabimento quando verificada a urgência decorrente da inutilidade do julgamento da questão no recurso de apelação.

No julgamento do Tema 988 foram apresentados alguns exemplos de decisões interlocutórias que comportam recorribilidade imediata, ainda que não estejam no rol do art. 1.015 do CPC/2015: indeferimento do pedido de segredo de justiça; questão relacionada à competência do juízo e estrutura procedimental que deverá ser observada no processo.

Porém, o Tema 988 do STJ não se resume a essas hipóteses e, cremos, pode ser muito bem aproveitado no âmbito do Processo Judicial Previdenciário, no qual são proferidas muitas decisões importantes e que, em uma primeira leitura, não se encontram previstas no art. 1.015 do CPC/2015. Exemplificaremos com algumas situações importantes:

a) determinação de emenda à inicial (esclarecimento de pedido genérico, ausência de documentos nos moldes do art. 320 do CPC, sob pena de extinção do feito; determinação para juntada de comprovação do requerimento administrativo recente);

b) indeferimento de produção de provas requeridas (pericial, testemunhal, depoimento pessoal, requisição de documentos no Instituto Nacional do Seguro Social – INSS ou às empresas onde trabalhou o segurado);

c) impugnação dos termos do ato que formaliza a inspeção judicial (dado tratar-se de um ato processual praticado pelo Juiz, ou por seus auxiliares, com diversas consequências práticas).

Sobretudo no campo da instrução probatória, temos que é muito relevante o precedente trazido no Tema 988 do STJ, e que poderá ser aproveitado para facultar a interposição de agravo de instrumento nessas situações assinaladas acima, entre outras, visto que a apreciação dessas matérias apenas na preliminar do recurso de apelação, tornaria o provimento jurisdicional bastante pouco efetivo (vez que ausentes elementos probatórios para interferir na convicção do juízo) ou mesmo inútil – ou contemplaria um enorme atraso na entrega da prestação jurisdicional, no caso de anulações de sentenças e posterior retomada da instrução probatória, nas raras hipóteses em que isso fosse alcançado.

Nunca se pode perder de vista a natureza singular das lides previdenciárias. Destacam-se as características da *celeridade previdenciária*, o caráter de subsistência e o fator etário que caracterizam o Processo Judicial Previdenciário, bem como sua forte vinculação ao princípio da dignidade da pessoa humana e a necessidade de concretização dos direitos sociais, muitas vezes por meio da atuação judicial *substitutiva*.

Em contrapartida ao conteúdo do Tema 988 do STJ, compreendemos que fica afastada (ou minorada) a hipótese de impetrar mandado de segurança como sucedâneo recursal.

9.3 COMPETÊNCIA

O agravo de instrumento em matéria previdenciária deve ser apreciado pelo respectivo Tribunal Regional Federal.

Essa regra de competência se aplica ainda que o feito principal, em primeiro grau de jurisdição, tenha sido ou esteja sendo processado pela Justiça Estadual, no exercício de competência da Justiça Federal, conforme autorizado pelo art. 109, § 3.º, da CF.

É que, consoante literal dicção do art. 109, § 4.º, do Texto Maior, nessas hipóteses o recurso sempre caberá ao Tribunal Regional Federal respectivo (como medida de fechamento e coerência do sistema processual de competências, matéria de ordem eminentemente constitucional, posto que ligada à estrutura/divisão dos Poderes da República).

Vale ressaltar que essa situação não foi alterada pela Emenda Constitucional 103/2019, que reduziu o alcance da competência delegada, mas não alterou o fato de que, em grau de recurso, os processos voltam a ser analisados pelo respectivo TRF.

Nas ações movidas em face do INSS discutindo benefícios decorrentes de acidentes do trabalho (auxílio-doença, aposentadoria por invalidez ou mesmo pensão por morte), vale lembrar que a competência originária é da Justiça do Estado, e não da Justiça Federal – art. 109, I, *parte final*, da CF. Por consequência, o agravo de instrumento será direcionado ao correspondente Tribunal de Justiça.

Sobre o tema, cumpre ver o Capítulo "Da Competência".

9.4 DO PROCESSAMENTO DO AGRAVO DE INSTRUMENTO NOS TRIBUNAIS

O agravo de instrumento deve ser interposto no prazo de 15 dias (art. 1.003, § 5.º, do CPC).

São exigíveis, em regra, custas de preparo e porte de retorno (art. 1.017, § 1.º, do CPC), mas nas ações previdenciárias é comum a obtenção do benefício da gratuidade de justiça, tendo em vista que muitas vezes o segurado é hipossuficiente economicamente (art. 98 do CPC).

A concessão da gratuidade de justiça, mesmo que no momento inicial do processo, abrange também o âmbito recursal. Caso não tenha sido concedido anteriormente, poderá ser feito no próprio momento da interposição do agravo de instrumento (art. 99 do CPC/2015).

O agravo de instrumento será dirigido diretamente ao tribunal competente, e a petição conterá os seguintes requisitos: I – os nomes das partes;

II – a exposição do fato e do direito; III – as razões do pedido de reforma ou de invalidação da decisão e o próprio pedido; IV – o nome e o endereço completo dos advogados constantes do processo (art. 1.016 do CPC/2015).

A petição do recurso de agravo de instrumento será instruída, *obrigatoriamente*, com cópias da petição inicial, da contestação, da petição que ensejou a decisão agravada, da própria decisão agravada, da certidão da respectiva intimação ou outro documento oficial que comprove a tempestividade e das procurações outorgadas aos advogados do agravante e do agravado (art. 1.017, I, do CPC/2015).

O agravo de instrumento será instruído com declaração de inexistência de qualquer dos documentos referidos anteriormente, feita pelo advogado do agravante, sob pena de sua responsabilidade pessoal (art. 1.017, II, do CPC/2015).

Além disso, *facultativamente*, com outras peças que o agravante reputar úteis à compreensão da controvérsia (art. 1.017, III, do CPC/2015).

Eventual ausência de documento na formação do instrumento não enseja imediata negativa de seguimento do recurso, mas determinação para que seja saneado o vício processual (art. 1.017, § 3º, c/c art. 932, parágrafo único, do CPC/2015).

O art. 1.018, *caput*, do CPC/2015 menciona que o agravante poderá comunicar o juízo *a quo* da interposição do agravo de instrumento, providência que permite o juízo de retratação da decisão agravada. Caso essa conduta não ocorra, e desde que isso seja alegado pela parte agravada, o agravo de instrumento não será admitido (REsp repetitivo 1.008.667/PR).

Quando o agravo de instrumento for recebido no Tribunal, e distribuído imediatamente ao Relator, não sendo o caso da aplicação do art. 932, III e IV (isto é, não admitir ou negar provimento ao recurso), poderá o Relator atribuir efeito suspensivo ao recurso ou deferir, em antecipação de tutela, total ou parcialmente, a pretensão recursal, comunicando ao juiz sua decisão.

Essa possibilidade é muito importante nas ações previdenciárias, pois se poderão reverter, desde logo, decisões que tenham indeferido a tutela provisória ou a produção de provas, repercutindo imediatamente na condução do processo e no acesso aos direitos previdenciários.

Depois dessa fase processual, o relator ordenará a intimação do agravado pessoalmente, por carta com aviso de recebimento, quando não tiver procurador constituído, ou pelo Diário da Justiça ou por carta com aviso de recebimento dirigida ao seu advogado, para que responda no prazo de 15 dias, facultando-lhe juntar a documentação que entender necessária ao julgamento do recurso.

Na sequência, determinará a intimação do Ministério Público, preferencialmente por meio eletrônico, quando for o caso de sua intervenção, para que se manifeste no prazo de quinze dias.

Ao fim de todo esse andamento processual, incluirá o feito em pauta de julgamento, em prazo não superior a um mês da intimação do agravado (art. 1.020 do CPC/2015) – lembrando-se que se trata de *prazo impróprio*, isto é, que não acarreta ao magistrado qualquer sorte de sanção caso seja descumprido.

JURISPRUDÊNCIA

Súmula 86 do STJ: Cabe recurso especial contra acórdão proferido no julgamento de agravo de instrumento.

Súmula 118 do STJ: O agravo de instrumento é o recurso cabível da decisão que homologa a atualização do cálculo da liquidação.

Tema 692/STJ: A reforma da decisão que antecipa os efeitos da tutela final obriga o autor da ação a devolver os valores dos benefícios previdenciários ou assistenciais recebidos, o que pode ser feito por meio de desconto em valor que não exceda 30% (trinta por cento) da importância de eventual benefício que ainda lhe estiver sendo pago.

Tema 988/STJ: O rol do art. 1.015 do CPC é de taxatividade mitigada, por isso admite a interposição de agravo de instrumento quando verificada a urgência decorrente da inutilidade do julgamento da questão no recurso de apelação.

REsp repetitivo 1.008.667/PR: deve ser arguida, pelo agravado, a inexistência da providência mencionada no art. 1018 do CPC/2015 (informação do juízo *a quo* da interposição do agravo de instrumento); sem isso não pode o Tribunal, de ofício, deixar de conhecer do recurso.

REsp repetitivo 1.111.001/SP: desnecessidade de autenticação das peças que instruem o agravo de instrumento.

REsp repetitivo 1.102.467/RJ: entendendo o julgador ausentes peças necessárias para a compreensão da controvérsia, deverá ser indicado ao agravante quais são elas, para que complemente o instrumento.

REsp repetitivo 1.148.298/SP: obrigatoriedade de intimação do agravado para que apresente sua resposta; providência dispensada apenas quando for negado seguimento ao recurso de agravo.

REsp repetitivo 1.409.357/SC: ausência de cópia da certidão de intimação da decisão agravada não é óbice ao conhecimento do agravo de instrumento quando, por outros meios inequívocos, for possível aferir a tempestividade do recurso, em atendimento ao princípio da instrumentalidade das formas.

QUADRO-RESUMO

AGRAVO DE INSTRUMENTO	
Cabimento	Recurso cabível para atacar uma decisão interlocutória elencada no art. 1.015 do CPC. O STJ decidiu no Tema 988 que agravo de instrumento também poderá ser manejado contra decisões interlocutórias que não estejam contempladas expressamente na lei, mas que gerem urgência decorrente da inutilidade do julgamento da questão no recurso de apelação – o que pode ser útil nas ações previdenciárias, especialmente quanto às decisões sobre instrução probatória. Se as questões mencionadas no art. 1.015 do CPC integrarem a própria sentença caberá recurso de apelação (arts 1.009, § 3.º; e 1.013, § 5.º, do CPC).
Tempestividade	O agravo de instrumento deve ser interposto no prazo de quinze dias. O mesmo prazo terá o agravado para apresentar contrarrazões.
Preparo	O agravo de instrumento se sujeita a preparo (art. 1.017, § 1.º, do CPC). Nas ações previdenciárias caberá o pedido de gratuidade de justiça (art. 98 do CPC)
Regularidade formal	O agravo de instrumento será dirigido diretamente ao tribunal competente, por meio de petição escrita que contenha os elementos previstos no art. 1.016 do CPC. Deve-se indicar nome e o endereço completo dos advogados constantes do processo. O recurso deverá ser instruído com as cópias a que se refere o art. 1.017 do CPC (obrigatórias e facultativas), salvo se os autos processo em primeiro grau sejam eletrônicos (§ 5º do art. 1.017 do CPC). Eventual vício de forma será sanável (arts. 932, parágrafo único, e 1.017, § 3.º, do CPC).
Efeito suspensivo	Em regra, não há efeito suspensivo, mas é possível obtê-lo nos termos do art. 995, parágrafo único, c.c. art. 1.019, I, do CPC.
Interposição e processamento	O agravo de instrumento será interposto por petição escrita diretamente no tribunal competente. Interposto o recurso, este será recebido e distribuído imediatamente (art. 1.019, *caput*, 1ª parte), podendo o relator assumir qualquer uma das condutas descritas no art. 1.019 do CPC, ou seja, (i) rejeitar liminarmente o agravo de instrumento; ou (ii) admitir o processamento regular do agravo de instrumento,

Interposição e processamento	quando em cinco dias observará as previsões dos incisos I a III do art. 1.019 do CPC, isto é, (ii.1) poderá atribuir efeito suspensivo ou ativo ao recurso, comunicando ao juiz sua decisão; (ii.2) ordenará a intimação do agravado para que responda no prazo de 15 (quinze) dias, facultando-lhe juntar a documentação que entender necessária ao julgamento do recurso; (ii.3) determinará a intimação do Ministério Público, preferencialmente por meio eletrônico, quando for o caso de sua intervenção, para que se manifeste no prazo de 15 (quinze) dias. Finalmente, o agravo de instrumento será incluído em pauta de julgamento.
Comunicação ao juízo *a quo*	O CPC prevê a necessidade do juízo de primeiro grau ser informado pelo agravante sobre a interposição do recurso, observado o art. 1.018, *caput*, do CPC, viabilizando o juízo de retratação. Se os autos no tribunal não forem eletrônicos, a comunicação será obrigatória e deverá ser feita em três dias a contar da interposição (art. 1.018, § 2.º, do CPC), sendo que o descumprimento da exigência, desde que arguido e provado pelo agravado, importa inadmissibilidade do agravo de instrumento (art. 1.018, § 3.º, do CPC).

Capítulo 10
DO MANDADO DE SEGURANÇA

> **Sumário:** 10.1 Concepção constitucional do mandado de segurança – 10.2 O ato/fato impugnável em matéria previdenciária – 10.3 Legitimidade ativa (impetrante) – 10.4 Legitimidade passiva/autoridade coatora – 10.5 Liminar – 10.6 Do Ministério Público – 10.7 Do mandado de segurança preventivo – 10.8 Do mandado de segurança coletivo – 10.9 Trâmite: 10.9.1 Competência; 10.9.2 Petição inicial e Decadência; 10.9.3 Processamento; 10.9.4 Dos recursos – 10.10 Do mandado de segurança nos Juizados Especiais Federais: 10.10.1 Requisitos; 10.10.2 Competência – Jurisprudência.

No presente capítulo discutiremos alguns aspectos mais importantes do mandado de segurança e sua utilização no Processo Judicial Previdenciário.

10.1 CONCEPÇÃO CONSTITUCIONAL DO MANDADO DE SEGURANÇA

O mandado de segurança é garantia institucional, com assento necessariamente constitucional, e volta-se à defesa de direitos fundamentais. O texto legal diz respeito a "direito líquido e certo", porém, e de acordo com a melhor doutrina, trata-se de ação constitucional cuja finalidade precípua é a guarda dos direitos fundamentais, aqueles com sede constitucional. Conforme diz André Ramos Tavares (2009, p. 16):

> "Sua dimensão constitucional, portanto, não pode ser menosprezada, porque eleva a medida para um patamar diferenciado. O mandado de segurança é um instrumento diretamente encartado na ideia de Estado Constitucional de Direito. Este caracteriza-se pelo respeito às normas, pela superação do chamado 'governo de Homens', figurando como *paramount law* a Constituição. No Estado Constitucional de Direito, o desrespeito às normas por parte dos agentes públicos, das autoridades, dos mandatários do povo, deve contar com a pronta e imediata resposta, de maneira a repor a situação ao regime previsto pelo Direito. (...)

Por esse motivo, o estudo do mandado de segurança deve ser feito sempre à luz da Constituição. Compreenda-se bem a afirmação: não apenas por estar previsto na Constituição, mas, mais do que isso, pela sua específica posição constitucional, de garantia fundamental, que no mais das vezes tutela direitos fundamentais, no contexto do Estado Constitucional de Direito. Nesse sentido, a lei disciplinadora do instituto não pode eliminar, direta ou indiretamente, o instituto, reduzir seu espectro de incidência ou mutilar sua força e interesse prático. O tratamento hermenêutico concedido a um direito fundamental (*lato sensu*, incluídas as garantias) deve ser sempre mais permissivo quanto à sua amplitude de sua eficácia jurídica, no sentido de promover esses direitos e conceder respaldo máximo aos seus titulares. À legislação cumpre compreender esses parâmetros; a redução ou menosprezo do espectro do mandado de segurança significa ofensa não apenas a uma norma constitucional, mas ao Estado Constitucional de Direito, à estrutura jurídica vigente na sociedade".

Diante disso, considerando tratar-se de especial garantia dos direitos fundamentais, verifica-se a impossibilidade de redução de seu alcance pela via legal ou por meio de interpretação restritiva do Poder Judiciário.

Ao revés, a interpretação, inclusive judicial, a ser dada a este importante instituto republicano tem a conotação de amparo de natureza constitucional, defensor e promotor dos direitos fundamentais.

Além disso, destaca-se sua natureza *mandamental*, quer dizer: os Juízes emitem uma ordem, um verdadeiro comando para que cesse, de imediato, um ato de ilegalidade/abuso de poder.

No caso do Processo Judicial Previdenciário, essa modalidade de *mandamento/ordem* judicial deve ser compreendida dentro do escopo de concretização dos direitos fundamentais previdenciários, assim como dentro do papel *substitutivo* do Poder Judiciário.

Isto é, qualquer atuação do INSS que destoe na legalidade e, sobretudo, dos parâmetros constitucionais sobre a estrutura de Previdência Social no Brasil poderá ser corrigida po meio desse remédio constitucional. Essa é a interpretação a ser dada ao mandado de segurança em matéria previdenciária.

10.2 O ATO/FATO IMPUGNÁVEL EM MATÉRIA PREVIDENCIÁRIA

De acordo com o art. 1.º da Lei 12.016, de 07.08.2009, que regulamenta o mandado de segurança, previsto no art. 5.º, LXIX, da CF:

"Conceder-se-á mandado de segurança para proteger direito líquido e certo, não amparado por *habeas corpus* ou *habeas data*, sempre que, ilegalmente ou com abuso de poder, qualquer pessoa física ou jurídica sofrer violação ou houver justo receio de sofrê-la por parte de autoridade, seja de que categoria for e sejam quais forem as funções que exerça".

Esse dispositivo legal corresponde parcialmente ao art. 5.º, LXIX, da CF:

> "LXIX – conceder-se-á mandado de segurança para proteger direito líquido e certo, não amparado por *habeas corpus* ou *habeas data*, quando o responsável pela ilegalidade ou abuso de poder for autoridade pública ou agente de pessoa jurídica no exercício de atribuições do Poder Público".

Direito líquido e certo é aquele que não depende de comprovação, ou que já se encontra cabalmente demonstrado (prova pré-constituída). Essa é uma exigência inexorável para a impetração do mandado de segurança, visto que este remédio constitucional não comporta instrução probatória.

Um primeiro requisito que deve ser atendido para que seja cabível o mandado de segurança reside na exigência de que o direito líquido e certo do impetrante não seja amparado por *habeas corpus* ou *habeas data*. O mandado de segurança, como se pode perceber, é subsidiário em relação ao *habeas corpus* e ao *habeas data*.

A confusão entre mandado de segurança e *habeas corpus* em matéria previdenciária configura-se rara na prática forense previdenciária, visto que o *habeas corpus* tutela a liberdade e compreendemos que seja mais utilizado no processo penal (crimes previdenciários).

Cabe, portanto, definir melhor a distinção entre o *mandamus* e o *habeas data*, esta sim uma situação que pode ensejar dúvida na advocacia previdenciária.

Não será cabível o mandado de segurança nas hipóteses em que o direito líquido e certo seja amparado por *habeas data*, instrumento de tutela do direito fundamental de *acesso às informações pertinentes ao cidadão* – tanto no que concerne à obtenção dessas informações quanto à sua correção, nos termos do art. 5.º, LXXII, da CF.

Em matéria de Processo Judicial Previdenciário, essa hipótese de cabimento do *habeas data* pode ocorrer quando o segurado buscar obter informações a seu respeito, ou necessitar corrigi-las: informações constantes do Cadastro Nacional de Informações Sociais – CNIS a respeito de sua qualidade de segurado ou do montante de suas contribuições previdenciárias recolhidas e o respectivo período; informações constantes em determinado processo administrativo; informações contidas no CadÚnico, para fins de concessão do BPC; inserção de dados no CNIS a partir de uma sentença da Justiça do

Trabalho que reconheceu um vínculo de emprego ou acréscimos salariais, entre outras hipóteses.

Nessas circunstâncias, e conforme o caso concreto, estará excluído o manejo do mandado de segurança, devendo ser impetrado o *habeas data*, nos termos da legislação pertinente. Destacamos, porém, que muitas vezes é extremamente sutil a diferença entre um e outro.

Na esfera previdenciária são comuns os atos administrativos praticados pelo INSS (o gestor da administração previdenciária) com ilegalidade ou abuso de poder, ensejando a defesa dos direitos fundamentais previdenciários por meio do mandado de segurança.

Os exemplos são muitos:

- corte arbitrário de benefício previdenciário ou assistencial, muitas vezes a partir da alegação genérica de fraude[1] ou por quaisquer outros motivos;
- inclusão indevida do benefício previdenciário na lista da Operação Pente-Fino (Lei 13.846/2019);
- situações em que a autarquia previdenciária é omissa ou retarda a análise de processo administrativo para concessão ou revisão de benefício ou, igualmente, deixa de dar o devido seguimento aos recursos administrativos interpostos contra decisões prejudiciais aos interesses dos segurados/dependentes;
- atribuição de pensão por morte, por ato do Gerente do Posto de benefícios, a pessoa diversa daquelas determinadas em lei (ex-mulher sem direito a alimentos, por exemplo);
- ato que convoca para perícia para verificação de incapacidade laboral antes dos dois anos estipulados no art. 71 da Lei de Benefícios ou em pessoas contempladas com as ressalvas contidas no art. 101 da Lei 8.213/91;
- restrições ou óbices à correta e integral averbação de tempo de contribuição/serviço ou emissão de CTC;
- ausência de reconhecimento/conversão de tempo de atividade especial conforme a legislação aplicável à época dos fatos;

---

[1] Veja-se, do STJ: 6.ª Turma, Rel. Min. Hélio Quaglia Barbosa, AGRESP 200301539132, j. 24.02.2005, *DJ* 14.03.2005, p. 433.

- atraso no primeiro pagamento de benefício previdenciário, em desconformidade com o prazo de 45 dias previsto no art. 41-A, § 5.º, da Lei 8.213/91;
- descumprimento (ou atraso inadequado no cumprimento) de ordem judicial pelo INSS;
- descumprimento, pela instância administrativa inferior, de decisão proferida pela Junta Recursal do CRPS etc.

Muitos outros temas poderiam ser pensados e são vivenciados na prática administrativa previdenciária.

O ato que viola direito líquido e certo pode ser *comissivo* ou *omissivo*.

Será *comissivo* quando ocorre alguma conduta ativa da autoridade coatora, que interfere na esfera jurídica dos segurados, como é o caso de um corte indevido de benefício.

O ato coator será *omissivo* quando a Administração se abstém de algum dever legal que deveria cumprir, a exemplo da demora na apreciação dos requerimentos administrativos de benefícios previdenciários, descumprindo os prazos legais.

Tanto a Lei de Custeio da Seguridade Social (Lei 8.212/1991) como a Lei de Benefícios (Lei 8.213/1991) preveem alguns dispositivos pelos quais a autarquia previdenciária pode rever atos de concessão de benefícios previdenciários, suspendendo-os ou até mesmo cassando-os.[2]

E não poderia ser diferente, visto que o INSS é autarquia federal, quer dizer, compõe a Administração Pública Federal, na sua forma descentralizada, e com isso obedece ao *princípio da legalidade*, o qual impõe a obrigatoriedade de revisão dos atos incompatíveis com a lei, mesmo de ofício – a chamada *autotutela administrativa*.

Todavia, em face de aplicação do princípio do devido processo legal, a atuação da autarquia previdenciária deve seguir rigorosamente o procedimento estabelecido na legislação de regência, o qual estabelece prazos para apresentação de defesa, a necessidade de intimação do beneficiário etc.

Em suma, pode e deve o INSS promover, inclusive de ofício, a revisão de atos administrativos eventualmente dissonantes da legalidade. Deverá, porém, respeitar e promover o devido processo legal (o qual se aplica tanto

---

[2] Destacamos especialmente os arts. 69, 70 e 71 da Lei de Custeio da Seguridade Social e o art. 101 da Lei de Benefícios.

ao processo judicial como ao processo administrativo) nessa atividade de revisão de atos administrativos concessivos de benefício previdenciário.

Ademais, toda a atuação da autarquia previdenciária, nesse sentido, deve respeitar as garantias do administrado previstas na Lei 9.784/1999, conhecida como Lei do Processo Administrativo: *princípio da igualdade; direito de petição; administrador competente; vista dos autos; ampla defesa e contraditório; produção de provas; decisão motivada; duplo grau* e, finalmente, *acesso aos leigos* (MARTINEZ, 2005, p. 105-107).

Também é importante sublinhar que a prerrogativa do INSS de revisar os benefícios previdenciários já concedidos deve respeitar os limites e parâmetros em matéria de decadência, nos termos do art. 103-A da Lei 8.213/91.[3]

A Súmula 269 do STF indica que "O mandado de segurança não é substitutivo de ação de cobrança". Na mesma linha o enunciado da Súmula 271 do STF: "Concessão de mandado de segurança não produz efeitos patrimoniais em relação a período pretérito, os quais devem ser reclamados administrativamente ou pela via judicial própria".

Esse enunciado bem consolidado deve ser respeitado, mas, no Processo Judicial Previdenciário, não pode levar à inviabilidade do mandado de segurança para restabelecer benefício previdenciário (entre outras situações), visto que, em tese, o INSS voltaria a fazer pagamentos mensais relativos à prestação previdenciária.

É claro que um benefício previdenciário indevidamente cessado pelo INSS, quando restabelecido por uma ordem judicial, implicará em pagamentos por parte da autarquia. Mas isso não se confunde com a "ação de cobrança" aventada na Súmula 269 do STF, visto que esses pagamentos serão mero reflexo da reposição de determinada situação previdenciária à sua normalidade e legalidade.

A Súmula 271 do STF, em seu entendimento majoritário, impede a cobrança dos atrasados, o que significa que estes serão pagos tão somente

---

[3] Eis a redação do art. 103-A da Lei 8.213/91: "Art. 103-A. O direito da Previdência Social de anular os atos administrativos de que decorram efeitos favoráveis para os seus beneficiários decai em dez anos, contados da data em que foram praticados, salvo comprovada má-fé.
§ 1º No caso de efeitos patrimoniais contínuos, o prazo decadencial contar-se-á da percepção do primeiro pagamento.
§ 2º Considera-se exercício do direito de anular qualquer medida de autoridade administrativa que importe impugnação à validade do ato".

a partir do momento da impetração, e os valores anteriores serão apurados em ação de cobrança.

Tais atrasados, quando pagos na via administrativa, virão pela via do *complemento positivo*. Entretanto, deve-se levar em conta, atualmente, o entendimento firmado pelo STF no Tema 831 da repercussão geral, onde se determinou, também para esses valores de atrasados, a aplicação do regime de pagamentos contigo no art. 100 da Constituição Federal.

Na mesma linha deve-se analisar a Súmula 266 do STF ("Não cabe mandado de segurança contra lei em tese"), que impede o mandado de segurança contra lei em tese. Igual é o sentido do entendimento fixado no Tema 430 do STJ:

> "No pertinente a impetração de ação mandamental contra lei em tese, a jurisprudência desta Corte Superior embora reconheça a possibilidade de mandado de segurança invocar a inconstitucionalidade da norma como fundamento para o pedido, não admite que a declaração de inconstitucionalidade, constitua, ela própria, pedido autônomo".

De fato, trata-se de outro entendimento consolidado na jurisprudência. Porém, deve ser bem compreendido.

Não cabe o mandado de segurança para controle de constitucionalidade em abstrato, nos termos da Súmula 266 do STF e Tema 430 do STJ. Contudo, esses enunciados não impedem, no caso concreto, a apreciação de eventual ilegalidade ou inconstitucionalidade praticada pela Administração Pública.

Pode-se discutir os efeitos jurídicos concretos do ato praticado pelo INSS (objeto do pedido) a partir da argumentação que aponte a inconstitucionalidade e ilegalidade da conduta abusiva (causa de pedir).

10.3 LEGITIMIDADE ATIVA (IMPETRANTE)

A parte autora do mandado de segurança é denominada especificamente de *impetrante*, dado que o *mandamus* não é ajuizado, mas, propriamente, *impetrado*.

Em matéria previdenciária a legitimidade ativa, de acordo com os parâmetros para a definição do que é *ação previdenciária*, compete ao *beneficiário*, seja segurado ou dependente, ou aquele que pretende/postula tal condição (o reconhecimento judicial dessa condição), nos termos da legislação previdenciária.

Também o procurador do segurado, nas hipóteses legais, poderá impetrar mandado de segurança em seu nome, ou em nome próprio, caso também sua esfera de direitos seja afetada.[4]

No mandado de segurança *é admitido o litisconsórcio ativo*, como ocorre no caso do corte indevido de um benefício de pensão por morte, em que o conjunto de dependentes é atingido (cônjuge e filhos, por exemplo), e todos eles devem figurar no polo ativo do remédio constitucional.

Ademais, as regras processuais comuns a respeito de representação e assistência no processo deverão ser aplicadas, por exemplo quando se tratar de menores ou quaisquer outras pessoas que demandem esse tipo de atuação em juízo (curatelados, pessoas sob interdição etc.).

10.4 LEGITIMIDADE PASSIVA/AUTORIDADE COATORA

O art. 1.º da Lei de Mandado de Segurança estabelece que caberá o mandado de segurança para proteger direito líquido e certo, não amparado por *habeas corpus* ou *habeas data*, quando a ilegalidade ou abuso de poder tiver sido praticada por "parte de autoridade, seja de que categoria for e sejam quais forem as funções que exerça". O § 1.º do art. 1.º, assim como o art. 2.º do mesmo diploma legal também apresentam disposições importantes a respeito da autoridade impetrada:

> "Art. 1.º (...)
>
> § 1.º Equiparam-se às autoridades, para os efeitos desta Lei, os representantes ou órgãos de partidos políticos e os administradores de entidades autárquicas, bem como os dirigentes de pessoas jurídicas ou as pessoas naturais no exercício de atribuições do poder público, somente no que disser respeito a essas atribuições.
>
> Art. 2.º Considerar-se-á federal a autoridade coatora se as consequências de ordem patrimonial do ato contra o qual se requer o mandado houverem de ser suportadas pela União ou entidade por ela controlada".

---

[4] "Previdenciário. Processo civil. Mandado de segurança. Suspensão do pagamento. Procurador cadastrado pela autarquia. Ação de interdição ajuizada. 1. Sendo o impetrante cadastrado pelo próprio INSS como procurador da segurada, não é razoável que o órgão, ainda no prazo de validade deste cadastramento, suspenda o pagamento do benefício. 2. A legislação previdenciária permite o pagamento do benefício ao procurador do segurado, mormente tendo ele comprovado o ajuizamento da ação de interdição para fins de se adequar à exigência da autarquia" (TRF da 4.ª região, 6.ª Turma, Rel. João Batista Pinto Silveira, AMS 200472020011246, j. 23.08.2006, *DJ* 06.09.2006, p. 1.006).

Segundo Tavares (2009, p. 57),

> "Para fins de MS, a autoridade é, *prima facie*, aquela que praticou ou ordenou o ato, ou que se omitiu quando lhe competia o dever de agir, desde que possua competência para corrigir o vício, e não a pessoa política ou jurídica à qual a autoridade ou agente está vinculado funcionalmente".

Em matéria previdenciária, a autoridade coatora será em geral algum componente da hierarquia administrativa do INSS, pessoas, por óbvio, com poder gestor e administrativo dentro do órgão.

No caso de órgãos colegiados, como o CPRS, a autoridade coatora deverá ser apontada como o Presidente da Turma Julgadora (JRPS) ou o Presidente do próprio CRPS, conforme a respectiva competência.

A maior parte da gestão previdenciária fica a cargo do INSS, mas, em relação à Assistência Social, por exemplo, no que diz respeito ao BPC da Lei 8.742/93, além da atuação do INSS, cumprem certos papéis os CRAS – Centros de Referência de Assistência Social, sobretudo no que diz respeito à inscrição dos cidadãos no CadÚnico (elemento necessário à obtenção desse benefício da Seguridade Social), conforme art. 20, § 12, da Lei 8.742/93.

Nesses termos, cremos que também a autoridade responsável pelo CRAS poderá ser considerada autoridade coatora para fins de mandado de segurança que tenha como objeto o BPC da Lei 8.742/93 – caso o ato que viole direito líquido e certo seja relativo às etapas de cadastramento (SERAU JR; CAETANO COSTA, 2020, p. 133).

Embora seja difícil, não é impossível que um particular em colaboração com o serviço público ou em exercício de função pública possa figurar como autoridade coatora em mandado de segurança previdenciário.

Essa situação pode ocorrer em relação aos serviços assistenciais, caso realizados em parcerias com entidades da iniciativa privada e isso envolva a gestão de recursos públicos (nos termos da Lei 8.742/1993, c.c. Lei Complementar 187/2021, que trata das entidades assistenciais).

Poderá ocorrer que a autoridade coatora seja um ente privado também em relação à gestão dos valores correspondentes ao salário-maternidade devido às seguradas empregada e trabalhadora avulsa, que são administrados pela empregadora, nos termos do art. 72, § 1.º, da Lei 8.213/91:

> "Art. 72. O salário-maternidade para a segurada empregada ou trabalhadora avulsa consistirá numa renda mensal igual a sua remuneração integral.
>
> § 1.º Cabe à empresa pagar o salário-maternidade devido à respectiva empregada gestante, efetivando-se a compensação, observado o disposto

no art. 248 da Constituição Federal, quando do recolhimento das contribuições incidentes sobre a folha de salários e demais rendimentos pagos ou creditados, a qualquer título, à pessoa física que lhe preste serviço".

Embora o efetivo pagamento do valor correspondente ao salário-maternidade, nesses casos, seja efetuado pela empresa, é certo se tratar de numerário do INSS, pois tais valores são posteriormente compensados com a contribuição previdenciária patronal.

A má gestão desses valores (supressão ou redução do pagamento à gestante), além de configurar apropriação indébita previdenciária (art. 168-A do Código Penal), também pode configurar, em tese, violação a direito líquido e certo dessas seguradas e, assim, colocar o particular, representante da pessoa jurídica, como autoridade coatora nesse caso.

De modo geral, todas essas figuras que mencionamos acima, para fins de mandado de segurança, serão consideradas autoridades federais nos termos do art. 2.º da Lei 12.016/2009:

> "Art. 2.º Considerar-se-á federal a autoridade coatora se as consequências de ordem patrimonial do ato contra o qual se requer o mandado houverem de ser suportadas pela União ou entidade por ela controlada".

A importância da indicação adequada da autoridade coatora reside no fato de que define a competência jurisdicional.

Nas lides previdenciárias verifica-se um dado relevante: a própria burocracia que caracteriza o INSS (como a todo o aparato estatal brasileiro) dificulta a correta identificação da autoridade coatora.

A fim de evitar prejuízo aos direitos fundamentais, deve ocorrer a identificação da autoridade coatora, ou a correção dessa informação, de acordo com sua concepção constitucional (Tavares, 2009, p. 69).

A autoridade coatora não é, exatamente, o polo passivo do mandado de segurança, funcionando mais propriamente como *informante* do juízo em relação ao ato apontado como ilegal/abusivo. Segundo André Ramos Tavares (2009, p. 67), a relação jurídico-processual, no mandado de segurança, se perfaz entre impetrante e a pessoa jurídica de Direito Público envolvida, não entre impetrante e autoridade coatora.

No Processo Judicial Previdenciário, portanto, o *mandado de segurança* não seria impetrado contra determinado agente ou gerente de posto (uma pessoa natural específica), mas mais exatamente contra o próprio órgão gestor da Previdência Social, representado, em determinado ato, tido por abusivo ou ilegal, por aquele agente ou hierarca, indicado como autoridade coatora.

Amenizando o entendimento de que a indicação errônea da autoridade coatora é causa de extinção do mandado de segurança sem julgamento de mérito, desenvolveu-se a *teoria da encampação*.

Por meio dessa concepção, tem-se que fica legitimada passivamente, no processo de mandado de segurança, a autoridade impetrada, que embora apontando a competência de um seu inferior hierárquico, comparece ao processo, defendendo o ato impugnado. Tal autoridade, por haver, literalmente, *encampado* o ato apontado como ilegal ou abusivo, legitimou-se passivamente, não havendo que afastá-la da impetração. Conforme André Ramos Tavares (2009, p. 75):

> "Para que possa ser aplicada, a teoria da encampação apresenta as seguintes condições: i) que a autoridade apontada como coatora manifeste-se no processo; ii) que a autoridade coatora indique outro agente, mas manifeste-se sobre o mérito do MS e não apenas sobre sua ilegitimidade; iii) que a autoridade apontada como correta pela autoridade indicada na impetração não provoque a mudança da competência da justiça; iv) que haja vínculo hierárquico entre a autoridade que prestou informações e a que ordenou o ato indicado como ilegal ou abusivo".

Em relação ao INSS, cumpre ressaltar que sua representação processual fica a cargo da Procuradoria Federal (v. Capítulo 1). Não há que cogitar da autoridade coatora, a título de exemplo, um determinado Gerente de Posto do INSS, ter de contratar, à sua própria conta, advogado para sua defesa.

10.5 LIMINAR

No âmbito do procedimento especial que é o mandado de segurança, permite-se a concessão de medida liminar nas hipóteses previstas em lei. Em matéria previdenciária essa possibilidade enseja alguns questionamentos.

É que, entre outras questões, o art. 7.º, III, da Lei de Mandado de Segurança permite ao magistrado exigir do impetrante caução, fiança ou depósito, com o objetivo de assegurar o ressarcimento à pessoa jurídica.

No mesmo sentido, o art. 7.º, § 2.º, do mesmo diploma legal dispõe que "não será concedida medida liminar que tenha por objeto a compensação de créditos tributários, a entrega de mercadorias e bens provenientes do exterior, a reclassificação ou equiparação de servidores públicos e a concessão de aumento ou a extensão de vantagens ou pagamento de qualquer natureza".

A preocupação que pode ocorrer no Processo Judicial Previdenciário reside na eventual exigência de caução, cobrada do beneficiário, a fim de assegurar o ressarcimento do INSS caso seja revogada a medida liminar.

A esse respeito, compreende-se que nada pode ser exigido do beneficiário, considerando-se que o mandado de segurança é a reparação de uma ilegalidade/abuso de poder e, sobretudo, todos os princípios informadores do Processo Judicial Previdenciário, nesse particular principalmente a natureza de garantia da subsistência dos benefícios previdenciários (seu caráter alimentar, conforme consagrado na doutrina e jurisprudência).

Embora a exigência de caução para concessão da liminar seja apenas facultativa aos juízes, deve ser registrado que essa possibilidade é totalmente incompatível com a natureza constitucional do mandado de segurança, seu *status* de garantia fundamental, isto é, instrumento de proteção dos direitos fundamentais contra atos ilegais e abusivos (FREIRE E SILVA, 2010, p. 22-24).

Exigir-se dos segurados a prestação de caução para concessão de liminar em mandado de segurança é obstaculizar o acesso à justiça em virtude de um risco ao INSS que é apenas *marginal* (DIAS, 2010, p. 289).

No mesmo sentido a preocupação a respeito da vedação de medida liminar que importe em pagamento de qualquer natureza. A jurisprudência do STJ, porém, já reconheceu que o mandado de segurança em matéria previdenciária não funciona como substitutivo de ação de cobrança, pois os efeitos pecuniários são mero reflexo da concessão/restabelecimento do benefício previdenciário.[5]

É importante assinalar que o art. 7.º, § 2.º, da Lei do Mandado de Segurança foi declarado inconstitucional pelo STF na ADI 4.296/DF.

Da decisão que defere ou indefere a medida liminar, consoante expressa disposição legal (art. 7.º, § 1.º, da Lei do Mandado de Segurança, c.c. art. 1.015, XIII, do CPC), cabe o agravo de instrumento (não a forma retida).

---

[5] "Processual civil. Inovação de tese em sede de agravo regimental. Impossibilidade. Mandado de segurança. Concessão da ordem. Implementação de benefício previdenciário. Possibilidade. (...) 2. No caso dos autos, o mandado de segurança não foi utilizado como substitutivo da ação de cobrança, na medida em que a determinação do pagamento do benefício ao segurado é decorrência lógica do reconhecimento da ilegalidade praticada, qual seja, a omissão em pagar o pecúlio *post mortem*. 3. Agravo regimental a que se nega provimento" (STJ, 5.ª Turma, Rel. Min. Jorge Mussi, AGRESP 200801819818, j. 26.05.2009, *DJe* 03.08.2009).

10.6 DO MINISTÉRIO PÚBLICO

A Lei do Mandado de Segurança (Lei 12.016/2009, art. 12) mantém a obrigatoriedade de participação do Ministério Público nesse rito processual. Embora faça a ressalva de que, caso restitua os autos sem manifestação, prosseguirá o feito independente de quaisquer vícios processuais. Fora disso, caso não se determine a intimação do Ministério Público, estar-se-á diante de hipótese de nulidade processual.

Em matéria previdenciária é oportuno lembrar (v. Capítulo próprio) qual o escopo da participação do *parquet*. Sobretudo a fiscalização da correta aplicação dos direitos fundamentais dos segurados, visto que estes são os verdadeiros valores públicos em debate no Processo Judicial Previdenciário.

De todo modo, não poderá o *parquet* defender o interesse meramente patrimonial dos entes públicos, pois esta função lhe é vedada a partir da Constituição Federal de 1988.

Considerando que o mandado de segurança previdenciário somente pode ser impetrado nas Varas Federais (consoante já analisado no Capítulo "Da Competência"), será o Ministério Público Federal a oficiar neste tipo de demanda.

10.7 DO MANDADO DE SEGURANÇA PREVENTIVO

A sistemática trazida pela Lei do Mandado de Segurança (Lei 12.016/2009) continua assegurando a possibilidade de impetração do *mandado de segurança preventivo*.

Entretanto, em matéria previdenciária, diante dos moldes com que definimos o Processo Judicial Previdenciário, talvez seja difícil a possibilidade de impetração dessa modalidade do mandado de segurança.

Pensemos, por exemplo, na hipótese de o INSS revisar, administrativamente, o ato de concessão de determinados benefícios previdenciários. A princípio, essa prática é coberta pela legalidade, inexistindo violação a direito líquido e certo: seja no caso do programa permanente de revisão dos benefícios por incapacidade (ou atualmente a Operação Pente Fino da Lei 13.846/2019), seja no caso dos demais benefícios, em que se aplica o princípio da autotutela (a Administração possui a prerrogativa, na realidade *poder-dever*, de revisar seus atos incompatíveis com a legalidade).

Caso algum trâmite procedimental, nessas hipóteses, seja eventualmente desrespeitado, o direito líquido e certo dos beneficiários só será violado, efetivamente, com a suspensão do benefício. Não haverá violação a direito líquido e certo sem o corte do benefício previdenciário; não há processo administrativo com simples potencial lesivo, deve-se ter um ato concreto de corte ou suspensão de pagamento de benefício.

O mesmo é o raciocínio que se aplica aos casos de omissão ou demora excessiva na análise e concessão de benefício: não há uma *prevenção* em relação a um ato administrativo que, possivelmente, não implementará o benefício; há um ato já concreto (ainda que omissivo, mas de efeitos concretos), cujo resultado é a negativa de prestação previdenciária. Este, por sua vez, deve ser impugnado já pela via repressiva do mandado de segurança, buscando-se sua imediata implantação.

Porém, pouco importa a distinção entre um e outro, pois o mais relevante é, como de fato é assegurado, assegurar-se a viabilidade de proteção aos direitos fundamentais (líquidos e certos) dos segurados/dependentes, em uma ou em outra modalidade: conforme assentado em doutrina e jurisprudência, o mandado de segurança preventivo converte-se automaticamente em repressivo após a prática/ocorrência do ato ilegal que se buscava invalidar.

10.8 DO MANDADO DE SEGURANÇA COLETIVO

A sistemática trazida pela Lei do Mandado de Segurança (Lei 12.016/2009) assegura, agora no próprio texto legal, a possibilidade de impetração do *mandado de segurança coletivo*.

Na seara previdenciária o mandado de segurança coletivo pode ser utilizado na defesa de interesses coletivos e difusos de categorias de segurados/dependentes, sindicatos, associações de idosos ou aposentados etc.

O mandado de segurança coletivo é instituto diverso do litisconsórcio, que também pode ocorrer no bojo do rito do mandado de segurança. Para essa situação, a Lei do Mandado de Segurança (Lei 12.016/2009, art. 24) remete o operador do Direito ao próprio Código de Processo Civil.

Exemplo de litisconsórcio no bojo de mandado de segurança, não se constituindo, propriamente, a figura do mandado de segurança coletivo, residiria numa eventual discussão acerca do benefício da pensão por morte por meio de mandado de segurança impetrado pela viúva e filhos (todos dependentes, nos termos da lei). Estaríamos diante de hipótese de litisconsórcio e não, como já se disse, mandado de segurança coletivo.

10.9 TRÂMITE

Nesse tópico, daremos breve notícia a respeito do trâmite pertinente ao mandado de segurança, sempre indicando o que é mais relevante para o Processo Judicial Previdenciário.

10.9.1 Competência

A competência para processar e julgar o mandado de segurança previdenciário é, exclusivamente, da Justiça Federal, a teor do que dispõe o art. 109, VIII, da CF.

Ainda quando não houver Vara Federal na sede do domicílio do segurado, e havendo violação a direito líquido e certo amparado pelo mandado de segurança, deverá o *writ* ser impetrado exclusivamente na Vara Federal com jurisdição sobre aquela localidade, não sendo viável a delegação de competência prevista no art. 109, § 3º, da CF e na Lei 13.876/2019.

A jurisprudência registra casos de impetração do *mandamus* previdenciário perante a Justiça Estadual e decide esta situação não é albergada pelo ordenamento jurídico.[6] A despeito de defendermos desde sempre uma posição de amplo acesso à justiça em matéria previdenciária, inclusive com reinterpretação de regras processuais, verifica-se que, nessa hipótese mencionada, trata-se de caso de repartição constitucional de competências jurisdicionais.

Quis o constituinte que a apreciação da legalidade de atos de autoridades federais ficasse exclusivamente a cargo de Juízes Federais, conforme deixa claro a redação do art. 109, VIII, da Carta Magna, sendo inviável a delegação de competência neste caso.

Nesse quadro, mesmo o mandado de segurança relativo a benefícios decorrentes de acidente do trabalho será processo na Justiça Federal e não na Justiça do Estado (como poderia permitir, em uma primeira análise, o art. 109, I, da CF, parte final). A competência para processar e julgar o mandado de segurança decorre da autoridade coatora e, assim, tratando-se de autoridade previdenciária (INSS), o mandado de segurança corre perante a Justiça Federal (art. 109, VIII, da CF).

Há uma competência originária dos Tribunais Regionais Federais para o mandado de segurança, quando este é impetrado em face de atos do próprio Tribunal ou dos Juízes Federais a ele vinculados (art. 108, I, *b*, da CF).

Finalmente, é importante registrar o entendimento consagrado na Súmula 376 do STJ: "Compete a turma recursal processar e julgar o mandado de segurança contra ato de juizado especial".

---

[6] Veja-se, no STJ, 3.ª Seção, Rel. Min. Maria Thereza de Assis Moura, o Conflito de Competência 200601856107, j. 28.02.2007, *DJ* 26.03.2007.

10.9.2 Petição inicial e decadência

A impetração do mandado de segurança atende aos requisitos para petição inicial estabelecidos nos arts. 319 e seguintes, do CPC, bem como algumas situações específicas previstas pela Lei 12.016/2009.

A principal exigência consiste na comprovação, de plano, do *direito líquido e certo*, nos moldes do art. 6º, *caput*, da Lei 12.016/2009:

> "Art. 6.º A petição inicial, que deverá preencher os requisitos estabelecidos pela lei processual, será apresentada em 2 (duas) vias com os documentos que instruírem a primeira reproduzidos na segunda e indicará, além da autoridade coatora, a pessoa jurídica que esta integra, à qual se acha vinculada ou da qual exerce atribuições".

Todavia, apesar dessa exigência rigorosa para a impetração do mandado de segurança, o art. 6.º, § 1.º, da Lei 12.016/2009 faculta ao impetrante a requisição dos documentos à autoridade pública ou a terceiros, quando estejam em poder destes:

> "§ 1.º No caso em que o documento necessário à prova do alegado se ache em repartição ou estabelecimento público ou em poder de autoridade que se recuse a fornecê-lo por certidão ou de terceiro, o juiz ordenará, preliminarmente, por ofício, a exibição desse documento em original ou em cópia autêntica e marcará, para o cumprimento da ordem, o prazo de 10 (dez) dias. O escrivão extrairá cópias do documento para juntá-las à segunda via da petição".

Essa inovação trazida pela Lei do Mandado de Segurança é bem interessante, pois visa evitar a extinção indevida deste remédio constitucional.

No Processo Judicial Previdenciário, vislumbramos o alcance dessa norma em situações envolvendo benefícios previdenciários para filhos menores e os documentos não se encontrem em poder do representante legal (os documentos necessários à defesa dos direitos previdenciários dos filhos menores estão em poder da companheira sobrevivente do segurado falecido e não em poder de sua genitora, por exemplo).

Também é possível vislumbrar a utilidade do art. 6.º, § 1.º, da Lei 12.016/2009 quando os documentos necessários a instrumentar o mandado de segurança estejam em poder de uma autoridade administrativa, inclusive o próprio INSS ou o CRPS, e poderão deles ser requisitados, na perspectiva de comprovar o direito líquido e certo.

Em quaisquer dessas circunstâncias mencionadas, sempre é cabível a aplicação do art. 321 do CPC, que permite a emenda à inicial quando esta estiver desprovida dos documentos necessários à propositura da ação.

Além dessas exigências, há um requisito fundamental para o mandado de segurança, consubstanciado no prazo decadencial para impetração.

Já declarado constitucional pelo STF (Súmula 632), está fixado em 120 dias, contados da data da ciência do ato abusivo. Em tema previdenciário, um exemplo comum é a contagem desse prazo a partir da efetiva ciência do corte abusivo de benefício previdenciário[7] (comprovado pelo recebimento do comunicado/carta expedido pelo INSS).

Quando não couber mandado de segurança (art. 10 da Lei 12.016/2009), em virtude da decadência ou mesmo quando for hipótese do remédio constitucional, sempre será possível o ajuizamento da ação própria (art. 19 da Lei 12.016/2009).

10.9.3 Processamento

Após analisada a medida liminar, requer-se informações à autoridade apontada como coatora, no prazo de dez dias. Também se providencia a remessa de informações e documentos para as autoridades administrativas superiores à autoridade indicada como coatora, a fim de que façam a defesa do ato impugnado.

Em sequência, ouve-se o Ministério Público, que no caso de matéria previdenciária deve ser o *parquet* federal, indo os autos à conclusão, para sentença.

Num dos casos típicos do Processo Judicial Previdenciário, a omissão ou excessiva demora na análise de pedido de benefício previdenciário, a efetiva implementação do benefício na esfera administrativa torna sem objeto o *mandamus*, o qual deve ser julgado extinto sem julgamento de mérito, por carência de ação (na modalidade de ausência de interesse de agir).

---

[7] Veja-se, a título de exemplo, esse julgado do STJ:
"Recurso em mandado de segurança. Previdenciário e processo civil. Prazo para a impetração do *writ*. Natureza decadencial. Art. 18 da Lei n.º 1.533/51. Acórdão regional em sintonia com os precedentes jurisprudenciais desta corte. Não provimento. 1. O STJ formou a compreensão segundo a qual 'o ato que suspende pagamento de benefício previdenciário, por constituir-se em ato único de efeitos concretos, deve ser considerado como termo inicial para impetração de mandado de segurança, não havendo falar em relação de trato sucessivo'. (EDcl no REsp 495892/RJ, Relator Min. Arnaldo Esteves Lima, DJe 25/08/2008). 2. Sendo assim, a decadência, no caso, conta-se a partir da ciência do ato de cassação ou da suspensão do primeiro pagamento do benefício. 3. Submetendo-se o prazo para a impetração do *mandamus* à natureza decadencial, não há que se falar, na espécie, em suspensividade ou interrupção. Inteligência do art. 207 do Código Civil brasileiro. 4. Recurso ordinário a que se nega provimento" (6.ª Turma, Rel. Min. Og Fernandes, ROMS 200802341907, j. 24.08.2009, *DJe* 28.09.2009).

10.9.4 Dos recursos

A sentença que não concede a ordem pleiteada é impugnada por meio da interposição de recurso de apelação, seguindo o rito previsto para esse tipo de recurso (art. 10 da Lei do Mandado de Segurança). Tendo a sentença, no rito do mandado de segurança, concedido a ordem pretendida, fica sujeita ao reexame necessário, de acordo com o art. 14, § 1.º, da Lei do Mandado de Segurança.

Denegada a ordem no respectivo Tribunal Regional Federal, ou extinto o mandado de segurança sem julgamento de mérito, cabe a interposição do recurso ordinário constitucional, nos moldes do art. 105, inc. II, *b*, da Constituição Federal.

A Lei do Mandado de Segurança confirmou entendimento anterior, vedando expressamente a possibilidade de embargos infringentes nesse rito processual (art. 25 da Lei 12.016/2009).

10.10 DO MANDADO DE SEGURANÇA NOS JUIZADOS ESPECIAIS FEDERAIS

O mandado de segurança dentro do sistema de Juizados Especiais Federais inclui-se na temática do mandado de segurança contra ato judicial.

O art. 3.º da Lei 10.259/2001, que estabelece os Juizados Especiais Federais, expressamente veda a possibilidade de impetração do mandado de segurança contra ato de abuso de autoridade federal. Porém, não traz igual ressalva relativa à possibilidade de mandado de segurança contra ato judicial, o qual a jurisprudência e a doutrina entenderam possível, assinaladas as excepcionalidades deste tipo de *writ*.

O tema também demanda ponderação quanto às características do sistema de Juizados Especiais Federais, particularmente as reduzidas possibilidades de impugnação de decisão judicial, originadas dos princípios que o informam, a saber: simplicidade, celeridade, oralidade, economia processual e informalidade (SAVARIS, 2010).

10.10.1 Requisitos

Para que caiba mandado de segurança contra ato judicial, não apenas no sistema de Juizados Especiais Federais, deve-se atender aos seguintes requisitos:

a) ato contra o qual não caiba recurso com efeito suspensivo;

b) ilegalidade da decisão;

c) possibilidade de lesão grave e de difícil reparação à parte.

No sistema dos Juizados Especiais Federais a sistemática recursal é simplificada. Das decisões interlocutórias, anteriores à sentença, caberá recurso apenas quando impugnada a própria sentença (recurso contra sentença), não existindo espaço para o mandado de segurança, ainda que com as características acima descritas.

Proferida a sentença, todavia, pode haver espaço para impetração do mandado de segurança, caso presentes todos os demais requisitos acima elencados. Exemplos de decisões impugnáveis, indiretamente, pela via do mandado de segurança: a decisão que não recebe o recurso contra a sentença; decisão que altera a sistemática da RMI, ao implementar o benefício, diversamente do que estabelecido na sentença; cancelamento da habilitação de dependentes.

10.10.2 Competência

Considerada a autonomia do sistema dos Juizados Especiais Federais, particularmente em relação à Justiça Federal Comum, o mandado de segurança movido contra ato judicial, observadas as ressalvas para seu cabimento, é direcionado à respectiva Turma Recursal. Da mesma forma, cabem às Turmas Recursais os mandados de segurança contra atos praticados pelos seus próprios membros. Tudo isso consoante disposição da Súmula 376 do STJ:

> "Compete a turma recursal processar e julgar o mandado de segurança contra ato de juizado especial".

A exceção a esse entendimento diz respeito ao mandado de segurança que discuta a própria competência dos Juizados Especiais Federais, quando se entende deva ser direcionado aos Tribunais Regionais Federais, conforme a regra geral.

JURISPRUDÊNCIA

Súmula 266/STF: Não cabe mandado de segurança contra lei em tese.

Súmula 269/STF: O mandado de segurança não é substitutivo de ação de cobrança.

Súmula 271/STF: Concessão de mandado de segurança não produz efeitos patrimoniais em relação a período pretérito, os quais devem ser reclamados administrativamente ou pela via judicial própria.

Súmula 304/STF: Decisão denegatória de mandado de segurança, não fazendo coisa julgada contra o impetrante, não impede o uso da ação própria.

Tema 831/STF: O pagamento dos valores devidos pela Fazenda Pública entre a data da impetração do mandado de segurança e a efetiva implementação da ordem concessiva deve observar o regime de precatórios previsto no art. 100 da Constituição Federal.

Súmula 376/STJ: Compete a turma recursal processar e julgar o mandado de segurança contra ato de juizado especial.

Tema 430/STJ: No pertinente a impetração de ação mandamental contra lei em tese, a jurisprudência desta Corte Superior embora reconheça a possibilidade de mandado de segurança invocar a inconstitucionalidade da norma como fundamento para o pedido, não admite que a declaração de inconstitucionalidade, constitua, ela própria, pedido autônomo.

Capítulo 11
RECURSO ESPECIAL E RECURSO EXTRAORDINÁRIO

Sumário: 11.1 Introdução aos recursos excepcionais (recurso especial e recurso extraordinário) – 11.2 Dos requisitos de admissibilidade: 11.2.1 Da impossibilidade de reexame de provas; 11.2.2 Do esgotamento das instâncias recursais ordinárias; 11.2.3 Interposição conjunta dos recursos extraordinários e especial; 11.2.4 Ofensa indireta à Constituição Federal; 11.2.5 Dissídio jurisprudencial; 11.2.6 – Repercussão geral; 11.2.7 Relevância da questão federal – 11.3 Tramitação dos recursos extraordinário e especial: 11.3.1 Efeitos dos recursos: devolutivo e suspensivo; 11.3.2 Agravo contra inadmissibilidade dos recursos especial e extraordinário – 11.4 Da turma nacional de uniformização dos Juizados Especiais Federais: 11.4.1 Descabimento de recurso especial nos Juizados Especiais Federais – Jurisprudência.

Neste capítulo buscaremos analisar alguns aspectos dos recursos especiais e extraordinários na esfera previdenciária. Para tanto, delinearemos brevemente as questões comuns de processamento dessas modalidades excepcionais de recursos, enfrentando a tormentosa problemática relativa à sua admissibilidade. Seguindo a proposta deste *Curso*, daremos ênfase às questões processuais previdenciárias.

11.1 INTRODUÇÃO AOS RECURSOS EXCEPCIONAIS (RECURSO ESPECIAL E RECURSO EXTRAORDINÁRIO)

É importante examinar, antes da discussão processual sobre os recursos especial e extraordinário, o papel das Cortes Superiores (Supremo Tribunal Federal e Superior Tribunal de Justiça).

Cumpre registrar que estas não são instâncias comuns de revisão judicial (como se fossem terceira ou quarta instâncias recursais, papel que como comumente se atribui a esses tribunais).

Prevalece, porém, essa percepção errônea, provavelmente em razão da incidência da Súmula 456 do STF, aplicável também ao STJ: "O Supremo Tribunal Federal, conhecendo do recurso extraordinário, julgará a causa aplicando o direito à espécie". Ou seja, o STF e o STJ conhecerão dos recursos excepcionais e, assim fazendo, também poderão proceder à reforma do acórdão recorrido, aplicando a tese jurídica cabível.

Esse entendimento figura hoje na dicção do próprio art. 1.034 do CPC/2015: "Art. 1.034. Admitido o recurso extraordinário ou o recurso especial, o Supremo Tribunal Federal ou o Superior Tribunal de Justiça julgará o processo, aplicando o direito".

O STF e o STJ figuram em nosso ordenamento jurídico, por imposição da própria Constituição, como guardiões das normas constitucionais (STF) e infraconstitucionais (STJ) e, assim, buscam apenas a tutela do *direito objetivo*, não se dedicando à análise do *direito subjetivo* ou, como é expressão corrente na doutrina, não se preocupam com a "justiça do caso concreto".

Em outras palavras, o papel do STF e do STJ consiste apenas em definir a interpretação que deve prevalecer em relação às normas constitucionais e infraconstitucionais; se limita à definição do alcance da norma jurídica em tese, se atenção ao caso concreto.

Essa definição constitucional do papel das Cortes Superiores dentro da estrutura judiciária acarreta uma série de consequências de natureza processual quanto ao cabimento desses recursos, tornado naturalmente restrita sua admissibilidade.

Especialmente porque os requisitos de admissibilidade se encontram previstos não somente no CPC, mas, sobretudo (ainda que de modo implícito), na própria Constituição, como as exigências de "causa decidida" ou de "ofensa a norma".

Os requisitos de admissibilidade dos recursos extraordinários e especiais são, portanto, de natureza constitucional-processual. Veja-se quando a isso, a Súmula 123 do STJ: "A decisão que admite, ou não, o recurso especial deve ser fundamentada, com o exame dos seus pressupostos gerais e constitucionais".

Aplicam-se aos recursos extraordinário e especial os requisitos de admissibilidade gerais, previstos para todos os recursos, tal qual definido no próprio CPC, além dos requisitos de fundo constitucional.

Nesses termos, os recursos especial e extraordinário devem se submeter ao princípio da taxatividade (somente caberá o recurso na estrita medida em que previsto em lei); impõem-se, também, os requisitos de legitimidade para recorrer, interesse recursal (sucumbência), tempestividade, preparo (somado à exigência de recolhimento da taxa de porte e retorno) e regularidade formal.

Quanto a estes, segue-se, sem diferenças significativas, as exigências aplicáveis a todos os recursos cíveis (como o agravo de instrumento ou o recurso de apelação). Maior atenção merecem os requisitos de admissibilidade de natureza constitucional, especialmente no que há de específico em relação às ações previdenciárias.

11.2 DOS REQUISITOS DE ADMISSIBILIDADE

11.2.1 Da impossibilidade de reexame de provas

Um ponto importante em relação aos recursos excepcionais (recurso extraordinário e recurso especial) reside no seu descabimento em razão da impossibilidade do reexame de provas pelos Tribunais Superiores.

Assim, estabelece a Súmula 279 do STF:

> "Para simples reexame de prova não cabe recurso extraordinário".

No mesmo sentido a Súmula 7 do STJ:

> "A pretensão de simples reexame de prova não enseja recurso especial".

Assim, vê-se que tanto no recurso extraordinário como no recurso especial é vedado o cabimento do recurso quando este se fundamentar na pretensão de revisão das provas constantes dos autos.

A maior parte das ações previdenciárias implica em apreciação de matéria probatória: a incapacidade laboral a que o segurado está acometido; a união estável e a dependência econômica em relação ao segurado falecido; a hipossuficiência para fins de benefício da assistência social; o tempo de serviço prestado como trabalhador urbano ou trabalhador rural, dentre outras tantas situações que exigem instrução probatória.

Conforme já tratado mais amiúde no capítulo sobre provas, uma das maiores razões de existência das ações previdenciárias reside na inadequação de muitos casos concretos à estrita legalidade que pauta os critérios com os quais trabalha o INSS.

O Poder Judiciário, examinando os fatos previdenciários sob outro foco (a partir de princípios e valores constitucionais, pela ótica da razoabilidade e da proporcionalidade, a partir do ordenamento jurídico numa visão sistêmica etc.), pode dar-lhes destino diverso daquele que foi dado pelo INSS.

Todavia, essa característica própria ao Processo Judicial Previdenciário encontra óbice no momento da interposição dos recursos extraordinário e especial: a vedação do reexame de matéria fática prevista na Súmula 279 do STF e 7 do STJ.

Nesses termos, a elaboração desses recursos deve seguir a trilha da argumentação que se conhece por *valoração das provas* (ou *hierarquia das provas*), atualmente também tratada por discussão a respeito das *regras de direito probatório*.[1]

Outra solução viável é a argumentação que busque a *revisão constitucional dos conceitos legais previdenciários*.

Um exemplo desse cenário se encontra na comprovação da união estável por prova documental, conforme exige o art. 16, § 5.º, da Lei 8.213/91:

> "§ 5.º As provas de união estável e de dependência econômica exigem início de prova material contemporânea dos fatos, produzido em período não superior a 24 (vinte e quatro) meses anterior à data do óbito ou do recolhimento à prisão do segurado, não admitida a prova exclusivamente testemunhal, exceto na ocorrência de motivo de força maior ou caso fortuito, conforme disposto no regulamento".

Compreendemos que esse requisito pode ser reinterpretado à luz do art. 226, § 3.º, da CF, que não requer esse tipo de providência para o reconhecimento da união estável:

---

[1] Veja-se o exemplo contido no julgado transcrito abaixo:
"Processual civil. Previdenciário. Incidência da Lei n. 9.032/95. Atividade especial. Trabalho de condições perigosas. Reconhecimento do período compreendido entre 01.01.1981 a 31.01.1991 como especial. I – Até o advento da Lei 9.032/95, o reconhecimento da atividade especial se dava apenas pela comprovação do exercício de profissão enquadrada como especial. E no período vindicado, de 01/01/1981 a 31/01/1991, a atividade de eletricista era conhecida como atividade especial. II – Cabe nos autos fazer uma nova valoração das provas apresentadas. O formulário DSS 8030 (fl. 50) apresentado pelo segurado aponta a função de eletricista, bem como a exposição à voltagem acima de 250 volts na época do período pretendido, indicando que o segurado efetivamente trabalhava em condições perigosas. III – O laudo de Programa de Prevenção de Riscos Ambientais PPRA (fls. 51/60), não é específico para o trabalhador em tela, abrangendo todos os trabalhadores da empresa e reflete a situação da empresa na data do laudo, ou seja, em 31/05/1999 (fls. 51/60) período muito posterior ao período controverso. A contradição é apenas aparente, portanto, devendo prevalecer o documento expedido pela empresa e que reflete a condição de trabalho exercida pelo segurado, no período específico. IV – Deve ser reconhecido como especial o período laborado entre 1/1/1981 a 31/1/1991, na função de eletricista, o qual deve ser acrescido ao período já reconhecido nas instâncias ordinárias. V – Agravo interno improvido" (2.ª Turma, Rel. Min. Francisco Falcão, AgInt no AREsp n. 1.103.975/MG, j. 04.09.2018, *DJe* 11.09.2018).

"§ 3.º Para efeito da proteção do Estado, é reconhecida a união estável entre o homem e a mulher como entidade familiar, devendo a lei facilitar sua conversão em casamento".

Esse tipo de estratégia pode ser empregado em qualquer outra situação do Direito Previdenciário.

Um outro caminho interessante para a advocacia previdenciária reside na perspectiva de discutir os *conceitos jurídicos indeterminados*.

Em geral se acredita que os *conceitos jurídicos indeterminados* se aplicam apenas ao Direito Civil (boa-fé, função social) ou ao Direito Constitucional (proporcionalidade, razoabilidade etc.).

Também o Direito Previdenciário comporta *conceitos jurídicos indeterminados*, como *incapacidade para o trabalho*, *dependência econômica*, *hipossuficiência*, dentre vários outros que poderiam ser apresentados como exemplos.

Discutir tais *conceitos jurídicos indeterminados* pode configurar um caminho para afastar a barreira contida nas Súmulas dos Tribunais Superiores em relação ao reexame de matéria probatória.

11.2.2 Do esgotamento das instâncias recursais ordinárias

Outro ponto importante da admissibilidade dos recursos extraordinário e especial é a exigência de prévio esgotamento das instâncias recursais ordinárias.

Em outras palavras, tais recursos somente serão admitidos aos Tribunais Superiores caso esgotadas todas as possibilidades de revisão judicial previstas para as instâncias ordinárias, uma exigência que deriva da "causa decidida", expressão constante dos arts. 102 e 105 da CF.

No Processo Judicial Previdenciário esse requisito exige atenção para as abundantes decisões monocráticas proferidas pelos Tribunais, com fundamento no art. 932 do CPC, as quais são muito comuns em matéria de Direito Previdenciário.

Nesses casos, necessariamente deve ser interposto o recurso de *agravo interno* (art. 1.021 do CPC), a fim de esgotar as instâncias recursais ordinárias, mesmo que a apreciação desse recurso pelo órgão colegiado seja bastante superficial ou mesmo meramente formal.

São conhecidas as queixas de muitos colegas a respeito das situações em que a Turma ou Seção mantém a decisão monocrática proferida pelo Relator sem exame adequado dos fundamentos apresentados no agravo interno;

contudo, com a interposição do agravo interno estará cumprido o requisito formal exigido pela jurisprudência dos Tribunais Superiores.

11.2.3 Interposição conjunta dos recursos extraordinários e especial

Um ponto que às vezes passa despercebido em relação à admissibilidade dos recursos excepcionais concerne na necessidade de interposição conjunta dos recursos extraordinário e especial. A Súmula 126 do STJ estabelece que:

> "É inadmissível recurso especial, quando o acórdão recorrido assenta em fundamentos constitucional e infraconstitucional, qualquer deles suficiente, por si só, para mantê-lo, e a parte vencida não manifesta recurso extraordinário".

No mesmo sentido, pode-se ventilar a Súmula 283 do STF, assim redigida:

> "É inadmissível o recurso extraordinário, quando a decisão recorrida assenta em mais de um fundamento suficiente e o recurso não abrange todos eles".

A exigência contida nos verbetes transcritos reside na obrigatoriedade de interposição conjunta dos recursos extraordinário e especial quando o acórdão recorrido se fundamentar, simultaneamente, em matéria de ordem constitucional e legal – o que é muito frequente nas ações previdenciárias.

A legislação previdenciária demanda, em muitas situações, uma profunda revisão de seus parâmetros a partir das normas e princípios constitucionais e essa linha de argumentação é bastante utilizada pela advocacia previdenciária.

De outra parte, e especialmente a partir da Emenda Constitucional 103/2019 (Reforma da Previdência), muitos temas que tradicionalmente eram tratados pela legislação ordinária de Previdência Social passaram a ser objeto de norma constitucional (SERAU JR., 2020, p. 215-222) – a exemplo do longo art. 26, da Emenda Constitucional 103/2019, que trata do cálculo do valor dos benefícios previdenciários, ou do art. 23, também da Emenda Constitucional 103/2019, que estabelece os critérios para concessão da pensão por morte.

Diante desse quadro bem específico do Direito Previdenciário (matérias tratadas duplamente pela lei e pela Constituição Federal), com grande impacto no andamento das ações previdenciárias, e caso venha o Tribunal a proferir acórdão dotado de fundamentação constitucional e legal, será necessária a interposição conjunta dos recursos extraordinário e especial.

Nesse cenário, a interposição apenas do recurso extraordinário ou apenas do recurso especial muito provavelmente levará à não admissão do recurso apresentado isoladamente.

Havendo dúvida sobre se a matéria previdenciária objeto do caso concreto é constitucional ou infraconstitucional sugerimos que sejam interpostos ambos os recursos excepcionais, evitando-se as barreiras contidas nas Súmulas 283 do STF e 126 do STJ.

11.2.4 Ofensa indireta à Constituição Federal

Outro requisito que causa relevantes desdobramentos processuais consiste na inviabilidade de recurso extraordinário onde ocorra tão somente ofensa indireta ou reflexa à Constituição. A Súmula 636 do STF estabelece que:

> "636. Não cabe recurso extraordinário por contrariedade ao princípio constitucional da legalidade, quando a sua verificação pressuponha rever a interpretação dada a normas infraconstitucionais pela decisão recorrida".

Embora a citada Súmula mencione expressamente apenas o princípio da legalidade, vale a regra de que não cabe recurso extraordinário para enfrentamento de ofensa a qualquer norma constitucional que seja apenas indireta ou reflexa, quer dizer, que perpasse pela interpretação dada às normas infraconstitucionais pela decisão recorrida.

Já mencionamos anteriormente que uma argumentação importante nas ações previdenciárias diz respeito à reinterpretação da legislação previdenciária a partir da Constituição, em virtude de princípios constitucionais ou mesmo de regras concretas constantes da Lei Maior.

Em geral as alegações de violação a princípios e valores constitucionais acaba recaindo na jurisprudência defensiva como ofensa reflexa às normas constitucionais.[2]

---

[2] Como ocorre, por exemplo, em relação às revisionais de benefício lastreadas no argumento do princípio da irredutibilidade do valor dos benefícios previdenciários, conforme demonstra o acórdão do STF: "1. Recurso extraordinário. Inadmissibilidade. Reajuste de benefício previdenciário. Interpretação de legislação infraconstitucional. Ofensa indireta à Constituição. Agravo regimental não provido. Não se tolera, em recurso extraordinário, alegação de ofensa que, irradiando-se de má interpretação, aplicação, ou, até, inobservância de normas infraconstitucionais, seria apenas indireta à Constituição da República. 2. Previdência social. Reajuste de benefício de prestação continuada. Índices aplicados para atualização do salário de benefício. Arts. 20, § 1.º e 28, § 5.º, da Lei n.º 8.212/91. Princípios constitucionais da irredutibilidade do valor dos benefícios (Art. 194, IV) e

Outra discussão comum no Processo Judicial Previdenciário consiste na alegação de inconstitucionalidade de normas constantes do Decreto 3.048/1999 (Regulamento da Previdência Social). Muitas vezes o Decreto extrapola sua missão de meramente regulamentar a legislação previdenciária e acaba por "inovar" o ordenamento jurídico, diminuindo indevidamente o alcance dos direitos previdenciários.

Um grande exemplo desse fenômeno reside no Decreto 10.410/2020, cuja função alegadamente era de "regulamentar" a Emenda Constitucional 103/2019 e, nesse mister, em muitos momentos trouxe pontos polêmicos e de duvidosa constitucionalidade.

Nesses casos, costuma-se alegar a violação ao art. 84, IV, da CF,[3] onde se encontra o poder regulamentar do Presidente da República (poder de expedir decretos para fiel cumprimento e execução das leis).

Ainda assim essa alegação muitas vezes é tratada pelo STF como ofensa reflexa ou indireta, posto que perpassa, primeiramente, pela sua relação com a Lei de Benefícios. É mais conveniente se que apresenta uma argumentação que indique violação a alguma norma constitucional mais concreta, a exemplo do art. 26 da Emenda Constitucional 103/2019 (que traz regras de cálculo do valor do benefício previdenciário), ou do art. 23, também da Emenda Constitucional 103/2019, que cuida do formato da pensão por morte.

No regime processual do CPC/1973 a ofensa reflexa à Constituição Federal conduzia à não admissão do recurso extraordinário e, da mesma forma, a alegação de matéria constitucional no recurso especial levada à sua não admissão perante o STJ.

O CPC/2015 introduziu um tratamento processual diferente e muito mais condizente com o princípio da *primazia do julgamento do mérito*, conforme os arts. 1.032 e 1.033:

"Art. 1.032. Se o relator, no Superior Tribunal de Justiça, entender que o recurso especial versa sobre questão constitucional, deverá conceder

---

da preservação do valor real dos benefícios (Art. 201, § 4.º). Não violação. Precedentes. Agravo regimental improvido. Os índices de atualização dos salários de contribuição não se aplicam ao reajuste dos benefícios previdenciários de prestação continuada" (2.ª Turma, Rel. Min. Cezar Peluso, AI 590.177 AgR/SC, j. 06.03.2007, *DJe*-004 26.04.2007).

3 "Art. 84. Compete privativamente ao Presidente da República:
(...)
IV – sancionar, promulgar e fazer publicar as leis, bem como expedir decretos e regulamentos para sua fiel execução;"

prazo de 15 (quinze) dias para que o recorrente demonstre a existência de repercussão geral e se manifeste sobre a questão constitucional.

Parágrafo único. Cumprida a diligência de que trata o *caput*, o relator remeterá o recurso ao Supremo Tribunal Federal, que, em juízo de admissibilidade, poderá devolvê-lo ao Superior Tribunal de Justiça.

Art. 1.033. Se o Supremo Tribunal Federal considerar como reflexa a ofensa à Constituição afirmada no recurso extraordinário, por pressupor a revisão da interpretação de lei federal ou de tratado, remetê-lo-á ao Superior Tribunal de Justiça para julgamento como recurso especial".

Em suma, no modelo processual trazido pelo CPC/2015, no caso de o recurso extraordinário discutir matéria infraconstitucional será remetido ao STJ, e, na hipótese inversa, de o recurso especial tratar de temas constitucionais, será encaminhado ao STF, abrindo-se prazo para alegação quanto a repercussão geral da matéria.

11.2.5 Dissídio jurisprudencial

O dissídio jurisprudencial (ou divergência jurisprudencial) se aplica tão somente ao recurso especial; desde a CF não é mais uma hipótese de cabimento do recurso extraordinário, como foi no regime constitucional anterior.

Apesar do rigor formal que é exigido para sua demonstração, cremos que é uma possibilidade relevante de obter a admissibilidade do recurso especial, vez que há grande divergência de interpretação do Direito Previdenciário nos tribunais pátrios.

O dissídio jurisprudencial está previsto no art. 105, III, *c*, da CF e regulado no art. 1.029, § 1.º, do CPC:

> "§ 1º Quando o recurso fundar-se em dissídio jurisprudencial, o recorrente fará a prova da divergência com a certidão, cópia ou citação do repositório de jurisprudência, oficial ou credenciado, inclusive em mídia eletrônica, em que houver sido publicado o acórdão divergente, ou ainda com a reprodução de julgado disponível na rede mundial de computadores, com indicação da respectiva fonte, devendo-se, em qualquer caso, mencionar as circunstâncias que identifiquem ou assemelhem os casos confrontados".

Todos esses requisitos de natureza formal apontados nesse dispositivo legal devem ser atendidos para que ocorra a admissão do recurso especial (indicação do repositório de jurisprudência; demonstração das circunstâncias fática semelhantes etc.).

Algumas Súmulas do STJ também delimitam a matéria. Veja-se a Súmula 13 ("A divergência entre julgados do mesmo Tribunal não enseja recurso especial") e 83 ("Não se conhece de recurso especial pela divergência, quando a orientação do Tribunal se firmou no mesmo sentido da decisão recorrida").

Além dos aspectos formais, e mais importante ainda, cumpre à parte que interpõe o recurso especial realizar o chamado *cotejo analítico*, que consiste em uma argumentação em que se demonstra como o acórdão recorrido apreciou determinada norma legal e como o acórdão paradigma, por sua vez, julgou aquele tema jurídico de outra forma, evidenciando a divergência jurisprudencial.

Por exemplo, pode-se argumentar que o TRF *X* julgou um processo em que se busca a pensão por morte e indeferiu o pedido, pois interpretou o art. 16, § 5.º, da Lei 8.213/91 de sorte a exigir início de prova material da união estável.

Em contraposição, configurando a divergência jurisprudencial, demonstrar que outro TRF, ou o próprio STJ, no acórdão paradigma, julgou outro caso de pensão por morte e interpretou o art. 16, § 5.º, da Lei 8.213/91, em conjunto com o art. 226, § 3.º, da CF, e alguns dispositivos do Código Civil, no sentido de não exigir prova material da união estável, inclusive para finalidade previdenciária.

11.2.6 Repercussão geral

A Emenda Constitucional 45/2004 trouxe em seu bojo o instituto da *repercussão geral*, incluindo o § 3.º ao art. 102 da Carta Magna:

> "§ 3.º No recurso extraordinário o recorrente deverá demonstrar a repercussão geral das questões constitucionais discutidas no caso, nos termos da lei, a fim de que o Tribunal examine a admissão do recurso, somente podendo recusá-lo pela manifestação de dois terços de seus membros".

A configuração da repercussão geral em qualquer tema de Processo Judicial Previdenciário poderia se dar, tão somente, diante do argumento de que os benefícios previdenciários são direitos fundamentais (SERAU JR., 2020). Porém, esse entendimento não prevalece, e há necessidade de que alguns requisitos processuais sejam atendidos.

Atualmente, a regulamentação da *repercussão geral* se encontra no art. 1.035 do CPC:

> "Art. 1.035. O Supremo Tribunal Federal, em decisão irrecorrível, não conhecerá do recurso extraordinário quando a questão constitucional nele versada não tiver repercussão geral, nos termos deste artigo.

§ 1.º Para efeito de repercussão geral, será considerada a existência ou não de questões relevantes do ponto de vista econômico, político, social ou jurídico que ultrapassem os interesses subjetivos do processo.

§ 2.º O recorrente deverá demonstrar a existência de repercussão geral para apreciação exclusiva pelo Supremo Tribunal Federal.

§ 3.º Haverá repercussão geral sempre que o recurso impugnar acórdão que:

I – contrarie súmula ou jurisprudência dominante do Supremo Tribunal Federal;

(...)

III – tenha reconhecido a inconstitucionalidade de tratado ou de lei federal, nos termos do art. 97 da Constituição Federal".

Diante desse cenário normativo, compreendemos que é bastante plausível a configuração da repercussão geral nos temas de Direito Previdenciário.

Embora a maior parte das demandas previdenciárias seja de pequena monta e, invariavelmente apenas bilaterais (demandas do tipo *segurado X INSS*), constata-se sua repetição em milhares de casos, o que indica uma questão que ultrapassa os interesses subjetivos do processo.

Ademais, as questões previdenciárias, justamente da multiplicidade de processos que caracteriza o Processo Judicial Previdenciário, proporcionam questão relevante do ponto de vista econômico (valores em torno da concessão de determinado benefício a milhares de segurados) e jurídico (necessidade de segurança jurídica na regulação do tema de impacto a tantas pessoas); político (definição do alcance das políticas públicas de Previdência Social) e social (impacto na vida dessas pessoas e na coletividade).

A repercussão geral é matéria relativa apenas ao recurso extraordinário, mas no caso do recurso especial há, de modo muito parecido, o requisito da *relevância da questão federal*, trazido pela Emenda Constitucional 125/2022.

Do ponto de vista prático, deve constar uma preliminar no recurso extraordinário indicando porque, naquele tema, há repercussão geral, isto é, como são ultrapassados os interesses subjetivos do processo e atingidas questões relevantes do ponto de vista econômico, jurídico, político e social.

11.2.7 Relevância da questão federal

A Emenda Constitucional 125/2022 introduziu no art. 105 da CF, os §§ 2º e 3º, criando o requisito da *relevância da questão federal* como elemento necessário à admissibilidade do recurso especial.

"§ 2º No recurso especial, o recorrente deve demonstrar a relevância das questões de direito federal infraconstitucional discutidas no caso, nos termos da lei, a fim de que a admissão do recurso seja examinada pelo Tribunal, o qual somente pode dele não conhecer com base nesse motivo pela manifestação de 2/3 (dois terços) dos membros do órgão competente para o julgamento".

Da mesma forma que operado que a repercussão geral da questão constitucional, trazida pela Emenda Constitucional 45/2004, assim como a transcendência do recurso de revista em relação ao TST, temos na relevância da questão federal a ideia de sublinhar a natureza diferenciada da jurisdição do STJ.

O instituto da relevância da questão federal não é autoaplicável, pois a Emenda Constitucional 125/2022 indica que o recorrente deverá demonstrar a relevância das questões de direito federal infraconstitucional discutidas no caso "nos termos da lei".

Assim, fica evidente que essa exigência processual somente será aplicável após a vigência da norma regulamentadora, que estabelecerá, mais amiúde, os requisitos para demonstração da relevância da questão federal, tal qual é aplicado em relação à repercussão geral em relação ao recurso extraordinário.

Nesse ponto, compreendemos que a regulamentação poderá/deverá seguir a mesma trilha já percorrida pela regulamentação da repercussão geral (contida no art. 1.035 do CPC).

É importante também diferenciar a relevância da questão federal do tópico dos recursos especiais repetitivos (arts. 1.036 e seguintes do CPC). Enquanto a sistemática de julgamento dos recursos especiais repetitivos é técnica de gestão processual, a exigência da relevância da questão federal constitui verdadeiro filtro de admissibilidade do recurso especial, tal qual já operado pela repercussão geral em relação ao recurso extraordinário.

Além das características da relevância da questão federal que serão trazidas pela norma regulamentadora mencionada no art. 105, § 2.º, da CF, vale dizer que o § 3.º do mesmo dispositivo constitucional já indica algumas situações em que a relevância da questão federal é presumida.

Infelizmente as ações previdenciárias não foram elencadas no rol de temas que possuem presunção de relevância da questão federal. Diante disso, será necessário demonstrar, no caso concreto, a configuração desse requisito de admissibilidade, nos termos da futura norma regulamentadora do § 2.º do art. 105 da CF.

Tomando por empréstimo o que ocorre no âmbito do STF, vislumbra-se que as causas previdenciárias não serão dotadas intrinsicamente de repercussão geral, a qual é aferida no tema concreto. Porém, sabe-se que são inúmeros os temas previdenciários processados e julgados pelo STF no âmbito da repercussão geral.

Consideramos que essa mesma dinâmica será adotada no bojo do STJ, mesmo a partir da introdução do requisito da relevância da questão federal.

Todavia, não se pode perder de vista também a forte perspectiva de jurisprudência defensiva embutida na ideia de criação de mais requisito de admissibilidade para a interposição do recurso especial, visando reduzir, por vias oblíquas, a questão do número elevado de recursos em tramitação no STJ, e esse aspecto pode afetar negativamente a admissibilidade dos recursos especiais em matéria previdenciária.

11.3 TRAMITAÇÃO DOS RECURSOS EXTRAORDINÁRIO E ESPECIAL

Neste tópico abordaremos alguns pontos importantes da tramitação dos recursos extraordinários e especial, sem esgotar o assunto e dentro do espírito deste *Curso*, apenas indicando o que pode ser importante em relação ao Processo Judicial Previdenciário.

11.3.1 Efeitos dos recursos: devolutivo e suspensivo

Os recursos extraordinário e especial, conforme teor do art. 995, *caput*, do CPC, são recebidos apenas no efeito devolutivo. Conforme o teor do próprio dispositivo legal: "não impedem a eficácia da decisão, salvo disposição legal ou decisão judicial em sentido diverso".

Em outras palavras: o mero recebimento do recurso especial ou do recurso extraordinário apenas devolve a matéria discutida aos Tribunais Superiores, sem ter o condão de suspender o acórdão recorrido (ou dotá-lo de efetividade, no caso do denominado *efeito suspensivo ativo*).

Todavia, o próprio art. 995, parágrafo único, do CPC já indica as condições para atribuição excepcional do efeito suspensivo aos recursos que não o possuam: "A eficácia da decisão recorrida poderá ser suspensa por decisão do relator, se da imediata produção de seus efeitos houver risco de dano grave, de difícil ou impossível reparação, e ficar demonstrada a probabilidade de provimento do recurso".

Dito de outro modo, os recursos extraordinário e especial interpostos pelos segurados e dependentes não são dotados da prerrogativa de implementar, imediatamente o benefício buscado; tais recursos possuem efeito meramente devolutivo.

Há duas possibilidades para obtenção do efeito suspensivo nos recursos extraordinário e especial.

A primeira reside na requisição, fundamentada, de atribuição de efeito suspensivo na própria petição de recurso especial ou extraordinário, quando de sua interposição.

A segunda consiste no ajuizamento de medida cautelar originária, diretamente ao Tribunal local ou às Cortes Superiores, de acordo com o momento processual em que se encontrar o feito.[4]

É possível, embora os requisitos processuais sejam bem exigentes, a atribuição de efeito suspensivo a recurso especial e extraordinário. Há que se demonstrar a grande probabilidade de provimento do recurso (como na hipótese de o acórdão recorrido contrariar a jurisprudência dos Tribunais Superiores), bem como o risco de dano grave ou de difícil ou impossível reparação.

Nas ações previdenciárias, tendo em vista o tipo de pessoa que figura no polo ativo (hipossuficiente), bem como o objeto de pedido formulado nesse tipo de demanda (prestação previdenciária, de cunho alimentar), é bastante defensável o risco de dano grave e de difícil ou até mesmo impossível reparação diante da não implementação imediata do benefício previdenciário. Esses elementos devem ser trabalhados na argumentação do recurso especial e extraordinário, de sorte a que sejam atribuídos efeito suspensivo (inclusive *efeito suspensivo ativo*).

11.3.2 Agravo contra inadmissibilidade dos recursos especial e extraordinário

A sistemática de admissão dos recursos especial e extraordinário, no CPC/2015, foi bastante alterada em relação ao modelo que havia no CPC/1973.

Embora tenha sido mantida a competência bipartida para exame de admissibilidade desses recursos excepcionais (dividida entre a Vice-Presidência dos Tribunais locais e os próprios Tribunais Superiores, conforme sua respectiva competência), nem sempre ocorrerá um exame imediato da admissibilidade. Em muitas hipóteses haverá, em primeiro lugar, algum ato processual de gestão de recursos repetitivos, os quais se encontram delineados no art. 1.030 do CPC:

---

[4] A esse respeito, o STF editou as Súmulas 634 e 635, aplicáveis também ao STJ, conforme reconhecido em sua jurisprudência:
"634. Não compete ao STF conceder medida cautelar para dar efeito suspensivo a recurso extraordinário que ainda não foi objeto de juízo de admissibilidade na origem.
635. Cabe ao Presidente do Tribunal de origem decidir o pedido de medida cautelar em recurso extraordinário ainda pendente do seu juízo de admissibilidade".

"Art. 1.030. Recebida a petição do recurso pela secretaria do tribunal, o recorrido será intimado para apresentar contrarrazões no prazo de 15 (quinze) dias, findo o qual os autos serão conclusos ao presidente ou ao vice-presidente do tribunal recorrido, que deverá:

I – negar seguimento:

a) a recurso extraordinário que discuta questão constitucional à qual o Supremo Tribunal Federal não tenha reconhecido a existência de repercussão geral ou a recurso extraordinário interposto contra acórdão que esteja em conformidade com entendimento do Supremo Tribunal Federal exarado no regime de repercussão geral;

b) a recurso extraordinário ou a recurso especial interposto contra acórdão que esteja em conformidade com entendimento do Supremo Tribunal Federal ou do Superior Tribunal de Justiça, respectivamente, exarado no regime de julgamento de recursos repetitivos;

II – encaminhar o processo ao órgão julgador para realização do juízo de retratação, se o acórdão recorrido divergir do entendimento do Supremo Tribunal Federal ou do Superior Tribunal de Justiça exarado, conforme o caso, nos regimes de repercussão geral ou de recursos repetitivos;

III – sobrestar o recurso que versar sobre controvérsia de caráter repetitivo ainda não decidida pelo Supremo Tribunal Federal ou pelo Superior Tribunal de Justiça, conforme se trate de matéria constitucional ou infraconstitucional;".

Como se vê, agora não ocorre, em regra, o exame de admissibilidade dos recursos especial e extraordinário tal qual ocorria no modelo processual anterior, isto é, o Tribunal local decidir se esses recursos seguiam ou não para os Tribunais Superiores.

Doravante, a primeira conduta da Vice-Presidência dos Tribunais locais reside em verificar a aplicação do entendimento firmado em recursos repetitivos pelo STJ ou pelo STF e, assim, determinar: o sobrestamento dos processos (no caso de ainda não haver conclusão do julgamento); a devolução ao Gabinete, para retratação do acórdão proferido; negativa de provimento do recurso, quando estiver em contrariedade à tese firmada pelos Tribunais Superiores.

Nessas hipóteses acima tratadas, caberá a interposição de agravo interno (art. 1.030, § 2.º, do CPC), previsto no art. 1.021 do CPC:

"Art. 1.021. Contra decisão proferida pelo relator caberá agravo interno para o respectivo órgão colegiado, observadas, quanto ao processamento, as regras do regimento interno do tribunal".

Em relação às matérias que podem ser veiculadas nesse agravo interno, compreendemos que elas se resumam à arguição de *distinção*: a matéria tratada no caso concreto não corresponde ao precedente invocado na decisão agravada.

Esse aspecto é bastante comum no Processo Judicial Previdenciário e deve ser aproveitado na elaboração das peças processuais.

As ações previdenciárias possuem muitas nuances fáticas, nem sempre o caso concreto pode se encaixar com perfeição no precedente invocado.

Além disso, também há inúmeras variáveis normativas que podem impactar o caso concreto, a exemplo de quando um determinado direito previdenciário é defendido a partir de uma interpretação sistemática do ordenamento jurídico (a configuração da união estável fora dos padrões do art. 16, § 5.º, da Lei 8.213/91, mas adequadas aos termos do ar. 226, § 3.º, da CF e dos vários dispositivos do Código Civil que tratam dessa matéria).

Essas variáveis fáticas e jurídicas devem ser levadas em consideração no exame de admissibilidade dos recursos especial e extraordinário, e, assim, deve ser admitida a *distinção*, quando ocorrer.

Por outro lado, os recursos extraordinário e especial poderão não ser admitidos pelos Tribunais locais tal qual ocorria na sistemática do CPC/1973 (pela ausência dos requisitos processuais gerais – tempestividade, regularidade formal etc. – ou dos requisitos constitucionais – prequestionamento, esgotamento das instâncias etc.), e, assim, caberá a interposição do agravo de admissão, atualmente previsto no art. 1.042 do CPC:

> "Art. 1.042. Cabe agravo contra decisão do presidente ou do vice-presidente do tribunal recorrido que inadmitir recurso extraordinário ou recurso especial, salvo quando fundada na aplicação de entendimento firmado em regime de repercussão geral ou em julgamento de recursos repetitivos".

Esse *agravo de admissão* corresponde ao bastante conhecido *agravo de instrumento* previsto no art. 544 do CPC/1973 e, nesse caso, deverá ser demonstrado o preenchimento dos requisitos processuais gerais – tempestividade, regularidade formal etc. – e dos requisitos constitucionais: há repercussão geral; não se discute matéria fática etc.

11.4 DA TURMA NACIONAL DE UNIFORMIZAÇÃO DOS JUIZADOS ESPECIAIS FEDERAIS

É relevante fazer, neste capítulo sobre recursos excepcionais, algumas anotações a respeito da TNU.

Representando a "cúpula" da estrutura relativa ao microssistema processual dos Juizados Especiais Federais, muitos dos princípios que se aplicam à admissibilidade dos recursos extraordinário e especial também lhe são pertinentes (Savaris; Xavier, 2010, p. 274).

Assim como ocorre em relação ao STJ e ao STF, a provocação da Turma Nacional de Uniformização, a partir dos incidentes de uniformização, não configura uma "suposta *terceira instância* dos Juizados Especiais. Antes, trata-se de instrumento para uniformização da interpretação da lei federal em questão de direito material, o que leva à consequência de que seu cabimento é restrito apenas às hipóteses em que houver *divergência na interpretação do direito*" (SAVARIS; XAVIER, 2010, p. 165).

Os rígidos requisitos de admissibilidade do Incidente de Uniformização não são, portanto, contraponto à simplicidade e informalidade características dos Juizados Especiais, mas, tão somente, o reconhecimento de seu caráter excepcional (SAVARIS; XAVIER, 2010, p. 164-165), voltado unicamente para a uniformização da interpretação do Direito Previdenciário no âmbito dos Juizados Especiais Federais – assim como assinalamos para o recurso especial e para o recurso extraordinário.

Nesse particular, especial valor possuem as Questões de Ordem da TNU, as quais são responsáveis pela definição e seu papel e identificação dos requisitos de admissibilidade para os processos que lhes são destinados, especialmente o Incidente de Uniformização.

Da leitura das Questões de Ordem, verifica-se o assentamento de importantes premissas, tais como a função diferenciada da TNU (que não julga certas matérias de fato, tampouco questões processuais, apenas matéria de mérito; apenas anula os casos e devolve às Turmas Recursais ou Juizado em caso de afastar-se decadência ou prescrição etc.); os requisitos formais para admissibilidade em razão da alegação de divergência entre diversas Turmas Recursais; as hipóteses de efetiva divergência entre Turmas Recursais (por exemplo, a relação entre as diversas Regiões) etc.

Os pedidos de uniformização, que devem ser escritos, possuem a natureza jurídica de recursos, isto é, equivalem a recursos, pois substituem a decisão que ensejou o pedido de uniformização (Questão de Ordem 1 da TNU).

É possível a interposição simultânea de pedidos de uniformização regional e nacional, desde que em petições distintas, sendo precedente o julgamento realizado na TNU (VIEIRA, 2011, p. 152-153).

Os requisitos para interposição dos pedidos de uniformização encontram-se previstos em resoluções administrativas do Conselho da Justiça Federal e dos respectivos Tribunais Regionais Federais, bem como nas Questões de Ordem editadas pela TNU (atualmente a matéria é tratada nas Resolução 586/2019 do CJF).

A demonstração e comprovação do dissídio/divergência entre Turmas Recursais não equivale à simples transcrição de acórdãos. É necessário mais, especialmente argumentar o que há de diferente na interpretação de uma e outra Turma Recursal ao apreciar matéria de Direito Previdenciário. Nesse sentido, conforme art. 12, § 1.º, da Resolução 586/2019-CJF:

> "§ 1.º O recorrente deverá demonstrar, quanto à questão de direito material, a existência de divergência na interpretação da lei federal entre a decisão recorrida e:
>
> a) decisão proferida por turma recursal ou regional vinculadas a outro Tribunal Regional Federal;
>
> b) súmula ou entendimento dominante do Superior Tribunal de Justiça ou da Turma Nacional de Uniformização".

O entendimento de Turma Recursal que já tenha sido superado não vale para a configuração do dissídio que enseja o pedido de uniformização (Questão de Ordem 12 da TNU). Também não cabe o pedido de uniformização quando o entendimento da TNU já está assentado no mesmo sentido do acórdão recorrido (Questão de Ordem 13 da TNU).

O pedido de uniformização, para a TNU, exige a configuração do prequestionamento (Questões de Ordem 10 e 14 da TNU).

O prazo de interposição é de 15 dias, devendo ser apresentado perante a Turma Recursal de origem, conforme art. 12 da Resolução CJF 586/2019.

O incidente de uniformização também possui um rito de admissibilidade e processamento que leva em consideração, assim como existe no CPC, a dinâmica de julgamentos repetitivos:

> "Art. 14. Decorrido o prazo para contrarrazões, os autos serão conclusos ao magistrado responsável pelo exame preliminar de admissibilidade, que deverá, de forma sucessiva:
>
> I – não conhecer de pedido de uniformização de interpretação de lei federal intempestivo, incabível, prejudicado, interposto por parte ilegítima ou carecedor de interesse recursal;
>
> II – determinar a suspensão junto ao órgão responsável pelo exame preliminar de admissibilidade do pedido de uniformização de interpretação de lei federal que versar sobre tema submetido a julgamento:
>
> a) em regime de repercussão geral ou de acordo com o rito dos recursos extraordinários e especiais repetitivos pelo Supremo Tribunal Federal ou pelo Superior Tribunal de Justiça;

b) em recurso representativo de controvérsia pela Turma Nacional de Uniformização ou em pedido de uniformização de interpretação de lei dirigido ao Superior Tribunal de Justiça; ou

c) em incidente de resolução de demandas repetitivas ou em incidente de assunção de competência que irradiem efeitos sobre a Região.

III – negar seguimento a pedido de uniformização de interpretação de lei federal interposto contra acórdão que esteja em conformidade com entendimento consolidado:

a) em regime de repercussão geral ou de acordo com o rito dos recursos extraordinários e especiais repetitivos pelo Supremo Tribunal Federal ou pelo Superior Tribunal de Justiça;

b) em recurso representativo de controvérsia pela Turma Nacional de Uniformização ou em pedido de uniformização de interpretação de lei dirigido ao Superior Tribunal de Justiça;

c) em incidente de resolução de demandas repetitivas ou em incidente de assunção de competência que irradiem efeitos sobre a Região; ou

d) em súmula do Supremo Tribunal Federal, do Superior Tribunal de Justiça ou da Turma Nacional de Uniformização".

O art. 14 ainda cuida da retratação em virtude da necessidade de compatibilização do acórdão recorrido com a jurisprudência vinculante, bem como da não admissão do incidente em virtude de aspectos fáticos.

Quando ocorrer a inadmissibilidade do PEDILEF caberão algumas possibilidades de agravo, conforme dispõe o art. 14 da Res. 586/2019-CJF:

> "§ 2.º Da decisão de inadmissibilidade proferida com fundamento nos incisos I e V, caberá agravo nos próprios autos, no prazo de 15 (quinze) dias a contar da intimação, a ser dirigido à Turma Nacional de Uniformização, no qual o agravante deverá demonstrar, fundamentadamente, o equívoco da decisão recorrida.
>
> § 3.º Da decisão proferida com fundamento nos incisos II e III, caberá agravo interno, no prazo de 15 (quinze) dias a contar da intimação, o qual, após o decurso de igual prazo para contrarrazões, será julgado pela turma que prolatou o acórdão impugnado, mediante decisão irrecorrível.
>
> (...)
>
> § 5.º No caso de a decisão de inadmissibilidade desafiar, a um só tempo, os dois agravos a que se referem os parágrafos §§ 3.º e 4.º, será cabível apenas a interposição do agravo dirigido à Turma Nacional de Uniformização previsto no § 2.º, no qual deverão ser cumulados os pedidos de reforma da decisão".

Segue-se, aproximadamente, a mesma dinâmica dos recursos extraordinário e especial: a não admissão pelos motivos processuais comuns terão o agravo direcionado à TNU; a não admissão em virtude da aplicação de precedente vinculante será impugnada via agravo interno, direcionado à própria Turma Recursal de origem. Essa interpretação fica bem nítida do art. 7.º, VIII, da Resolução 586/2019-CJF:

> "Art. 7.º Compete ao Presidente da Turma Nacional de Uniformização:
>
> (...)
>
> VIII – julgar o agravo interposto de decisão que inadmite pedido de uniformização de interpretação de lei federal dirigido à Turma Nacional de Uniformização, observando que o agravo previsto no § 3.º do art. 14 deste Regimento é de competência da Turma de origem;".

11.4.1 DESCABIMENTO DE RECURSO ESPECIAL NOS JUIZADOS ESPECIAIS FEDERAIS

O cabimento do recurso especial está previsto no art. 105, III, da CF:

> "Art. 105. Compete ao Superior Tribunal de Justiça:
>
> III – julgar, em recurso especial, as causas decididas, em única ou última instância, *pelos Tribunais Regionais Federais ou pelos tribunais dos Estados*, do Distrito Federal e Territórios, quando a decisão recorrida" (grifos nossos).

Como se percebe, a violação às normas infraconstitucionais permite a interposição do recurso especial nas "causas decididas em única ou última instância, *pelos Tribunais*" – grifo nosso.

Diante dessa exigência, de que o recurso especial só é cabível em relação a decisões proferidas por tribunais em sentido estrito, verifica-se que não cabe recurso especial das decisões proferidas nas Turmas Recursais dos Juizados Especiais Federais.

O conceito de "tribunais" não pode ser alargado no sentido de equiparar-se às Turmas Recursais dos Juizados Especiais Federais, pois estão são apenas colegiados de juízes de primeiro grau, nos termos do art. 98, I, da CF:

> "Art. 98. A União, no Distrito Federal e nos Territórios, e os Estados criarão:
>
> I – juizados especiais, providos por juízes togados, ou togados e leigos, competentes para a conciliação, o julgamento e a execução de causas cíveis de menor complexidade e infrações penais de menor potencial ofensivo, mediante os

procedimentos oral e sumaríssimo, permitidos, nas hipóteses previstas em lei, a transação e o julgamento de recursos por turmas de juízes de primeiro grau;".

Esse entendimento já se encontra consolidado na Súmula 203 do STJ: "Não cabe recurso especial contra decisão proferida por órgão de segundo grau dos Juizados Especiais".

JURISPRUDÊNCIA

STF/279: Para simples reexame de prova não cabe recurso extraordinário.

STF/283: É inadmissível o recurso extraordinário, quando a decisão recorrida assenta em mais de um fundamento suficiente e o recurso não abrange todos eles.

STF/456: O Supremo Tribunal Federal, conhecendo do recurso extraordinário, julgará a causa aplicando o direito à espécie.

STF/634: Não compete ao STF conceder medida cautelar para dar efeito suspensivo a recurso extraordinário que ainda não foi objeto de juízo de admissibilidade na origem.

STF/635: Cabe ao Presidente do Tribunal de origem decidir o pedido de medida cautelar em recurso extraordinário ainda pendente do seu juízo de admissibilidade.

STF/636: Não cabe recurso extraordinário por contrariedade ao princípio constitucional da legalidade, quando a sua verificação pressuponha rever a interpretação dada a normas infraconstitucionais pela decisão recorrida.

STJ/7: A pretensão de simples reexame de prova não enseja recurso especial.

STJ/13: A divergência entre julgados do mesmo Tribunal não enseja recurso especial.

STJ/83: Não se conhece de recurso especial pela divergência, quando a orientação do Tribunal se firmou no mesmo sentido da decisão recorrida.

STJ/123: A decisão que admite, ou não, o recurso especial deve ser fundamentada, com o exame dos seus pressupostos gerais e constitucionais.

STJ/126: É inadmissível recurso especial, quando o acórdão recorrido assenta em fundamentos constitucional e infraconstitucional, qualquer deles suficiente, por si só, para mantê-lo, e a parte vencida não manifesta recurso extraordinário.

STJ/203: Não cabe recurso especial contra decisão proferida por órgão de segundo grau dos Juizados Especiais.

Capítulo 12
DOS JUIZADOS ESPECIAIS FEDERAIS

Sumário: 12.1 Histórico – 12.2 Competência dos Juizados Especiais Federais – 12.3 Procedimento dos Juizados Especiais Federais: 12.3.1 Aplicação subsidiária das normas dos Juizados Especiais Estaduais (Lei 9.099/95) e do CPC; 12.3.2 Da petição inicial; 12.3.3 Das partes processuais; 12.3.4 Da ciência dos atos processuais; 12.3.5 Dos prazos processuais; 12.3.6 Da representação judicial e da possibilidade de conciliação e transação; 12.3.7 Da sentença e seu cumprimento – 12.4 Das cautelares e dos recursos: 12.4.1 Das Turmas Recursais e da Turma Nacional de Uniformização; 12.4.2 Dos recursos extraordinário e especial – Jurisprudência.

12.1 HISTÓRICO

A instalação dos Juizados Especiais Federais, em janeiro de 2002, para processar e julgar as causas de menor valor econômico no âmbito da Justiça Federal, especialmente as demandas de natureza previdenciária, pode ser considerada uma manifestação do princípio constitucional de amplo e efetivo acesso à justiça em seara previdenciária.

Inspirados no modelo alemão proposto em 1965 por Fritz Baur (o qual tinha no cerne de seu funcionamento a informalidade, a oralidade, a especialização, a concentração e a ativa participação do magistrado), a Justiça Estadual do Rio Grande do Sul e, posteriormente, a do Paraná, implantaram sistema semelhante, mesmo antes da existência de fundamento legal específico (CJF, 2001, p. 20-21).

Posteriormente a esse momento, adveio a Lei 7.244/1984, que inaugurou o sistema dos Juizados Especiais de Pequenas Causas em nosso país, revogado pela ainda vigente Lei 9.099/1995, que estabelece o rito processual a ser adotado inclusive perante os Juizados Especiais Cíveis e Criminais – funcionando como uma espécie de *norma geral do sistema de juizados especiais*.

Apesar do vistoso sucesso do modelo implementado, o procedimento simplificado dos Juizados Especiais encontrava-se restrito ao âmbito da Justiça Estadual, por ausência de previsão constitucional expressa para sua aplicação na Justiça Federal.

Contudo, a Emenda Constitucional 22/1999 deu nova redação ao art. 98, parágrafo único, da CF, passando a permitir, a partir de então, a criação dos Juizados Especiais no seio da Justiça Federal:

> "Art. 98. A União, no Distrito Federal e nos Territórios, e os Estados criarão:
> I – juizados especiais, providos por juízes togados, ou togados e leigos, competentes para a conciliação, o julgamento e a execução de causas cíveis de menor complexidade e infrações penais de menor potencial ofensivo, mediante os procedimentos oral e sumaríssimo, permitidos, nas hipóteses previstas em lei, a transação e o julgamento de recursos por turmas de juízes de primeiro grau.
> § 1.º Lei Federal disporá sobre a criação de juizados especiais no âmbito da Justiça Federal".

Assim, foi promulgada a Lei 10.259, em 12.07.2001, publicada no *Diário Oficial da União*, de 13.07.2001, com *vacatio legis* por mais seis meses, quer dizer, até 14.01.2002.

Embora os Juizados Especiais Federais não possuam exclusividade para julgar matérias previdenciárias, como se pensou inicialmente para esse órgão jurisdicional, as ações previdenciárias compõem o principal volume de temas julgados.

12.2 COMPETÊNCIA DOS JUIZADOS ESPECIAIS FEDERAIS

A competência dos Juizados Especiais Federais encontra-se prevista no art. 3.º da Lei 10.259/2001:

> "Art. 3.º Compete ao Juizado Especial Federal Cível processar, conciliar e julgar causas de competência da Justiça Federal até o valor de sessenta salários mínimos, bem como executar as suas sentenças.
> § 1.º Não se incluem na competência do Juizado Especial Cível as causas:
> I – referidas no art. 109, incisos II, III e XI, da Constituição Federal, as ações de mandado de segurança, de desapropriação, de divisão e demarcação, populares, execuções fiscais e por improbidade administrativa e as demandas sobre direitos ou interesses difusos, coletivos ou individuais homogêneos;
> II – sobre bens imóveis da União, autarquias e fundações públicas federais;

III – para a anulação ou cancelamento de ato administrativo federal, salvo o de natureza previdenciária e o de lançamento fiscal;

IV – que tenham como objeto a impugnação da pena de demissão imposta a servidores públicos civis ou de sanções disciplinares aplicadas a militares.

§ 2.º Quando a pretensão versar sobre obrigações vincendas, para fins de competência do Juizado Especial, a soma de doze parcelas não poderá exceder o valor referido no art. 3.º, *caput*.

§ 3.º No foro onde estiver instalada Vara do Juizado Especial, a sua competência é absoluta.

Determinados tipos de demanda, ainda que possuam valor da causa inferior a 60 salários mínimos, estão excluídas da competência dos Juizados Federais Especiais.

Trata-se das situações tipificadas no art. 3.º, § 1.º, I a IV, destacando-se os mandados de segurança e as ações coletivas (ações populares ou ações civis públicas) como ações que podem repercutir no Direito Previdenciário, mas são excluídas dos Juizados Especiais Federais.

O mandado de segurança contra ato de Juiz Federal integrante de Juizado Especial Federal acabou por ser admitido por construção jurisprudencial, na linha do entendimento já consagrado no sistema processual brasileiro, de que é cabível mandado de segurança contra ato judicial contra o qual não caiba recurso dotado de efeito suspensivo. Porém, reitere-se que não caberá impetrar mandado de segurança originário nos Juizados Especiais Federais, cabe sua utilização apenas como sucedâneo de recursos, direcionado às Turmas Recursais (Súmula 376 do STJ).

O art. 3.º, § 1.º, III, faz menção a não ser competência do Juizado Especial Federal a ação de "anulação ou cancelamento de ato administrativo federal, salvo o de natureza previdenciária". Ora, toda a atuação do INSS, que é uma autarquia federal, dá-se através de atos administrativos, portanto, ficaria sem sentido excluir-se dessa abrangência jurisdicional atos administrativos de cunho previdenciário. Essa ressalva da competência dos Juizados Especiais Federais faz menção a temas de Direito Administrativo em geral.

A competência dos Juizados Especiais Federais é absoluta diante do quesito *valor da causa*. Nesse sentido, veja-se o Enunciado 25 da Turma Recursal do Juizado Especial Federal Previdenciário de São Paulo: "A competência dos Juizados Especiais Federais é determinada unicamente pelo valor da causa e não pela complexidade da matéria".

Na medida em que o valor da causa é o elemento primordial de fixação de competência dessa esfera judiciária, o valor atribuído à causa pode ser verificado de ofício pelo juiz.

O CPC trata do cálculo do valor da causa no art. 292, §§ 1.º e 2.º, determinando que "quando se pedirem prestações vencidas e vincendas, considerar-se-á o valor de umas e outras". Em relação às prestações vincendas, deve ser considerada uma prestação anual, se a obrigação for por tempo indeterminado ou por tempo superior a um ano, como é o caso da maior parte das prestações previdenciárias, e, se por tempo inferior, será igual à soma das prestações (o que pode ocorrer na fixação de termo final para o benefício de auxílio-doença).

O valor da causa, no caso de litisconsórcio ativo, é tomado em consideração relativamente a cada litisconsorte: mesmo que a somatória da condenação judicial, somados os montantes devidos a cada interessado, ultrapassar o valor de sessenta salários mínimos por beneficiário, o valor da causa considerará o *quantum* devido a cada um, isoladamente considerado.

O valor da causa que, na data de ajuizamento da ação, não superava os sessenta salários mínimos e que, posteriormente, venha a superar tal valor, em razão da demora judicial e atribuição de juros moratórios e correção monetária, não altera a competência dos Juizados Especiais Federais, na medida em que a competência é fixada no momento da propositura da ação (princípio da *perpetuatio jurisdictionis*).

Ainda em relação ao valor da causa é relevante mencionar o Tema 1.030 do STJ:

> "Ao autor que deseje litigar no âmbito de Juizado Especial Federal Cível, é lícito renunciar, de modo expresso e para fins de atribuição de valor à causa, ao montante que exceda os 60 (sessenta) salários mínimos previstos no art. 3.º, *caput*, da Lei 10.259/2001, aí incluídas, sendo o caso, até doze prestações vincendas, nos termos do art. 3.º, § 2.º, da referida lei, c/c o art. 292, §§ 1.º e 2.º, do CPC/2015".

Esse posicionamento foi formulado a partir da prerrogativa constante do art. 17, § 4.º, da Lei 10.259/2001: "§ 4.º Se o valor da execução ultrapassar o estabelecido no § 1º, o pagamento far-se-á, sempre, por meio do precatório, sendo facultado à parte exequente a renúncia ao crédito do valor excedente, para que possa optar pelo pagamento do saldo sem o precatório, da forma lá prevista".

Embora o art. 3.º da Lei 10.259/2001, que estabelece a competência dos Juizados Especiais Federais, não permita expressamente a renúncia aos valores que excedam 60 salários mínimos, essa prerrogativa é deduzida do já mencionado art. 17, § 4.º, visando sobretudo que a satisfação material da dívida se dê mediante o RPV e não através da expedição de precatório, conforme entendimento do STJ no Tema 1.030.

O art. 3.º, § 3.º, da Lei 10.259/2001, estabelece que, no foro onde estiver instalada Vara do Juizado Especial Federal, a sua competência é absoluta. Esse dispositivo é objeto de diversas críticas por parte dos usuários desse ramo da jurisdição federal, pois é conflitante com o disposto no art. 3.º, § 3.º, da Lei 9.099/95, que estabelece que a competência dos Juizados Especiais Cíveis é apenas facultativa.

Podemos arriscar que parcela expressiva das críticas sobre a competência absoluta dos Juizados Especiais Federais decorre do andamento precário do rito processual que lhe é inerente, onde não há previsão de alguns recursos, não se permite a ampla instrução probatória e, nas instâncias excepcionais, não é viável a discussão de Direito Processual.

Por fim, cabe registrar que é "absoluta a incompetência do Juizado Especial Cível Estadual para o processamento e julgamento das causas previdenciárias, por expressa vedação legal à aplicação da Lei 10.259/2001 no âmbito do juízo estadual" (Tema 94 da TNU).

12.3 PROCEDIMENTO NOS JUIZADOS ESPECIAIS FEDERAIS

12.3.1 Aplicação subsidiária das normas dos Juizados Especiais Estaduais (Lei 9.099/95) e do CPC

Aos Juizados Especiais Cíveis e Criminais da Justiça Federal aplica-se, no que não conflitar com a lei que os instituiu, o disposto na Lei 9.099/1995, que estabeleceu os Juizados Especiais Cíveis e Criminais no âmbito estadual (art. 1.º da Lei 10.259/2001).

Sendo omissa a norma que criou os Juizados Especiais Federais quanto a determinado aspecto do rito processual, deve o intérprete recorrer primeiramente à Lei 9.099/1995 e somente após ao Código de Processo Civil ou outra norma geral.

Também, e no que couber, vale o recurso à Lei 12.153/2009, que trata dos Juizados Especiais das Fazendas Públicas. Pretendeu o legislador, com isso, criar uma espécie de *Sistema Geral dos Juizados Especiais* aplicável tanto aos Juizados Especiais Estaduais quanto aos Federais.

De fato, o recurso à Lei 9.099/1995 se faz necessário muitas vezes, visto que é nessa norma que se encontram as previsões legais a respeito de petição inicial, valor da causa, contestação, exceções, requisitos da sentença, instrução probatória, entre outros aspectos do rito processual a ser adotado nos Juizados Especiais Federais.

Em sentido contrário, é importante mencionar que não se podem aplicar as normas dos Juizados Especiais Federais no âmbito dos Juizados Especiais

Cíveis dos Estados, ainda que se trate de ações por competência delegada ou onde se discutam benefícios previdenciários de natureza acidentária (art. 3.º, § 2.º, da Lei 9.099/95).

A remissão às normas do CPC apenas em um segundo momento (caso a Lei 9.099/95 não seja suficiente a sanar eventuais lacunas da Lei 10.259/2001) enseja alguns problemas de ordem prática.

O CPC consiste em *norma processual geral* do ordenamento jurídico brasileiro.

Porém, o art. 15 do CPC não estabelece que suas normas sejam aplicadas subsidiariamente no âmbito dos Juizados Especiais, Estaduais ou Federais; ocorre a menção unicamente aos processos eleitoral, trabalhista, penal e administrativo.

Diante dessa omissão perpetrada pelo art. 15, a aplicação de determinadas regras do CPC tem sido vetada no âmbito dos Juizados Especiais Federais, a exemplo da realização de uma instrução probatória mais completa e complexa, ou o cumprimento das exigências de uma fundamentação mais robusta das decisões judiciais, nos termos do art. 489, § 1.º, do CPC – geralmente sob a alegação de que esse rito processual se pauta pela celeridade e informalidade.

12.3.2 Da petição inicial

A Lei 10.259/2001 não trata dos requisitos da petição inicial. Portanto, deve-se valer das disposições da Lei 9.099/95 e, persistindo lacunas normativas, é caso de verificar as normas do CPC aplicáveis a essa questão.

Havendo a possibilidade de as partes não estarem representadas por advogado, a sistemática dos Juizados admite que o pedido seja formulado de modo simples e acessível, dispensando os requisitos dos arts. 319 e seguintes do CPC.

O art. 14 da Lei 9.099/1995 estabelece que o processo se inicia com a apresentação do pedido, escrito ou oral (neste caso, será *atermado*, quer dizer reduzidos a termo), à Secretaria do Juizado.

Do pedido constarão, de forma simples e em linguagem acessível, o nome, a qualificação e o endereço das partes (art. 14, I, da Lei 9.099/1995); os fatos e fundamentos, de forma sucinta (art. 14, II, da Lei 9.099/1995); o objeto e seu valor (art. 14, III, da Lei 9.099/1995).

12.3.3 Das partes processuais

No Juizado Especial Federal Cível podem ser partes, como autores, as pessoas físicas e as microempresas e empresas de pequeno porte, assim definidas na Lei Complementar 123/2006.

Na qualidade de rés, podem figurar a União, as autarquias, fundações e empresas públicas federais (art. 6.º, II).

A lei que estabeleceu os Juizados Federais faz expressamente essa distinção para deixar bem claro o escopo social da instituição judiciária a que deu vida.

Isso fica bem expresso nas palavras de Marisa Santos (2004, p. 70-71):

> "Ao enumerar taxativamente as pessoas jurídicas que podem participar do polo ativo da relação processual que se instala no procedimento do Juizado Especial Federal, mencionada lei exclui do rol de autores possíveis as pessoas jurídicas de direito público, bem como suas autarquias, empresas públicas e fundações. A limitação se justifica na medida em que a intenção do legislador foi a de facilitar o acesso à justiça àqueles que sempre tiveram dificuldades maiores para levar seus pleitos ao Judiciário. Esse é o princípio que deve nortear a interpretação desse dispositivo legal e de toda a Lei 10.259/2001".

12.3.4. Da ciência dos atos processuais

As citações e intimações da União serão feitas na forma prevista nos arts. 35 a 38 da Lei Complementar 73, de 10 de fevereiro de 1993, isto é, a citação é pessoal (art. 7.º da Lei 10. 259/2001).

A citação das autarquias, fundações e empresas públicas será feita na pessoa do representante máximo da entidade, no local onde proposta a causa, quando ali instalado seu escritório ou representação; se não, na sede da entidade (art. 7.º, parágrafo único).

Marisa Santos (2004, p. 123) esclarece o conteúdo desse parágrafo único do art. 7.º:

> "A diferença, aqui, é que a autoridade que representa tais entidades no ato da citação não é um membro da Procuradoria Federal, que as representa judicialmente. Será, necessariamente, a autoridade administrativa que exerça o cargo máximo na hierarquia administrativa no local onde for proposta a causa, quando este não for a sede da entidade. Se for proposta no local onde estiver situada a sede, só poderá ser citada na pessoa de seu dirigente".

As partes serão intimadas da sentença, quando não proferida esta na audiência em que estiver presente seu representante, por ARMP (aviso de recebimento em mão própria – art. 8.º). As demais intimações das partes serão feitas na pessoa dos advogados ou dos Procuradores que oficiem nos respectivos autos, pessoalmente ou por via postal (art. 8.º, § 1.º).

O STF decidiu, no ARE 648.629, julgado sob a sistemática da repercussão geral,[1] que a ciência dos atos processuais aos procuradores federais do INSS não necessita ocorrer por meio de intimação pessoal.

12.3.5 Dos prazos processuais

A Lei que criou os Juizados Especiais Federais estipulou que não haverá prazo diferenciado para a prática de qualquer ato processual pelas pessoas jurídicas de direito público, inclusive a interposição de recursos, devendo a citação para audiência de conciliação ser efetuada com antecedência mínima de trinta dias (art. 9.º).

Nisso andou bem o legislador, na medida em que hoje os prazos processuais diferenciados para a Fazenda Pública são bastante criticados pela doutrina, a qual os vê como inconstitucionais, tendo em vista que a Advocacia Pública, atualmente, é composta de profissionais altamente qualificados e se encontra já muito bem estruturada em termos administrativos.

Assim, o legislador procurou eliminar uma situação processual que em nada contribui para a concretização da justiça social e dos direitos fundamentais.

A Lei 13.728/2018 incluiu o art. 12-A na Lei 9.099/1995, e a contagem de prazos nos Juizados Especiais passa a ser feita em *dias úteis*.

12.3.6 Da representação judicial e da possibilidade de conciliação e transação

As partes poderão designar, por escrito, representantes para a causa, advogado ou não (art. 10, *caput*).

O STF, na ADIn 3.168, reconheceu a constitucionalidade da desnecessidade de nomeação de advogado nas causas que não excedam vinte salários mínimos.

Todavia, a despeito da decisão do Excelso Pretório ter reconhecido a validade da referida norma, algumas críticas a respeito podem ser tecidas.

Conforme Marisa Santos (2004, p. 115-116),

> "embora a lei disponha laconicamente sobre a possibilidade de o representante para a causa não ser advogado, essa situação deve ser excepcionalmente admitida, e reservada àqueles que representam seus parentes – pais, irmãos, filhos etc., ocasionalmente impedidos de se dirigirem aos Juizados, em razão

---

[1] Plenário, Rel. Min. Luiz Fux, j. 25.04.2013, por maioria, *DJe* 07.05.2013.

de doença ou qualquer outro impedimento. Aliás, o comparecimento pessoal da parte é a regra, e sua representação por outrem na prática do ato processual é a exceção. A interpretação do dispositivo legal não pode ser apenas literal, e tem de seguir o princípio da razoabilidade, para não se chegar ao absurdo de acobertar o exercício da advocacia por quem não está habilitado".

Os representantes judiciais da União, das autarquias – tais como o INSS –, das fundações e das empresas públicas federais, bem como os indicados na forma do *caput* ficam autorizados a conciliar, transigir ou desistir, nos processos da competência dos Juizados Especiais Federais (art. 10, parágrafo único).

As Turmas Recursais Federais do Rio de Janeiro editaram o Enunciado 12: "Embora seja regra geral a realização de audiência no âmbito do JEF, a não realização da mesma, a critério do Juiz, não induz em princípio à nulidade".

Igualmente se pode mencionar o Enunciado 9 editado pela Primeira Turma Recursal Federal do Distrito Federal: "A audiência de conciliação inicial pode ser dispensada quando a matéria for exclusivamente de direito".

12.3.7 Da sentença e seu cumprimento

Nas causas ajuizadas mediante o rito dos Juizados Especiais Federais, não haverá reexame necessário (art. 13). Assim, andou bem o legislador, com o que conferiu proteção mais efetiva aos direitos dos beneficiários da Seguridade Social.

O cumprimento do acordo ou da sentença, com trânsito em julgado, que imponha obrigação de fazer, não fazer ou entrega de coisa certa, será efetuado mediante ofício do Juiz à autoridade citada para a causa, com cópia da sentença ou do acordo (art. 16).

A sentença condenatória será *líquida* (art. 1.º da Lei 10.259 c/c art. 38, parágrafo único, da Lei 9.099/1995). Após o trânsito em julgado serão requisitados à autoridade competente os valores para pagamento da obrigação (RPV).

A jurisprudência tem flexibilizado a necessidade de se produzir sentenças líquidas, diante do excesso de demandas a caracterizar os Juizados Especiais Federais e a natural necessidade de produzi-las celeremente (Lazzari *et al.*, 2012, p. 577).

Ultrapassando a condenação o patamar de 60 salários mínimos, poderá a parte beneficiada renunciar ao excedente, cumprindo-se a decisão por meio da requisição de pequeno valor, ou, caso não renuncie, será expedido precatório, nos termos do art. 100 da CF, pelo próprio Juizado Especial Federal.

Aceita-se a possibilidade de destaque dos honorários advocatícios em relação ao montante que será pago ao beneficiário (art. 22, § 4.º, do Estatuto da OAB).

Os valores para a realização da execução são considerados individualmente em relação a cada litisconsorte ativo.

O procedimento de pagamento do RPV é regulamentado por diversas resoluções administrativas do Conselho da Justiça Federal (CJF).

12.4. DAS CAUTELARES E DOS RECURSOS

O Juiz poderá, de ofício ou a requerimento das partes, deferir medidas cautelares no curso do processo, para evitar dano de difícil reparação (art. 4.º). Exceto nesses casos, somente será admitido recurso de sentença definitiva (art. 5.º). Veja-se o que dispõem os referidos preceitos legais:

> "Art. 4.º O Juiz poderá, de ofício ou a requerimento das partes, deferir medidas cautelares no curso do processo, para evitar dano de difícil reparação.
>
> Art. 5.º Exceto nos casos do art. 4.º, somente será admitido recurso de sentença definitiva".

A cautelar a que faz menção a legislação pode ser compreendida como equiparada à tutela provisória. Assim, aplicam-se a essas medidas os mesmos requisitos e limitações pertinentes à antecipação de tutela previstos no art. 300 do CPC.

Diante dos princípios da celeridade processual e da concentração (art. 2.º da Lei 9.099/1995), que determinam a solução de todos os incidentes no curso da audiência ou mesmo na própria sentença (art. 29 do mesmo diploma legal), quase a unanimidade da doutrina não admite a recorribilidade imediata das decisões interlocutórias proferidas na fase de conhecimento do processo tramitado pelo rito dos Juizados Especiais, estaduais ou federais (Santos, 2004, p. 103).

Assim, há o entendimento majoritário de que essas questões não precluem, nem transitam em julgado e poderão ser impugnadas apenas no recurso interposto contra a sentença.

Observado, ademais, o princípio da taxatividade dos recursos, não cabe nesse rito processual, de regra, o recurso de agravo de instrumento. As únicas exceções trazidas pela lei se referem ao deferimento de medidas cautelares ou à antecipação de tutela, nos termos dos arts. 4.º e 5.º da Lei 10.259/2001.

Ademais, não são apenas a concessão de liminares e a antecipação de tutela que podem dar ensejo ao agravo de instrumento. Conforme Marisa Santos (2004, p. 108), também

> "o indeferimento da liminar pode também ser objeto do mesmo recurso, porque pode tornar irreparável ou de difícil reparação o dano. De nada adiantará, lá na frente, a procedência do pedido inicial se estiver consumada a perda do próprio objeto do processo".

Na esfera tipicamente previdenciária, é a mesma autora quem chama a atenção para a questão do cabimento do agravo de instrumento:

> "Nas questões previdenciárias, por exemplo, as mais comuns nos Juizados Especiais Federais, muitas vezes o indeferimento de uma liminar requerida para implantação imediata de um benefício por incapacidade para o trabalho pode tornar inócua a procedência do pedido. Isso porque, até lá, o autor terá deixado de receber o mínimo necessário à garantia de sua subsistência, ou poderá ter morrido sem ver o resultado útil do processo, o que é inadmissível.
>
> Por isso, não nos parece correto que pereça o direito por causa de uma interpretação literal do dispositivo. Além do mais, permitir o recurso somente quando a decisão seja concessiva da liminar afeta a igualdade das partes no processo e o devido processo legal".

O prazo para interposição do agravo de instrumento no âmbito dos Juizados Especiais Federais será de dez dias (Resolução CJF 586/2019).

O meio mais comum de impugnação das decisões interlocutórias, entretanto, consiste justamente na interposição do recurso contra a sentença, onde tais questões aparecem como matéria preliminar.

O recurso contra a sentença não é dotado de efeito suspensivo (art. 43 da Lei 9.099/1995), permitindo a execução provisória do julgado, no que couber, e quando não houver vedação normativa expressa, tal como ocorre com a regra prevista no art. 100 da CF – condenação transitada em julgado contra a Fazenda Pública.

Igualmente cabe destacar a possibilidade de atribuição de efeito suspensivo ao recurso contra sentença, assim como a possibilidade de antecipação dos efeitos da tutela perante a Turma Recursal, em caso de urgência superveniente à sentença (SAVARIS, XAVIER, 2010, p. 107-108).

A maior parte da doutrina rejeita o cabimento de recurso adesivo do recurso contra a sentença (VIEIRA, 2011, p. 57).

O recurso contra sentença, ou recurso inominado, vale contra qualquer modalidade de sentença, seja terminativa ou extintiva (SAVARIS, XAVIER, 2010, p. 95-97).

Os requisitos de legitimidade, interesse recursal, prazo de interposição devem obedecer ao disposto nas regras comuns do CPC e, prioritariamente, aquelas que constam da Lei 9.099/1995.

Em questão de prazo, o lapso para interposição do recurso contra sentença é de dez dias (art. 42 da Lei 9.099/1995), afastada expressamente a duplicação de prazos para o INSS e o Ministério Público.

Em que pese a oralidade que informa os procedimentos dos Juizados Especiais Federais, o recurso deve ser interposto em forma escrita, por meio de advogado (art. 42 da Lei 9.099/1995), seja ele nomeado ou Defensor Público, ainda que o ajuizamento da demanda tenha ocorrido pela *atermação*, isto é, o próprio segurado tenha procurado os Juizados Especiais, sem a representação por advogado.

É necessário o recolhimento de preparo, salvo as hipóteses, recorrentes nas ações previdenciárias, de concessão de justiça gratuita (art. 54 da Lei 9.099/1995).

As Turmas Recursais podem aplicar, por analogia, tanto a técnica do julgamento da causa madura (art. 1.013 do CPC) quanto a possibilidade de julgar o recurso inominado mediante *decisões monocráticas* do Relator, nos termos do art. 932 do CPC.

Nas hipóteses de concessão de tutela antecipada no bojo da sentença, o recurso será único, impugnando o mérito da decisão e também a concessão da antecipação dos efeitos da tutela então obtida (SAVARIS, XAVIER, 2010, p. 155).

Cabem embargos de declaração contra as decisões e sentenças proferidas no âmbito dos Juizados Especiais Federais (arts. 48 e 50 da Lei 9.099/1995, c/c art. 1.º da Lei 10.259/2001).

É entendimento majoritário que no microssistema processual dos Juizados Especiais Federais não cabe a propositura de ação rescisória.

12.4.1 Das Turmas Recursais e da Turma Nacional de Uniformização

As Turmas Recursais serão instituídas por decisão do respectivo Tribunal Regional Federal, que definirá sua composição e área de competência, podendo abranger mais de uma Seção Judiciária (art. 21).

Caberá pedido de uniformização de interpretação de lei federal quando houver divergência entre decisões sobre questões de direito material proferidas por Turmas Recursais na interpretação da lei (art. 14, *caput*).

Tal pedido, desde que fundado em divergência entre Turmas da mesma Região, será julgado pela Turma Regional de Uniformização (TRU), em reunião conjunta das Turmas em conflito, sob a presidência do Juiz Coordenador (art. 14, § 1.º).

O pedido fundado em divergência entre decisões de turmas de diferentes regiões ou da proferida em contrariedade a súmula ou jurisprudência dominante do STJ será julgado pela TNU, integrada por Juízes de Turmas Recursais de todas as regiões do Brasil, sob a presidência do Coordenador da Justiça Federal (art. 14, § 2.º).

Quando a orientação acolhida pela TNU, em questões de direito material, contrariar súmula ou jurisprudência dominante no STJ, a parte interessada poderá provocar a manifestação deste, que dirimirá a divergência (art. 14, § 4.º) por meio do julgamento do PUIL.

Nesse caso, presente a plausibilidade do direito invocado e havendo fundado receio de dano de difícil reparação, poderá o relator conceder, de ofício ou a requerimento do interessado, medida liminar determinando a suspensão dos processos nos quais a controvérsia esteja estabelecida (art. 14, § 5.º).

Eventuais pedidos de uniformização idênticos, recebidos subsequentemente em quaisquer Turmas Recursais, ficarão retidos nos autos, aguardando-se pronunciamento do STJ (art. 14, § 6.º).

Caso necessário, o relator pedirá informações ao Presidente da Turma Recursal ou Coordenador da Turma de Uniformização e ouvirá o Ministério Público, no prazo de cinco dias. Eventuais interessados, ainda que não sejam partes no processo, poderão se manifestar no prazo de trinta dias (art. 14, § 7.º).

Decorridos os prazos referidos no § 7.º, o relator incluirá o pedido em pauta na Seção, com preferência sobre todos os demais feitos, ressalvados os processos com réus presos, os *habeas corpus* e os mandados de segurança (art. 14, § 8.º).

Depois de publicado o respectivo acórdão, os pedidos retidos referidos no § 6.º serão apreciados pelas Turmas Recursais, que poderão exercer juízo de retratação ou declará-los prejudicados, se veicularem tese não acolhida pelo Superior Tribunal de Justiça (art. 14, § 9.º).

Havendo divergência de interpretação entre Turmas Recursais de uma mesma Região, caberá o incidente de Uniformização para a Turma Regional de Uniformização (art. 14 da Lei 10.259/2001).

Os pedidos de uniformização, que devem ser escritos, possuem a natureza jurídica de recursos, isto é, equivalem a recursos, pois substituem a decisão que ensejou o pedido de uniformização (Questão de Ordem 1 da TNU).

É necessária a interposição simultânea de pedidos de uniformização regional e nacional, desde que em petições distintas, sendo precedente o julgamento realizado na Turma Regional (configurando uma espécie de necessidade de esgotamento de instâncias inferiores, como ocorre em relação ao STF e STJ quanto aos juízos anteriores), nos termos do art. 6º, parágrafo único, do Regimento Interno da TNU.

Também deverá ser simultânea a interposição de recurso extraordinário, quando houver, e pedido de uniformização dirigido à TNU.

Os requisitos para interposição dos pedidos de uniformização encontram-se previstos em resoluções administrativas do Conselho da Justiça Federal e dos respectivos Tribunais Regionais Federais, bem como nas Questões de Ordem editadas pela TNU.

Os pedidos de uniformização não demandam recolhimento de custas de preparo.

A demonstração e a comprovação do dissídio/divergência entre Turmas Recursais não equivalem à simples transcrição de acórdãos. É necessário mais, especialmente argumentar o que há de diverso na interpretação de uma e outra Turma Recursal ao apreciar o Direito Previdenciário.

Em termos formais, é necessária a transcrição, no processo, do inteiro teor do acórdão indicado como paradigma, nos termos da jurisprudência firmada no TNU.

O entendimento já superado na Turma Recursal de origem não vale para a configuração do dissídio que enseja o pedido de uniformização (Questão de Ordem 12 da TNU). Também não cabe o pedido de uniformização quando o entendimento da TNU já está assentado no mesmo sentido do acórdão recorrido (Questão de Ordem 13 da TNU).

O pedido de uniformização, para a TNU, exige a configuração do prequestionamento (Questões de Ordem 10 e 14 da TNU).

O prazo de interposição é de 15 dias, devendo ser apresentado perante o juízo de origem, conforme a Resolução CJF 586/2019. Idêntico é o prazo para contrarrazoar.

O Incidente de Uniformização é recebido apenas no efeito devolutivo.

O exame prévio de admissibilidade do PUIL é efetuado pelo Presidente da Turma Recursal ou da Turma Regional (art. 14 do Regimento Interno da TNU). No caso de não admissão do PUIL, cabe agravo nos próprios autos, no prazo de 15 dias, direcionado à TNU, que avaliará sua admissibilidade.

Caso o PUIL seja analisado pela Presidência da Turma Recursal e a decisão seja para lhe negar seguimento (art. 14, II e III, do Regimento Interno da TNU), por estar em contrariedade a entendimento firmado em precedente vinculante, caberá agravo interno para a Turma que proferiu a decisão.

Cabe reclamação no âmbito dos Juizados Especiais Federais, para preservar a competência da TNU ou garantir a autoridade de suas decisões (arts. 40 a 45 da Resolução CJF 586/2019).

12.4.2 Dos recursos extraordinário e especial

Os Tribunais Regionais, o STJ e o STF, no âmbito de suas competências, expedirão normas regulamentando a composição dos órgãos e os procedimentos a serem adotados para o processamento e o julgamento do pedido de uniformização e do recurso extraordinário (art. 14, § 10).

O recurso extraordinário, para os efeitos dessa lei, será processado e julgado segundo o estabelecido nos §§ 4.º a 9.º do art. 14, além da observância das normas do Regimento (art. 15).

O STF editou a Súmula 640: "É cabível recurso extraordinário contra decisão proferida por juiz de primeiro grau nas causas de alçada, ou por turma recursal de juizado especial cível e criminal".

O STJ, por sua vez, editou a Súmula 203: "Não cabe recurso especial contra decisão proferida por órgão de segundo grau dos Juizados Especiais".

A interpretação que se dá para que se conclua pelo não cabimento de recurso especial contra decisão das Turmas Recursais dos Juizados Especiais Federais tem o seguinte sentido: ao Superior Tribunal de Justiça compete julgar em recurso especial as causas decididas em única ou última instância pelos Tribunais especificados no art. 105, III, da CF, quais sejam, os Tribunais Regionais Federais, os Tribunais de Justiça dos Estados e do Distrito Federal.

Na medida em que as Turmas Recursais não se encontram nesse rol, cuja interpretação se deu no sentido de que se trata de um rol taxativo, o Colendo Superior Tribunal de Justiça entendeu, conforme expressado na referida Súmula, que não cabe recurso especial interposto das decisões proferidas por aqueles órgãos judiciais.

JURISPRUDÊNCIA

Súmula 640/STF: É cabível recurso extraordinário contra decisão proferida por juiz de primeiro grau nas causas de alçada, ou por turma recursal de juizado especial cível e criminal.

Tema 451/STF: Não afronta a exigência constitucional de motivação dos atos decisórios a decisão de Turma Recursal de Juizados Especiais que, em consonância com a Lei 9.099/1995, adota como razões de decidir os fundamentos contidos na sentença recorrida.

Súmula 203/STJ: Não cabe recurso especial contra decisão proferida por órgão de segundo grau dos Juizados Especiais.

Súmula 376/STJ: Compete a turma recursal processar e julgar o mandado de segurança contra ato de juizado especial.

Súmula 428/STJ: Compete ao Tribunal Regional Federal decidir os conflitos de competência entre juizado especial federal e juízo federal da mesma seção judiciária.

Tema 1.030/STJ: Ao autor que deseje litigar no âmbito de Juizado Especial Federal Cível, é lícito renunciar, de modo expresso e para fins de atribuição de valor à causa, ao montante que exceda os 60 (sessenta) salários mínimos previstos no art. 3.º, *caput*, da Lei 10.259/2001, aí incluídas, sendo o caso, até doze prestações vincendas, nos termos do art. 3.º, § 2.º, da referida Lei, c/c o art. 292, §§ 1.º e 2.º, do CPC/2015.

Súmula 42/TNU: Não se conhece de incidente de uniformização que implique reexame de matéria de fato.

Súmula 43/TNU: Não cabe incidente de uniformização que verse sobre matéria processual.

Tema 94/TNU: É absoluta a incompetência do Juizado Especial Cível Estadual para o processamento e julgamento das causas previdenciárias, por expressa vedação legal à aplicação da Lei 10.259/2001 no âmbito do juízo estadual.

Capítulo 13
AÇÃO RESCISÓRIA

Sumário: 13.1 Noções gerais – 13.2 Hipóteses de cabimento: 13.2.1 Prevaricação, concussão ou corrupção do juízo; 13.2.2 Juízo impedido ou juízo incompetente; 13.2.3 Dolo e coação da parte vencedora e simulação ou colusão entre as partes; 13.2.4 Violação à coisa julgada; 13.2.5 Violação à norma jurídica; 13.2.6 Prova falsa; 13.2.7 Provas novas; 13.2.8 Erro de fato – 13.3 Processamento: 13.3.1 Legitimidade; 13.3.2 Petição Inicial; 13.3.3 Processamento e julgamento; 13.3.3 Prazo para ajuizamento – Jurisprudência.

13.1 NOÇÕES GERAIS

A ação rescisória não é considerada um recurso, mas uma ação autônoma de impugnação de decisão judicial transitada em julgado. Forma-se, portanto, novo processo e nova relação jurídico-processual. A doutrina costuma classificar a ação rescisória como ação *constitutiva negativa* ou *desconstitutiva*, pois visa desfazer a coisa julgada material anteriormente formada em outro processo.

A previsão, no estatuto processual, da ação rescisória, não tem como objetivo enfraquecer o instituto da coisa julgada. Ao revés, tem como escopo a possibilidade de rescindir a coisa julgada quando esta for infirmada por certas irregularidades inafastáveis, previstas taxativamente no rol do art. 966 do CPC (DELLORE, 2021).

A ação rescisória, como nova ação que é, deverá atender todas as condições de ação e pressupostos processuais, aqueles genéricos e aplicáveis a toda forma de ação ou aqueles específicos, pertinentes à ação rescisória e previstos no art. 968 do CPC.

O mais importante, a nosso ver, é a presença dos *pressupostos de rescindibilidade* arrolados no art. 966 do CPC, cujo rol é taxativo e não admite interpretação analógica ou extensiva.

O art. 966, *caput*, exige que a decisão rescindenda seja *de mérito*. Entretanto, a jurisprudência já vinha flexibilizando essa exigência e o CPC de 2015 incorporou a possibilidade de ações rescisórias também para algumas espécies de *decisões processuais*, nos termos do art. 966, § 2.º:

> "§ 2.º Nas hipóteses previstas nos incisos do *caput*, será rescindível a decisão transitada em julgado que, embora não seja de mérito, impeça:
>
> I – nova propositura da demanda; ou
>
> II – admissibilidade do recurso correspondente".

Quanto à coisa julgada material, não há diferença se ela se formou pela interposição e rejeição de todos os recursos possíveis ou se simplesmente ocorreu o mero decurso de prazo sem interposição de recursos. Não há necessidade de esgotamento dos recursos cabíveis para a propositura de ação rescisória (Súmula 514 do STF).

A ação rescisória pode impugnar toda a decisão judicial ou somente um de seus capítulos (art. 966, § 3.º, do CPC), sendo assim denominada *ação rescisória parcial*. A impugnação será integral à coisa julgada quando a ação rescisória se referir ao mérito do processo (a concessão ou revisão do benefício); será parcial a ação rescisória, se a impugnação for de apenas um capítulo da decisão, por exemplo impugnar apenas o cálculo da RMI ou o trecho da decisão que fixa a DIB.

Como já se mencionou no capítulo próprio, não cabe ação rescisória no âmbito dos Juizados Especiais Federais, à míngua de previsão legal expressa (art. 59 da Lei 9.099/1995), apesar de existirem algumas raras decisões em sentido diverso.

Competente para processar e julgar a ação rescisória previdenciária é do respectivo Tribunal Regional Federal, ainda que a decisão transitada em julgado tenha sido proferida pelo juízo estadual, no exercício de competência delegada; o STJ será competente para a apreciação da rescisória quando seu acórdão abordou o mérito da questão.[1]

---

[1] "Processual civil e previdenciário. Ação rescisória. STJ. Incompetência. 1. Se esta Corte não adentrou no exame do mérito da controvérsia, carece-lhe competência para apreciação da ação rescisória (AgRg na AR n. 4.896/SP, Ministra Maria Isabel Gallotti, Segunda Seção, DJe 30.5.2012). 2. Processo extinto sem julgamento do mérito" (STJ, 3.ª Seção, Sebastião Reis Júnior, AR 200900303690, *DJe* 14.05.2013).
"Processual civil. Previdenciário. Ação rescisória. Preliminar de incompetência. Rejeição. Aposentadoria por idade rural. Documento novo. Aptidão para assegurar pronunciamento favorável. Procedência do pedido de rescisão. Extratos do CNIS.

13.2 HIPÓTESES DE CABIMENTO

A ação rescisória tem cabimento unicamente quando presentes alguma das *hipóteses taxativas* previstas no art. 966 do CPC:

> "Art. 966. A decisão de mérito, transitada em julgado, pode ser rescindida quando:
>
> I – se verificar que foi proferida por força de prevaricação, concussão ou corrupção do juiz;
>
> II – for proferida por juiz impedido ou por juízo absolutamente incompetente;
>
> III – resultar de dolo ou coação da parte vencedora em detrimento da parte vencida ou, ainda, de simulação ou colusão entre as partes, a fim de fraudar a lei;
>
> IV – ofender a coisa julgada;
>
> V – violar manifestamente norma jurídica;
>
> VI – for fundada em prova cuja falsidade tenha sido apurada em processo criminal ou venha a ser demonstrada na própria ação rescisória;
>
> VII – obtiver o autor, posteriormente ao trânsito em julgado, prova nova cuja existência ignorava ou de que não pôde fazer uso, capaz, por si só, de lhe assegurar pronunciamento favorável;
>
> VIII – for fundada em erro de fato verificável do exame dos autos".

Ainda que se tenha estruturado a ação rescisória a partir de uma determinada hipótese do art. 966, poderá o Tribunal dar-lhe o adequado enquadramento normativo e apreciá-la e julgá-la a partir de hipótese diversa como causa de pedir (princípio *iura novit curia*). Exemplificando: o segurado ajuíza ação rescisória porque obteve novas provas de atividade rural (hipótese do inciso VII), mas o Tribunal rescinde a decisão por compreender que houve violação ao art. 11, VII, da Lei 8.213/1991, onde está estabelecida a configuração do segurado especial (violação a norma jurídica, hipótese do inciso V).

Trabalho de natureza urbana. Ação subjacente improcedente. 1 – A decisão proferida pelo C. Superior Tribunal de Justiça nos autos do Recurso Especial n° 949.343/SP foi no sentido de negar seguimento ao recurso, sem enfrentamento do mérito, pelo que o último pronunciamento sobre o meritum causae no processo originário foi o firmado no v. acórdão da Nona Turma desta Corte Regional. Competência deste Colegiado para a apreciação da rescisória. (...) 4 – Matéria preliminar rejeitada. Pedido rescisório julgado procedente. Pedido formulado na ação originária improcedente" (TRF da 3.ª Região, 3.ª Seção, Des. Fed. Nelson Bernardes, AR 00249662720084030000, e-DJF3 Judicial 1 25.09.2013).

13.2.1 Prevaricação, concussão ou corrupção do juízo

O art. 966, I, do CPC estabelece o cabimento de ação rescisória quando a decisão for "proferida por força de prevaricação, concussão ou corrupção do juiz".

Ou seja, deverá ser desconstituída a decisão que foi objeto de atuação ilícita do juízo, apurada em processo criminal transitado em julgado.

Havendo a comprovação de que determinado benefício previdenciário foi concedido judicialmente a partir de envolvimento do julgador em atividade ilícita, poderá o INSS buscar a rescisão do julgado.

13.2.2 Juízo impedido ou juízo incompetente

O art. 966, II, do CPC estabelece o cabimento de ação rescisória quando a decisão for proferida por juízo impedido ou absolutamente incompetente.

Este tópico sublinha algumas garantias processuais fundamentais para o bom andamento processual, indicando a possibilidade de desconstituição da decisão judicial proferida pelo juízo impedido (aquele que possui algum tipo de relação com uma das partes do processo, nos termos do art. 144 do CPC) ou pelo juízo absolutamente incompetente.

No âmbito do Processo Judicial Previdenciário poderá ocorrer essa hipótese de juízo absolutamente incompetente naquelas situações de decisão proferida pela Justiça Federal a respeito de processos cuja causa de pedir é lastreada em acidente do trabalho, ofendendo assim o art. 109, I, parte final, da CF.

Da mesma forma, poderá se configurar o juízo absolutamente incompetente quando o mandado de segurança contra ato do INSS for impetrado na Justiça Estadual, em ofensa ao art. 109, VIII, da CF.

A incompetência do juízo que autoriza a ação rescisória é tão somente a competência absoluta, não valendo para as hipóteses de competência relativa. Assim, nos casos em que ocorrer a aplicação da Súmula 689 do STF ("O segurado pode ajuizar ação contra a instituição previdenciária perante o Juízo Federal do seu domicílio ou nas Varas Federais da capital do Estado-membro"), não caberá ao INSS a promoção de ação rescisória sob este fundamento.

13.2.3 Dolo e coação da parte vencedora e simulação ou colusão entre as partes

O art. 966, III, do CPC estabelece o cabimento de ação rescisória quando a decisão rescindenda "resultar de dolo ou coação da parte vencedora em detrimento da parte vencida ou, ainda, de simulação ou colusão entre as partes, a fim de fraudar a lei".

Conforme Daniel Assumpção Neves (2016, p. 1.373), "na colusão e na simulação sempre existirá um acordo prévio entre as partes com o objetivo de fraudar a lei".

No Processo Judicial Previdenciário pode ser identificada uma hipótese de cabimento da ação rescisória conforme previsão do inciso III relativamente à concessão (judicial) de pensão por morte quando o casamento ou união estável for simulado, a teor do que está estabelecido no art. 74, § 2.º, da Lei 8.213/1991:

> "§ 2º Perde o direito à pensão por morte o cônjuge, o companheiro ou a companheira se comprovada, a qualquer tempo, simulação ou fraude no casamento ou na união estável, ou a formalização desses com o fim exclusivo de constituir benefício previdenciário, apuradas em processo judicial no qual será assegurado o direito ao contraditório e à ampla defesa".

Nesse tipo de situação a rescisória será proposta pelo Ministério Público Federal, nos termos do art. 967, III, *b*, do CPC, ou pelo terceiro prejudicado (um outro dependente que tenha sido lesado pela simulação da relação de conjugalidade que, indevidamente, deu ensejo ao benefício de pensão por morte).

13.2.4 Violação à coisa julgada

A coisa julgada é a situação processual em que dois processos possuem *tríplice identidade*: mesmas partes, mesma causa de pedir e idêntico pedido (art. 337, §§ 2º e 3º, do CPC).

Ademais, a coisa julgada constitui *pressuposto processual negativo*, que enseja a extinção do processo sem resolução de mérito, nos termos do art. 485, V, do CPC. Todavia, caso o segundo processo, por qualquer motivo, não seja julgado sem resolução de mérito e venha a transitar em julgado, poderá ser desconstituída a coisa julgada, nestas hipóteses, mediante ajuizamento de ação rescisória.

No Processo Judicial Previdenciário é mais recorrente que o INSS se valha desta possibilidade de ação rescisória, pois muitas vezes os segurados procuram a autarquia previdenciária por seguidas vezes em busca de determinado benefício previdenciário (a exemplo da concessão do auxílio por incapacidade temporária, caso negado e ocorra piora do quadro clínico, bem como da concessão de aposentadoria, inicialmente negada e requerida posteriormente quando houver mais idade e maior tempo de contribuição), ensejando a propositura de mais de uma ação judicial.

Em relação aos benefícios por incapacidade esse cenário levou à inserção do art. 129-A na Lei 8.213/1991, que estabelece que a petição inicial nas ações visando esse tipo de benefício previdenciário deverá conter um item onde o segurado argumenta sobre a (in)existência de coisa julgada anterior:

> "Art. 129-A. Os litígios e as medidas cautelares relativos aos benefícios por incapacidade de que trata esta Lei, inclusive os relativos a acidentes do trabalho, observarão o seguinte:
>
> (...)
>
> d) declaração quanto à existência de ação judicial anterior com o objeto de que trata este artigo, esclarecendo os motivos pelos quais se entende não haver litispendência ou coisa julgada, quando for o caso;".

Ainda quanto a este tema deve-se recordar das especificidades do Processo Judicial Previdenciário, que levaram o STJ a consolidar o posicionamento da formação de coisa julgada apenas segundo a instrução probatório no Tema 629 dos recursos repetitivos:

> "A ausência de conteúdo probatório eficaz a instruir a inicial, conforme determina o art. 283 do CPC, implica a carência de pressuposto de constituição e desenvolvimento válido do processo, impondo sua extinção sem o julgamento do mérito (art. 267, IV do CPC) e a consequente possibilidade de o autor intentar novamente a ação (art. 268 do CPC), caso reúna os elementos necessários à tal iniciativa".

Se o caso concreto se enquadrar nessa moldura do Tema 629 do STJ não haverá espaço para ajuizamento da ação rescisória por parte do INSS.

13.2.5 Violação à norma jurídica

No CPC/1973, havia a possibilidade de ação rescisória por violação literal a dispositivo de lei, a qual já era interpretada como a violação a qualquer *norma jurídica* (norma constitucional ou infraconstitucional; de direito material ou processual; escritas ou implícitas etc.). De sorte que o CPC/2015 encampou esse entendimento e o art. 966, V, estabelece a possibilidade de ação rescisória nos casos de violação manifesta a norma jurídica.

Conforme a Súmula 343 do STF, "não cabe ação rescisória por ofensa à literal disposição de lei quando a decisão rescindenda se tiver baseado em texto legal de interpretação controvertida nos tribunais".[2] Ou seja, a interpretação que autoriza o manejo da ação rescisória é aquela que é aberrante, que destoa por completo da hermenêutica dada pelos demais Tribunais, ainda que controvertida (DIDIER JR., 2011, p. 407-408).

Apesar disso, o Poder Judiciário vem flexibilizando o rigor da Súmula 343 do STF, a fim de evitar que existam decisões judiciais discrepantes.

O CPC/2015 avançou bastante na disciplina da ação rescisória por violação de norma jurídica, passando a permitir o ajuizamento desta modalidade de ação quando a decisão rescindenda baseou-se em Súmula ou acórdão proferido no sistema dos recursos repetitivos e, não considerou, no caso concreto, a existência de distinção entre a "questão discutida no processo e o padrão decisório que lhe deu fundamento" (art. 966, § 5.º).

Nesta modalidade de rescisória, caberá ao autor, sob pena de inépcia de sua inicial, demonstrar, de modo fundamentado, que o caso concreto constitui situação particularizada por conta de hipótese fática distinta do *leading case* ou que se respalda em questão jurídica não examinada, a impor solução jurídica distinta daquela firmada no precedente qualificado (art. 966, § 6.º).

13.2.6 Prova falsa

Cabe a rescisão da coisa julgada quando a decisão judicial se baseou em prova falsa, assim declarada em processo criminal ou demonstrada na própria ação rescisória.

A configuração de prova falsa pode ser relativa tanto ao seu conteúdo (*falsidade ideológica*, em que consta na prova uma afirmação que destoa da realidade) quanto à sua materialização, isto é, a prova em si mesmo considerada, a exemplo de uma assinatura falsa (DELLORE, 2021, p. 1.383).

---

[2] "Previdenciário e processo civil. Alegação de violação de literal disposição de lei. Interpretação controvertida. Súmula 343/STF. Aplicabilidade. Ausência de fato novo capaz de alterar os fundamentos da decisão agravada. Agravo regimental a que se nega provimento. 1. A existência de interpretação controvertida de texto legal nos Tribunais não viabiliza a ação rescisória interposta pelo INSS em face de acórdão do TRF da 5ª Região, com fundamento no art. 485, V, do CPC. 2. Aplica-se a Súmula 343/STF: "Não cabe ação rescisória por ofensa a literal disposição de lei, quando a decisão rescindenda se tiver baseado em texto legal de interpretação controvertida nos tribunais." (...) 4. Agravo Regimental a que se nega provimento." (STJ AGRESP 200600975700, Alderita Ramos De Oliveira (Des. Conv. do TJ/PE), 6.ª Turma, *DJe* 19.03.2013).

No Processo Judicial Previdenciário, é mais evidente que essa modalidade de cabimento da ação rescisória seja utilizada pelo INSS, e caiba em situações como quando a decisão judicial foi favorável ao segurado em virtude da utilização de provas falsas: CTPS adulterada; inserção de informações falsas no CNIS etc.[3]

A decisão só será rescindível quando a prova falsa constituir o fundamento central da coisa julgada. Existindo outras provas, suficientes à manutenção integral da decisão, mesmo sem o amparo na prova ilícita, não caberá a rescisão do julgado (NEVES, 2016).

Em relação a isso podemos pensar no seguinte exemplo em relação às ações previdenciárias: o segurado apresentou CTPS falsificada, contendo determinado período de tempo de contribuição que foi utilizado na sentença para alcançar sua aposentadoria; todavia, a aposentação será possível

---

[3] "Ação rescisória. Direito previdenciário e processual civil. Aposentadoria por tempo de serviço. Anotação em carteira de trabalho. Benefício concedido com base em prova falsa. Depoimento fornecido pela própria segurada informando que jamais laborou para as entidades empregadoras indicadas em sua CTPS. Comprovada a falsidade dos registros trabalhistas, tem-se por desatendido requisito indispensável à concessão do benefício. Rescindibilidade do julgado que reconheceu o direito à percepção da aposentadoria. Necessidade. Art. 485, VI, do CPC. (...) 2. De acordo com os registros assentados na Carteira de Trabalho e Previdência Social – CTPS constante dos autos, que serviram de base probatória para o reconhecimento do direito à concessão do benefício por esta Corte, a segurada teria laborado, entre os anos de 1980 a 1991, em diversos sítios localizados no Município de São Manuel/SP. 3. Entretanto, na forma dos elementos de prova fornecidos pela entidade previdenciária, sobretudo aqueles obtidos a partir de procedimentos criminais, os vínculos trabalhistas registrados na Carteira de Trabalho foram considerados fraudulentos, ora porque a assinatura do suposto empregador era falsa; ora porque a propriedade imóvel onde a segurada teria prestado serviços não existia. 4. Como se as provas coligidas aos autos não fossem suficientes, a própria demandada afirmou jamais haver trabalhado para os empregadores citados em sua CTPS. 5. Ante esse quadro, tem-se por procedente a postulação formulada pela autarquia autora, à luz do disposto no art. 485, inc. VI, do CPC, que impõe a rescisão do julgado, quando este se encontrar fundado em prova, cuja falsidade tenha sido apurada em processo criminal ou seja demonstrada na própria ação rescisória. 6. Ressalta-se, por fim, que, no caso dos autos, não há dúvidas de que a decisão rescindenda está baseada nos elementos probatórios reputados falsos e que não remanesce fundamento diverso independente a ensejar a sua manutenção. Nesse sentido: AR 3.553/SP, Rel. Ministro Felix Fischer, Terceira Seção, DJe 6/4/2010. 7. Ação rescisória julgada procedente para desconstituir o acórdão rescindendo e, em juízo rescisório, negar provimento ao recurso especial interposto por Maria Aparecida Salmim de Mori, ora demandada" (STJ, 3.ª Seção, Og Fernandes AR 200100848996, *DJe* 25.04.2011).

mesmo com a exclusão desse tempo contido na CTPS adulterada, pois os vínculos de emprego constantes do CNIS (diversos daquele assinalado na CTPS falsificada) já são suficientes a atingir o mínimo de contribuição para a concessão do benefício.

13.2.7 Provas novas

O art. 966, VII, do CPC permite o ajuizamento de ação rescisória quando o autor obtiver, posteriormente ao trânsito em julgado, provas novas cuja existência ignorava ou de que não pôde fazer uso naquele momento processual anterior, sendo que estas sejam capazes, por si só, de lhe assegurar pronunciamento favorável. Conforme Dellore (2021, p. 1.384):

> "A redação do dispositivo é clara para definir o que é essa 'prova nova': ela já existia, mas o autor a obteve após o trânsito em julgado. Ou seja, ela se refere a fato pretérito, capaz de influenciar na solução do litígio, mas não foi possível sua utilização – seja porque não estivesse disponível ao autor (por desconhecimento ou outra impossibilidade), seja porque não havia tecnologia para sua produção".

No CPC/1973 havia menção apenas a *documento novo* como hipótese de ação rescisória; agora, no CPC/2015, fala-se de *prova nova*, o que acentua a ideia de que se refere a qualquer modalidade de mecanismo probatório, na linha do direito fundamental à prova (CAMBI, 2001; FERREIRA, 2014).

Em todos os casos, a prova nova deverá ser determinante a alterar o resultado do julgamento, propiciando resultado favorável ao autor da rescisória.[4]

---

[4] "Previdenciário. Ação rescisória. Preliminares. Art. 966, incs. VII e VIII, do CPC. Provas novas. Elementos novos incapazes de alterar o resultado do julgamento. Erro de fato. Provas que foram valoradas na decisão rescindenda. Improcedência. I – Os elementos probatórios apresentados como 'novos' pela parte autora são incapazes de infirmar os fundamentos lançados na decisão rescindenda, o que impede a rescisão do julgado com fundamento no art. 966, inc. VII, do CPC. II – A rescisão fundada em erro de fato é cabível nos casos em que o julgador deixa de examinar atentamente os elementos de prova existentes nos autos, formando, por esta razão, uma convicção equivocada sobre o cenário fático da lide. III – Impossível a desconstituição da decisão rescindenda com fundamento em erro de fato, na medida em que a R. sentença impugnada contém pronunciamento judicial expresso acerca das provas produzidas no processo originário. IV – Matéria preliminar rejeitada. Rescisória improcedente". (TRF da 3.ª Seção, Des. Fed. Newton de Lucca, AR 5001475-12.2022.4.03.0000 *DJEN* 27.09.2022).

No Processo Judicial Previdenciário, identificamos essa hipótese nas situações em que o segurado obtém, após o trânsito em julgado, documentos relativos a antigos contratos de trabalho, comprovando vínculo de emprego, atividade insalubre, remunerações etc. de sorte a influenciar na contagem de tempo de contribuição ou na constatação da atividade especial. É comum aos segurados que percam contato com ex-empregadores,[5] ainda mais passados muitos anos do exercício profissional, ou que a empresa tenha desaparecido e seja difícil ou impossível o contato com os gestores destas. As características relativas aos segurados e dependentes, configurando uma *impossibilidade material de acesso à prova*, devem ser exploradas e argumentadas quando da propositura de ação rescisória fundamentada em prova nova.[6]

---

[5] Nesse sentido, os seguintes precedentes: "Processual civil e previdenciário. Ação rescisória. Depósito prévio. Beneficiário da justiça gratuita. Dispensa. Documento novo. Admissibilidade. Atividade rural. Início de prova material. Certidão de casamento. Qualificação do marido como lavrador. Extensão à esposa. (...) 2. Ainda que o documento apresentado seja anterior à ação originária, esta Corte, nos casos de trabalhadores rurais, tem adotado solução pro misero para admitir sua análise, como novo, na rescisória. 3. Os documentos apresentados constituem início de prova material apto para, juntamente com os testemunhos colhidos no processo originário, comprovar o exercício da atividade rural. 4. A qualificação do marido, na certidão de casamento, como lavrador estende-se à esposa, conforme precedentes desta Corte a respeito da matéria. 5. Ação rescisória procedente" (STJ, 3.ª Seção, Sebastião Reis Júnior, AR 200400166193, *DJe* 08.05.2013).
"Previdenciário. Processual civil. Ação rescisória. Aposentadoria por idade. Rurícola. Documento novo. Art. 485, inciso VII, do CÓDIGO DE PROCESSO CIVIL. Solução *pro misero*. Precedentes. 1. Segundo a jurisprudência da 3.ª Seção desta Corte Superior de Justiça, levando em consideração as condições desiguais em que se encontram os trabalhadores rurais e, adotando a solução *pro misero*, devem ser considerados para efeito do art. 485, inciso VII, do Código de Processo Civil, os documento colacionado aos autos, mesmo que preexistentes à propositura da ação originária. 2. Agravo regimental desprovido" (STJ, 5.ª Turma, Laurita Vaz, AGA 201001956052, *DJe* 25.06.2012).

[6] "Previdenciário. Ação rescisória. Pensão por morte. Prova nova. Erro de fato. Desconfiguração. Improcedência. – Falece o quesito 'novidade' à documentação trazida nesta demanda. Da narrativa autoral não se colhe o motivo da não apresentação das peças ora agregadas no momento procedimental escorreito. Tampouco há relato a respeito de eventual impossibilidade fática nesse sentido. – Inaplicabilidade, ao trabalhador urbano, das relativizações conceituais próprias dos obreiros rurais, sendo certo que a proponente galgou, em sua cronologia laborativa, ocupações urbanas e não mais faz jus à flexibilização conceitual própria dos campesinos. – O juízo rescindente tampouco comporta decreto de procedência, sob o prisma do apontado erro de fato, extraível da exordial. O deslinde confiado à causa originária bem fundamentado está. Ocorreu com espeque em documentação inserta nos autos, sem vislumbre, pois,

13.2.8 Erro de fato

O art. 966, VIII, do CPC prevê o cabimento de ação rescisória em virtude de *erro de fato*, conceito que é delineado pelo art. 966, § 1.º:

> "§ 1.º Há erro de fato quando a decisão rescindenda admitir fato inexistente ou quando considerar inexistente fato efetivamente ocorrido, sendo indispensável, em ambos os casos, que o fato não represente ponto controvertido sobre o qual o juiz deveria ter se pronunciado".

Esse inciso traz uma hipótese de ação rescisória em que o erro de fato deve ser constatado mediante exame dos próprios autos, sem necessidade de produção de prova nova, conforme tratado no inciso anterior. Trata-se de corrigir a má apreciação dos fatos já constantes dos autos do processo.

Tendo em vista que a discussão sobre a matéria fática, nas ações previdenciárias, é bem relevante e costuma haver grande divergência jurisprudencial sobre os fatos a serem comprovados, tem-se aqui uma grande possibilidade de defesa dos direitos dos segurados e dependentes, levando a uma melhor apreciação da prova.[7]

---

[7] do apontado equívoco. – Improcedência do pedido de rescisão do julgado. Monica Bonavina Juíza Federal Convocada. (TRF da 3.ª Região, 3.ª Seção, Des. Fed. Monica Aparecida Bonavina Camargo, AR 5029014-84.2021.4.03.0000, *DJEN* 27.09.2022).

"Ação rescisória. Previdenciário. Art. 485, V e IX, do CPC. Benefício assistencial. Violação à lei. Não ocorrência. Inexistência de omissão de valores no cálculo da renda *per capita* familiar. Erro de fato demonstrado. Rejeição da matéria preliminar. Pedido de desconstituição do julgado procedente e pedido originário também procedente. 1. Ação rescisória com fundamento no Art. 485, V e IX, do CPC. Rejeitada a matéria preliminar, por confundir-se com o mérito. 2. A decisão rescindenda não aplicou a interpretação restritiva do Art. 20, § 3.º, da Lei 8.742/93, tida por ilegal na interpretação do autor, motivo por que não há que se falar em violação a literal disposição de lei no julgado. 2. Por outro ângulo, o erro de fato está demonstrado. Isso porque indevida a conclusão do magistrado, de que houve omissão de valores quando do cálculo da renda per capita familiar, vez que inexistem nos autos provas de que os irmãos do autor exercessem trabalho remunerado, àquela época. 3. O conjunto probatório revela que o autor é portador de incapacidade para a vida independente e para o trabalho, e que não detém meios para prover sua subsistência, nem de tê-la provida pela família, razão por que faz jus ao benefício assistencial, desde a data de citação na ação originária. (...) 8. Rejeição da preliminar suscitada. Pedido de desconstituição do julgado procedente e pedido originário também procedente. Condenação do INSS nos ônus da sucumbência, nos termos explicitados. (TRF da 3.ª região, 3.ª Seção, Des. Fed. Baptista Pereira, AR 00429802520094030000, e-DJF3 Judicial 1 04.09.2013).

13.3 PROCESSAMENTO

13.3.1 Legitimidade

A legitimidade para propor a ação rescisória está prevista no art. 967 do CPC:

> "Art. 967. Têm legitimidade para propor a ação rescisória:
>
> I – quem foi parte no processo ou o seu sucessor a título universal ou singular;
>
> II – o terceiro juridicamente interessado;
>
> III – o Ministério Público:
>
> *a*) se não foi ouvido no processo em que lhe era obrigatória a intervenção;
>
> *b*) quando a decisão rescindenda é o efeito de simulação ou de colusão das partes, a fim de fraudar a lei;
>
> *c*) em outros casos em que se imponha sua atuação;
>
> IV – aquele que não foi ouvido no processo em que lhe era obrigatória a intervenção.
>
> Parágrafo único. Nas hipóteses do art. 178, o Ministério Público será intimado para intervir como fiscal da ordem jurídica quando não for parte".

Apesar de a ação rescisória não se confundir com recurso, o art. 967 praticamente repete o art. 996, também do CPC, onde se encontra o rol de legitimados a recorrer.

É relevante a menção à legitimidade dos sucessores da parte para propor ação rescisória no caso do Processo Judicial Previdenciário. As ações previdenciárias ainda costumam demorar muitos anos em tramitação e não é raro que a parte autora venha a falecer no curso do processo, especialmente se considerarmos que muitas destas pessoas possuem idade avançada ou problemas de saúde.

O art. 967, II, *b*, do CPC se refere à ação rescisória ajuizada pelo *parquet* quando a decisão rescindenda for "efeito de simulação ou de colusão das partes, a fim de fraudar a lei". Pode ser cogitada uma ação rescisória desta modalidade por exemplo quando o benefício de pensão por morte concedido judicialmente for decorrente de simulação referente ao casamento ou à união estável, hipótese retratada no art. 74, § 2º, da Lei 8.213/1991:

> "§ 2º Perde o direito à pensão por morte o cônjuge, o companheiro ou a companheira se comprovada, a qualquer tempo, simulação ou fraude no casamento ou na união estável, ou a formalização desses com o fim exclusivo de constituir benefício previdenciário, apuradas em processo judicial no qual será assegurado o direito ao contraditório e à ampla defesa".

Quando o Ministério Público não for parte na ação rescisória, deverá atuar como *custus legis*, mas apenas nas hipóteses contempladas no art. 178 do CPC.

No caso das ações previdenciárias, deve-se destacar a participação necessária do *parquet* nas ações relativas a interesse de incapaz (por exemplo nas ações visando concessão de pensão por morte que envolvam menores) ou quando a lei expressamente o obrigue, a exemplo das ações visando a concessão do BPC da Lei 8.742/1993 (art. 31 da Lei Orgânica da Assistência Social, c.c. art. 967, III, *c*, do CPC).

13.3.2 Petição inicial

A petição inicial da ação rescisória deve observar todos os requisitos gerais estabelecidos no art. 319 do CPC, além de seus requisitos específicos, estabelecidos no art. 968, *caput*, também do CPC.

Em relação ao pedido, o art. 968, I, do CPC franqueia à parte autora "cumular ao pedido de rescisão, se for o caso, o de novo julgamento do processo". Sempre deverá ser pleiteada a rescisão do julgado anterior, mas nem sempre caberá a pretensão de que o Tribunal profira nova decisão. Conforme Luiz Dellore (2021, p. 1.393-1.394):

> "Toda ação rescisória terá o pedido para desconstituir a decisão de mérito transitada em julgado. Trata-se do pedido de rescisão, que é denominado de juízo rescindente. Conforme a situação específica, será possível também formular outro pedido, de forma cumulada, o pleito de nova decisão de mérito, que é denominado juízo rescisório".

Documentos essenciais à propositura da ação rescisória, nos termos do art. 320 do CPC, serão, ao menos, cópia integral da *decisão rescindenda*, bem como da certidão de trânsito em julgado, sem prejuízo de outros, no caso concreto. A inicial que não contenha todos os elementos exigidos pelos arts. 319 e 320 do CPC, bem como aqueles previstos nas disposições específicas, não será extinta de plano, devendo ser aberto prazo para emenda, nos termos do art. 321 do CPC.

A inicial da ação rescisória poderá ser indeferida nas hipóteses previstas no art. 330 do CPC (inépcia da inicial, ausência de legitimidade ou interesse processual etc.), bem como no caso de não ter ocorrido o depósito de 5% exigido para seu ajuizamento.

Às ações rescisórias se aplicam as hipóteses contidas no art. 332 do CPC, isto é, todas as situações de improcedência liminar do pedido.

Uma relevante condição de procedibilidade da ação rescisória é o recolhimento do depósito prévio de 5% sobre o valor da causa (nos termos do art. 968, II, do CPC), a qual se converterá em multa caso a ação seja, por unanimidade de votos, declarada inadmissível ou improcedente.

O depósito necessário ao ajuizamento da ação rescisória é dispensado à Fazenda Pública, inclusive às autarquias, ao Ministério Público e à Defensoria Pública, bem como àquelas pessoas que tenham obtido o benefício da gratuidade de justiça, nos termos dos arts. 98 c.c. 968, § 1.º, do CPC[8].

A Súmula 175 do STJ destaca expressamente que o INSS é dispensado do depósito prévio nas rescisórias que ajuizar.

O art. 968, § 2.º, do CPC estabelece que o valor do depósito da rescisória não será superior a mil salários mínimos.

O valor da causa, na ação rescisória, não está regulado expressamente pelo CPC, mas a jurisprudência compreende que deve corresponder ao benefício econômico pretendido (DELLORE, 2021, p. 1.394). Assim, corresponderá, em regra, ao valor da causa atribuído à causa originária, que deverá ser corrigido, ou a outro valor que seja mais adequado (como no caso de a ação rescisória discutir apenas um tópico da decisão rescindenda).

As decisões proferidas pelo Relator na condução da ação rescisória (indeferimento da inicial, indeferimento da tutela provisória etc.) poderão ser impugnadas por meio da interposição de agravo interno ao respectivo colegiado (art. 1.021 do CPC).

13.3.3 Processamento e julgamento

O art. 969 do CPC dispõe que a propositura de da ação rescisória não impede o cumprimento da decisão rescindenda, salvo quando ocorrer a concessão de tutela provisória. Em outras palavras: o mero ajuizamento da ação rescisória não impede a execução da decisão que se busca rescindir; porém, esse efeito poderá ser alcançado via concessão de tutela provisória, no caso

---

[8] "Previdenciário. Ação rescisória. Depósito prévio. Beneficiário da justiça gratuita. Não obrigatoriedade. Art. 485, IX, do CPC. Hipótese. Pressupostos equivocados sobre o trabalho exercido pelo autor. Aposentadoria por tempo de serviço. Conversão de tempo de serviço especial em comum. Possibilidade. 1. É pacífico o entendimento desta Corte Superior no sentido de que a parte beneficiária da justiça gratuita não está obrigada a efetuar o depósito de que trata o art. 488, II, do Código de Processo Civil. (...) 5. Ação rescisória procedente. (STJ, 3.ª Seção, Sebastião Reis Júnior, AR 200301719393, *DJe* 17.05.2013).

concreto, mediante preenchimento dos requisitos constantes nos arts. 294 e seguintes do CPC.

Outro aspecto importante do art. 969 do CPC reside em consagrar o cabimento de tutela provisória no âmbito das ações rescisórias.

A escolha de relator recairá, sempre que possível, em juiz que não haja participado do julgamento rescindendo (art. 971, parágrafo único, do CPC).

O relator sorteado ordenará a citação do réu, designando-lhe prazo nunca inferior a 15 (quinze) dias nem superior a 30 (trinta) dias para sua contestação, após o que será observado, no que couber, o procedimento comum (art. 970 do CPC).

A fixação do prazo, entre 15 a 30 dias, depende da complexidade do caso, e fica a critério do Relator. O art. 970 do CPC nada fala a respeito do prazo em dobro para a Fazenda Pública (art. 183 do CPC); portanto, não parece que essa prerrogativa processual da Fazenda tenha sido excluída no âmbito das ações rescisórias.

Exemplificando: caso o despacho que determina a citação do INSS abra prazo de 15 dias para contestação, este prazo deverá ser computado em dobro, ou seja, considerado como de 30 dias.

Nas situações em que a matéria tratada na ação rescisória for exclusivamente de direito (a exemplo de uma tese revisional de benefício), poderá ocorrer o julgamento antecipado de mérito, nos termos do art. 355 do CPC, sendo dispensada a instrução probatória.

Se os fatos alegados pelas partes dependerem de prova, o relator poderá delegar a competência ao órgão que proferiu a decisão rescindenda, fixando prazo de um a três meses para a devolução dos autos (art. 972 do CPC).

Concluída a instrução, será aberta vista ao autor e ao réu para razões finais, sucessivamente, pelo prazo de dez dias; em seguida, os autos serão conclusos ao relator, procedendo-se ao julgamento pelo órgão competente (art. 973 do CPC).

Devolvidos os autos pelo relator, a secretaria do Tribunal expedirá cópias do relatório e as distribuirá entre os juízes que compuserem o órgão competente para o julgamento (art. 971 do CPC).

Julgando procedente o pedido o Tribunal rescindirá a decisão e proferirá, se for o caso, novo julgamento e determinará a restituição do depósito de 5% (art. 974 do CPC). Caso a ação rescisória seja considerada, por unanimidade, inadmissível ou improcedente, o Tribunal determinará a reversão, em favor do réu, da importância do depósito, sem prejuízo do art. 82, § 2.º, do CPC.

No caso de ação rescisória movida pelo INSS ser julgada procedente, com a consequência de cassação de benefício previdenciário anteriormente concedido, tal situação provavelmente se enquadrará no posicionamento firmado pelo STJ no Tema 692, que exige a devolução dos valores recebidos pelo segurado. Porém, o STJ possui alguns julgados em que consagra a tese de que os segurados não necessitam devolver os valores recebidos de boa-fé.[9]

---

[9] "Ação rescisória. Juízo de retratação. Art. 543-B, § 3.º, do CPC. Auxílio-acidente concedido Antes da Lei n. 9.032/1995. Majoração do percentual. Impossibilidade. Orientação do Supremo Tribunal Federal em sede de repercussão geral. Restituição de valores. Descabimento. Princípio da irrepetibilidade dos alimentos. 1. O Supremo Tribunal Federal, em sede de repercussão geral reconhecida no RE n. 613.033/SP (DJe de 9/6/2011), consolidou a orientação no sentido de que, em se tratando de auxílio-acidente concedido antes da vigência da Lei n. 9.032/1995, como ocorre na espécie, não é possível a aplicação retroativa da majoração prevista nessa norma. 2. Esta Corte Superior reviu a sua jurisprudência sobre a matéria em exame, adequando-a ao entendimento do Excelso Pretório, o que torna insubsistente, in casu, o pleito de aumento do percentual do auxílio-acidente para 50% formulado na ação originária. Impõe-se, assim, o juízo de retratação na espécie. Nesse sentido: REsp 990.753/MG, 6.ª Turma, Rel. Min. Assusete Magalhães, DJe de 15/4/2013; EDcl no AgRg no Ag 1.329.707/SP, 5.ª Turma, Rel. Min. Laurita Vaz, DJe de 2/10/2012; e AR 4.009/SP, 3.ª Seção, Rel. Min. Maria Thereza de Assis Moura, DJe de 10/11/2011. 3. 'Por força do princípio da irrepetibilidade dos alimentos, não é cabível a restituição de valores recebidos a título de benefício previdenciário em cumprimento a decisão judicial posteriormente rescindida' (AR 4.185/SE, 3.ª Seção, Rel. Min. Felix Fischer, DJe de 24/9/2010). 4. Pedido parcialmente procedente, mediante juízo de retratação previsto no art. 543-B, § 3.º, do CPC" (STJ, 3.ª Seção, Marilza Maynard (Des. Conv. TJ/SE), AR 200900260037, DJe 12.08.2013).
"Rescisória. Previdenciário. Auxílio-acidente. Lei n. 9.032/95. Majoração do seu percentual. Retroação aos benefícios concedidos antes da sua vigência. Impossibilidade. *Tempus regit actum*. Violação a literal disposição de lei. Devolução da diferença dos valores. Impossibilidade. Recebimento de boa-fé. Pedido rescisório parcialmente procedente. 1. A rescisória fundada no inciso V do artigo 485 do CPC, por violação a literal disposição de lei, para ser admitida, requer a constatação, primo ictu oculi, de que a interpretação dada pelo acórdão rescindendo revela-se, de forma clara e inequívoca, contrária ao dispositivo de lei apontado, exigindo-se que o acórdão rescindindo tenha expressamente se manifestado acerca da norma legal e, ao apreciá-la, infringido a sua literalidade de forma direta e frontal. 2. A concessão de benefício previdenciário deve obedecer a legislação em vigor ao tempo do fato gerador, em estrita aplicação do princípio tempus regit actum. 3. O Supremo Tribunal Federal, em repercussão geral, estabeleceu ser inaplicável a incidência do novo percentual definido pela Lei n. 9.032/95 aos benefícios concedidos antes de sua vigência, orientação que passou a ser adotada pelo Superior Tribunal de Justiça. 4. Está sedimentado na jurisprudência do Superior Tribunal de Justiça a impossibilidade de devolução de valores recebidos de boa-fé pelos segurados do INSS, tal como na espécie, em que

13.3.4 Prazo para ajuizamento

O prazo para ajuizamento da ação rescisória é, regra geral, de dois anos, contado da seguinte forma:

> "Art. 975. O direito à rescisão se extingue em 2 (dois) anos contados do trânsito em julgado da última decisão proferida no processo.
>
> § 1.º Prorroga-se até o primeiro dia útil imediatamente subsequente o prazo a que se refere o caput, quando expirar durante férias forenses, recesso, feriados ou em dia em que não houver expediente forense.
>
> § 2.º Se fundada a ação no inciso VII do art. 966, o termo inicial do prazo será a data de descoberta da prova nova, observado o prazo máximo de 5 (cinco) anos, contado do trânsito em julgado da última decisão proferida no processo.
>
> § 3.º Nas hipóteses de simulação ou de colusão das partes, o prazo começa a contar, para o terceiro prejudicado e para o Ministério Público, que não interveio no processo, a partir do momento em que têm ciência da simulação ou da colusão".

Trata-se de prazo *decadencial* e não processual, de modo que não se aplicará em dobro em favor do INSS.

A possibilidade de ação rescisória em virtude de *descoberta de prova nova* é bastante relevante no Processo Judicial Previdenciário, tendo em vista que muitas vezes são inacessíveis aos segurados os documentos relativos a períodos laborativos exercidos em tempo remoto ou em empresas que já não existem mais. Nesses casos, deve-se observar a regra específica do art. 975, § 2.º, que é de 5 anos da descoberta da prova nova.

JURISPRUDÊNCIA

Súmula 249/STF: É competente o Supremo Tribunal Federal para a ação rescisória, quando, embora não tendo conhecido do recurso extraordinário, ou havendo negado provimento ao agravo, tiver apreciado a questão federal controvertida.

Súmula 252/STF: Na ação rescisória, não estão impedidos juízes que participaram do julgamento rescindendo.

---

a majoração do auxílio-acidente se deu por decisão judicial. 5. Pedido rescindendo julgado parcialmente procedente para, no juízo rescisório, desprover o Recurso Especial" (STJ, 2.ª Seção, Jorge Mussi, AR 4179 2009.00.08031-8, *DJe* 05.10.2018).

Súmula 264/STF: Verifica-se a prescrição intercorrente pela paralisação da ação rescisória por mais de cinco anos.

Súmula 343/STF: Não cabe ação rescisória por ofensa a literal disposição de lei, quando a decisão rescindenda se tiver baseado em texto legal de interpretação controvertida nos tribunais.

Súmula 514/STF: Admite-se ação rescisória contra sentença transitada em julgado, ainda que contra ela não se tenha esgotado todos os recursos.

Súmula 515/STF: A competência para a ação rescisória não é do Supremo Tribunal Federal, quando a questão federal, apreciada no recurso extraordinário, ou no agravo de instrumento, seja diversa da que foi suscitada no pedido rescisório.

Súmula 175/STJ: Descabe o depósito prévio nas ações rescisórias propostas pelo INSS.

Súmula 401/STJ: O prazo decadencial da ação rescisória só se inicia quando não for cabível qualquer recurso do último pronunciamento judicial.

PARTE III
ASPECTOS PRÁTICOS

MODELOS DE PEÇAS

1.1 PETIÇÃO INICIAL

1.1.1 Quadro-resumo

PETIÇÃO INICIAL	
Requisitos	Arts. 319 e seguintes do CPC No caso de ações visando benefícios por incapacidade, inclusive por acidente do trabalho, atenção aos requisitos do art. 129-A da Lei 8.213/1991.
Competência	Justiça Federal (art. 109, I, da CF). Se o valor da causa for inferior a 60 salários mínimos a competência é dos Juizados Especiais Federais. Inexistindo Vara Federal no domicílio do segurado, a menos de 70 km, pode-se ajuizar o processo na Justiça Estadual (art. 109, § 3.º, CF).
Tutela provisória	Possibilidade, nos termos da Súmula 729 do STF, aplicável mesmo na vigência do CPC. A tutela específica, nos termos do art. 497 do CPC, se aplica para a implementação do benefício.
Justiça gratuita	Cabimento, nos termos dos arts. 98 e seguintes do CPC, bem como nos termos da Lei 9.099/1995 c.c. Lei 10.259/2001.
Revelia	Não se aplica ao INSS, conforme entendimento jurisprudencial majoritário.
Prescrição	Prescrição quinquenal, conforme art. 103 da Lei 8.213/1991.
Decadência	Em 10 anos, conforme art. 103 da Lei 8.213/1991. Importante observar os diversos precedentes específicos sobre o tema da decadência que se encontram na jurisprudência do STJ e do STF A decadência atinge apenas as revisões de benefício, não o fundo de direito (o direito de pleitear o próprio benefício previdenciário).

Coisa julgada	Relativizada nos casos em que a parte obteve novos documentos, nos termos do Tema 629 do STJ. Nas ações visando benefícios por incapacidade, inclusive por acidente do trabalho, indicar que não há litispendência ou coisa julgada.

1.1.2 Modelo de peça

EXCELENTÍSSIMO (A) SENHOR (A) DOUTOR (A) JUIZ(A) FEDERAL DA ___ VARA DO JUIZADO ESPECIAL FEDERAL DA ____ª SUBSEÇÃO JUDICIÁRIA DE _____

TÍCIO, brasileiro, estado civil, profissão, RG n.º 3, CPF/MF n.º, residente e domiciliado na Rua XXX, Bairro, Cidade, Estado, CEP: XXX, por seus advogados que esta subscrevem, com escritório na Rua XXX, vem, respeitosamente, à presença de Vossa Excelência, com fulcro nos art. 59 e ss. e 42 e ss. da Lei 8.213/91 e art. 300 e ss. do CPC, propor a presente:

AÇÃO PREVIDENCIÁRIA DE RESTABELECIMENTO DE AUXÍLIO-DOENÇA C.C CONCESSÃO DE APOSENTADORIA POR INVALIDEZ C/C PEDIDO DE TUTELA DE URGÊNCIA

em face do **INSTITUTO NACIONAL DE SEGURO SOCIAL – INSS**, Autarquia Federal, representada pela Procuradoria Federal com sede nesta cidade, na Rua xxx, pelas razões de fato e de direito que passa a expor:

1. JUSTIÇA GRATUITA

A parte autora não possui recursos suficientes para pagar as custas, despesas processuais e honorários advocatícios, sem prejuízo de seu sustento e de sua família, conforme declaração da parte autora firmada, formulada nos termos da Lei 7.115/83, que segue anexa.

O segurado não possui renda em razão de não ter como permanecer/retornar às suas atividades laborais, por possuir doença incapacitante desde

XXX (DII – Data de início da incapacidade). Portanto, faz jus aos benefícios da gratuidade da justiça, nos termos do art. 98 do CPC.

2. DOS FATOS

Conforme comprova toda a documentação médica em anexo, o autor sofreu um grave acidente doméstico (queda de laje) em XXX, sendo operado no Hospital Municipal XX, e desse evento sofreu graves sequelas ortopédicas.

(*OBS.: descrever os fatos da causa*)

Todavia, apesar disso, o auxílio-doença concedido inicialmente foi cessado em XXX, e o pedido de prorrogação (efetuado nos termos do Tema 277 da TNU) não foi provido.

No caso em tela, porém, salienta-se que o autor estudou apenas até o Ensino Médio, ou seja, não possui condições de exercer qualquer outra atividade além da função de ajudante geral, quando detinha capacidade para o trabalho.

Diante do contexto, tem-se que **o autor permanece incapaz para o trabalho por tempo indeterminado, ou seja, de forma definitiva para as atividades laborais**.

Por todo exposto, enseja a necessidade de recorrer ao Poder Judiciário para que essa ilegalidade seja sanada.

3. DO DIREITO

3.1 COMPROVAÇÃO DOS REQUISITOS DO ART. 129-A, DA LEI 8.213/1991

Nos termos do art. 129-A da Lei 8.213/91, em complemento aos requisitos previstos no art. 319 da Lei 13.105/2015 – CPC, a parte autora passa a tecer as seguintes considerações:

a) descrição clara da doença e das limitações que ela impõe:

Conforme demonstra documentação que instrui a peça inicial, o autor submeteu-se a cirurgia ortopédica altamente complexa em XXX, no Hospital XXX, em razão de grave fratura do XXX, deixando as seguinte sequelas... (CID S52.5).

b) indicação da atividade para a qual o autor alega estar incapacitado:

A parte autora exerce a atividade de AJUDANTE DE CARGA, função que exige EXTREMA força física, bem como que a postura varie entre em pé e agachada, motivo pelo qual não há qualquer viabilidade de retorno, ou seja, não existe possibilidade de reabilitação profissional, principalmente em razão do local e da gravidade da fratura, conforme comprova o prontuário médico anexo.

c) inconsistências da avaliação médico-pericial discutida:

O laudo médico pericial elaborado pelo INSS não se sustenta, pois o autor sofreu graves sequelas ortopédicas e, diante da profissão que desempenha, não possui capacidade laboral.

Diante do contexto, **tem-se que o autor permanece incapaz para o trabalho por tempo indeterminado, ou seja, de forma definitiva para as atividades laborais.**

Por fim, em atenção ao disposto na **alínea** d **do art. 129-A da Lei 8.213/91,** declara o autor que não existe ação judicial anterior com o objeto de que trata o referido artigo.

3.2. EXIGÊNCIA DA QUALIDADE DE SEGURADO E CARÊNCIA

A concessão dos benefícios de auxílio-doença e aposentadoria por invalidez exige, além da constatação da incapacidade total, temporária ou definitiva, que a parte detenha **qualidade de segurado** e tenha ocorrido o **preenchimento da carência**, de 12 (doze) meses (art. 25, I, da Lei 8.213/91), a qual é dispensada nas hipóteses dos arts. 26 e 151 da Lei 8.213/91.

O requerente detém a **qualidade de segurado**, pois a jurisprudência e doutrina apontam a possibilidade de flexibilização do requisito da comprovação da qualidade de segurado quando a perda desta **decorre da própria doença incapacitante:**

> "Colhe registrar a existência de jurisprudência no sentido de que, se a cessação de recolhimentos coincidiu com a impossibilidade de fazê-lo

em vista do acometimento da própria doença incapacitante, **o período em que a segurada se manteve sem contribuir, ainda que superior aos lapsos anteriores, deve ser desconsiderado, concedendo-se o benefício ou, mesmo, se for o caso, a aposentadoria por invalidez."** (CORREIA, Marcus Orione Gonçalves. CORREIA, Érica Paula Barcha. *Curso de Direito da Seguridade Social*. 5. ed. São Paulo: Saraiva, 2010, p. 330)

Ainda, a jurisprudência vai no mesmo sentido. O Tribunal Regional Federal da 3ª Região, por exemplo, entende que:

> Previdenciário. Qualidade de segurada. Flexibilização. Auxílio doença. Aposentadoria por invalidez. Incapacidade total e definitiva. 1. O benefício de auxílio doença é devido a segurada incapacitada por moléstia que inviabilize temporariamente o exercício de sua profissão. Já a aposentadoria por invalidez exige que a segurada seja considerado incapaz e insusceptível de convalescença para o exercício de ofício que lhe garanta a subsistência. **2. A jurisprudência flexibilizou o rigorismo legal, fixando entendimento no sentido de que não há falar em perda da qualidade de segurado se a ausência de recolhimento das contribuições decorreu da impossibilidade de trabalho de pessoa acometida de doença.** 3. A análise da questão da incapacidade da parte autora, indispensável para a concessão do benefício, exige o exame do conjunto probatório carreado aos autos, assim com o a análise de sua efetiva incapacidade para o desempenho de atividade profissional há de ser averiguada de forma cuidadosa, levando-se em consideração as suas condições pessoais, tais como aptidões, habilidades, grau de instrução e limitações físicas. 4. Preenchidos os requisitos, é de se reconhecer o direito da autora à percepção do benefício de auxílio doença e à sua conversão em aposentadoria por invalidez, pois indiscutível a falta de capacitação e de oportunidades de reabilitação para a assunção de outras atividades, sendo possível afirmar que se encontra sem condições de reingressar no mercado de trabalho. 5. A correção monetária, que incide sobre as prestações em atraso desde as respectivas competências, e os juros de mora, devem ser aplicados de acordo com o Manual de Orientação de Procedimentos para os Cálculos na Justiça Federal e, no que couber, observando- se o decidido pelo e. Suprem o Tribunal Federal, quando do julgamento da questão de ordem nas ADIs 4357 e 4425. 6. Os juros de mora incidirão até a data da expedição do precatório/RPV, conforme entendimento consolidado na c. 3.ª Seção desta Corte (AL em EI n.º 0001940-31.2002.4.03.610). A partir de então deve ser observada a Súmula Vinculante n.º 17. 7. Os honorários advocatícios devem observar as disposições contidas no inciso II, do § 4.º, do Art. 85, do CPC, e a Súmula 111, do e. STJ. 8. A autarquia previdenciária está isenta das custas e emolumentos, nos termos do Art. 4.º, I, da Lei n.º 9.289/96, do Art. 24 – A da Lei n.º 9.028/95, com a redação

dada pelo Art. 3.º da MP 2.180-35/01, e do Art. 8.º, § 1.º, da Lei n.º 8.620/93. 9. Apelação provida em parte. (TRF da 3.ª Região, 10.ª Turma, AC 0001144-57.2013.4.03.6006, Rel. Des. Fed. Paulo Octávio Baptista Pereira, j 21.02.2017, DEJF 06.03.2017) – *Grifo nosso*.

Nesse sentido deve ser mencionada a Súmula 26 da Advocacia-Geral da União:

> "Para a concessão de benefício por incapacidade, não será considerada a perda da qualidade de segurado decorrente da própria moléstia incapacitante."

Igualmente a Súmula 08 do Conselho de Recursos da Previdência Social:

> "Fixada a data de início da incapacidade antes da perda da qualidade de segurado, a falta de contribuição posterior não prejudica o seu direito às prestações previdenciárias."

3.3. CONCEITO DE INVALIDEZ OU INCAPACIDADE LABORAL

A aposentadoria por invalidez está definida no art. 42 da Lei 8.213/91:

> "Art. 42. A aposentadoria por invalidez, uma vez cumprida, quando for o caso, a carência exigida, será devida aa segurada que, estando ou não em gozo de auxílio-doença, for considerado incapaz e insusceptível de reabilitação para o exercício de atividade que lhe garanta a subsistência, e ser-lhe-á paga enquanto permanecer nesta condição."

O auxílio-doença, por sua vez, encontra previsão legal no art. 59 da Lei 8.213/91:

> "Art. 59. O auxílio-doença será devido ao segurado que, havendo cumprido, quando for o caso, o período de carência exigido nesta Lei, ficar incapacitado para o seu trabalho ou para a sua atividade habitual por mais de 15 (quinze) dias consecutivos."

Entende-se que **a incapacidade laborativa parcial é suficiente à concessão do auxílio-doença**, conforme a Súmula 25 da Advocacia-Geral da União:

> "Será concedido auxílio-doença a segurada considerado temporariamente incapaz para o trabalho ou sua atividade habitual, de forma total ou parcial,

atendidos os demais requisitos legais, entendendo-se por incapacidade parcial aquela que permite sua reabilitação para outras atividades laborais."

Segundo Marisa Ferreira Dos Santos, "a incapacidade configuradora da contingência é, exclusivamente, **a incapacidade profissional**" (*Direito Previdenciário Esquematizado*. 6. ed. São Paulo: Saraiva, 2016, p. 248), isto é, a redução ou a eliminação da possibilidade de obter renda a partir do trabalho.

3.4. CRITÉRIOS DE COMPROVAÇÃO DA INCAPACIDADE LABORAL, DEFINITIVA OU TEMPORÁRIA – PERÍCIA BIOPSICOSSOCIAL

A demonstração da incapacidade laboral não se resume à conclusão do laudo pericial. Segundo Savaris, "não se deve esquecer que o conceito de incapacidade relaciona-se com a prática da vida de determinada pessoa e não com um conceito eminentemente clínico, em uma perspectiva abstrata" (*Direito Processual Previdenciário*. 7. ed. Curitiba: Alteridade, 2018, p. 279).

A jurisprudência avançou em relação aos critérios a serem adotados para a constatação da incapacidade laboral, indicando que o magistrado não se encontra vinculado obrigatoriamente ao laudo pericial, podendo se valer também das condições pessoais e socioeconômicas da segurada que requer o benefício de aposentadoria por invalidez ou auxílio-doença.

Trata-se de um avanço do modelo da CID – Classificação Internacional de Doenças para o modelo mais contemporâneo de CIF – Classificação Internacional de Funcionalidade, Incapacidade e Saúde.

Esse entendimento encontra amplo respaldo nas normas processuais civis.

O art. 369 do CPC dá o norte hermenêutico da instrução probatória e consagra o *direito fundamental à prova*:

> "Art. 369. As partes têm o direito de empregar todos os meios legais, bem como os moralmente legítimos, ainda que não especificados neste Código, para provar a verdade dos fatos em que se funda o pedido ou a defesa e influir eficazmente na convicção do juiz."

Também deve ser considerado o art. 371 do CPC, que estabelece a concepção do *livre convencimento motivado* do juízo:

> "Art. 371. O juiz apreciará a prova constante dos autos, independentemente do sujeito que a tiver promovido, e indicará na decisão as razões da formação de seu convencimento."

Em relação à prova pericial, constata-se que o juízo não se encontra vinculado ao laudo pericial, conforme dispõe o art. 479 do CPC:

> "Art. 479. O juiz apreciará a prova pericial de acordo com o disposto no art. 371, indicando na sentença os motivos que o levaram a considerar ou a deixar de considerar as conclusões do laudo, levando em conta o método utilizado pelo perito."

A novidade trazida pelo CPC de 2015 reside em poder, conforme determina a parte final do art. 479, **discutir a própria metodologia adotada no laudo pericial**.

Nesse sentido, cabe trazer a este processo a necessidade de que a constatação da incapacidade laboral, no caso em tela, se dê a partir da metodologia da **perícia biopsicossocial**, comportada pelo art. 475 do CPC, que consagra a possibilidade de realização da denominada **perícia complexa**:

> "Art. 475. Tratando-se de perícia complexa que abranja mais de uma área de conhecimento especializado, o juiz poderá nomear mais de um perito, e a parte, indicar mais de um assistente técnico."

Assim, para a constatação efetiva das condições pessoais e socioeconômicas da parte autora **(idade, grau de escolaridade, mercado de trabalho em que atua etc.)** será necessária a realização também da perícia por profissional do serviço social.

Esse entendimento de que é possível adotar outros meios de prova para a constatação da incapacidade laboral, temporária ou definitiva, bem como de que o magistrado não se encontra vinculado ao laudo pericial, encontra-se plenamente consagrado na jurisprudência pátria, seja no âmbito da Turma Nacional de Uniformização, seja no bojo dos Tribunais Regionais Federais e no próprio Superior Tribunal de Justiça:

Previdenciário. Aposentadoria por invalidez ou auxílio-doença. Artigos 42 a 47 e 59 a 62 da Lei n.º 8.213, de 24.07.1991. Laudo pericial. Incapacidade laborativa parcial e permanente. Análise das condições clínicas e sociais. Termo inicial do benefício. Requerimento administrativo. Sentença parcialmente reformada. O benefício de aposentadoria por invalidez está disciplinado nos artigos 42 a 47 da lei n.º 8.213/1991. para sua concessão deve haver o preenchimento dos requisitos: a) incapacidade plena e definitiva para atividade laborativa; b) cumprimento da carência mínima de doze meses, à exceção das hipóteses previstas no artigo 151 da lei em epígrafe; c) qualidade de segurado da previdência social à época do início da incapacidade ou, então, a demonstração de que deixou de contribuir ao RGPS em decorrência dos problemas de saúde que o incapacitaram; d) ausência de doença ou lesão anterior à filiação ao Regime Geral De Previdência Social, salvo se a incapacidade sobrevier por motivo de agravamento daquelas. No benefício de auxílio-doença, a incapacidade há de ser temporária ou, embora permanente, que seja apenas parcial para o exercício de suas atividades profissionais habituais, ou ainda, que haja a possibilidade de reabilitação para outra atividade que garanta o sustento da segurada, nos termos dos artigos 59 e 62 da lei n.º 8.213/1991. O laudo pericial com prova a incapacidade laborativa parcial e permanente para atividades que demandem realização de esforços físicos, sobrecarga de peso e posições forçadas de tronco e membros superiores, sendo suscetível de reabilitação apenas para atividades leves, ociosas e/ou intelectuais. O caráter da incapacidade, a privar a segurada do exercício de todo e qualquer trabalho, deve ser avaliado conforme as circunstâncias do caso concreto. Isso porque não se pode olvidar de que fatores relevantes – com o a faixa etária do requerente, seu grau de escolaridade, assim com o outros – são essenciais para a constatação do impedimento laboral. "A jurisprudência tem prestigiado a avaliação das provas de forma global, aplicando o princípio do livre convencimento motivado, de modo que a incapacidade, embora negada no laudo pericial, pode restar comprovada com a conjugação das condições pessoais da segurada." (Marisa Ferreira dos Santos. *Direito previdenciário esquematizado*. São Paulo: Saraiva, 2011, p. 193.) – A data de início do benefício por incapacidade deve ser a do momento em que devidamente comprovada a incapacidade laborativa da parte autora, podendo coincidir com a data do requerimento e/ou indeferimento administrativo, ou cessação administrativa indevida, ou mesmo, com a data da perícia judicial, ou da citação, em caso de não haver requerimento administrativo. Apelação a que se nega provimento. (TRF da 3.ª Região, 7.ª Turma, Rel. Des. Fed. Fausto de Sanctis AC 0037065-24.2016.4.03.9999, j. 30.01.2017, DEJF 09.02.2017)

Veja-se a Súmula 47 da TNU:

"Uma vez reconhecida a incapacidade parcial para o trabalho, o juiz deve analisar as condições pessoais e sociais da segurada para a concessão da aposentadoria por invalidez."

3.5. DA COMPROVAÇÃO DO DIREITO AO AUXÍLIO DOENÇA E SUA CONVERSÃO EM APOSENTADORIA POR INVALIDEZ – ATIVIDADE HABITUAL E CONDIÇÕES SOCIAIS DO AUTOR

A incapacidade laboral do segurado no caso concreto é decorrente, conforme já descrito, de um grave acidente doméstico.

O diagnóstico inicial foi de lesão em Membro Superior Esquerdo (MSE) e Membro Inferior Esquerdo (MIE) em comorbidade com hipertensão arterial.

Aliado a isso, conforme já descrito, o autor exerce a atividade de **AJUDANTE DE CARGA, função que exige EXTREMA força física**, bem como que a postura varie entre em pé e agachada, motivo pelo qual não há qualquer viabilidade de retorno, ou seja, não existe possibilidade de reabilitação profissional, principalmente em razão do local e da gravidade da fratura (CID S52.5), conforme comprova o prontuário médico em anexo.

Portanto, não bastando à condição permanente de invalidez, tendo em vista os laudos acostados e já mencionados na condição fática, o retorno do trabalhador à sua função habitual de **AJUDANTE DE CARGA** é complexa, vez que, além de ser acometida por hipertensão, somados com o baixo grau de escolaridade, fazem com que não haja possibilidades de retorno ao mercado de trabalho.

Por todo exposto, resta demonstrado que, além do beneficiário se encontrar em condição de **incapacidade permanente para o trabalho**, tendo em vista os laudos médicos e demais documentos médicos acostados, a condição de retorno do exercício de sua atividade profissional é inviável, tendo em vista que as atividades laborais são realizadas em pé e requerem sobrecarga muscular dinâmica e estática de grau leve, fora o percurso que o incapacitado deve realizar para chegar ao local de trabalho.

Assim, requer **a condenação do INSS ao restabelecimento imediato do Auxílio-Doença, desde a data de cessação do benefício (XXX)**, bem como o reconhecimento da incapacidade laboral total e definitiva do segurado com consequente conversão do Auxílio-Doença em APOSENTADORIA POR INVALIDEZ, a partir da data da efetiva constatação da total e permanente incapacidade.

4. DOS PEDIDOS E SUAS ESPECIFICAÇÕES

Ante o exposto, REQUER-SE:

a) a citação do Instituto Nacional do Seguro Social – INSS para, querendo, responder a presente demanda, no prazo legal bem como disponibilize nos autos as Cópias do Processo Administrativo do pedido de Auxílio-doença com **NB xxx**;

b) a **JUSTIÇA GRATUITA** – Sejam concedidos ao autor os benefícios da Justiça Gratuita, conforme item 1;

c) seja realizada a aplicação do conceito de **PERÍCIA BIOPSICOSSOCIAL**, nos termos do art. 475 do CPC e da Súmula 47 da TNU;

d) **a condenação do INSS ao restabelecimento imediato do valor integral do Auxílio-Doença do segurado, desde a data de cessação do benefício (XXX);**

e) o reconhecimento da incapacidade laboral total e definitiva da segurada com consequente conversão do Auxílio-Doença em APOSENTADORIA POR INVALIDEZ, a partir da data da efetiva constatação da total e permanente incapacidade;

f) integral deferimento de todos os pedidos formulados nesta exordial, com a posterior condenação do INSS ao pagamento de custas processuais;

5. DOS REQUERIMENTOS FINAIS

Finalmente, requer-se, a produção de todas as provas legalmente admitidas, especialmente pelo depoimento pessoal do representante legal do INSS, realização de prova pericial, na perspectiva biopsicossocial, oitiva de testemunhas, cujo rol será indicado posteriormente, se for necessário o colhimento de testemunhos, juntada de documentos, e outras que possam elucidar o alegado, bem como a requisição dos autos do procedimento acima citado.

Estima-se o valor da causa em R$ (XXX), já incluídas as 12 parcelas vincendas, para os devidos efeitos legais.

Local, data

OAB n.º

1.2 QUESITOS

1.2.1 QUESITOS A SEREM RESPONDIDOS PELO PERITO JUDICIAL MÉDICO

1. A parte autora está acometida pelas doenças descritas nos documentos médicos que acompanham a inicial?

2. A parte autora encontra-se incapacitada para o trabalho?

3. A incapacidade para o exercício das atividades laborativas é definitiva ou temporária?

4. Considerando as condições pessoais da parte autora (idade, grau de instrução etc.), há possibilidade de reabilitação para o exercício de outra profissão?

5. Qual a Data de Início da Incapacidade – DII?

1.2.2 QUESITOS A SEREM RESPONDIDOS PELO PERITO JUDICIAL ASSISTENTE SOCIAL

1. A parte autora apresenta algum distúrbio ou doença que pode afetar sua saúde?

2. Poderia descrever quais são os sintomas e implicações desta(s) doença(s)?

3. Quais são as funções do corpo ou partes anatômicas e estruturais afetadas em decorrência da funcionalidade?

4. A parte autora possui alguma dificuldade na execução de suas funções?

5. A parte autora possui alguma restrição no enfrentamento de situações da vida real, em comparação com outros indivíduos nas mesmas condições de igualdade real?

6. Qual a idade e nível de escolaridade da parte autora? E como este pode ser considerado de uma perspectiva positiva integradora e de reinserção no mercado de trabalho?

7. Poderia descrever o meio ambiente da parte autora segundo os critérios da CIF, nos seguintes níveis: estrutura familiar, acesso à tecnologia e à informação, saúde, educação, transporte, saneamento básico, serviços e outros que julgar pertinentes?

8. No que se refere aos *fatores ambientais*, conforme a CIF, poderia apontar se existem barreiras e empecilhos do mundo social e de atitude que dificultem a atividade laboral da parte autora?

9. Diante dos fatores funcionais, no que se refere às funções do corpo, agregados aos fatores ambientais e pessoais, conforme dispõe a CIF, poderia afirmar se a parte autora possui alguma limitação que afeta sua capacidade laboral?

1.3 RECURSO DE APELAÇÃO

1.3.1 Quadro-resumo

RECURSO DE APELAÇÃO	
Cabimento	O recurso de apelação é cabível contra a sentença (art. 1.009, *caput*, do CPC), mas abrange também as decisões interlocutórias que não foram objeto de agravo de instrumento e serão apresentadas como matéria preliminar de apelação, a exemplo das decisões interlocutórias sobre instrução probatória.
Legitimidade recursal	Parte autora (segurados e dependentes), réu (INSS), Ministério Público Federal, e terceiro prejudicado.
Interesse recursal	Situação em que a sentença causa algum grave à parte e há necessidade de recorrer.
Prazo	15 dias, que são contados em dobro para o INSS (30 dias). É o mesmo o prazo para apresentar contrarrazões (art. 1.009 do CPC).
Preparo	É exigido, mas a justiça gratuita pode ser concedida nos termos dos arts. 98 e seguintes do CPC.
Questões de fato não apresentadas no juízo de primeiro grau	As questões de fato não apresentadas no juízo inferior podem ser suscitadas na apelação, se a parte provar que deixou de fazê-lo por motivo de força maior (art. 1.014 do CPC). Essa possibilidade é interessante nas ações previdenciárias, em que muitas vezes há dificuldade de obter provas relevantes ou encontrar testemunhas relativas a tempos de trabalho mais antigos.

1.3.2 Modelo de peça

EXCELENTÍSSIMO SENHOR DOUTOR JUIZ DE DIREITO DA ___
ª VARA DE ACIDENTES DO TRABALHO DE _____

Processo n.º ....

BRUTUS, já devidamente qualificado nos autos do processo em epígrafe, que moveu em face do **INSS**, autarquia federal, também já qualificada, vem respeitosamente à presença de Vossa Excelência, por seus advogados que assinam, interpor o presente **RECURSO DE APELAÇÃO**, com fundamento nos arts. 1.009 e seguintes do CPC, em razão de inconformismo com a sentença de fls. (...), o que faz nos termos das razões adiante articuladas.

Isto posto, presentes os pressupostos de admissibilidade, requer seu recebimento e a intimação da parte apelada, facultando-lhe a apresentação de contrarrazões recursais no prazo legal (art.1.010, § 1.º, do CPC).

Parte isenta do preparo diante da concessão de justiça gratuita (arts. 98 e seguintes do CPC).

Ao final, requer sua remessa ao tribunal *ad quem* competente, independentemente de juízo de admissibilidade, para o reexame da matéria.

Nestes termos,
Pede deferimento.
Local e data.

OAB

RAZÕES DO RECURSO DE APELAÇÃO

Origem: Processo n.º ... da ___ª Vara de Acidentes do Trabalho de _____

Apelante: **BRUTUS**
Apelado: **INSS**

EGRÉGIO TRIBUNAL,
COLENDA CÂMARA,
DOUTOS DESEMBARGADORES.

1. Objeto deste recurso

O presente recurso de apelação se insurge contra a r. sentença de fls. ..., que julgou improcedente o pedido, deixando de conceder à parte autora sua aposentadoria por incapacidade para o trabalho, em virtude de acidente do trabalho/doença profissional, tendo em vista não ter reconhecido a configuração do nexo causal entre as lesões e a incapacidade.

A decisão apelada, contudo, não se sustenta e deve ser reformada, conforme os argumentos expostos adiante.

2. Razões de reforma da sentença

Embora a r. sentença recorrida tenha compreendido pela inexistência de comprovação do nexo causal entre o quadro clínico do apelante e a atividade laborativa desenvolvida, deixando de conceder o benefício de aposentadoria por incapacidade para o trabalho, este entendimento não se sustenta.

Com efeito, o apelante desempenhava, em sua profissão de bancário, a atividade de digitação, de modo contínuo e prolongado, ao longo de diversos anos, o que lhe acarretou a sequela de LER/DORT, ocasionando a perda de movimentação da mão esquerda, dentre outros gravames à saúde, conforme proficuamente demonstrado pela documentação médica que consta dos autos.

(OBS.: descrever com profundidade o caso concreto)

Assim, encontra-se demonstrada cabalmente a ocorrência de doença do trabalho, prevista no art. 20 da Lei 8.213/1991, fazendo jus ao benefício de aposentadoria por incapacidade para o trabalho.

Por todos estes argumentos, deve ser reformada a r. sentença.

3. Do Pedido

Pelo exposto, requer seja o presente recurso conhecido e, no mérito, provido, para que a sentença de improcedência seja integralmente reformada, com a consequente concessão do benefício previdenciário pleiteado, invertendo-se os ônus da sucumbência, bem como adicionando percentual extra de honorários recursais, na forma de art. 85, § 11, do CPC.

Nestes termos,
Pede deferimento.
Local e data.

OAB n.º

1.4 EMBARGOS DE DECLARAÇÃO

1.4.1 Quadro-resumo

EMBARGOS DE DECLARAÇÃO	
Cabimento	Omissão, obscuridade, contradição e erro material. O CPC de 2015 passou a permitir os ED também no caso de insuficiência da fundamentação (que é parametrizada no art. 489, § 1.º, do CPC).
Competência	Juízo que proferiu a decisão embargada, seja o juízo de primeiro grau, no caso de sentença, ou o Relator, no Tribunal, no caso de julgamento de recurso de apelação/recurso inominado.
Prazo	5 dias, sendo que o INSS possui prazo em dobro.
Preparo	Não é exigido.
Prequestionamento	Os ED se prestam à configuração do prequestionamento, nos termos do art. 1.025 do CPC.

1.4.2 Modelo de peça

EGRÉGIO TRIBUNAL REGIONAL FEDERAL DA __ª REGIÃO!

COLENDA __ª TURMA DESTE SODALÍCIO

EXMO. SR. DR. DESEMBARGADOR FEDERAL XXX (RELATOR)

EMBARGOS DE DECLARAÇÃO

Autos n.º XX
Apelante: YYY
Apelado: INSS – INSTITUTO NACIONAL DO SEGURO SOCIAL

MARCO TÚLIO CÍCERO, já qualificado anteriormente, neste ato representada por seu patrono substabelecido, Dr. XXX, abaixo assinado, vem mui respeitosamente à presença de Vossas Excelências, nos termos dos arts. 1.022 e seguintes do CPC, opor os presentes **EMBARGOS DE DECLARAÇÃO,** nos termos que seguem:

BREVE SÍNTESE DA DEMANDA

Esta ação previdenciária consiste em pedido de aposentadoria por idade em face do INSS, que negou na via administrativa o correspondente requerimento (NB XXX), sob o argumento da insuficiência do recolhimento das contribuições previdenciárias, que ficaram abaixo do mínimo exigido por lei (na interpretação da autarquia o segurado possuiria apenas 13 anos de contribuição).

Ajuizada a presente demanda, com a apresentação de documentação consistente a demonstrar o tempo de contribuição necessário, foi julgada improcedente em primeiro grau pela Vara Federal, o que obrigou ao manejo do presente apelo.

A r. sentença recorrida, destoando do costumeiro acerto do juízo de piso, considerou, em síntese, que o tempo de contribuição necessário à concessão da aposentadoria não restou comprovado, tendo em vista que parcela dos períodos que o apelante pretende ver aproveitados no RGPS já teriam sido averbados no RPPS municipal de XXXXXX.

Esta Turma decidiu por **não conhecer do recurso de apelação interposto**, alegando que foi estruturada a partir de razões dissociadas da fundamentação da sentença que pretende reformar.

PRELIMINARES

I – DA CONFIGURAÇÃO DE DECISÃO SURPRESA

Inicialmente, deve ser sublinhada, no julgamento embargado, a ocorrência da denominada *decisão surpresa*, a qual é proibida pelo art. 10 do CPC:

> Art. 10. *O juiz não pode decidir, em grau algum de jurisdição, com base em fundamento a respeito do qual não se tenha dado às partes oportunidade de se manifestar, ainda que se trate de matéria sobre a qual deva decidir de ofício.*

Ora, a decisão da colenda 11.ª Turma seguiu no sentido de não conhecer do recurso de apelação sob o argumento de que pautado por razões dissociadas da fundamentação da sentença recorrida.

Contudo, trata-se de um **argumento que não apareceu anteriormente no processo; sequer foi arguido pelo INSS** em suas contrarrazões.

De sorte que, nos termos do art. 10 do CPC e do próprio princípio constitucional do devido processo legal (art. 5.º, LIV, da CF), deveria ter sido oportunizada à parte a possibilidade de manifestação sobre essa perspectiva processual.

Portanto, requer-se a anulação do v. acórdão embargado, para que o recorrente possa, preliminarmente, manifestar-se sobre a matéria inédita aventada no voto do nobre relator.

II – DA VIOLAÇÃO AO ART. 932, PARÁGRAFO ÚNICO, DO CPC (PRIMAZIA DO JULGAMENTO DO MÉRITO)

O art. 932, parágrafo único, do CPC estabelece o **princípio da primazia do julgamento do mérito**:

> *Art. 932. Incumbe ao relator:*
>
> *I – dirigir e ordenar o processo no tribunal, inclusive em relação à produção de prova, bem como, quando for o caso, homologar autocomposição das partes;*
>
> *(...)*
>
> *Parágrafo único. Antes de considerar inadmissível o recurso, o relator concederá o prazo de 5 (cinco) dias ao recorrente para que seja sanado vício ou complementada a documentação exigível.*

Caso o Relator, na sua atribuição de condutor do processo no tribunal, **tiver a pré-compreensão** de que pode ocorrer alguma razão que leve à **inadmissibilidade do recurso, deverá obedecer** ao preceito legal que impõe **a abertura de prazo para que o recorrente** proceda ao saneamento ou esclarecimento do eventual vício processual.

No caso concreto, o nobre Relator compreendeu *a priori* pela existência de razões de recurso dissociadas da sentença recorrida; nos termos do art. 932, parágrafo único, do CPC, não é viável a não admissão do recurso antes de oportunizada a possibilidade de a parte saneá-lo.

De sorte que se requer a anulação do v. acórdão embargado, em virtude de *error in procedendo*, para que o recorrente possa esclarecer o referido tópico que levou o i. Relator a não admitir a apelação.

MÉRITO

I – DO CABIMENTO DOS EMBARGOS DE DECLARAÇÃO POR OMISSÃO

O art. 1.022 do CPC, em seu parágrafo único, estabelece o cabimento dos embargos declaratórios em virtude de decisão omissa:

> *Art. 1.022. Cabem embargos de declaração contra qualquer decisão judicial para:*
>
> *(...)*

II – suprir omissão de ponto ou questão sobre o qual devia se pronunciar o juiz de ofício ou a requerimento.

(...)

Parágrafo único. Considera-se omissa a decisão que:

I – deixe de se manifestar sobre tese firmada em julgamento de casos repetitivos ou em incidente de assunção de competência aplicável ao caso sob julgamento;

II –incorra em qualquer das condutas descritas no art. 489, § 1.º. (grifos nossos)

Por sua vez, o art. 489, parágrafo primeiro, IV, do CPC estabelece que considera não fundamentada a decisão que não enfrente todos os argumentos deduzidos pela parte, vejamos:

Art. 489. São elementos essenciais da sentença: (...) § 1.º Não se considera fundamentada qualquer decisão judicial, seja ela interlocutória, sentença ou acórdão, que: (...) IV – não enfrentar todos os argumentos deduzidos no processo capazes de, em tese, infirmar a conclusão adotada pelo julgador. (grifos nossos)

Nesse jaez, são várias as omissões importantes que se encontram no v. acórdão embargado e são suficientes, de per si, a alterar aquele conteúdo decisório.

No recurso de apelação e, sobretudo, em todo o processo, **há vários argumentos e documentos que são suficientes a ensejar a reforma da r. sentença recorrida.**

Todo **esse conjunto probatório e argumentativo deve ser apreciado pelo julgador em seu voto**, nos termos do art. 489, § 1.º, IV, do CPC. Até porque, conforme o art. 1.013 do CPC: "Art. 1.013. *A apelação devolverá ao tribunal o conhecimento da matéria impugnada*".

Nesse sentido, comprovou-se que há vários períodos não utilizados no RPPS que deverão ser aproveitado no RGPS, viabilizando a aposentadoria do embargante.

(OBS.: explicar mais detalhadamente o caso concreto)

Nestes termos, compreendemos que **o recurso de apelação interposto não é dissonante em relação à fundamentação da sentença recorrida** e que, em verdade, ocorreu **omissão no v. aresto embargado, em virtude de ter adotado fundamentação incompatível com os requisitos estabelecidos no art. 489, § 1.º, IV, do CPC.**

DO PREQUESTIONAMENTO

No caso de não acolhidos os presentes embargos de declaração, requer-se, com fundamento no art. 1.025 do CPC, o reconhecimento do prequestionamento dos dispositivos normativos abaixo elencados, para fins de eventual interposição de recurso especial e recurso extraordinário: do CPC os arts. 10 (proibição da decisão surpresa), 932, parágrafo único (primazia do julgamento do mérito), 489, § 1.º, IV (fundamentação exauriente), e 1.013 (âmbito de devolutividade do recurso de apelação); e da CF o art. 5.º, LIV (devido processo legal).

DOS PEDIDOS

Assim, diante de tudo que foi exposto acima, requer-se:

a) O recebimento dos presentes embargos de declaração, nos termos dos arts. 1.022 e seguintes, do estatuto processual civil;

b) a anulação do v. acórdão embargado, em virtude da configuração de decisão surpresa, nos termos do art. 10 do CPC;

c) caso persista a ideia de que o recurso de apelação possui razões dissociadas da fundamentação da sentença recorrida, que seja aberto prazo para saneamento, nos termos do art. 932, parágrafo único, do CPC;

d) o acolhimento destes embargos, especialmente com fundamento no art. 489, § 1.º, IV, do CPC, de sorte que todos os argumentos apontados pelo embargante em seu recurso de apelação sejam efetivamente analisados e reformada a r. sentença recorrida;

e) em caso de não acolhimento destes embargos, o reconhecimento do prequestionamento dos dispositivos normativos acima indicados, nos termos do art. 1.025 do CPC.

Loca, data.

OAB/SP n.º XXX1

1.5 RECURSO ESPECIAL

1.5.1 Quadro-resumo

RECURSO ESPECIAL E RECURSO EXTRAORDINÁRIO	
Cabimento	O recurso extraordinário e o recurso especial devem ter seu cabimento analisado a partir da função constitucional diferenciada do STF e do STJ, e seu cabimento é estritamente previsto nos arts. 102, III, e 105, III, ambos da CF. Não cabe recurso especial de acórdão proferido nas Turmas Recursais de Juizados Especiais (Súmula 203 do STJ).
Competência	A competência para processar e julgar o recurso especial é do STJ, e do recurso extraordinário o STF, mas, num primeiro momento, deve o recurso ser encaminhado à Presidência ou Vice-Presidência do tribunal de origem, que o recebe, processa e posteriormente encaminha os autos ao STJ (art. 1.030 do CPC, com redação dada pela Lei 13.256/2016).
Prazo de interposição	15 dias (art. 1.003, § 5.º, do CPC) para ambos os recursos. É o mesmo (e com o mesmo fundamento legal) o prazo para responder, embora o INSS e a União Federal possuam prazo em dobro (art. 183 do CPC). O prazo é comum para as partes e entre os recursos. Não se aplica o prazo em dobro (art. 229 do CPC) mesmo no caso de litisconsortes com procuradores diferentes. Embargos de declaração julgados sem alteração do acórdão recorrido anteriormente por recurso especial ou recurso extraordinário dispensa que estes recursos sejam ratificados. Serão complementados ou substituídos apenas no caso de alteração do acórdão inicial (art. 1.024).
Preparo	Exige-se preparo. Entretanto, é cabível a concessão dos benefícios da justiça gratuita (art. 98 do CPC).
Requisitos de admissibilidade	Além dos requisitos normais de admissibilidade recursal (interesse em recorrer, legitimidade processual, tempestividade, preparo, forma, inexistência de fato impeditivo do direito de recorrer), os recursos especiais ainda exigem o cumprimento dos requisitos constitucionais de admissibilidade: esgotamento das instâncias ordinárias, matéria exclusivamente de direito, prequestionamento das normas violadas.

RECURSO ESPECIAL E RECURSO EXTRAORDINÁRIO	
Requisitos de admissibilidade	O recurso extraordinário demanda a demonstração da repercussão geral e não admite análise da ofensa indireta à CF. O recurso especial, após a EC 125/2022, exige a demonstração da relevância da questão federal. Todavia esse requisito somente entrará em vigor após a sua regulamentação por lei (Enunciado Administrativo 8/STJ). STJ e STF poderão desconsiderar vícios processuais ou determinar sua correção (art. 1.029, § 3.º, do CPC). A decisão de admissibilidade deve verificar o preenchimento dos requisitos processuais e constitucionais de admissibilidade (Súmula 123 do STJ).
Recurso de agravo	No caso de não admissão do recurso especial, cabe recurso de agravo, em petição dirigida ao Presidente ou Vice-Presidente do respectivo TRF (art. 1.042, § 2.º) ou o agravo interno (art. 1.021), conforme o caso.
Prequestionamento	É a prévia discussão sobre a matéria pelo acórdão recorrido (Súmula 282 do STF). O art. 1.025, § 1.º, do CPC, dispõe que o conteúdo dos embargos declaratórios, mesmo que tenham sido rejeitados ou não conhecidos, integra o acórdão para fins de prequestionamento. O conteúdo do voto vencido integra o acórdão para fins de prequestionamento (art. 941, § 3.º).
Dissídio jurisprudencial	Exige-se a demonstração do dissídio jurisprudencial, no caso do recurso especial, o que se dá pela demonstração de como julga o acórdão recorrido e como interpreta a decisão paradigma (art. 1.029, § 1.º, do CPC/15). A divergência deve ser atual e não pode ser entre turmas do mesmo Tribunal (Súmulas 13 e 83 do STJ). Só haverá exame prévio de admissibilidade se o recurso especial ou extraordinário não estiver, de alguma forma, inserido no regime de recursos repetitivos: a) se for o próprio recurso selecionado como representativo da controvérsia; b) se a matéria ainda não estiver submetida à sistemática da repercussão geral ou dos recursos repetitivos; c) se a retratação do acórdão tiver sido rejeitada pelo respectivo relator (art. 1.030, V).

RECURSO ESPECIAL E RECURSO EXTRAORDINÁRIO	
Exame de admissibilidade e gestão de recursos repetitivos	A regra, entretanto, é a inserção dos recursos excepcionais na metodologia de gestão de recursos repetitivos: a) submissão a sobrestamento do recurso especial e do recurso extraordinário; b) negativa de seguimento a recurso extraordinário por ausência de repercussão geral; c) negativa de seguimento a recurso extraordinário ou recurso especial em virtude de buscar entendimento contrário a conteúdo firmado pelos Tribunais Superiores na sistemática dos recursos repetitivos (art. 1.030, I e III).
Julgamento no STJ e no STF	O recurso especial e o recurso extraordinário podem ser decididos monocraticamente pelo Ministro Relator, nos termos do art. 932, III a V, do CPC (respectivamente hipóteses de inadmissibilidade por questões processuais, negativa de provimento ou provimento conferido). Nessas hipóteses, cabe a interposição de agravo contra a decisão singular. Não sendo o caso de decisão singular, o recurso especial será processado e julgado pelo respectivo colegiado. No caso de multiplicidade de processos discutindo a mesma controvérsia, os tribunais superiores selecionarão recursos representativos da controvérsia, suspendendo o julgamento dos processos que tratem da matéria em todo o país. Após julgados os recursos representativos, seus efeitos e seu conteúdo se aplicarão, obrigatoriamente a todos os processos que tratem de matéria idêntica (arts. 1.036 e 1037). O CPC de 2015 inova em relação ao regime anterior e prevê expressamente a possibilidade de a parte indicar a distinção de seu processo em relação ao caso-piloto, bem como a superação do precedente indicado para suspensão do recurso, evitando que o caso concreto distinto seja indevidamente sobrestado e julgado em bloco.
Interposição conjunta de recurso especial e recurso extraordinário	Interposto e admitido um único recurso excepcional, irá para o respectivo tribunal superior (STF ou STJ). Interpostos conjuntamente recurso especial e recurso extraordinário, sendo ambos admitidos, irão os autos primeiro ao STJ e, após julgado o recurso especial, remetidos os autos para o STF, caso o recurso extraordinário não tenha perdido objeto.

RECURSO ESPECIAL E RECURSO EXTRAORDINÁRIO	
Interposição conjunta de recurso especial e recurso extraordinário	O STJ pode entender que a matéria prejudicial é a questão constitucional e remeter os autos ao STF, para que julgue em primeiro lugar o recurso extraordinário. Essa decisão, porém, pode ser revista pelo ministro relator no STF, de modo irrecorrível. O relator, no STF, poderá entender que a matéria tratada no recurso extraordinário é apenas indiretamente constitucional e, em vez de não admitir o recurso, como ocorria no CPC/73, remete-o ao STJ, para que o julgue como recurso especial. O mesmo poderá fazer o STJ, caso entenda que determinada questão é, na verdade constitucional, abrindo prazo para a demonstração da repercussão geral, no caso concreto, e posterior remessa ao STF, para que julgue o recurso como extraordinário (arts. 1.0332 e 1.033).

1.5.2 Modelo de recurso especial

EXCELENTÍSSIMO SENHOR DR. DESEMBARGADOR VICE-PRESIDENTE DO EGRÉGIO TRIBUNAL DE JUSTIÇA DO ESTADO DE......

APELAÇÃO CÍVEL N.º xxxx/2014

POMPÔNIO ÁTICO, já qualificado nestes autos, por seu advogado e bastante procurador que este subscreve, nos autos do processo supra que move em face do INSS, não se conformando com o v. acórdão de fls. XXX, proferido pela Colenda __ª Turma deste Sodalício, vem respeitosamente à presença de Vossa Excelência, interpor o presente RECURSO ESPECIAL, na forma do art. 1.029 e seguintes, do CPC, e requerer sua remessa, com as inclusas razões, ao Colendo Superior Tribunal de Justiça, para reforma do acórdão recorrido.

Nestes Termos, Pede Deferimento.

LOCAL, DATA.

ADVOGADO (OAB N.º zzzz)

RAZÕES DE RECURSO ESPECIAL

Egrégio Tribunal,
Colenda Turma,
Eméritos Ministros Julgadores,
Ínclito Ministro Julgador

APELAÇÃO CÍVEL N.º xxxx/2014
ORIGEM: TRIBUNAL DE JUSTIÇA DO ESTADO DE.....

I – Histórico da Demanda:

O recorrente propôs ação ordinária buscando a obtenção de aposentadoria por incapacidade permanente para o trabalho, em decorrência de acidente do trabalho/doença profissional, em virtude desse benefício ter sido negado pelo réu na via administrativa.

(*OBS.: explicar brevemente a demanda, indicar o que foi discutido nos autos*).

Improcedente a sentença de primeiro grau, o Egrégio Tribunal de Justiça de..., em acórdão proferido por sua __ª Turma, negou provimento ao recurso interposto, indeferindo a pretensão do ora recorrente.

Diante desta situação, coube a POMPÔNIO interpor o presente recurso especial, com o qual não se pretende revolver matéria fática ou a simples interpretação de cláusulas contratuais, mas tão somente discutir a matéria legal violada, consoante se passa a expor.

II – Do cabimento do Recurso Especial e necessidade de realização do juízo prévio de admissibilidade:

O art. 105 da CF, em seu inciso III, alíneas *a* e *c*, dispõe que:

> "Art. 105. Compete ao Superior Tribunal de Justiça:
>
> (...)
>
> III – julgar, em recurso especial, as causas decididas, em única ou última instância, pelos Tribunais Regionais Federais ou pelos tribunais dos Estados, do Distrito Federal e Territórios, quando a decisão recorrida:
>
> *a*) contrariar tratado ou lei federal, ou negar-lhes vigência;
>
> (...)
>
> *c*) der a lei federal interpretação divergente da que lhe haja atribuído outro tribunal".

Em atendimento ao quanto constitucionalmente exigido, o recurso foi interposto contra acórdão do qual não cabe mais recurso, tendo sido a questão apreciada pela última instância ordinária, a qual se encontra, ademais, devidamente prequestionada, não incidindo, ademais, em reexame de questões fáticas ou matéria probatória, ou mesmo visando apenas a simples interpretação de cláusulas contratuais.

Ressalta-se, também, que o presente recurso especial se enquadra na previsão do art. 1.030, V, do CPC, havendo necessidade de ser efetuado de imediato o juízo de admissibilidade, vez que a matéria tratada não se encontra submetida ao regime dos recursos especiais repetitivos previstos no art. 1.036 do CPC.

Com efeito, não é caso de determinar o sobrestamento deste processo, tampouco negar-lhe seguimento por estar em confronto com qualquer orientação do STJ firmada com força vinculante (art. 1.030, I e III, do CPC). [*OBS.: explicar aqui a distinção do processo em relação a eventuais recursos representativos da controvérsia*]

O v. acórdão recorrido, ao deixar de aplicar o melhor direito, como costumeiramente age aquela Colenda Turma julgadora, incorreu na violação de diversos preceitos da legislação federal, em especial dos arts. 19 e 20 da Lei 8.213/1991, que definem a configuração do acidente do trabalho e da doença profissional (*OBS.: indicar precisamente os artigos, inclusive as leis de onde provêm*), bem como a eles deu interpretação divergente da que lhe dão outros Tribunais da Federação.

Portanto, o recurso especial ora interposto é cabível, por força da incidência das alíneas *a* e *c*, ambas do inciso III do art. 105 da CF.

III – RAZÕES DE ADMISSÃO DO RECURSO ESPECIAL

O recurso especial deve ser admitido. É que não se busca, aqui, a rediscussão dos aspectos fáticos ou probatórios da demanda, o que levaria ao óbice previsto na Súmula 7, do Colendo STJ.

Pretende-se, tão somente, a *rediscussão sobre os critérios legais aplicados àquela matéria*. De sorte que o recurso especial deve ser admitido e, ao final, integralmente provido, visto que em consonância com a jurisprudência deste Egrégio STJ.

IV – RAZÕES DE REFORMA DO ACÓRDÃO

O acórdão recorrido deve ser reformado porque contrariou frontalmente a legislação federal, especialmente os arts. 19 e 20 da Lei 8.213/1991 (*OBS.: indicar precisamente os artigos, inclusive as leis de onde provêm*), bem como incidiu em divergência jurisprudencial, conforme se passa a expor.

Violação aos arts. 19 e 20 da Lei 8.213/91:

O acórdão recorrido, diante da interpretação que lhes deu, contrariou frontalmente e infringiu a legislação federal, em particular os arts. 19 e 20 da Lei 8.213/1991, da seguinte maneira (*OBS.: explicar os motivos pelos quais houve a violação a texto de lei*).

(*OBS.: colacionar jurisprudência relativa ao caso concreto e reforçar a argumentação no caso concreto*)

Dissídio jurisprudencial em relação ao art. 20 da Lei n.º 8.213/91:

Em relação ao dissídio jurisprudencial que também lastreia esse recurso especial, anexa-se ao final desse arrazoado, em anexo, as necessárias cópias das decisões paradigmáticas, divergentes da decisão recorrida e representativas do entendimento de outros Tribunais e do próprio STJ, ensejando a reforma do v. acórdão recorrido.

Em atenção ao disposto no art. 1.029, § 1.º, do CPC, elucida-se que o v. acórdão recorrido dá interpretação equivocada ao prequestionado art. XXX, da Lei Y, no sentido de que.... (*OBS.: indicar qual a orientação e interpretação dada ao artigo pelo acórdão recorrido*).

Entretanto, a interpretação mais adequada desse preceito normativo é divergente e mais correta quando efetuada por outros Tribunais, a exemplo do acórdão abaixo transcrito, que o interpreta da seguinte maneira... (*OBS.: indicar qual a interpretação dada ao artigo pelo acórdão paradigma – mostrar as circunstâncias que identificam ou assemelham os casos confrontados; aprofundar essa argumentação*)

TJ de _____ (acórdão recorrido)	STJ e outros Tribunais de Justiça
Art. 20 da Lei 8.213/91	Art. 20 da Lei 8.213/91
(transcrever trecho do acórdão) O acórdão recorrido interpreta esse preceito legal de modo que não está configurada doença profissional.	*(transcrever trecho de acórdão selecionado, de preferência)* O acórdão paradigma interpreta esse preceito legal de modo diverso, reconhecendo, em caso similar ao deste processo, a configuração da doença profissional.

Assim, entende-se devidamente demonstrada e comprovada a divergência jurisprudencial que autoriza o cabimento e admissibilidade do presente recurso especial. Por todos os ângulos sob os quais se examine a questão, é caso de remessa deste recurso especial ao C. STJ e provimento do mesmo, com a reforma do v. acórdão recorrido, nos termos do art. 1.034 do CPC, competindo ao STJ aplicar o direito no caso em tela.

DO PEDIDO

Diante de todo o exposto, **requer-se**:

a) o recebimento do recurso especial, nos termos do art. 1.030, V, do CPC;

b) a intimação do recorrido para, querendo, oferecer resposta no prazo legal;

c) a subsequente remessa do recurso à superior instância, para que, seja reformado o v. acórdão recorrido, posto que em dissonância da jurisprudência predominante no Egrégio STJ.

Por ser medida da mais pura e cristalina JUSTIÇA!

Pede e aguarda deferimento.

De _____ para Brasília, DATA.
ADVOGADO
OAB/SP N..º YYY

1.6 RECURSO EXTRAORDINÁRIO

1.6.1 Modelo de recurso extraordinário

EXMO. SR. DESEMBARGADOR FEDERAL VICE-PRESIDENTE DO EGRÉGIO TRIBUNAL REGIONAL FEDERAL DA ___ª REGIÃO.

Apelação Cível n.º xxx/2015
Origem: __ª Turma do TRF da __ª Região

SÊNECA, já qualificado nos autos, por seu advogado que esta subscreve, nos autos do processo supra que move em face do **INSS**, não se conformando com o v. acórdão de fls. Y, proferido pela __ª Turma deste Egrégio Tribunal Regional Federal da __ª Região, vem respeitosamente à presença de Vossa Excelência, interpor o presente **RECURSO EXTRAORDINÁRIO** e requerer sua remessa, com as inclusas razões, ao Egrégio Supremo Tribunal Federal, para reforma do acórdão recorrido, o que faz com fundamento no art. 102, III, *a*, da CF e arts. 1.029 e seguintes do CPC.

Nestes Termos, Pede Deferimento.

LOCAL, DATA.
ADVOGADO
OAB/SP N.º XXX

EXCELENTÍSSIMO SENHOR MINISTRO PRESIDENTE DO COLENDO SUPREMO TRIBUNAL FEDERAL

RAZÕES DE RECURSO EXTRAORDINÁRIO

I – BREVE HISTÓRICO DA DEMANDA

SÊNECA, autor da presente demanda e ora recorrente, teve negada na via administrativa do INSS o benefício de pensão por morte requerido em relação ao falecimento de sua companheira, com quem convivia em união estável, sob o fundamento de que o referido relacionamento durou menos de 2 anos, bem como não há provas materiais da relação, o que impede a concessão definitiva da pensão, nos termos do art. 16, § 5.º, da Lei 8.213/91:

> § 5.º As provas de união estável e de dependência econômica exigem início de prova material contemporânea dos fatos, produzido em período não superior a 24 (vinte e quatro) meses anterior à data do óbito ou do recolhimento à prisão do segurado, não admitida a prova exclusivamente testemunhal, exceto na ocorrência de motivo de força maior ou caso fortuito, conforme disposto no regulamento.

(OBS.: explicar o caso concreto)

Interposto recurso de apelação, foi-lhe negado provimento sob o mesmo fundamento.

Assim, cumpre ao autor, ora recorrente, interpor o presente recurso extraordinário, a fim de evitar prejuízo a seus direitos fundamentais, bem como preservar as normas constitucionais contrariadas na situação em tela.

II – DA PRELIMINAR DE REPERCUSSÃO GERAL

O recurso extraordinário somente será admitido se a questão constitucional tiver relevo, sob o ponto de vista econômico, político, social ou jurídico, e ultrapassar os interesses das partes no processo, de modo a repercutir sobre o interesse ou direito de toda a sociedade.

Assim, o presente recurso extremo, assim como a matéria aqui versada são dotados de repercussão geral, apresentando condições de admissibilidade e conhecimento pelo Excelso Pretório.

Muitas famílias, no Brasil, são organizadas pelo formato da união estável, e muitas vezes não possuem prova material robusta desse arranjo familiar. A adoção de um critério inconstitucional pela legislação previdenciária impacta negativamente esse direito fundamental de personalidade e, ao mesmo tempo, impede o exercício do direito fundamental previdenciário.

Nestes termos, a discussão aqui travada se reveste dos requisitos legais para admissibilidade, pois apresenta discussão de profundo impacto político, jurídico e social, que ultrapassa o interesse das partes aqui em conflito, atingindo um considerável universo social de pessoas que organizam sua forma de conjugalidade pela via da união estável.

O conhecimento do presente recurso, portanto, reforça a característica extraordinária dessa Corte, na medida em que preserva sua elevada função de estabelecer decisões paradigmáticas sobre a interpretação e o alcance da CF.

III – DO CABIMENTO DO RECURSO EXTRAORDINÁRIO

O art. 102 da CF, em seu inciso III, alíneas *a* e *c*, dispõe que:

> Art. 102. Compete ao Supremo Tribunal Federal:
>
> (...)
>
> III – julgar, mediante recurso extraordinário, as causas decididas em única ou última instância, quando a decisão recorrida:
>
> a) contrariar dispositivo desta Constituição.

Em atendimento ao quanto constitucionalmente exigido, o recurso foi interposto contra acórdão do qual não cabe mais recurso, tendo sido a questão apreciada pela última instância ordinária, a qual se encontra, ademais, devidamente prequestionada, não incidindo, ademais, em reexame de questões fáticas ou de prova. Outrossim, e conforme acima consignado, o tema apresenta repercussão geral conforme demonstrado acima.

O v. acórdão recorrido, ao deixar de aplicar o melhor direito, como costumeiramente age aquela Colenda Turma julgadora, incorreu na violação de diversos preceitos constitucionais, notadamente o art. 226, § 3.º, que não exige forma escrita para a constituição da união estável, tampouco lhe estabelece *prazo mínimo*.

Portanto, o recurso extraordinário ora interposto é cabível, por força da incidência da alínea *a* do inciso III do art. 102 da CF.

Cumpridos, ademais, os requisitos exigidos nos arts. 1.029 e seguintes do CPC, passa o recorrente à exposição dos fatos e do direito aqui versados, bem como à apresentação das razões do seu pedido de reforma da decisão ora recorrida, devendo, destarte, ser admitido, conhecido e, ao fim, provido o presente recurso extraordinário.

IV – RAZÕES DE REFORMA
Da ofensa ao art. 226, § 3.º, da CF

A união estável é fortemente reconhecida pela CF de 1988:

> *§ 3.º Para efeito da proteção do Estado, é reconhecida a união estável entre o homem e a mulher como entidade familiar, devendo a lei facilitar sua conversão em casamento.*

Como se vê, o texto constitucional não exige forma escrita para esse arranjo familiar, tampouco "prazo mínimo" para sua validade. De sorte que o critério estabelecido no art. 16, § 3.º, da Lei 8.213/91, é evidentemente inconstitucional.

V – DO PEDIDO

Ante o exposto, é a presente para respeitosamente requerer pela admissão do presente Recurso Extraordinário nos termos dos arts. 1.029 e seguintes do CPC, visto que houve julgamento afrontoso e contrário à CF, especialmente do art. 226, § 3.º, determinando-se a remessa dos autos para o STF, a fim de que, no mérito, seja provido o recurso extraordinário, promovendo a reforma total do Acórdão ora guerreado, nos termos do art. 1.034 do CPC, conferindo ao recorrente a imediata nomeação no cargo público almejado, por ser medida de inteira **Justiça**.

Termos em que, pede e espera deferimento.

De LOCAL para Brasília, DATA.
ADVOGADO
(OAB//N.º)

BIBLIOGRAFIA

AGOSTINHO, Theodoro Vicente; SALVADOR, Sérgio Henrique. *Desaposentação* – instrumento de proteção previdenciária. São Paulo: Conceito, 2011.

ÁLVARES, Manoel et alii. *Lei de execução fiscal comentada e anotada*. 3. ed. rev., atual. e ampl. São Paulo: RT, 2000.

AUGUSTO, Valter Roberto. *Mini dicionário de expressões jurídicas*. São Paulo: Desafio Cultural, 2002.

AURELLI, Arlete Inês. Da admissibilidade da prova emprestada no CPC de 2015. In: JOBIM, Marco Félix; FERREIRA, William Santos (coord.). *Direito probatório*. 3. ed., rev. e ampl. Salvador: JusPodivm, 2018, p. 617-630.

BALERA, Wagner. *Curso de direito previdenciário* – homenagem a Moacyr Velloso Cardoso de Oliveira. 2. ed. São Paulo: LTr, 1994.

BALERA, Wagner. *Sistema de seguridade social*. 2. ed. São Paulo: LTr, 2002.

BALERA, Wagner; RAEFFRAY, Ana Paula. *Processo previdenciário* – teoria e prática. São Paulo: Conceito, 2012.

BANDEIRA DE MELLO, Celso Antônio. *Curso de direito administrativo*. 9. ed. rev., atual. e ampl. São Paulo: Malheiros, 1997.

BARBOSA GARCIA, Gustavo Filipe. *Curso de direito do trabalho*. São Paulo: Método, 2007.

BARKER, Robert S. La definición y la defensa de los derechos constitucionales: éxitos, paradojas y desafíos del debido proceso legal. In: BAZÁN, Víctor (coord.). *Defensa de la Constitución* – garantismo y controles – libro en reconocimiento al Doctor Germán J. Bidart Campos. Buenos Aires: Ediar, 2003.

BARROSO, Luís Roberto. *Interpretação e aplicação da Constituição*. 5. ed. rev., atual. e ampl. São Paulo: Saraiva, 2003.

BARROSO, Luís Roberto. Neoconstitucionalismo e constitucionalização do direito (o triunfo tardio do direito constitucional no Brasil). *Revista Interesse Público*, Porto Alegre: Notadez, ano VII, n. 33, set./out. 2005.

BASTOS, Celso Ribeiro; MARTINS, Ives Gandra da Silva. *Comentários à Constituição do Brasil (promulgada em 5 de outubro de 1988)*. São Paulo: Saraiva, 1989. 2. vol.

BAZÁN, Víctor. Respuestas normativas y jurisdicionales frente a las omisiones inconstitucionales – una visión de derecho comparado. In: CARBONELL, Miguel (coord.). *En busca de las normas ausentes*. México: Universidad Nacional Autónoma de México, 2003.

BEDAQUE, José Roberto dos Santos. *Direito e processo* – influência do direito material sobre o processo. 3. ed. rev. e ampl. São Paulo: Malheiros, 2003.

BEDAQUE, José Roberto dos Santos. Garantia da amplitude da produção probatória. In: CRUZ E TUCCI, José Rogério (org.). *Garantias constitucionais do processo civil* – Homenagem aos 10 anos da Constituição Federal de 1988. São Paulo: RT, 1999.

BENETI, Sidnei Agostinho. Os precatórios e o mito de Sísifo. *Revista Ibero-Americana de Direito Público*, Rio de Janeiro: América Jurídica, vol. XVIII, abr.-jun. 2005.

BERMUDES, Sergio. Sinderése e coisa julgada inconstitucional. In: YARSHELL, Flávio Luiz e MORAES, Maurício Zanoide de (org.). *Estudos em homenagem à professora Ada Pellegrini Grinover*. São Paulo: DPJ, 2005.

BERWANGER, Jane Lucia Wilhelm. Concentração de atos processuais no novo CPC e seu impacto nas ações previdenciárias. In: SERAU JR., Marco Aurélio; SAVARIS, José Antonio (coord.). *Os impactos do novo CPC nas ações previdenciárias*. São Paulo: LTr, 2016, p. 39-48.

BUENO, Cassio Scarpinella. *Novo Código de Processo Civil anotado*. 2. ed., rev., atual. e ampl., São Paulo: Saraiva, 2016.

CAETANO COSTA, José Ricardo. *Manual de prática previdenciária*. Caxias do Sul: Plenum, 2011.

CAETANO COSTA, José Ricardo. Perícia biopsicossocial – a quebra de paradigma na perícia médica: da concepção biomédica à concepção biopsicossocial. In: CAETANO COSTA, José Ricardo. *Direito do trabalho e direito previdenciário*. Subsídios ao trabalho social. Jundiaí: Paco Editorial, 2013.

CAETANO COSTA, José Ricardo. *Previdência* – os direitos sociais previdenciários no cenário neoliberal. Curitiba: Juruá, 2010.

CALAMANDREI, Piero. *Direito processual civil*. Trad. Luiz Abezia e Sandra Drina Fernandez Barbery. Campinas: Bookseller, 1999.

CAMBI, Eduardo. *Direito constitucional à prova no processo civil*. São Paulo: RT, 2001.

CAMPAGNALE, Humberto. *Manual teórico práctico de la seguridad social.* Buenos Aires: La Ley, 1996.

CANOTILHO, J. J. Gomes. *Direito constitucional e teoria da Constituição.* 4. ed. Coimbra: Almedina, 2001.

CANOTILHO, J. J. Gomes; MOREIRA, Vital. *Constituição da República portuguesa anotada.* 3. ed. rev. Coimbra: Coimbra Ed., 1993.

CAPPELLETTI, Mauro. *Acesso à justiça.* Trad. e rev. Ellen Gracie Northfleet. Porto Alegre: Fabris, 1988.

CARNELUTTI, Francesco. *Instituciones del proceso civil.* Trad. da 5. ed. italiana Santiago Sentís Melendo. Buenos Aires: Ediciones Jurídicas Europa-América, 1973.

CARNELUTTI, Francesco. *La prueba civil.* Trad. de Niceto Alcalá-Zamora Castillo. 2. ed. Buenos Aires: Depalma, 1982.

CARPES, Artur Thompsen. Notas sobre a interpretação do texto e aplicação das normas sobre o ônus (dinamico) da prova no Novo Código de Processo Civil. In: JOBIM, Marco Félix; FERREIRA, William Santos (coord.). *Direito Probatório.* 3. ed., rev. e ampl., Salvador: JusPodivm, 2018, p. 279-291.

CARVALHO FILHO, Celecino. Direito ao amparo assistencial da Lei 8.743/1993. In: MARTINEZ, Wladimir Novaes. *Temas atuais de previdência social* – Homenagem a Celso Barroso Leite. São Paulo: LTr, 1998.

CAUPERS, João. *Os direitos fundamentais dos trabalhadores e a Constituição.* Coimbra: Almedina, 1985.

CESARINO JUNIOR, Antonio Ferreira. *Direito social brasileiro.* 3. ed. ampl. e atual. Rio de Janeiro: Freitas Bastos, 1953. vol. 1.

COMPARATO, Fábio Konder. *A afirmação histórica dos direitos humanos.* São Paulo: Saraiva, 1999.

CONCEIÇÃO, J. B. Apelles. *Segurança social* – sector privado e empresarial do Estado – Manual prático. 5. ed. Lisboa: Rei dos Livros, 1994.

CONSELHO DA JUSTIÇA FEDERAL (CJF): Centro de Estudos Judiciários, Secretaria de Pesquisa e Documentação. *Juizados Especiais Federais.* Brasília: CJF, 2001. Série Pesquisa do CEJ – 7.

CONSTITUIÇÃO *da República portuguesa* – segunda revisão. Coimbra: Almedina, 1989.

CORREIA, Marcus Orione Gonçalves. *Curso de direito da seguridade social.* São Paulo: Saraiva, 2001 (em colaboração com Érica Paula Barcha Correia).

CORREIA, Marcus Orione Gonçalves. *Direito processual constitucional*. 2. ed. São Paulo: Saraiva, 2002a.

CORREIA, Marcus Orione Gonçalves. Direitos humanos e direitos sociais: interpretação evolutiva e segurança social. *Revista do Departamento do Trabalho e da Seguridade Social da Faculdade de Direito da USP*, n. 1, ano I, jan.-jun. 2006.

CORREIA, Marcus Orione Gonçalves. Despensão. Mais que um neologismo, uma realidade. *Revista de Previdência Social*, São Paulo: LTr, ano XXXIII, n. 347, out. 2009, p. 909-913.

CORREIA, Marcus Orione Gonçalves. *Teoria e prática do poder de ação na defesa dos direitos sociais*. São Paulo: LTr, 2002b.

CORREIA, Marcus Orione Gonçalves. Os direitos sociais enquanto direitos fundamentais. In: CORREIA, Marcus Orione Gonçalves e CORREIA, Érica Paula Barcha. *Direito previdenciário e Constituição* – homenagem a Wladimir Novaes Martinez. São Paulo: LTr, 2005.

CORREIA, Marcus Orione Gonçalves; VILLELA, José Corrêa. *Previdência privada* – doutrina e comentários à Lei Complementar n. 109/01. São Paulo: LTr, 2005.

CORREIA, Marcus Orione Gonçalves; VILLELA, José Corrêa; SANTOS, Marisa Ferreira dos. Em busca do conceito constitucional de dependência. *Revista de Previdência Social*, São Paulo: LTr, ano XXIX, n. 295, jun. 2005, p. 366-379.

COSTA GONÇALVES, Cláudia Maria da. *Direitos fundamentais sociais*. 2. ed. Curitiba: Juruá, 2010.

DAMASCENO, Fernando Américo Veiga. *Direito, processo e Justiça do Trabalho* – princípios e perspectivas. São Paulo: Manole, 2002.

DE PLÁCIDO E SILVA. *Vocabulário jurídico*. 12. ed. Rio de Janeiro: Forense, 1993. 4 vol.

DE PLÁCIDO E SILVA. *Vocabulário jurídico*. 28. ed. Rio de Janeiro: Forense, 2009.

DIAS, Eduardo Rocha e MACÊDO, José Leandro Monteiro. *Nova Previdência Social do Servidor Público*. São Paulo: Método, 2006.

DIAS, Jean Carlos. Os direitos fundamentais e a contracautela na nova ação de mandado de segurança. In: ARRUDA ALVIM, Eduardo *et al.* (coord.). *O novo mandado de segurança* – estudos sobre a Lei n. 12.016/2009. Belo Horizonte: Fórum, 2010.

DIDIER JR., Fredie *et al.*. *Curso de direito processual civil* – Execução. 3. ed. Salvador: JusPodivm, 2011.

DI PIETRO, Maria Sylvia Zanella. *Direito administrativo*. 14. ed. São Paulo: Atlas, 2002.

DINAMARCO, Cândido Rangel. *A instrumentalidade do processo*. 7. ed. rev. e atual. São Paulo: Malheiros, 1999.

DINIZ, Maria Helena. *Compêndio de introdução à Ciência do Direito*. 13. ed., S. Paulo: Saraiva, 2001.

DONOSO, Denis. *Julgamento prévio do mérito* – análise do art. 285-A do CPC. São Paulo: Saraiva, 2011.

DONOSO, Denis; SERAU JR., Marco Aurélio. *Manual dos Recursos Cíveis – Teoria e Prática*. 6. ed., rev., atual. e ampl., Salvador: JusPodivm, 2020.

DUPEYROUX, Jean-Jacques. *Droit de la sécurité sociale*. 14. ed. Paris: Dalloz, 2001.

FAIRSTEIN, Carolina; ROSSI, Julieta. Comentario a la Observación General n. 9 del Comité de Derechos Económicos, Sociales y Culturales. *Revista Argentina de Derechos Humanos*, Buenos Aires: Ad Hoc, año 1, n. 0, 2001, p. 319-341.

FELIPE, Jorge Franklin Alves. *Previdência social na prática forense*. 10. ed. Rio de Janeiro: Forense, 2001.

FERRARA, Francesco. *Interpretação e aplicação das leis*. Trad. Manuel A. Domingues de Andrade. 4. ed. Coimbra: Arménio Amado Editor, 1987.

FERRAZ, Anna Candida da Cunha. *Processos informais de mudança da Constituição*. São Paulo: Max Limonad, 1986.

FERREIRA, Waldemar Martins. *Princípios de legislação social e direito judiciário do trabalho*. São Paulo: São Paulo Ed., 1938. vol. I.

FERREIRA, William Santos. *Aspectos polêmicos e práticos da nova reforma processual civil* – comentários e quadros dos novos dispositivos com resumo das principais questões, artigo por artigo. Rio de Janeiro: Forense, 2003.

FERREIRA, William Santos. *Princípios fundamentais da prova cível*. São Paulo: Revista dos Tribunais, 2014.

FIGUEIREDO, Lucia Valle. *Curso de direito administrativo*. 3. ed. São Paulo: Malheiros, 1998.

FISS, Owen. Um novo processo civil – estudos norte-americanos sobre jurisdição, constituição e sociedade. In: SALLES, Carlos Alberto de (coord. da tradução). Trad. Daniel Porto Godinho da Silva e Melina de Medeiros Rós. São Paulo: RT, 2004.

FONSECA. Márcio Alves da. *Michel Foucault e o direito.* São Paulo: Max Limonad, 2002.

FRAGA, Ricardo Carvalho (coord.). *Aspectos dos direitos sociais na nova Constituição.* São Paulo: LTr, 1989.

FREIRE E SILVA, Bruno. Alguns retrocessos na nova Lei do Mandado de Segurança. In: ARRUDA ALVIM, Eduardo et al. (coord.). *O novo mandado de segurança* – estudos sobre a Lei n. 12.016/2009. Belo Horizonte: Fórum, 2010.

FREITAS, Wladimir Passos de (coord.). *Direito previdenciário* – aspectos materiais, processuais e penais. Porto Alegre: Livraria do Advogado, 1998.

GARCÍA DE ENTERRÍA, Eduardo. Hermeneutica e supremacia constitucional – El principio de la interpretación conforme a la Constitución de todo el ordenamiento. *Revista de Direito Público,* São Paulo: RT, n. 77, ano XIX, p. 33-38, jan.-mar. 1986.

GARRIDO DE PAULA, Paulo Afonso. *Direito da criança e do adolescente e tutela jurisdicional diferenciada.* São Paulo: RT, 2002.

GOMES DE MATTOS, Mauro Roberto. *Lei n. 8.112/90 interpretada e comentada* – Regime Jurídico Único dos Servidores Públicos da União. 2. ed. Rio de Janeiro: América Jurídica, 2005.

GRECO FILHO, Vicente. *Direito processual civil brasileiro.* 15. ed. rev. e atual. São Paulo: Saraiva, 2000. vol. 1.

GRINOVER, Ada Pellegrini. *O processo* – estudos e pareceres. São Paulo: DPJ, 2005.

GRINOVER, Ada Pellegrini e CINTRA, Antonio Carlos de Araújo e DINAMARCO, Cândido Rangel. *Teoria geral do processo.* 12. ed. São Paulo: Malheiros, 1996.

GRISOLIA, Julio A. (coord.). *Manual de jurisprudencia de derecho del trabajo y la seguridad social.* Buenos Aires: Abeledo-Perrot, 2003.

GUERRA FILHO, Willis Santiago. *Processo constitucional e direitos fundamentais.* 2. ed. rev. e ampl. São Paulo: Celso Bastos, 2001.

GUSMÃO, Paulo Dourado de. *Introdução ao estudo do direito.* 14. ed., rev. e ampl. Rio de Janeiro: Forense, 1990.

HÄBERLE, Peter. *Hermenêutica constitucional* – a sociedade aberta dos intérpretes da Constituição: contribuição para a interpretação pluralista e "procedimental" da Constituição. Trad. Gilmar Ferreira Mendes. Porto Alegre: Fabris, 1997, reimp. 2002.

HESSE, Konrad. *Elementos de direito constitucional da República Federal da Alemanha*. Trad. Luís Afonso Heck. Porto Alegre: Fabris, 1998.

HESSE, Konrad. Inicial de ação civil pública, *Revista de Direito Social*, Porto Alegre, Notadez, n. 18, abr.-jun. 2005.

HORVATH JR., Miguel. *Direito previdenciário*. 9. ed. rev. e ampl. São Paulo: Quartier Latin, 2012.

IBRAHIM, Fábio Zambitte. *Desaposentação*. O camino para uma melhor aposentadoria. 4. ed., rev. e atual. Rio de Janeiro: Impetus, 2010.

JUCOVSKY, Vera Lúcia R. S. *Justiça Federal nos países que a adotam*. Curitiba: Juruá, 1997.

KESSLER, Francis. *Droit de la protection sociale*. Paris: Dalloz, 2000.

LAVIÉ, Humberto Quiroga; BENEDETTI, Miguel Ángel e CENICACELAYA, María de las Nieves. *Derecho constitucional argentino*. Buenos Aires: Rubinzal-Culzoni, 2001.

LA BRADBURY, Leonardo Cacau Santos. *Curso Prático de Direito e Processo Previdenciário*. 4. ed. São Paulo: Atlas, 2021.

LAZZARI, João Batista *et al*. *Manual de Direito Previdenciário*. Rio de Janeiro: Forense, 2012.

LEITE, Celso Barroso. Conceito de seguridade social. In: BALERA, Wagner (coord.). *Curso de direito previdenciário* – homenagem a Moacyr Velloso Cardoso de Oliveira. 2. ed. São Paulo: LTr, 1994.

LEITE, Celso Barroso. *Dicionário enciclopédico de previdência social*. São Paulo: LTr, 1996.

LESSA, Pedro. *Do Poder Judiciário*. Rio de Janeiro: Livraria Francisco Alves, 1915.

LIMA LOPES, José Reinaldo de. *Direitos sociais* – teoria e prática. São Paulo: Método, 2006.

LOPES JUNIOR, Nilson Martins. A importância do valor da causa. In: SERAU JR., Marco Aurélio; DONOSO, Denis. *Juizados Especiais Federais* – reflexões nos 10 anos de sua instalação. Curitiba: Juruá, 2012.

LOPES JUNIOR, Nilson Martins. Sentenças ilíquidas e remessa necessária. *Revista de Processo – RePro*, São Paulo: RT, n. 161, ano 33, jul. 2008, p. 339-348.

LUQUE, Raphael Anderson e COUTINHO, Adilson Reina. A interpretação da expressão constitucional "empregados permanentes" e sua consequência para os benefícios do segurado especial rural. *Revista de Previdência Social*, São Paulo: LTr, n. 257, p. 293-300, ano XXVI, abr. 2002.

MAIA FILHO, Napoleão Nunes; WIRTH, Maria Fernanda Pinheiro. Primazia dos direitos humanos na jurisdição previdenciária – teoria da decisão judicial no garantismo previdenciarista. Curitiba: Alteridade, 2019.

MACEDO DE OLIVEIRA, André. Democratizando o acesso à justiça: Juizados Especiais Federais, novos desafios. *Revista do Conselho de Estudos Judiciários*, Brasília: Centro de Estudos Judiciários, n. 14, p. 85-90, ago. 2001.

MADEIRA, Daniela Pereira. A força da jurisprudência. In: FUX, Luiz (coord.). *O novo Processo Civil brasileiro* – Direito em expectativa (reflexões acerca do Projeto do novo Código de Processo Civil). Rio de Janeiro: Forense, 2011, p. 526-578.

MALLET, Estêvão. Apontamentos sobre a Competência da Justiça do Trabalho após a Emenda Constitucional n. 45. *Revista do Departamento do Trabalho e da Seguridade Social da Faculdade de Direito da USP*, n. 1, ano I, jan.-jun. 2006.

MANCUSO, Rodolfo de Camargo. *A resolução dos conflitos e a função judicial no contemporâneo Estado de Direito*. São Paulo: RT, 2010.

MANCUSO, Rodolfo de Camargo. Contribuição esperada do Ministério Público e da Defensoria Pública na prevenção da atomização judicial dos mega-conflitos. *Revista de Processo – RePro*, São Paulo: RT, n. 164, ano 33, out. 2008, p. 152-169.

MANGONE, Kátia Aparecida. Análise da aplicação do Código de Processo Civil aos Juizados Especiais Federais. In: SERAU JR., Marco Aurélio; DONOSO, Denis (coord.). *Juizados Especiais Federais – reflexões após 10 anos de sua instalação*. 2. ed. Curitiba: Juruá, 2014.

MARINS, James. *Direito processual tributário brasileiro (administrativo e judicial)*. 2. ed. São Paulo: Dialética, 2002.

MARTÍNEZ, José E. et al. *Legislación social básica*. 2. ed. actualizada. Madrid: Civitas, 1981.

MARTINEZ, Wladimir Novaes. *Comentários à Lei Básica da Previdência Social*. 4. ed. São Paulo: LTr, 1997. t. II – Plano de Benefícios.

MARTINEZ, Wladimir Novaes. *Curso de direito previdenciário*. São Paulo: LTr, 1998. t. II – Previdência Social.

MARTINEZ, Wladimir Novaes. *Dano moral no direito previdenciário*. 2. ed. São Paulo: LTr, 2009.

MARTINEZ, Wladimir Novaes. Lei 10.403/2002 e a inversão do ônus da prova. *Jornal do 15.º Congresso Brasileiro de Previdência Social*. São Paulo: LTr, 2002.

MARTINEZ, Wladimir Novaes. *Princípios de direito previdenciário*. 4. ed. São Paulo: LTr, 2001.

MARTINEZ, Wladimir Novaes. *Reforma da Previdência Social* – comentários à Emenda Constitucional 20/1998. São Paulo: LTr, 1999.

MAXIMILIANO, Carlos. *Hermenêutica e aplicação do direito*. 9. ed. Rio de Janeiro: Forense, 1979.

MAZZILLI, Hugo Nigro. *A defesa dos interesses difusos em juízo*. 11. ed. São Paulo: Saraiva, 1999.

MAZZILLI, Hugo Nigro. A intervenção do Ministério Público no processo civil: críticas e perspectivas. In: SALLES, Carlos Alberto de (org.). *Processo civil e interesse público* – o processo como instrumento de defesa social. São Paulo: RT, 2003.

MENDES, Gilmar Ferreira. Direitos fundamentais: eficácia das garantias constitucionais nas relações privadas – Análise da jurisprudência da Corte Constitucional alemã. In: MONTEIRO, Meire Lúcia Gomes (coord.). *Introdução ao direito previdenciário*. São Paulo: LTr, 1998.

MENDES, Gilmar Ferreira. *Moreira Alves e o controle de constitucionalidade no Brasil*. São Paulo: Celso Bastos, 2000.

MILHOMENS, Jônatas. *A prova no processo*. 2. ed. rev. Rio de Janeiro: Forense, 1986.

MINISTÉRIO DA PREVIDÊNCIA E ASSISTÊNCIA SOCIAL (MPAS). *Previdência, assistência social e combate à pobreza*. Brasília: MPAS, 2000.

MIRANDA, Jorge. Constituição e processo civil. *Direito e Justiça*, separata, 1994. vol. VIII, t. 2.

MIRANDA, Jorge. *Constituições de diversos países* (org.). 3. ed. Lisboa: Imprensa Nacional – Casa da Moeda, 1986. vol. I.

MIRANDA, Jorge. *Manual de direito constitucional*. 3. ed. rev. e actual. Coimbra: Coimbra Ed., 2000. t. IV – Direitos Fundamentais.

MIRANDA ROSA, Felippe Augusto. *Justiça e autoritarismo*. Rio de Janeiro: Jorge Zahar Editor, 1985.

MIRANDA ROSA, Felippe Augusto; CANDIDO, Odila D. de Alagão. *Jurisprudência e mudança social*. Rio de Janeiro: Jorge Zahar Editor, 1988.

MONTEIRO, Meire Lúcia Gomes (coord.). *Introdução ao direito previdenciário*. São Paulo: LTr, 1998.

MORO, Sergio Fernando. Benefício da assistência social como direito fundamental. *Boletim da Associação Nacional da Procuradoria da República*,

n. 39, jul. 2001. (disponível em: www.anpr.org.br/boletim39/sergio.htm; acesso em: 17.05.2002.)

MÜLLER, Eugélio Luis. A execução previdenciária nos Juizados Especiais Federais: 10 anos depois. In: SERAU JR., Marco Aurélio; DONOSO, Denis. *Juizados Especiais Federais* – reflexões nos 10 anos de sua instalação. Curitiba: Juruá, 2012.

MÜLLER, Mary Stela et alii. *Normas e padrões para teses, dissertações e monografias.* 3. ed. atual. e ampl. Londrina: UEL, 2001.

NALINI, José Renato. Acesso à dignidade. In: YARSHELL, Flávio Luiz e MORAES, Maurício Zanoide de (Org.). *Estudos em homenagem à professora Ada Pellegrini Grinover.* São Paulo: DPJ, 2005.

NASCIMENTO, Amauri Mascaro. *Curso de direito processual do trabalho.* 18. ed. rev. São Paulo: Saraiva, 1998.

NASCIMENTO, Sérgio do. *Interpretação do direito previdenciário.* São Paulo: Quartier Latin, 2007.

NERY JR., Nelson. *Código de Processo Civil comentado.* 4. ed. São Paulo: RT, 1999.

NERY JR., Nelson. Coisa julgada e o Estado Democrático de Direito. In: YARSHELL, Flávio Luiz e MORAES, Maurício Zanoide de (Org.). *Estudos em homenagem à professora Ada Pellegrini Grinover.* São Paulo: DPJ, 2005.

NERY JR., Nelson. *Princípios do processo civil na Constituição Federal.* 6. ed. rev., ampl. e atual. São Paulo: RT, 2000.

NERY JR., Nelson. *Teoria geral dos recursos.* 2. ed. rev. e ampl. São Paulo: RT, 1993.

NEVES, Daniel Amorim Assumpção Neves. *Manual de Direito Processual Civil* 8. ed., rev. e ampl. Salvador: JusPodivm, 2016.

NOVAES FILHO, Wladimir. Programa permanente de revisão da concessão e da manutenção dos benefícios previdenciários. In: CORREIA, Marcus Orione Gonçalves e CORREIA, Érica Paula Barcha (coord.). *Direito previdenciário e constituição.* São Paulo: LTr, 2005.

NUNES, Castro. *Teoria e prática do poder judiciário.* Rio de Janeiro: Forense, 1943.

OLIVEIRA, Antonio Carlos de. Os benefícios. In: BALERA, Wagner (coord.). *Curso de direito previdenciário* – homenagem a Moacyr Velloso Cardoso de Oliveira. 2. ed. São Paulo: LTr, 1994.

OLIVEIRA LIMA, Maria Rosynete. *Devido processo legal.* Porto Alegre: Fabris, 1999.

ORTIZ, Luis Javier Moreno. *Acceso a la justicia*. Bogotá: Ediciones Academia Colombiana de Jurisprudencia, 2000.

PASSOS, Fábio Luiz dos. Prescrição e decadência em matéria previdenciária. In: SERAU JR., Marco Aurélio. *Comentários à jurisprudência previdenciária do STJ*. Curitiba: Juruá, 2013.

PAZ, Fabiana Pedroso. *A prova em matéria previdenciária* – na perspectiva do direito ao processo justo. São Paulo: LTr, 2018.

PEREIRA, Guilherme Bollorini. As ações de direito previdenciário do RGPS nos Juizados Especiais Federais. In: TAVARES, Marcelo Leonardo. *Direito processual previdenciário* – Temas atuais. Rio de Janeiro: Impetus, 2009.

PERLINGEIRO, Ricardo. *Curso: processo previdenciário judicial*. Ministrado em São Paulo: dias 22 e 23.06.2001, LTr, 2001.

PIOVESAN, Flávia. *Direitos humanos e o direito constitucional internacional*. 5. ed. rev., ampl. e atual. São Paulo: Max Limonad, 2002.

PIOVESAN, Flávia. *Proteção judicial contra omissões legislativas* – ação direta de inconstitucionalidade por omissão e mandado de injunção. 2. ed. rev., atual. e ampl. São Paulo: RT, 2003.

PIRES, Renato Barth. *Mandado de Segurança em matéria previdenciária*. 2. ed., rev., atual. e ampl., Salvador: JusPodivm, 2020.

POMPÍLIO, Gustavo; PARRECHIO, Maysa Ketrin Rodrigues. A fundamentação das decisões judiciais e o novo Código de Processo Civil, in: GOMES, Camila Paula de Barros; GOMES, Flávio Marcelo; FREITAS, Renato Alexandre da Silva (orgs.). *Novo Código de Processo Civil* – análise e reflexos nos demais ramos do Direito. Birigui: Boreal, 2015, p. 127-140.

PONTES DE MIRANDA, Francisco Cavalcanti. *Comentários à Constituição de 1967, com a Emenda 01 de 1969*. 3. ed. Rio de Janeiro: Forense, 1987. t. V.

PONTES DE MIRANDA, Francisco Cavalcanti. *Comentários ao Código de Processo Civil*. 2. ed. Rio de Janeiro: Forense, 1979. t. IV (arts. 282-443).

PONTES DE MIRANDA, Francisco Cavalcanti. *Comentários ao Código de Processo Civil*. 5. ed. Rio de Janeiro: Forense, 1996. t. I (arts. 1 a 80).

PORTANOVA, Rui. *Princípios do processo civil*. 4. ed. Porto Alegre: Livraria do Advogado, 2001.

POUND, Roscoe. *Justiça conforme a lei*. Trad. E. Jacy Monteiro. São Paulo: IBRASA, 1976.

PROCURADORIA-GERAL DO ESTADO DE SÃO PAULO. *Instrumentos internacionais de proteção dos direitos humanos*. São Paulo: Centro de Estudos, Série Documentos n. 14, 1996.

QUEIROZ, Cristina. *Interpretação constitucional e poder judicial* – sobre a epistemologia da construção constitucional. Coimbra: Coimbra Ed., 2000.

QUEIROZ, Raphael Augusto Sofiati de. *Os princípios da razoabilidade e proporcionalidade das normas e sua repercussão no processo civil brasileiro.* Rio de Janeiro: Lumen Juris, 2000.

RAMOS RIBEIRO, Paulo de Tarso. *Direito e processo:* razão burocrática e acesso à justiça. São Paulo: Max Limonad, 2002.

ROCHA, Daniel Machado da; BALTAZAR JUNIOR, José Paulo. *Comentários à Lei de Benefícios da Previdência Social.* 3. ed. rev. e atual. Porto Alegre: Livraria do Advogado, 2003.

RODRIGUES, Silvio. *Direito civil.* Parte geral. 25. ed. atual. São Paulo: Saraiva, 1995. vol. 1.

ROSAS, Roberto. *Direito processual constitucional – princípios constitucionais do processo civil.* 2. ed. rev., ampl. e atual. de acordo com a Constituição Federal de 1988. São Paulo: RT, 1997.

SALOMÃO, Heloisa Estellita. *A tutela penal e as obrigações tributárias na Constituição Federal.* São Paulo: RT, 2001.

SANDIM, Émerson Odilon. *O devido processo legal na administração pública – com enfoques previdenciários.* São Paulo: LTr, 1997.

SANDIM, Émerson Odilon. *Prática processual previdenciária.* 2. ed. rev. e atual. São Paulo: LTr, 1998.

SANTOS, Marisa Ferreira dos; *Juizados Especiais Cíveis e Criminais* Federais e Estaduais, 8. ed., reformulada. São Paulo: Saraiva, 2010.

SANTOS, Marisa Ferreira dos; CHIMENTI, Ricardo Cunha. *Juizados Especiais Cíveis e Criminais.* 2. ed. rev. e atual. São Paulo: Saraiva, 2004.

SANTOS, Moacyr Amaral. *Comentários ao Código de Processo Civil.* 4. ed. atual. Rio de Janeiro: Forense, 1986. vol. IV (arts. 332 a 475).

SANTOS, Moacyr Amaral. *Primeiras linhas de direito processual civil.* 18. ed. São Paulo: Saraiva, 1995. vol. 1.

SANTOS, Moacyr Amaral. *Prova judiciária no cível e comercial* 2. ed., correta e atualizada. São Paulo: Max Limonad, 1952. vol. I.

SANTOS, Moacyr Amaral. *Prova judiciária no cível e comercial.* São Paulo: Max Limonad, 1949. vol. V.

SARAIVA, Renato. *Curso de direito processual do trabalho.* Ed. atualizada. São Paulo: Método, 2005.

SAVARIS, José Antônio. Coisa julgada previdenciária como concretização do direito constitucional a um processo justo. *Revista Brasileira de Direito Previdenciário*, Porto Alegre: Magister, ano 1, n. 1, 2011, p. 65-86.

SAVARIS, José Antônio. *Direito processual previdenciário*. Curitiba: Juruá, 2008.

SAVARIS, José Antônio; XAVIER, Flávia da Silva. *Recursos cíveis nos Juizados Especiais Federais*. Curitiba: Juruá, 2010.

SCARPINELLA BUENO, Cassio. *Curso sistematizado de Direito Processual Civil* – tutela jurisdicional executiva. 4. ed. São Paulo: Saraiva, 2011.

SEABRA FAGUNDES, Miguel. *O controle dos atos administrativos pelo Poder Judiciário*. 2. ed. atual. Rio de Janeiro: José Konfino, 1950.

SENADO FEDERAL. *Constituição do Brasil e Constituições estrangeiras*. Brasília: Subsecretaria de Edições Técnicas, 1987.

SERAU JR., Marco Aurélio. A Lei n. 10.999/04: Breve análise sob a ótica dos direitos fundamentais. *Revista de Direito Social*, Porto Alegre: Notadez, ano 5, n. 19, p. 47-70, jul.-set. 2005a.

SERAU JR., Marco Aurélio. A seguridade social como direito fundamental. *Revista de Direito Social*, n. 17, jan.-mar. 2005.

SERAU JR., Marco Aurélio. *Desaposentação* – novas perspectivas teóricas e práticas. 3. ed. Rio de Janeiro: Forense, 2013.

SERAU JR., Marco Aurélio. *Economia e seguridade social*. Análise econômica do direito: seguridade social. Curitiba: Juruá, 2010.

SERAU JR., Marco Aurélio. O Estatuto dos Idosos e os direitos fundamentais. *Revista de Direito Social*, Porto Alegre: Notadez, ano 4, n. 13, p. 43-62, jan.-fev. 2004.

SERAU JR., Marco Aurélio. *Seguridade social como direito fundamental material*. Curitiba: Juruá, 2009.

SERAU JR., Marco Aurélio. *Seguridade Social e direitos fundamentais*. 4. ed., rev., atual. e ampl. Curitiba: Juruá, 2020.

SERAU JR., Marco Aurélio. Acesso à Justiça Previdenciária: Análise do REsp 1310042/PR. *Revista Brasileira de Direito Previdenciário*, Porto Alegre: Magister, ano 2, v. 08, abr./maio 2012.

SERAU JR., Marco Aurélio; CAETANO COSTA, José Ricardo. *Comentários à Lei Orgânica de Assistência Social* – Lei 8.742/1993. Curitiba: Juruá, 2020.

SERAU JR., Marco Aurélio; REIS, Silas Mendes dos. *Recursos especiais repetitivos no STJ*. São Paulo: Método, 2009.

SILVA, José Afonso da. *Curso de direito constitucional positivo*. 11. ed. rev. São Paulo: Malheiros, 1996.

SILVEIRA, Paulo Fernando. *Devido processo legal (due process of law)*. Belo Horizonte: Del Rey, 1996.

SILVEIRA, Bruna Braga da. A distribuição dinâmica do ônus da prova no CPC-2015, p. 293-328, in: JOBIM, Marco Félix; FERREIRA, William Santos (coord.). Direito Probatório, 3 ed., rev. e ampl., Salvador: Juspodivm, 2018.

SOUTO MAIOR, Jorge Luiz. *Direito processual do trabalho – efetividade, acesso à justiça e procedimento oral*. São Paulo: LTr, 1998.

SOUTO MAIOR, Jorge Luiz. *Petição inicial, no processo civil, no processo do trabalho*. São Paulo: LTr, 1996.

TAVARES, André Ramos. A repercussão geral no recurso extraordinário. In: TAVARES, André Ramos; LENZA, Pedro e ALÁRCON, Pietro de Jesús Lora. *Reforma do judiciário – analisada e comentada*. São Paulo: Método, 2005.

TAVARES, André Ramos. *Curso de direito constitucional*. São Paulo: Saraiva, 2002.

TAVARES, André Ramos. *Manual do novo mandado de segurança*. Rio de Janeiro: Forense, 2009.

TEIXEIRA, Sálvio de Figueiredo. O processo civil na Nova Constituição. *Revista de Processo – RePro*, São Paulo: RT, n. 53, ano 14, jan.-mar. 1989, p. 78-83.

TEIXEIRA DE SOUSA, Miguel. *Estudos sobre o novo processo civil*. 2. ed. Lisboa: Lex, 1997.

TESSLER, Marga Inge Barth. Competências judiciárias estabelecidas pela Emenda Constitucional 45, de 31.12.2004 – reforma do Judiciário. *Revista Ibero-Americana de Direito Público*, Rio de Janeiro: América Jurídica, vol. XVIII, abr.-jun. 2005.

THEODORO JÚNIOR, Humberto; NUNES, Dierle; BAHIA, Alexandre Melo Franco; PEDRO, Flávio Quinaud. *Novo CPC – fundamentos e sistematização*, 2. ed., rev., atual. e ampl. Rio de Janeiro: Forense, 2015.

TUCCI, José Rogério Cruz e. *Tempo e processo*. São Paulo: RT, 1997.

TUCCI, Rogério Lauria. *Constituição de 1988 e processo: regramentos e garantias constitucionais do processo* (em colaboração com José Rogério Cruz e Tucci). São Paulo: Saraiva, 1989.

TUCCI, Rogério Lauria. *Devido processo legal e tutela jurisdicional* (em colaboração com José Rogério Cruz e Tucci). São Paulo: RT, 1993.

VARELA, Antunes; BEZERRA, J. Miguel e NORA, Sampaio E. *Manual de processo civil*. 2. ed. rev. e actual. Coimbra: Coimbra Ed., 1985.

VAZ, Paulo Afonso Brum. *Tutela antecipada na Seguridade Social*. São Paulo: LTr, 2003.

VAZ, Paulo Afonso Brum. Tutela jurisdicional da Seguridade Social. *Revista do Tribunal Regional Federal da 4ª Região*, Porto Alegre, a. 22, n. 79, 2011, p. 53-79.

VIEIRA, Luciano Pereira. *Sistemática recursal dos Juizados Especiais Federais Cíveis*. Doutrina e jurisprudência. Rio de Janeiro: Campus Elsevier, 2011.

WACQUANT, Loïc. *Punir os pobres* – a nova gestão da miséria nos Estados Unidos. Trad. Vera Malaguti Batista, Rio de Janeiro: Freitas Bastos, 2001.

WAMBIER, Luis Rodrigues e ARRUDA ALVIM WAMBIER, Teresa. *Breves comentários à 2.ª fase da Reforma do Código de Processo Civil*. 2. ed. rev., atual. e ampl. São Paulo: RT, 2002.

WATANABE, Kazuo. *Da cognição no processo civil*. 3. ed. rev. e atual. São Paulo: DPJ, 2005.